the roles of architect and engineer in the design process

rocess

ilding

By the year 2050, nearly 80% of the earth's population will reside in urban centers

postmodernist influences

solar panels and water filtering systems

全球经济力量

Empire State Building

基础设施

suburbia or high-rise

模型

Megatalls

mized units

challenges for structural and geotechnical engineers

height

可持续发展

social function

skyline

habitable building

I have to do what my client wants. That's why I don't have any clients!
Lebbeus Woods

valuation of the mutations

energy efficient

垂直密度
vertical density

辽宁科学技术出版社

总编
Directores y editores Directors and publishers
海拉尔德•明戈•比纳乔 Gerardo Mingo Pinacho和海拉尔德•明戈•马丁内斯 Gerardo Mingo Martínez

国际关系中国事务行政代表
Delegado ejecutivo relaciones internacionales en China Executive delegate for international relations in China
赵磊 Zhao Lei

主任编辑
Editora jefe Managing editor
Gabriela Vélez Trueba

图形及模型设计
Diseño gráfico y Maqueta Design and Layout
future arquitecturas s.l.

行政人员
Administración Administration
Belén Carballedo
Ignacio Rodríguez

翻译
Traducción Translation
李婵 （中、英文翻译）
Li Chan (Chinese-English)

垂直密度

高楼背后的理念

vertical density:

concepts behind any high-rise event

"BiG TREE".

目录
Contenidos
Contents

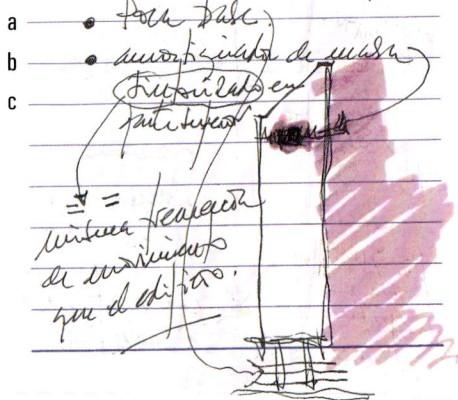

1 纽约花旗集团中心 CITICORP CENTER, NEW YORK

a 基础很小
POCA BASE LITTLE BASE

b 重物缓冲
AMORTIGUADOR DE MASA MASS ABSORBER

c 上部共振频率与建筑物固有频率相同
SINTONIZADOR CON LA MISMA FRECUENCIA DE MOVIMIENTO QUE EL EDIFICIO TUNER WITH THE SAME MOVEMENT FREQUENCY AS THE BUILDING

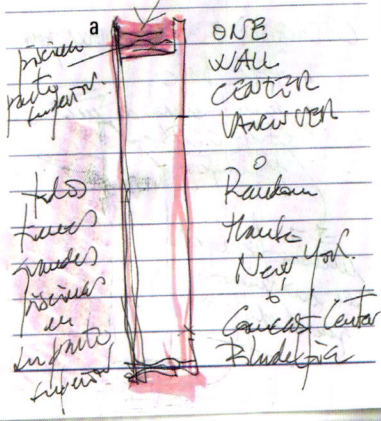

2 温哥华喜来登华尔中心 ONE WALL CENTER, VANCOUVER

a 共振缓冲装置放置于顶层且是一个游泳池
EL AMORTIGUADOR DE MASA ES LA PISCINA SITUADA EN LA PARTE SUPERIOR THE MASS ABSORBER IS THE SWIMMING POOL LOCATED AT THE UPPER FLOOR

其他案例 OTROS EJEMPLOS OTHER EXAMPLES

纽约兰登四季酒店 RANDOM HOUSE TOWER, NEW YORK, 2003
203米 · 52层 203 metres · 52 floors

COMCAST总部大楼 COMCAST CENTER, PHILADELPHIA, 2008
297米 · 58层 297 metres · 58 floors

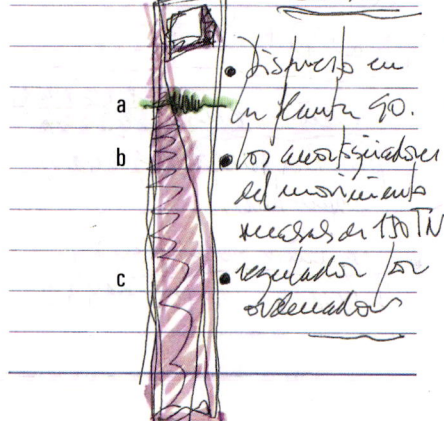

3 上海环球金融中心 SHANGHAI WORLD FINANCIAL CENTER

a 共振缓冲装置放置于第90层
AMORTIGUADOR DE MASA SINTONIZADO EN LA PLANTA 90 MASS ABSORBER LOCATED AT FLOOR PLAN 90

b 缓冲运动装置质量150吨
LOS AMORTIGUADORES DE MOVIMIENTO DE MASA DE 150 TN MASS MOVEMENT ABSORBERS OF 150 TN

c 电脑自动调节
REGULADO POR ORDENADOR REGULATED BY COMPUTERS

序言 Prólogo Prologue

斯德鲁哈尔数

——《玩具总动员》的名言"超越极限"

密集城市中的人口过剩问题让大楼越来越大，建筑越来越宏伟，通过解放第一层的空间，能让城市具有像山脉、丘陵的海拔一样的特点。这些宏伟的建筑物受风力的侵袭，能够降低气流的速度，造成气体涡流。流体不能包围涡流、和频繁吹进来的风引起力学共振。这是频率上的巧合：力与运动。

斯德鲁哈尔数是捷克物理学家范桑克·斯德鲁哈尔发明的描述风频的无因次量，跟建筑物的形状、风速成正比，跟建筑直径成反比，也就是说：

风频＝刚度/质量

质量方面要怎样做？实现楼板重量的最优化。刚度方面要怎样做？考虑到刚度与建筑高度成反比。

安装在摩天楼顶部的"调谐质量减震器"能产生与风力相同的运动频率，以此使共振平衡。因此，纽约花旗集团中心，温哥华喜来登华尔中心和上海环球金融中心，尽管基座面积有限，但仍可以高耸至279米（59层），150米（48层）和492米（101层）。对30层高的建筑来说，风力的危害更甚于地震。

高层建筑不断挑战着极限，取消了高度限制已经将我们导向对建筑造型和建筑艺术的颠覆。

"建筑是一门包罗万象的学科，涉及 科学、艺术、数学、工程学、气候、自然……"——诺曼·福斯特

El número Strouhal

"Hasta el infinito y más allá" Toy Story

La superpoblación en ciudades densamente pobladas tiende a reclamar edificios de elevadas dimensiones, megaestructuras, que, liberando espacio en el suelo, crean en la ciudad características similares a las elevaciones naturales de montañas y colinas. Estas megaestructuras sometidas a los vientos dentro de la atmósfera interrumpen la velocidad de los flujos, creando turbulencias, de forma que al no ser el fluido totalmente capaz de rodearlas, entran en resonancia mecánica con el viento despegándose con una estela de forma frecuencial. Es la coincidencia de frecuencias: fuerza + movimiento.

El numero Strouhal del físico checo Vincenc Strouhal, es un valor adimensional que relaciona la frecuencia del viento directamente proporcional a la forma de los edificios y a la velocidad del viento e inversamente proporcional al diámetro del edificio, es decir:

Frecuencia del viento: rigidez / masa

¿Cómo actuamos sobre la masa?, optimizando el peso de los forjados. ¿Cómo actuamos sobre la rigidez?, teniendo en cuenta que es inversamente proporcional a la altura del edificio.

Los "amortiguadores de masa sintonizados" situados en la parte superior de las torres generan la misma frecuencia de movimiento que el viento, equilibrando la resonancia. Así, las torres del Citicorp Centre de Nueva York [1], One Wall Center de Vancouver [2], o del Shanghai World Financial Center [3] con reducida base consiguen respectivamente alturas de 279m en 59 plantas, 150m en 48 plantas, y 492m en 101 plantas. En los edificios de más de 30 plantas hace más daño el viento que los terremotos.

Cuando los edificios en altura sólo persiguen la transgresión de las barreras, la abolición de los límites se extienden a una subversión de las formas y del arte de la arquitectura.

"La arquitectura es una disciplina omnicomprensiva que conjuga ciencia, arte, matemáticas, ingeniería, clima, naturaleza,..." Norman Foster

The Strouhal number

"To infinity and beyond" Toy Story

Overpopulation in dense cities tends to demand large size buildings, megastructures, which through the liberation of space on the ground floor create similar features in the city to the natural elevation of mountains and hills. These megastructures, subject to the winds in the atmosphere, cut off the speed of the flows, creating turbulences. The fluid is not capable to surround the turbulences and cause mechanical resonance with the wind coming off frequently as a trail. It is the coincidence of frequencies: force + motion.

The Strouhal number, from Czech physicist Vincenc Strouhal, is a dimensionless number which describes the frequency of wind, directly proportional to the shape of the buildings and the speed of wind and inverse proportional to the diameter of the building, that is to say:

Frequency of wind: rigidity / mass

How do we act on the mass?, optimizing the weight of the slabs. How do we act on the rigidity?, considering it is inverse proportional to the height of the building.

The "tuned mass absorbers" located on the top part of towers generate the same movement frequency as the wind, balancing the resonance. Thus, the Citicorp Center in New York [1], One Wall Center de Vancouver [2] or in Shanghai World Financial Center [3], with their limited base, soar respectively to a height of 279m/59 floors, 150m en 48 floors, and 492m/101 floors. Wind harms 30-floor buildings more than earthquakes.

When high-rise buildings just look for the transgression of borders, the abolition of the limits extends to the subversion of the forms and the art of architecture.

"Architecture is an 30 floors omnicomprehensive discipline embracing science, art, mathematics, engineering, climate, nature,..." Norman Foster

摩天大楼的未来

批评性评论

正如有些人对"垂直文化"很感兴趣——甚至可能很着迷——一样,我将一生中很长一段时间用于高层建筑的评论。国际大都市中的摩天大楼,看得见摸得着,在媒体报道中也经常露面,在知识分子的讨论、专业辩论中也时常涉及;这样看来,摩天大楼似乎成了主角,成为评论界具有代表性的一个主题。对高层建筑的这种极度关注让我得以在高层建筑的建造活动中经历各种悲喜:有时一座摩天楼会胎死腹中,有时又会重获新生。

如今,对我来说,似乎我们又沉浸在那些神奇的时刻中——设计师又回到实验室;或者那种感觉就像,比如说,在"欧洲曼哈顿"法兰克福开车经过巨大的广告牌,上面写着新一代节能型摩天楼即将建起;或者看完很多摩天楼竞赛的入围方案之后,感觉传统的"高层"定义已经主动让步了。

确实,比如说,杨经文、伦佐•皮亚诺工作室或者诺曼•福斯特事务所的作品,都让我们将当今的高层建筑更多地跟高效节能绿色的理念联系起来,而不会去联系造价高昂的钢筋混凝土大体量建筑;或者,正如在美国刚刚讨论的那样,很明显,比起传统的对土地的水平占据,"垂直选择"现在代表了一种真正生态环保的选择。

同时,建造技术同步的发展进步为更高、几乎不可能的建筑扫清了障碍。高抗力的材料和参数设计是在新一波设计方案背后的技术支撑,这些方案敢于挑战建筑的传统外观和现代摩天大楼的空间条件。这只是当数码专家、进步的思想家或者像杰斯•赖泽、纳纳科•尤梅默托那样的建筑师说到建筑新纪元的时候所描述的新建筑环境的一个方面。

未来?还是回到过去?

这个问题就是:这些针对摩天大楼建筑的新发展确实是对建筑类型史的新贡献吗?或者只是不可能实现的幻想?再者,如果是幻想的话,它们是否有能力创造摩天大楼真正的全新时代?

一方面,摩天大楼的历史告诉我们,大多时候,新理念和实际建起的建筑之间有很大的距离。而且创新的程度越高,想要实现,差距就越大。另一方面,没有创新的动力和对改变的渴望,就不可能满足新的需求。这种差距的很多实例都很能说明这个问题,大多是欧洲的设计方案在北美实施,一般不为大众所知。这里试举几例:意大利建筑师皮耶罗•波尔塔卢皮在1926年就设计了"地狱之城",跟理查德•迈耶为世贸遗址重建所做的方案和雷姆•库哈斯设计的北京摩天大楼群相比,波尔塔卢皮的预测能力很是惊人。在同样的发展趋势下,有人会质疑诺曼•福斯特事务所在为香港银行设计的结构理念中的创新性(这座建筑是摩天楼建筑的一座里程碑),尤其是看到德国建筑师雨果和博多•拉什1928年设计的"悬垂公寓大厦"。

现实是:对大多数当代摩天大楼的评论可以说是一个乏味的王国,也是旧时尚的克隆天堂,极少有例外。比如说,密斯•凡德罗20世纪20年代创造的玻璃盒子类型建筑,二战后贴上了美国标签售往全世界,甚至到了今天仍然是现代高层建筑的模式。垂直、以空间为主、空间均质性、标准化、消耗能源以及矩形网格的结构,在二战前就已经是新理念了,而现在仍然是设计师的主要灵感来源。

必须的条件

垂直新纪元的到来需要什么?缺失的环节是什么?

以下是三点反思:

•建筑师和城市规划师有责任推翻社会上"城市水平扩张能让个人享有更多土地,比垂直居住的选择更好"这种观点。另外关键的一点是,重新思索我们的城市,将其视为更加紧密、坚实的实体,能够吸收涌向城市的大量人口。

•对"垂直建筑对当代问题的积极贡献"的共识能将我们带入一个新的局面:垂直走向不是一种豁免,而是广为流传的东西。那时,垂直走向不再被视为奇异,而将成为大众建筑。这里,我们面临的挑战就是如何让高层建筑更让人负担得起(如果市场投机适度,这绝对不是问题)、更人性化。

•第三个关键就是:从文化桎梏和对建筑类型的传统观念中解放出来。如今许多设计师(如MRVDV建筑事务所、金兹伯格、库哈斯)已经建议,垂直走向也能做得复杂,结合多重甚至水平空间。

一种全新的中庸观点

发展的障碍也越来越多地来自社会和政治,而非理论。我们呼唤一种适度,一种新的观念模式,将垂直文化从少数人的精英文化转变为更人性化、对城市当局和市民来说都更能负担得起、更能接受的大众文化。如果能做到这样,我们将需要新的建筑原型,将需要更多的大体量垂直建筑,高层建筑演变的新阶段将会到来。否则,我们会一直做着摩天大楼的美梦,讨论着新的城市理论,规划着美丽的乌托邦,但是大多美好的构想都要等待数十年才能实现,就像前面提到的几个项目那样。

哈维•金塔纳

哈维•金塔纳是主要在马德里从事建筑的建筑师。
Taller Básico de Arquitectura建筑师事务所合伙经理人。
塞戈维亚/马德里IE School of Architecture建筑学院院长。
他的博士课题研究的对象是摩天大楼文化,尤其在欧洲有突出贡献。

El futuro del Rascacielos

Observación crítica

Como alguien muy interesado – probablemente obsesionado – con la cultura vertical, dedico largos periodos de mi vida al estudio de la altura. A través de la exposición óptica o física en el espacio metropolitano, a través de la presencia continua en la materia impresa, o a través de la polémica en el debate intelectual y profesional, las torres y los rascacielos parecen disfrutar de un rol protagonista que los convierten en sujetos icónicos de observación. Esta especie de voyeurismo por la altura me ha permitido experimentar los ascensos y descensos de su actividad constructiva, que abarca desde la supuesta muerte del rascacielos hasta su continuo renacimiento.

Hoy, me parece que estamos inmersos de nuevo en uno de esos mágicos momentos donde los proyetistas han vuelto al laboratorio experimental; o así parece después de, por ejemplo, conducir en Frankfurt "Mainhattan" a través de carteles publicitarios enormes que anuncian la construcción de una nueva generación de rascacielos eficientes; o después de ver docenas de propuestas de concursos de rascacielos donde la definición tradicional de "construir en altura" se compromete de forma voluntaria.

Es verdad, por ejemplo, que los trabajos de Kean Yeang, Renzo Piano Workshop o Foster & Partners nos permiten relacionar los edificios en altura más con la maquinaria de la eficiencia verde que con carísimos mamuts de hormigón y acero; o, como se viene discutiendo en los últimos tiempos en Estados Unidos, que la opción vertical representa ahora una alternativa ecológica real al tradicional consumo horizontal del territorio.

En paralelo, la equivalente evolución en la tecnología de la construcción ha aclarado el camino para edificios más altos, casi imposibles. Materiales altamente resistentes y diseños paramétricos están detrás de una nueva ola de propuestas que retan la imagen tradicional y las condiciones espaciales de los rascacielos modernos. Esta es sólo una cara del nuevo contexto arquitectónico descrito por gurús digitales, pensadores progresistas, o arquitectos como Jesse Reiser y Nanako Umemoto cuando se refieren a una era novel en la tectónica.

¿Futuro o de nuevo al pasado?

La cuestión es si estos supuestos pasos en la arquitectura del rascacielos son verdaderas contribuciones a la historia de la tipología o sólo quimeras no realistas. Y, si es así, si tienen la capacidad de crear una verdadera e identificable generación de rascacielos.

Por un lado, la historia del rascacielos demuestra que la distancia entre nuevos conceptos y la realidad construida es, en la mayoría de los casos, demasiado grande. Y cuanto más novedoso, mayor es la distancia para una posible materialización. Por otro lado, sin el empuje de la novedad y la ambición de cambio, la adaptación a nuevas necesidades habría sido imposible. Algunos casos de estas distancias son muy ilustrativos, siendo la mayoría ideas europeas y materializaciones norteamericanas, no muy conocidas por la gran audiencia. Para enumerar algunos, es sorprendente la capacidad de predicción del arquitecto italiano Piero Portaluppi en su "Ciudad del Infierno" de 1926 comparada con la propuesta de Richard Meier para la reconstrucción de la Zona Cero o el rascacielos de Rem Koolhaas en Beijing. En la misma línea, uno cuestiona lo novedoso del concepto estructural del Banco de Hong Kong de Foster – un hito en la arquitectura del rascacielos – cuando ve el proyecto de "una torre de viviendas colgadas" de los arquitectos alemanes Hugo y Bodo Rasch.

La realidad es que, con muy pocas excepciones, el estudio de la mayoría de los ejemplos de rascacielos contemporáneos es el reino del aburrimiento y el paraíso de la clonación de viejas tendencias. El prototipo de caja de vidrio, por ejemplo, inventada por Mies van der Rohe en los años 20 y vendido como marca americana alredor del mundo después de la II Guerra Mundial, representa aún ahora, el modelo de los modernos edificios en altura. Y la verticalidad, el protagonismo volumétrico, la isotropía espacial, la estandarización, los sistemas basados en el consumo y las estructuras malladas ortogonales, que ya eran nuevos antes de la II Guerra Mundial, son aún la mayor fuente de inspiración de los arquitectos.

Las condiciones necesarias

¿Qué es necesario para la llegada de la nueva era vertical? ¿Cuáles son los nexos que faltan?

Aquí hay algunas ideas para la reflexión:

· Existe una responsabilidad que debe ser ejercitada por los arquitectos y urbanistas frente a la sociedad para revertir la idea de que la expansión horizontal de las ciudades relacionada con el aprovechamiento privado del territorio es aún una mejor opción que la vida vertical. Es también crucial repensar nuestras ciudades como entidades más compactas con la capacidad de absorber la masiva tendencia migratoria de la población hacia las ciudades.

· Un acuerdo común sobre la positiva contribución de la arquitectura vertical a los problemas contemporáneos podría llevarnos a un escenario donde desarrollarse en vertical no sería una excepción sino algo extendido. La singularidad que rodea los eventos verticales se habría acabado y estaría disponible al público. El reto está en hacer la arquitectura en altura más asequible – que realmente no es un problema cuando la especulación es moderada – y más humana.

· Tercero, es crucial liberarnos de clichés culturales y entendimientos tradicionales de la tipología. Como muchos diseñadores ya han propuesto (MRVDV, Ginzburg o Koolhaas), los elementos verticales también pueden ser complejos, combinando volúmenes múltiples e incluso horizontales.

Una nueva, moderada actitud

Los obstáculos para el desarrollo son, además, más bien sociales y políticos que tecnológicos. Se necesita una llamada a la moderación, y una nueva perspectiva que transforme la cultura vertical desde una situación elitista y excepcional a algo más humano, asequible y aceptable para tanto las autoridades de la ciudad como para los ciudadanos. Si se consigue, se necesitarán nuevos prototipos, se crearán masivas oportunidades verticales y llegará a la siguiente fase de la evolución de la altura. Sino, seguiremos generando sueños de rascacielos, discutiendo nuevas teorías urbanas, dibujando maravillosas utopías, pero la mayoría de las ideas brillantes seguirán esperando durante décadas a hacerse realidad como algunas de las mencionadas anteriormente.

Javier Quintana

Javier Quintana es arquitecto en ejercicio con sede en Madrid.
Es co-director del Taller Básico de Arquitectura
Decano de IE School of Architecture, Segovia / Madrid.
Su doctorado e investigación están dedicadas a la cultura de los rascacielos, sobre todo en la contribución europea.

The future of the Skyscraper

Critical observation

As someone very much interested - probably obsessed - with vertical culture, I devote long periods of my life to high-rise observation. Through optical and physical exposure in metropolitan space, through continuous presence in printed matter, or through polemics in the intellectual and professional debate, towers and skyscrapers seem to enjoy a protagonist role which makes them iconic subjects of observation.

This kind of high rise voyeurism has allowed me to experience up and downs in high-rise construction activity, which span from the supposed death of the skyscraper to its continued rebirth.

Today, it seems to me that we are immersed again in one of those magic moments when designers are back to the experimental lab; or so it feels after, for example, driving in Frankfurt's "Mainhattan" through jumbo size billboards announcing the construction of a new generation of energy efficient skyscrapers; or after reviewing dozens of skyscraper competition entries where the traditional definition of "building high" is voluntarily compromised.

It is true, for example, that the works by Kean Yeang, Renzo Piano Workshop or Foster & Partners allows us to relate today high-rises more to energy efficient green machinery than to costly concrete + steel mammoths; or, as it has been discussed lately in the United States, it is also clear that the vertical option now represents a real ecological alternative to the traditional horizontal consumption of territory.

In parallel, the equivalent evolution in construction technology has cleared way to higher, almost impossible buildings. High resistant materials and parametric design are behind a new wave of proposals that challenge the traditional look and spatial conditions of modern skyscrapers. This is just one side of the new architecture context described by digital gurús, progressive thinkers, or architects like Jesse Reiser and Nanako Umemoto when referring to a novel era in tectonics.

Future or back to past?

The question here is if these supposedly steps forward in skyscraper architecture are true new contributions to the history of the typology or just non-realistic chimeras. And, if so, whether they have the capacity to create a true and identifiable generation of skyscrapers.

On the one hand, skyscraper history demonstrates that the distance between new concepts and built reality is, most of the times, too big. And the higher the level of novelty, the bigger the gap with possible materialization. On the other hand, without the drive for novelty and the ambition for change, the adaptation for new needs would have been impossible. Some cases of this gap are very illustrative, being mostly European ideas and North Americans materializations, not much known for the bigger audience. To quote some, it is astonishing the prediction capacity of the Italian architect Piero Portaluppi in his 1926 "Hell City" compared to Richard Meier's proposal for the reconstruction of Ground Zero or Rem Koolhaas' "skyscraper knot" in Beijing. In the same trend, one questions the novelty of Foster Associate's structural concept for the Hong Kong Bank - a milestone in skyscraper architecture - when seeing 1928 design for a "tower of hanging apartments" by the German architects Hugo and Bodo Rasch.

The reality is that, with very few exceptions, the observation of the majority of contemporary skyscraper practice is the kingdom of boredom and the paradise of cloning of old trends. The glass box prototype, for example, invented by Mies van der Rohe in the 1920's, and sold under American label throughout the world after World War II, is still the model for modern high-rises even today. And verticality, volumetric protagonism, spatial isotropy, standardization, consumption based systems and orthogonal grid based structures, already new before World War II, are still the main source of inspiration for architects.

The necessary conditions

What is necessary for the upcoming of new vertical era? Which are the missing links?
Here are three ideas for reflection:
- There is a responsibility to be exercised by architects and urban planners in front of society to reverse the idea that horizontal expansion of cities linked to private enjoyment of the territory is still a better option than vertical living. It is also crucial to rethink our cities as more compact entities with the capacity to absorb the massive trend of population migration towards cities.
- Common agreement over the positive contribution of vertical architecture to contemporary problems could take us then to a new scenario where going vertical would not be an exemption but something widespread. The singularity that surrounds vertical events would be then, over, and available to the public. The challenge here lies in making high-rise architecture more affordable - which is really not a problem when speculation is moderate - and more human.
- Thirdly, it is crucial to free ourselves from cultural clichés and from traditional understandings of the typology. As many designers have already proposed (MRVDV, Ginzburg or Koolhaas), vertical events can be also complex, combining multiple and even horizontal volumes.

A new, moderate attitude

The obstacles for advancement are also more social and political, rather than technological. A call for moderation, and a new mindset that transforms vertical culture from an elite and exceptional situation into something more human, affordable and acceptable both for city authorities and citizens is needed. If this is achieved, new prototypes will be needed, massive vertical opportunities will be created and the next phase for high-rise evolution will arrive. If not, we will keep generating skyscraper dreams, discussing new urban theories, drawing beautiful utopias, but most brilliant ideas will keep waiting for decades to come true like some of the ones mentioned before.

Javier Quintana

Javier Quintana is a practising architect based in Madrid.
He is co–director of Taller Básico de Arquitectura and the
Dean of IE School of Architecture, Segovia/Madrid.
His Ph.D. and research work focuses on skyscraper culture, mostly on the European contribution.

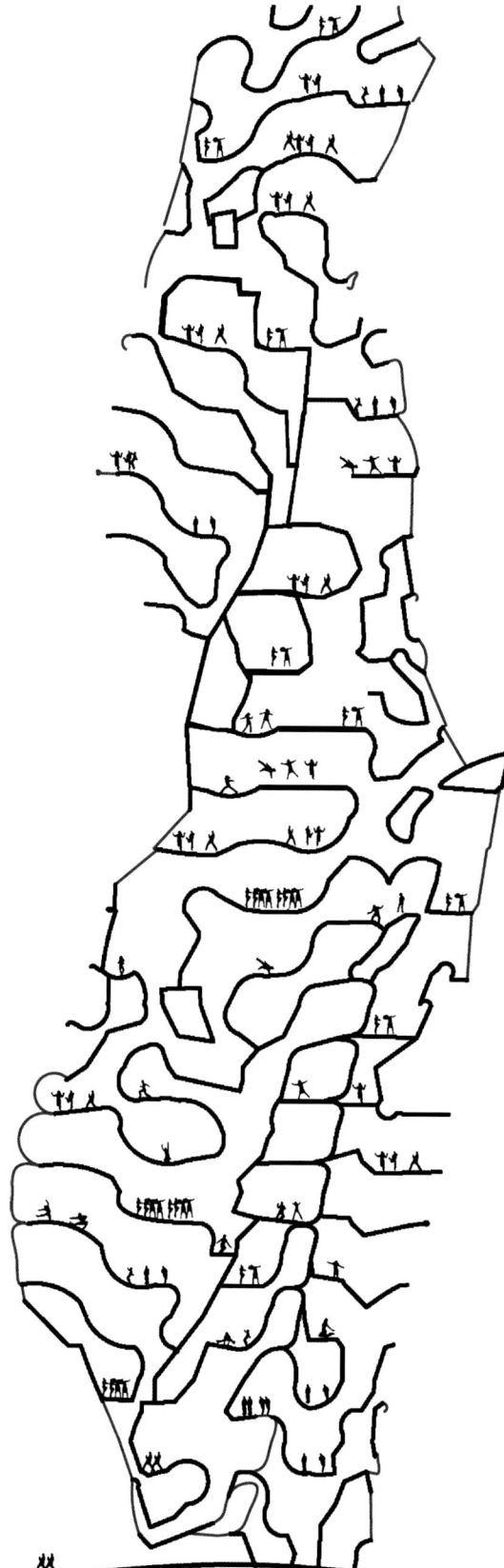

高层建筑的七种类型
7 claves de la tipología en altura
7 steps of the high-rise typology

垂直方案作为水平土地资源消耗的替代选择。

la opción vertical como alternativa al tradicional consumo horizontal del territorio.

the vertical option as alternative to the traditional horizontal comsumption of the territory

整体构造
tectónica
tectonics

如今的高层建筑比以往任何时候都多，而高层建筑的关键设计问题之一，除了风力或者地震之外，就是使用者舒适度。

"There are more tall buildings going up now than ever before and one of the critical design issues, apart from wind loads or seismic events, is occupant comfort"

罗里•麦克高文 Rory McGowan
ARUP建筑事务所结构工程师、经理 Structural engineer and director at ARUP

多罗班蒂大厦
Torre de Dorobanti
Dorobanti Tower

布加勒斯特, 罗马尼亚 Bucharest, Romania

扎哈 哈迪德及帕特里克 斯楚马切
ZAHA HADID
WITH PATRIK SCHUMACHER

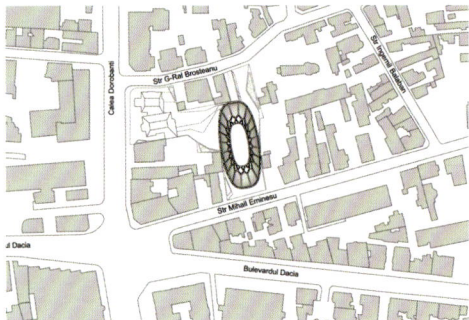

多罗班蒂大厦纯净的形态——去角的菱形结构——将成为这座城市中心的一个标志。大厦采用独特的蜿蜒的网状结构框架，顶端自然地变窄。这个项目包含面积为34000平方米的5星级酒店（包括多家餐厅以及一个会议中心）、35000平方米的奢华公寓套房和大厦低层的4600平方米的零售区。

La pureza de su forma – una estructura biselada tipo diamante – establecerá una presencia icónica en el corazón de la ciudad. La torre integra un marco formado por una serpenteante malla estructural y expresa de forma natural el cambiante programa que disminuye con la altura. El proyecto alberga un hotel de 5 estrellas de 34.000m2 (que incluye un restaurante y un centro de convenciones), 35.000m2 de lujosos apartamentos y áreas comerciales en sus niveles más bajos de 4.600m2.

The purity of its form – a chamfered diamond-like structure – will establish an iconic presence in the heart of the city. The tower integrates a distinct meandering structural mesh frame and naturally expresses the changing and tapering programme. The project comprises 34,000 square metres of a five-star hotel (including restaurants and a convention centre), 35,000 square metres of luxury apartments and lower level retail areas of 4,600 square metres.

200 m

阶段 estado state
EN PROCESO IN PROCESS 设计中

项目建筑师 arquitecto de proyecto project architect
MARKUS PLANTEU

团队 equipo team
DENNIS BREZINA, NAOMI FRITZ, SUSANNE LETTAU, THOMAS MATHOY, GOSWIN ROTHENTHAL, ROOSHAD SHROFF, SEDA ZIREK

人潮 FLUJO PEATONAL PEDESTRIAN FLOW

消耗 CONTRARRESTAR OFFSET

独立单元 VILLAS VILLAS

未来发展 FUTURO DESARROLLO FUTURE DEVELOPMENT

补偿 COMPENSAR COMPENSATION

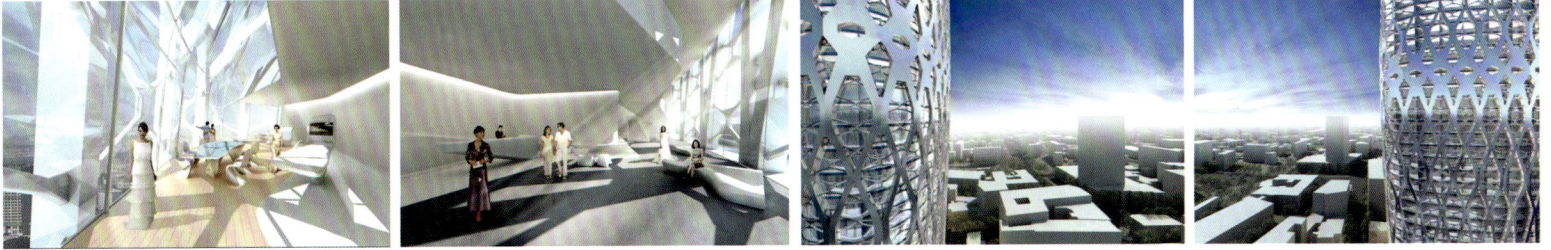

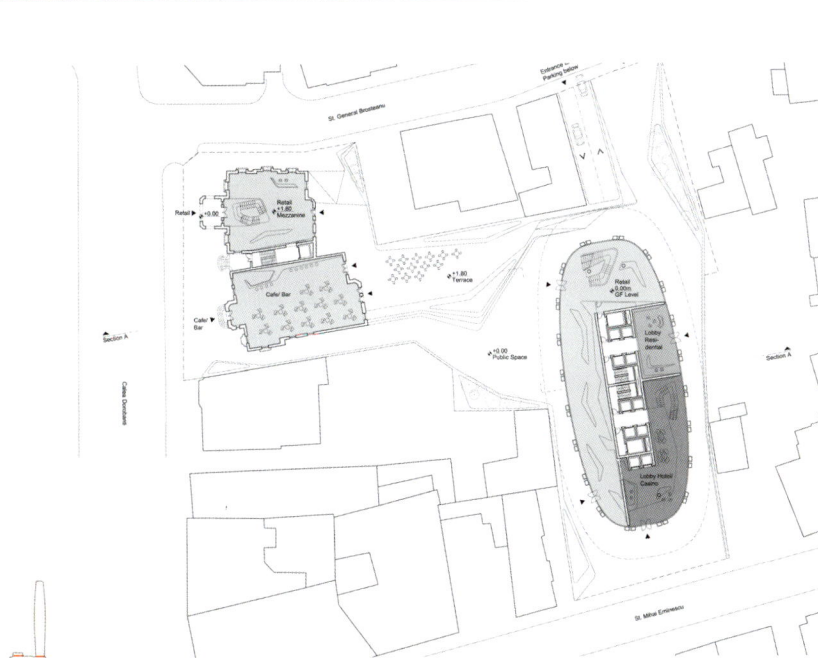

底层入口平面图 NIVEL 0 ACCESO LEVEL 0 ENTRANCE

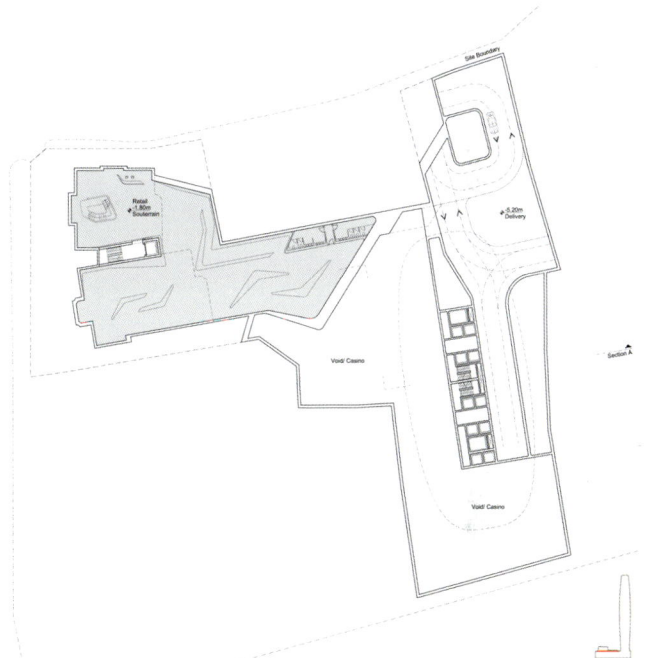

地下一层商业区平面图 NIVEL -1 COMERCIO LEVEL -1 RETAIL

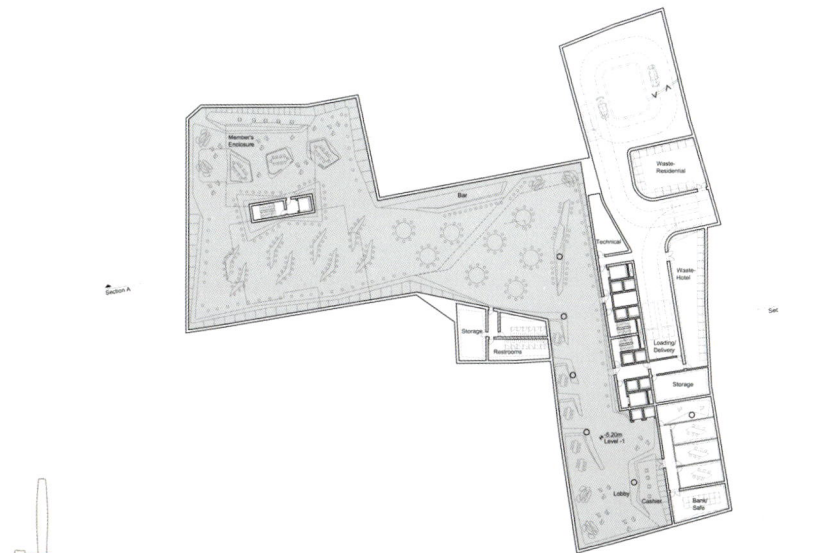

地下二层赌场平面图 NIVEL -2 CASINO LEVEL -2 CASINO

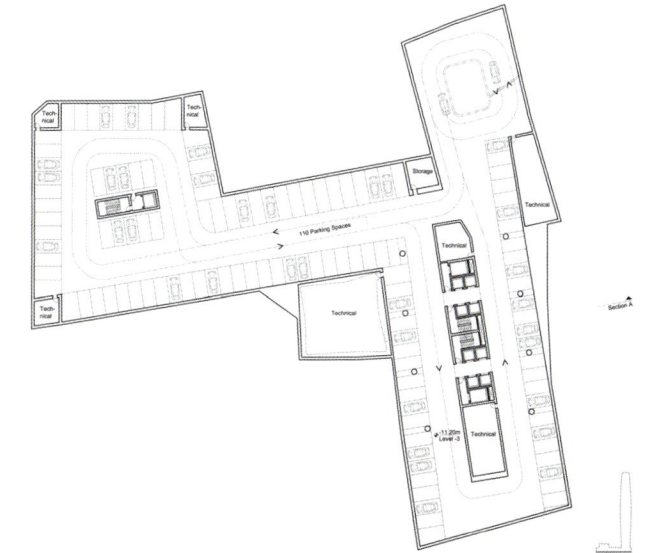

地下三层停车场平面图 NIVEL -3 APARCAMIENTO LEVEL -3 PARKING

公寓结构 ESQUEMA APARTAMENTOS APARTMENT LAYOUT
每层12户 12 UNIDADES POR PLANTA 12 UNITS PER FLOOR

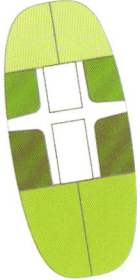

公寓结构 ESQUEMA APARTAMENTOS APARTMENT LAYOUT
每层8户 8 UNIDADES POR PLANTA 8 UNITS PER FLOOR

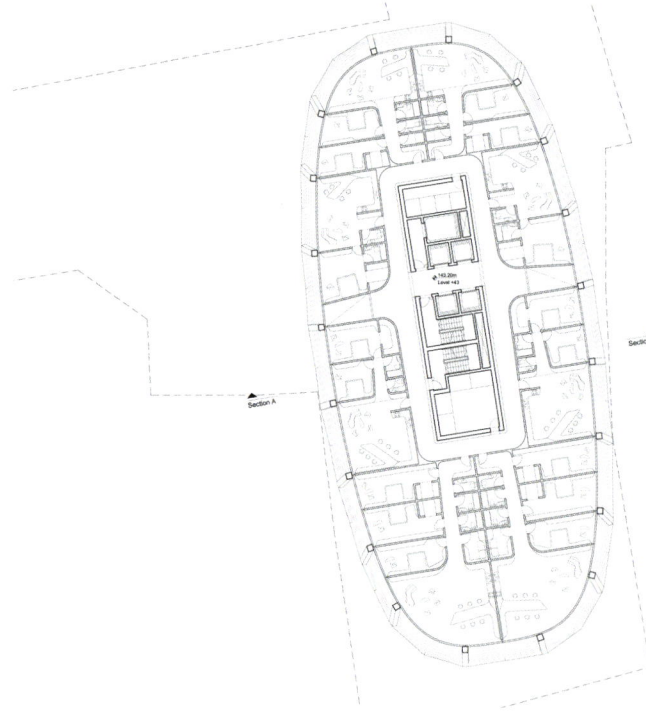

公寓典型层平面图 PLANTA TIPO RESIDENCIAL TYPICAL RESIDENTIAL FLOOR PLAN

公寓 RESIDENCIAL RESIDENTIAL
天厅·酒吧 LUCERNARIO · BAR SKYLOBBY · BAR
水疗·泳池 SPA · PISCINA SPA · POOL
楼层 NIVEL PLANTAS PLANT LEVEL
酒店 HOTEL HOTEL
会议中心 CENTRO DE CONVENCIONES CONVENTION CENTRE
餐厅 RESTAURANTE RESTAURANT
商业区 COMERCIO RETAIL
门厅 VESTÍBULO LOBBY
赌场 CASINO CASINO
停车场·设备部 APARCAMIENTO · INSTALACIONES PARKING · TECHNICAL
公共区域 ESPACIO PÚBLICO PUBLIC SPACE

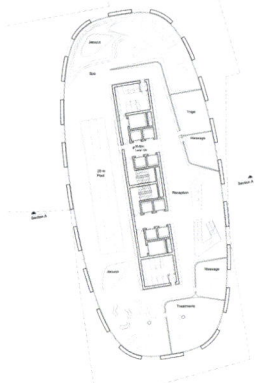

二十七层平面图 NIVEL + 27 LEVEL + 27

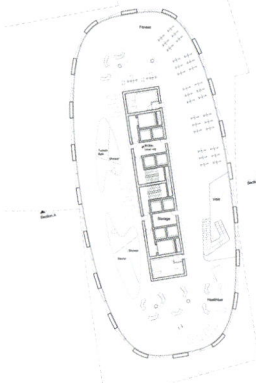

二十八层平面图 NIVEL + 28 LEVEL + 28

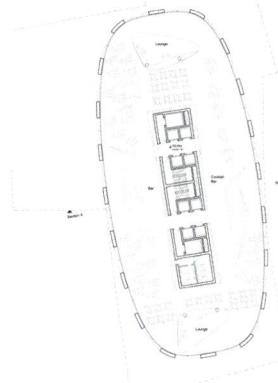

二十九层水疗 NIVEL + 29 SPA LEVEL + 29 SPA

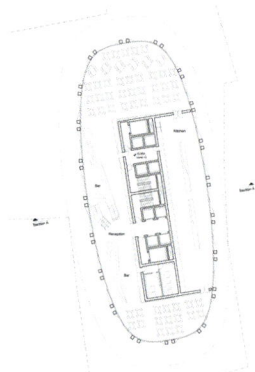

三层酒店 NIVEL + 3 RESTAURANTE LEVEL + 3 RESTAURANT

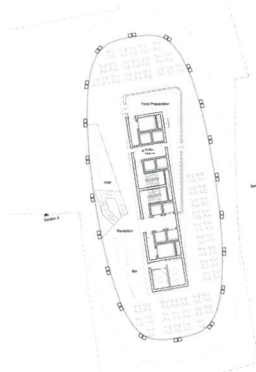

四层餐厅 NIVEL + 4 RESTAURANTE LEVEL + 4 RESTAURANT

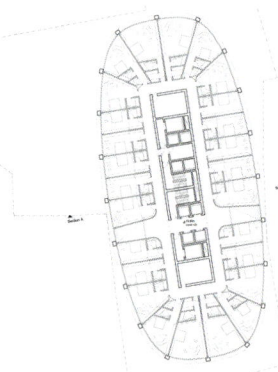

二十一层酒店典型层 NIVEL + 21 PLANTA TIPO HOTEL LEVEL + 21 TYPICAL HOTEL PLAN

+200.00m

+200.00m

±0.00m

±0.00m

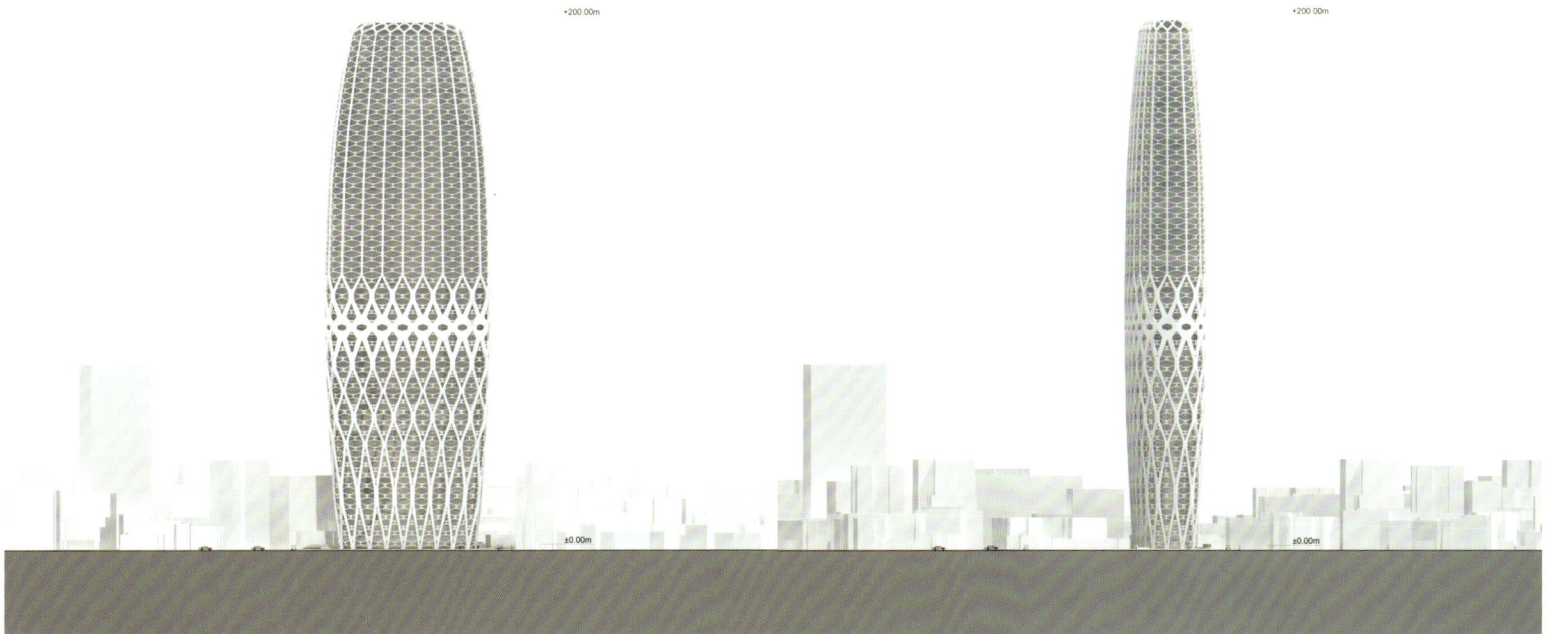

东立面图 ALZADO ESTE EAST ELEVATION

南立面图 ALZADO SUR SOUTH ELEVATION

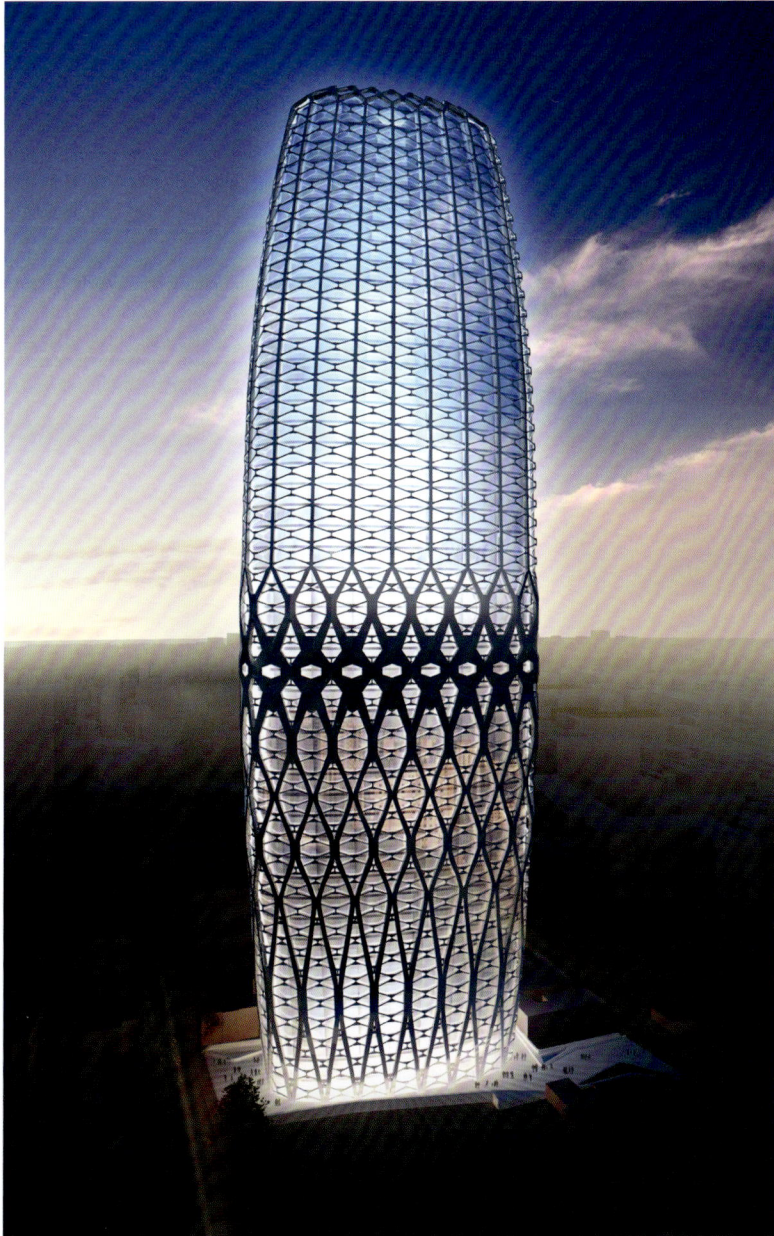

O-14 大厦
O-14

迪拜, 阿联酋 Dubai, UAE

Reiser + Umemoto 建筑师事务所

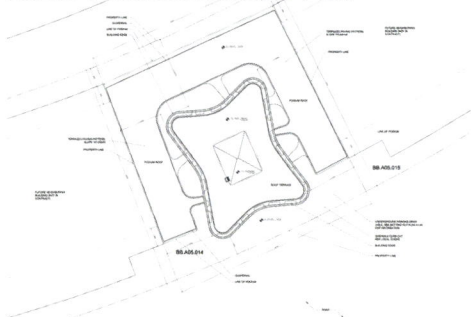

105.7 m

阶段 **estado** state
TERMINADO COMPLETED 设计完成

建筑师 **arquitectos** architects
JESSE REISER, NANAKO UMEMOTO

团队 **equipo** team
MITSUHISA MATSUNAGA, KUTAN AYATA,
JASON SCROGGIN, COOPER MACK, MICHAEL OVERBY,
ROLAND SNOOKS, MICHAEL YOUNG

结构工程 **ingeniería estructural** structural engineering
YSRAEL A. SEINUK

现场建筑师 **arquitecto local** architect of record
ERGA PROGRESS

助理设计 **asistentes** assistants
TINA TUNG, RAHA TALEBI, YAN WAI CHU

门窗幕墙顾问 **consultor de ventanas y muro** window wall consultant
R.A.HEINTGES&ASSOCIATES

    O-14项目为"迪拜商务湾"提供了30多万平方英尺的办公空间。该项目位于迪拜湾的扩展地区，占据了海滨平坦场地上的重要地段。项目是个"内外倒置"的类型——结构和表面经过翻转来实现建筑构造和建筑空间的一种新的经济。大厦的混凝土外壳是一种更高效的骨骼结构，将建筑核心从侧力的压力中解放出来，在建筑内部创造出高效、无柱的开放空间。这样，未来的租户便可以根据自身具体需要来自由安排室内空间。因此，格局的设计是综合了毛细血管分支、倾斜垂直咬合、不透明、环境作用、结构构造和气流的结合产物。

O-14 tiene más de 300.000 m² de espacios de oficinas para la Bahía Financiera de Dubai. O-14 se localiza en la extensión de la Cala de Dubai, ocupando un lugar prominente en la explanada del frente marítimo. Con O-14 la tipología de la torre se ha concebido desde dentro hacia fuera – la estructura y la piel se han fusionado para ofrecer una nueva economía de la tectónica y del espacio. El caparazón de hormigón de la torre proporciona un exoesqueleto estructural eficiente que libera el núcleo de cargas laterales y crea una alta eficiencia, espacios sin pilares en su interior. Consecuentemente, los futuros inquilinos pueden organizar un espacio flexible en cada planta dependiendo de sus necesidades individuales. Como resultado, el patrón es una combinación entre la capilaridad, los gradientes de la circulación vertical, opacidad, efectos medioambientales, el campo estructural y el campo de las turbulencias.

O-14 comprises over 300,000 square feet of office space for the Dubai Business Bay. O-14 is located along the extension of Dubai Creek, occupying a prominent location on the waterfront esplanade. With O-14, the tower typology has been turned inside out - structure and skin have flipped to offer a new economy of tectonics and of space. The concrete shell of the tower provides an efficient structural exoskeleton that frees the core from the burden of lateral forces and creates highly efficient, column-free open spaces in the building's interior. Consequently, the future tenants can arrange the flexible floor space according to their individual needs. As a result, the pattern design is a combination of a capillary branching field, gradients of vertical articulation, opacity, environmental effects, a structural field, and a turbulence field.

大楼等视图 ISOMETRICA DE TORRE TOWER ISOMETRIC

群房等视图 ISOMÉTRICA DEL PODIO PODIUM ISOMETRIC

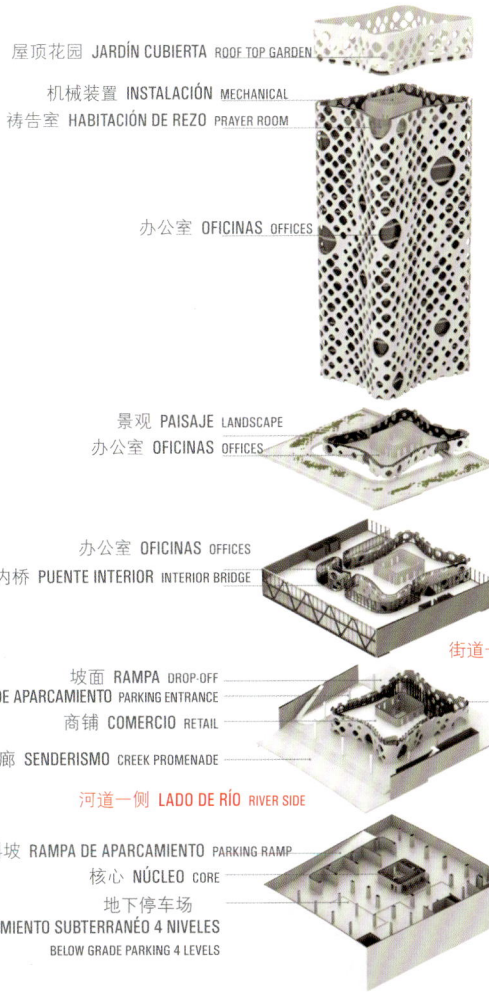

屋顶花园 JARDÍN CUBIERTA ROOF TOP GARDEN

机械装置 INSTALACIÓN MECHANICAL
祷告室 HABITACIÓN DE REZO PRAYER ROOM

办公室 OFICINAS OFFICES

景观 PAISAJE LANDSCAPE
办公室 OFICINAS OFFICES

办公室 OFICINAS OFFICES
内桥 PUENTE INTERIOR INTERIOR BRIDGE

街道一侧 LADO DE CALLE STREET SIDE

坡面 RAMPA DROP-OFF
车场入口 ENTRADA DE APARCAMIENTO PARKING ENTRANCE
商铺 COMERCIO RETAIL
河长廊 SENDERISMO CREEK PROMENADE

河道一侧 LADO DE RÍO RIVER SIDE

停车场斜坡 RAMPA DE APARCAMIENTO PARKING RAMP
核心 NÚCLEO CORE
地下停车场
APARCAMIENTO SUBTERRANÉO 4 NIVELES
BELOW GRADE PARKING 4 LEVELS

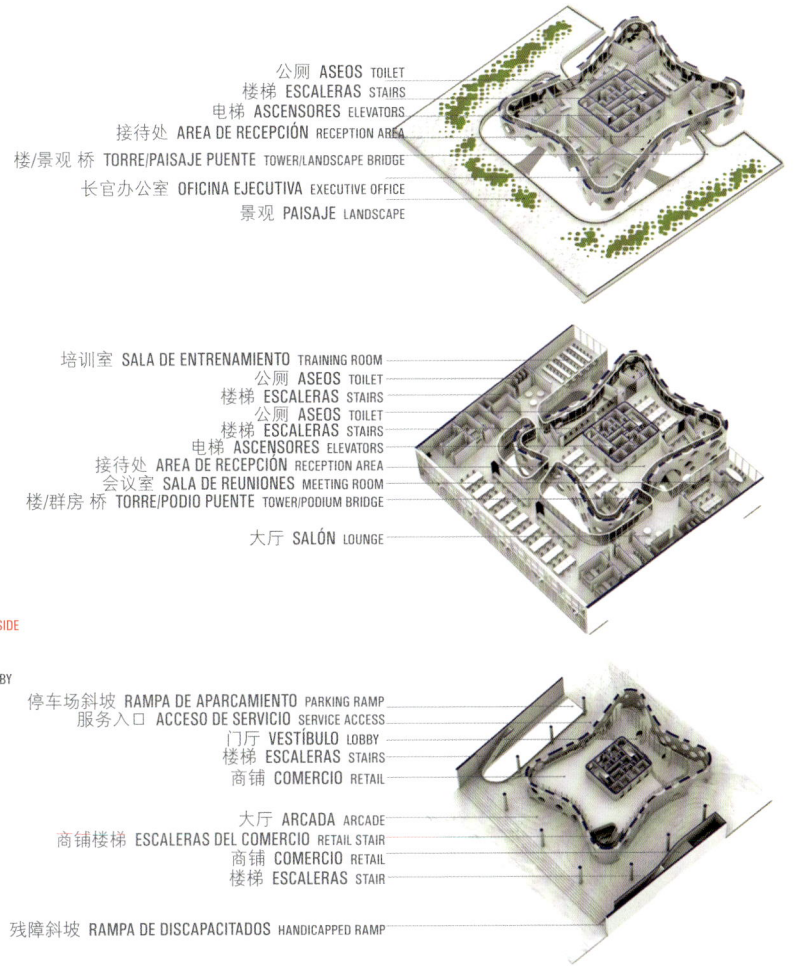

公厕 ASEOS TOILET
楼梯 ESCALERAS STAIRS
电梯 ASCENSORES ELEVATORS
接待处 AREA DE RECEPCIÓN RECEPTION AREA
楼/景观 桥 TORRE/PAISAJE PUENTE TOWER/LANDSCAPE BRIDGE
长官办公室 OFICINA EJECUTIVA EXECUTIVE OFFICE
景观 PAISAJE LANDSCAPE

培训室 SALA DE ENTRENAMIENTO TRAINING ROOM
公厕 ASEOS TOILET
楼梯 ESCALERAS STAIRS
公厕 ASEOS TOILET
楼梯 ESCALERAS STAIRS
电梯 ASCENSORES ELEVATORS
接待处 AREA DE RECEPCIÓN RECEPTION AREA
会议室 SALA DE REUNIONES MEETING ROOM
楼/群房 桥 TORRE/PODIO PUENTE TOWER/PODIUM BRIDGE
大厅 SALÓN LOUNGE

门厅 VESTÍBULO LOBBY

停车场斜坡 RAMPA DE APARCAMIENTO PARKING RAMP
服务入口 ACCESO DE SERVICIO SERVICE ACCESS
门厅 VESTÍBULO LOBBY
楼梯 ESCALERAS STAIRS
商铺 COMERCIO RETAIL

大厅 ARCADA ARCADE
商铺楼梯 ESCALERAS DEL COMERCIO RETAIL STAIR
商铺 COMERCIO RETAIL
楼梯 ESCALERAS STAIR

残障斜坡 RAMPA DE DISCAPACITADOS HANDICAPPED RAMP

Sebastian Opitz

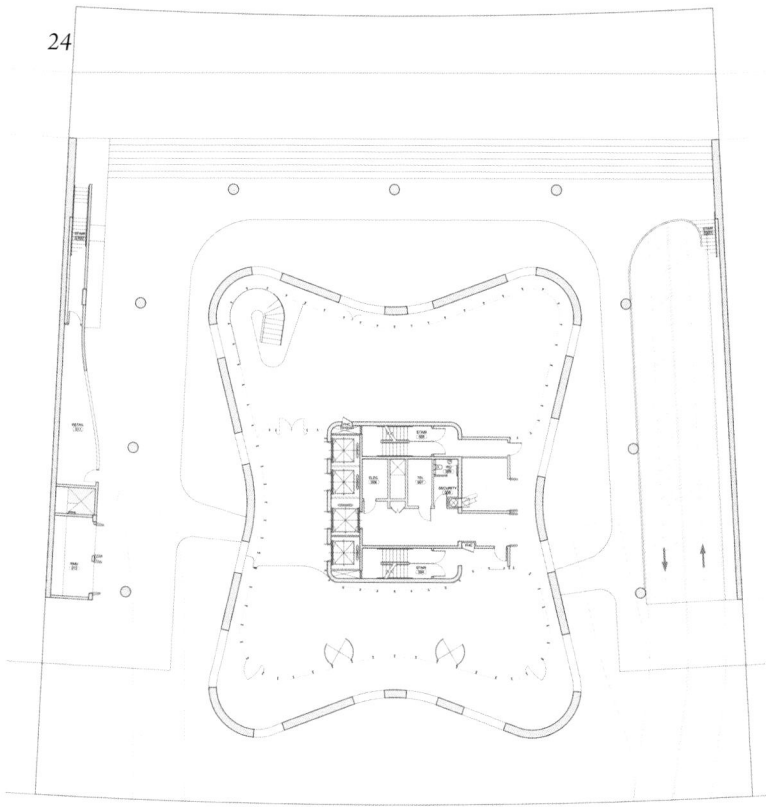

底层平面图 PLANTA BAJA GROUND FLOOR PLAN

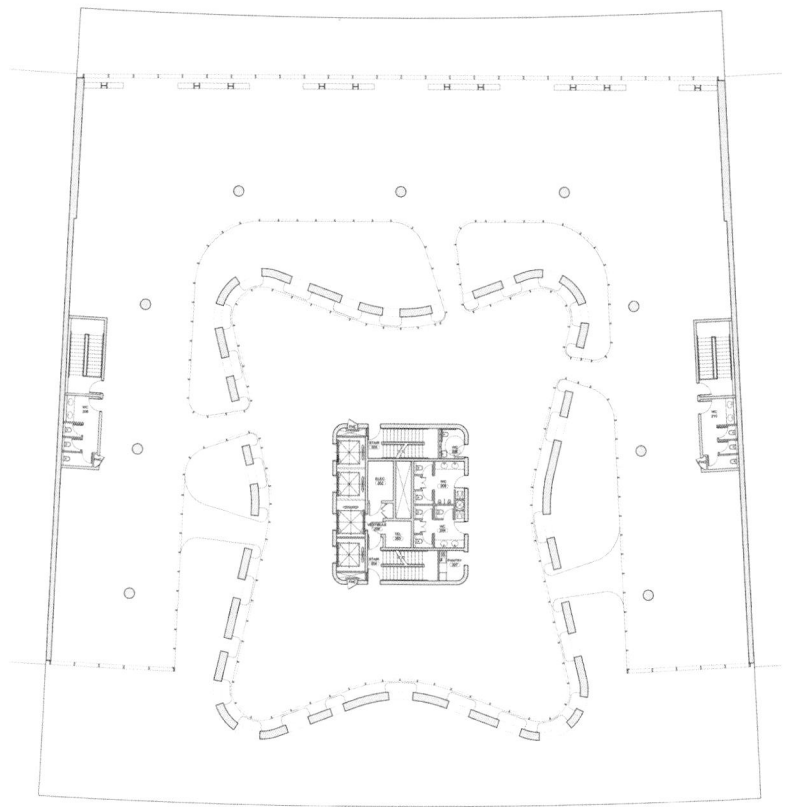

二层平面图 PLANTA PRIMERA FIRST FLOOR PLAN

面河立面图 ALZADO HACIA EL AGUA WATER SIDE ELEVATION

东北立面图 ALZADO NORESTE NORTHEAST ELEVATION

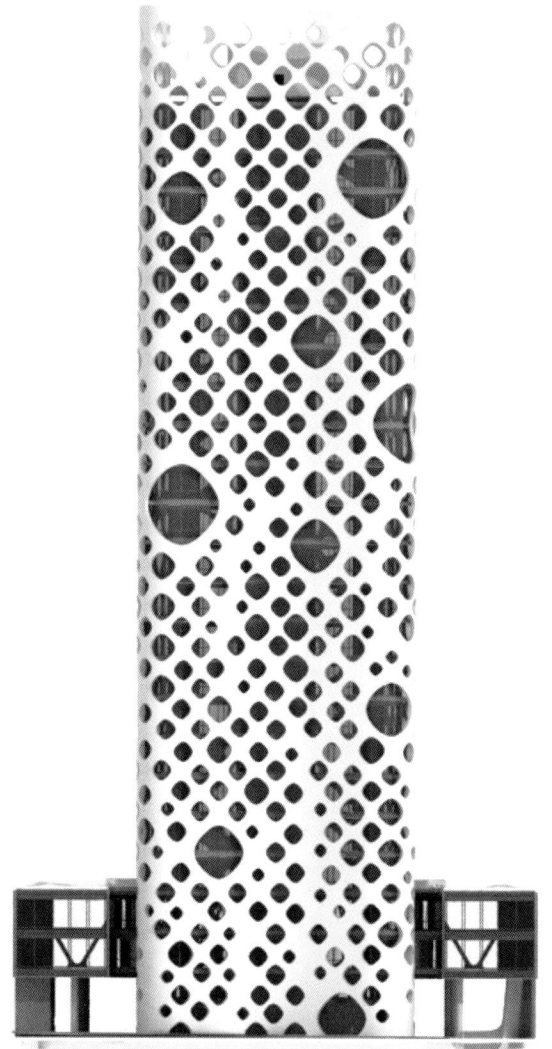

面街立面图 ALZADO HACIA CALLE STREET SIDE ELEVATION

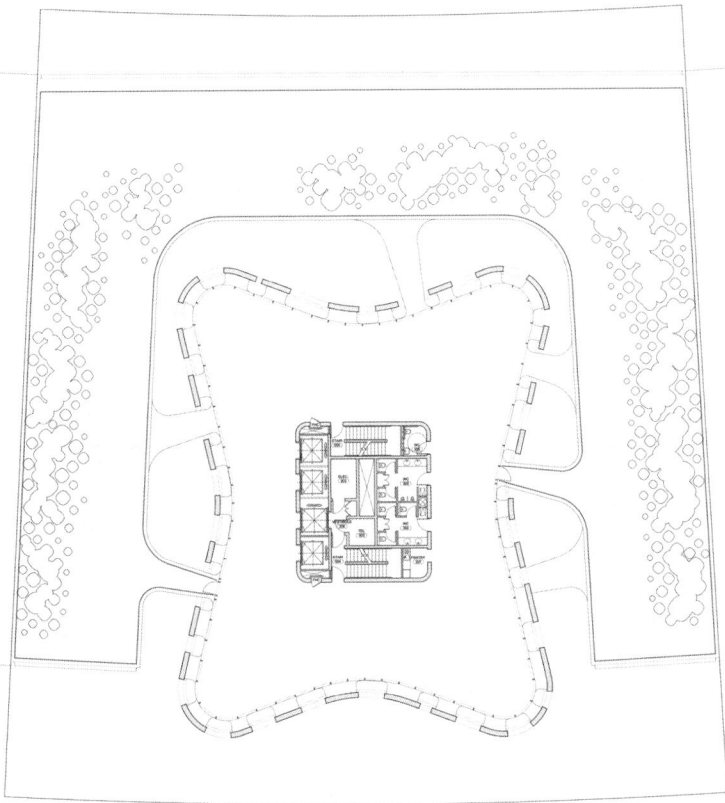

三层平面图 PLANTA SEGUNDA SECOND FLOOR PLAN

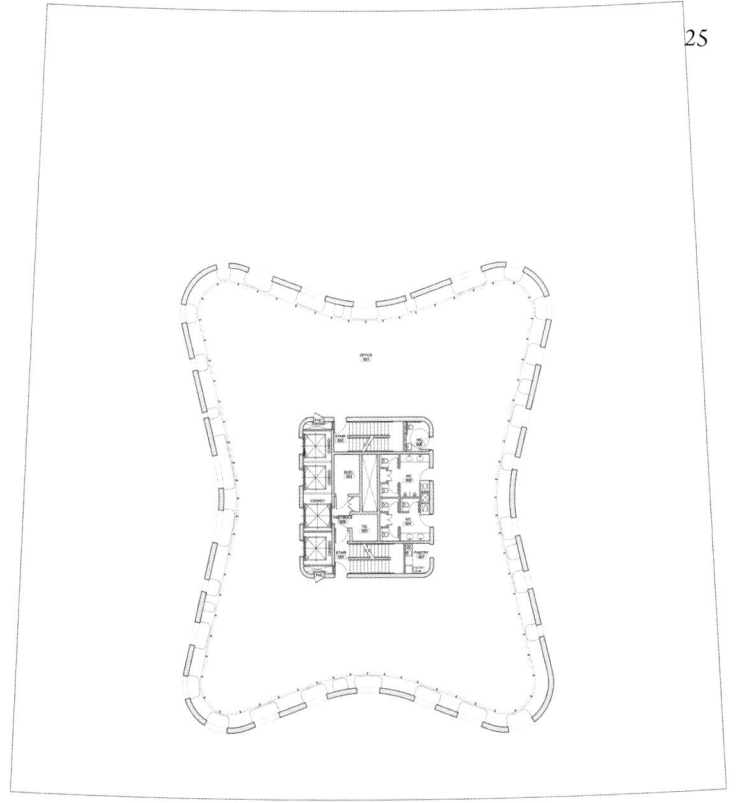

典型层平面图 PLANTA TIPO TYPICAL FLOOR PLAN

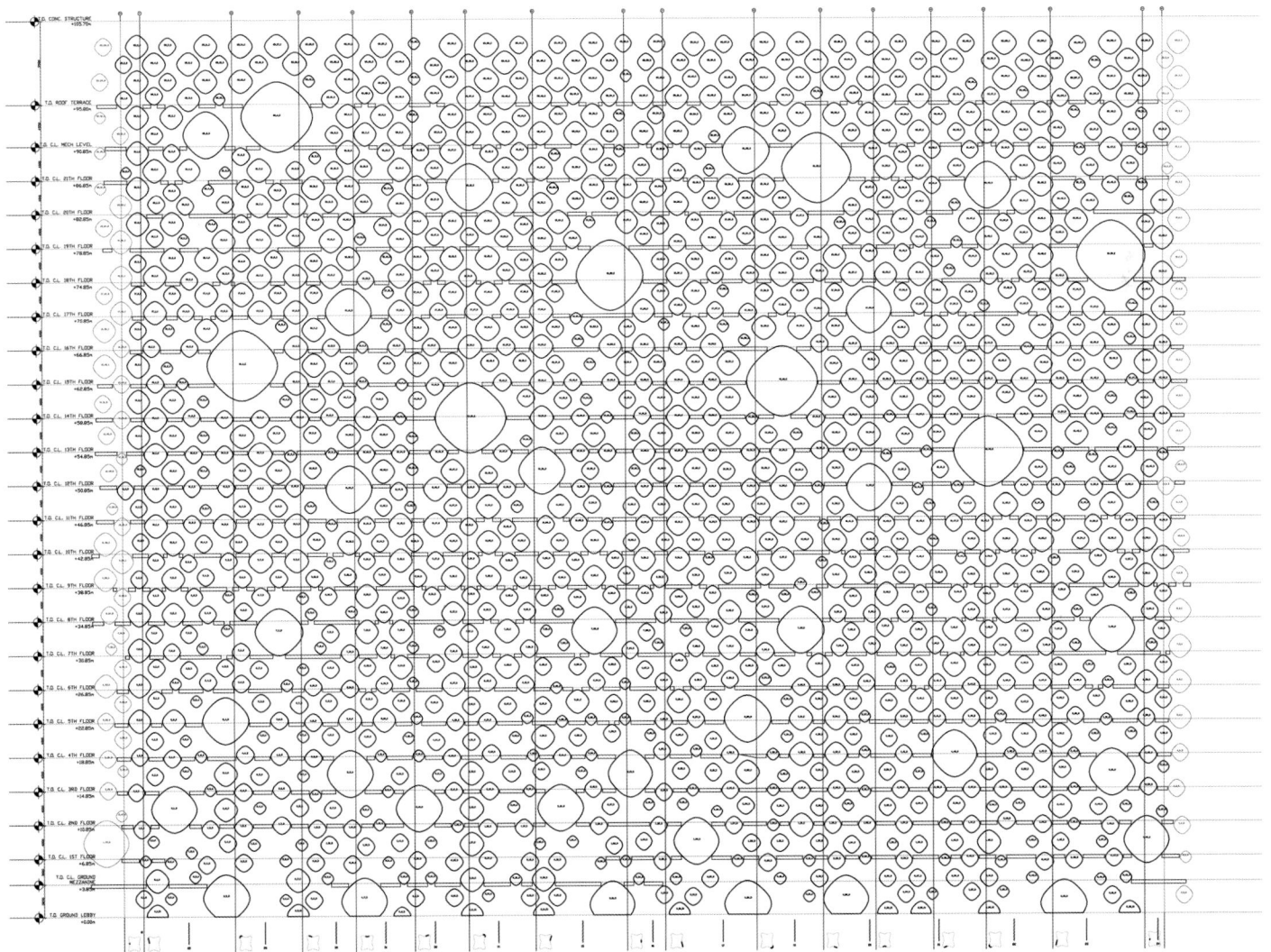

外壳展开 CÁSCARA DESPLEGADA UNROLLED SHELL

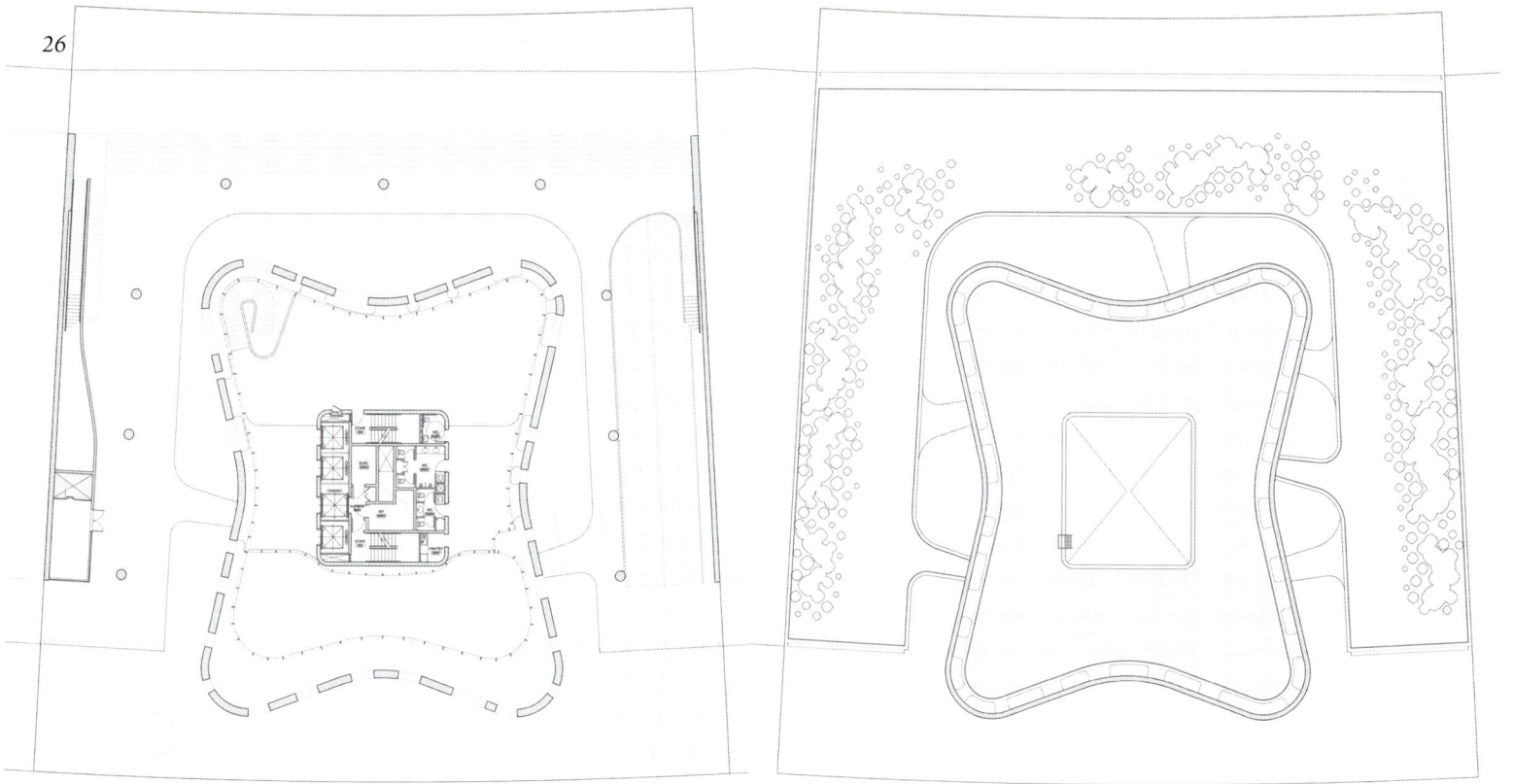

夹层平面图 ENTREPLANTA MEZANNINE FLOOR PLAN

顶层平面图 PLANTA DE CUBIERTA ROOF PLAN

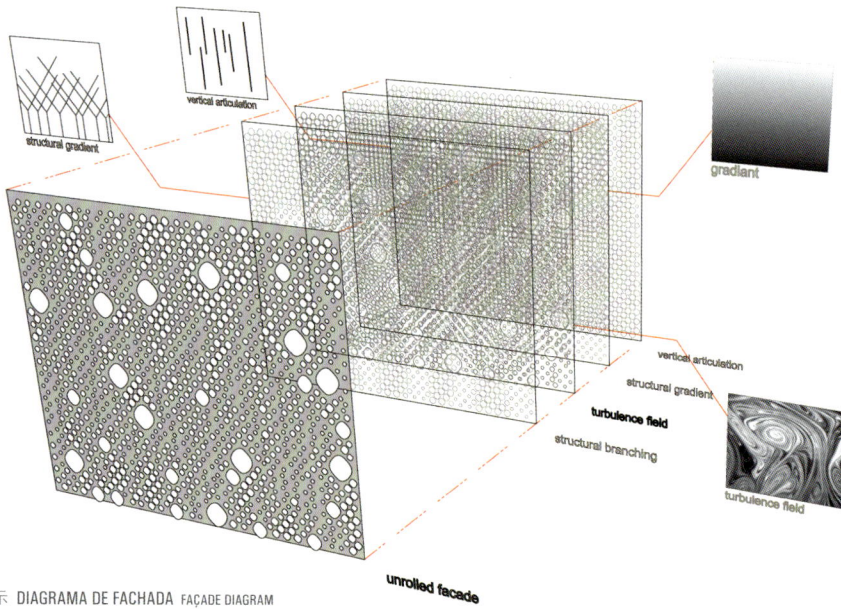

墙面图示 DIAGRAMA DE FACHADA FAÇADE DIAGRAM

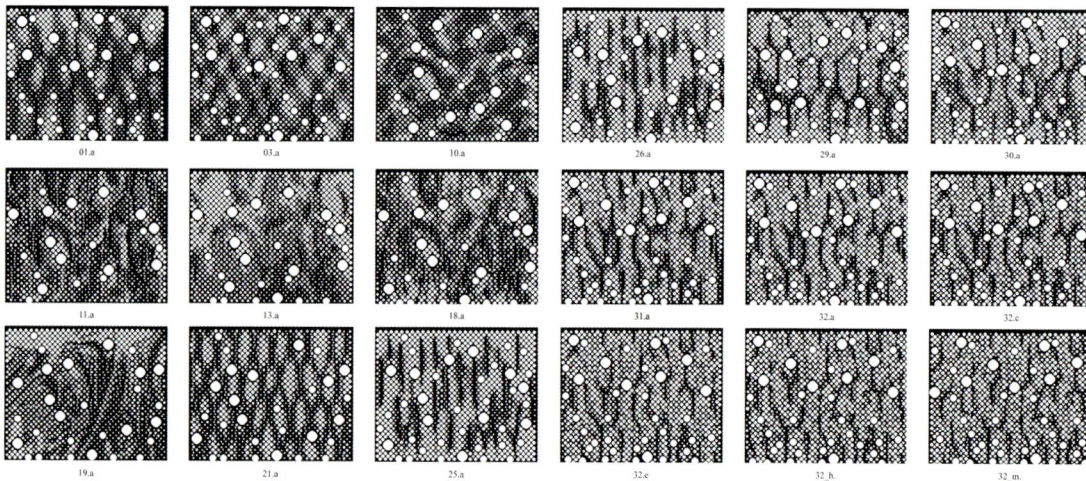

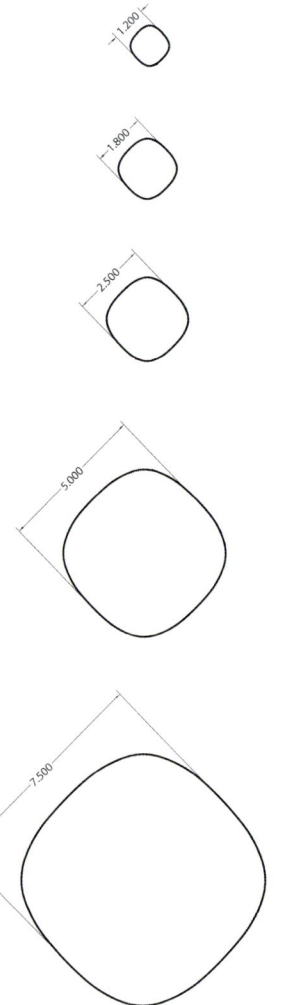

外壳扩展 APERTURAS DE LA CÁSCARA SHELL OPENINGS

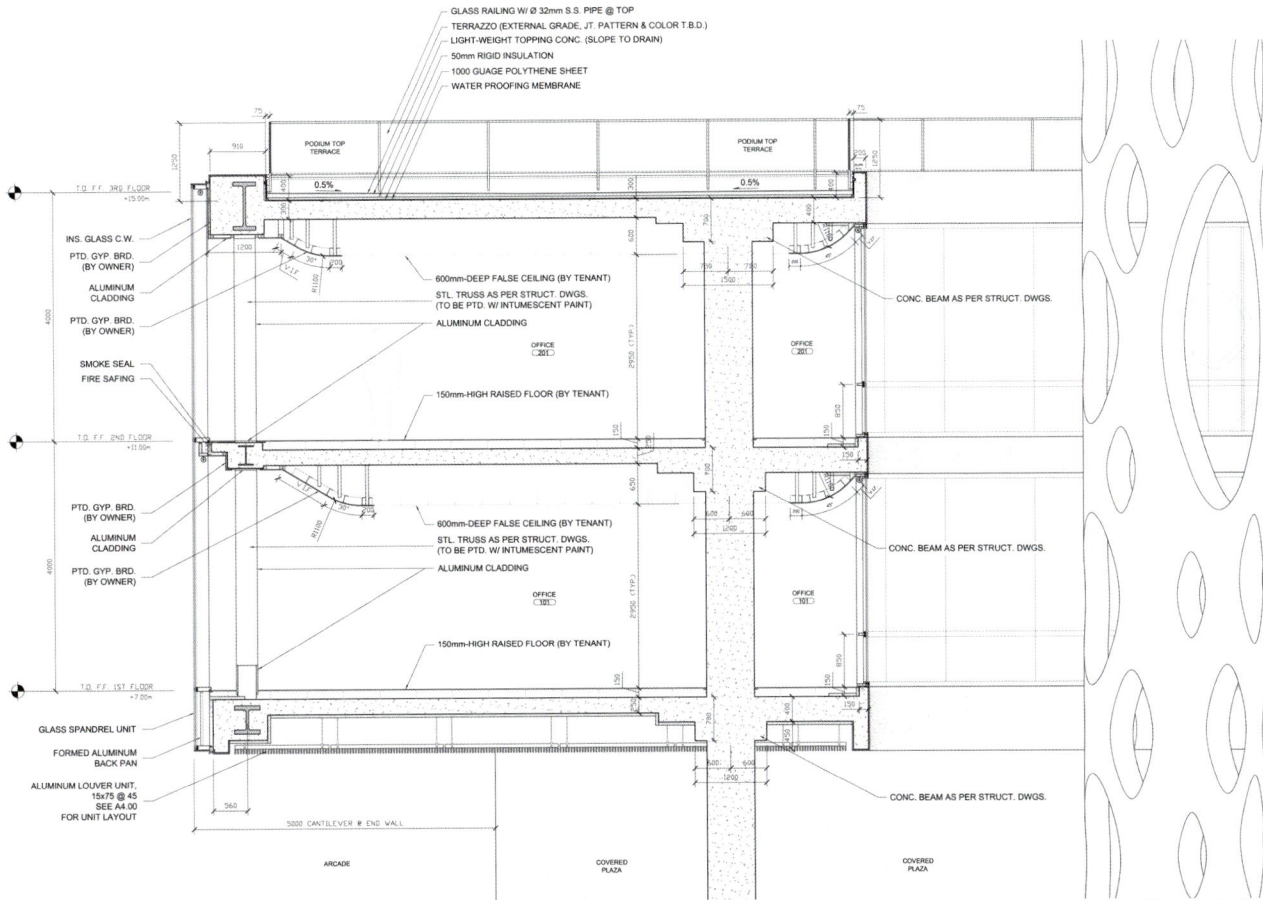

GLASS RAILING W/ Ø 32mm S.S. PIPE @ TOP
TERRAZZO (EXTERNAL GRADE, JT. PATTERN & COLOR T.B.D.)
LIGHT-WEIGHT TOPPING CONC. (SLOPE TO DRAIN)
50mm RIGID INSULATION
1000 GUAGE POLYTHENE SHEET
WATER PROOFING MEMBRANE

PODIUM TOP TERRACE

PODIUM TOP TERRACE

0.5%

0.5%

T.O. F.F. 3RD FLOOR
+15.00m

INS. GLASS C.W.
PTD. GYP. BRD. (BY OWNER)
ALUMINUM CLADDING
PTD. GYP. BRD. (BY OWNER)

600mm-DEEP FALSE CEILING (BY TENANT)
STL. TRUSS AS PER STRUCT. DWGS. (TO BE PTD. W/ INTUMESCENT PAINT)

CONC. BEAM AS PER STRUCT. DWGS.

ALUMINUM CLADDING

OFFICE 201

OFFICE 201

SMOKE SEAL
FIRE SAFING

150mm-HIGH RAISED FLOOR (BY TENANT)

T.O. F.F. 2ND FLOOR
+11.00m

PTD. GYP. BRD. (BY OWNER)
ALUMINUM CLADDING
PTD. GYP. BRD. (BY OWNER)

600mm-DEEP FALSE CEILING (BY TENANT)
STL. TRUSS AS PER STRUCT. DWGS. (TO BE PTD. W/ INTUMESCENT PAINT)

CONC. BEAM AS PER STRUCT. DWGS.

ALUMINUM CLADDING

OFFICE 101

OFFICE 101

150mm-HIGH RAISED FLOOR (BY TENANT)

T.O. F.F. 1ST FLOOR
+7.00m

GLASS SPANDREL UNIT
FORMED ALUMINUM BACK PAN
ALUMINUM LOUVER UNIT, 15x75 @ 45 SEE A4.00 FOR UNIT LAYOUT

CONC. BEAM AS PER STRUCT. DWGS.

5000 CANTILEVER @ END WALL

ARCADE

COVERED PLAZA

COVERED PLAZA

Q中心
Centro Q
Q centre

索非亚, 保加利亚 Sofia, Bulgaria

AEDES STUDIO 建筑师事务所

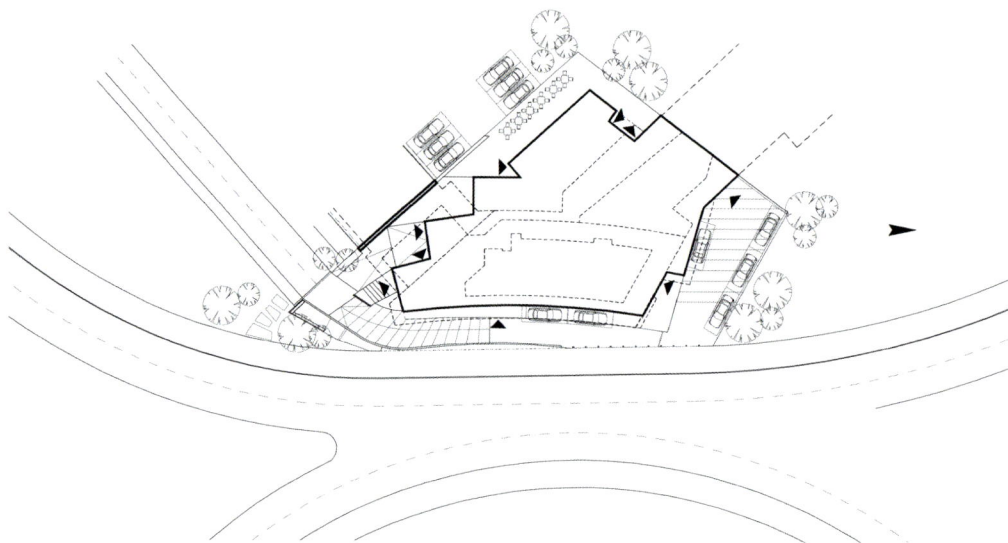

这座办公大楼朝向索菲亚最繁忙的高速公路之一。这个地点也是君士坦丁堡路跟G.M.季米特洛夫大道交汇处，车辆在这里可以垂直、水平双向变向。设计师想象了夜晚车道上车灯交织闪烁的景象，最终设计了大楼的朝向，使南面的阳光能够射入，这样一来，从大道上看，大楼显得轻得不可思议。

Este edificio de oficinas se enmarca en una de las calles más bulliciosas de Sofia. Es el mismo lugar donde la "calle Constantinopla" se intersecta con el bulevar G.M. Dimitrov y donde los vehículos pueden cambiar la dirección tanto horizontal como verticalmente. Pretendimos imaginar las líneas/trayectorias de las zigzagueantes luces viarias en la noche. El edificio se posiciona de manera que deje entrar la luz del sur mientras se asienta de la manera más ligera posible vista desde el bulevar.

This office building is facing one of the busiest expressways of Sofia. It is at the same spot where "Constantinople road" intersects G.M. Dimitrov Boulevard and where vehicles may change their direction both horizontally and vertically. The designers tried to imagine the pattern of headlight-woven lines/trajectories at night. The building was positioned in such a way as to let the southern sun through and thus sit as weightless as possible viewed from the boulevard.

33.65 m

阶段 estado state
EN CONSTRUCCION UNDER CONSTRUCTION 建造中
建筑师 arquitectos architects
PLAMEN BRATKOV
ROSSITZA BRATKOVA
HRISTO STANKUSHEV
MILA PETROVA

底层平面图 **PLANTA BAJA** GROUND FLOOR PLAN

八层平面图 **PLANTA NIVEL 8** FLOOR PLAN 8

六层平面图 **PLANTA 6** FLOOR PLAN 6

五层平面图 **PLANTA 5** FLOOR PLAN 5

二层平面图 **PLANTA 2** FLOOR PLAN 2

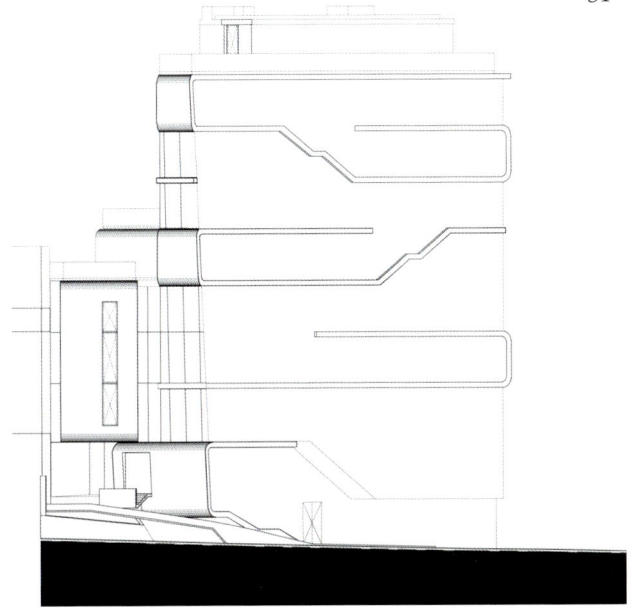

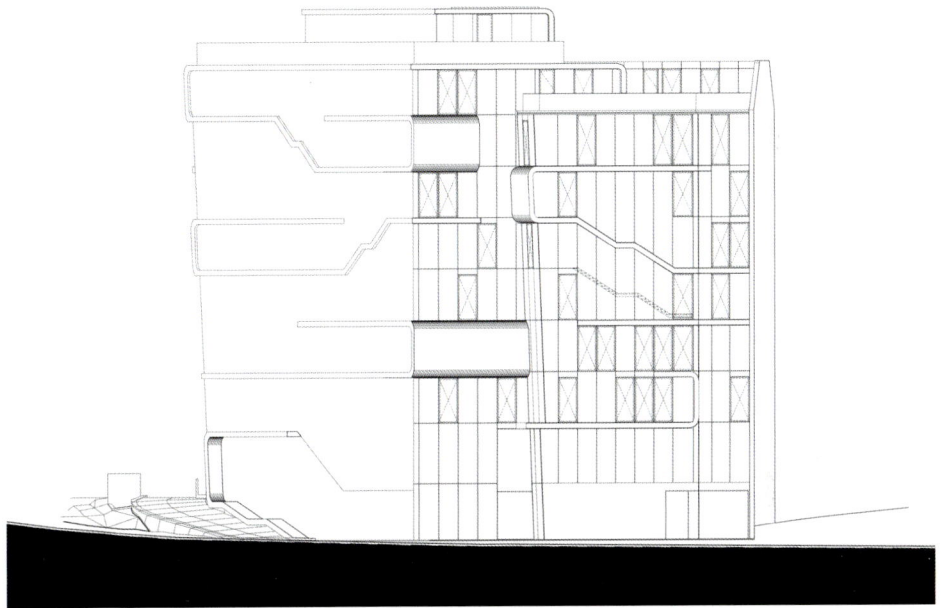

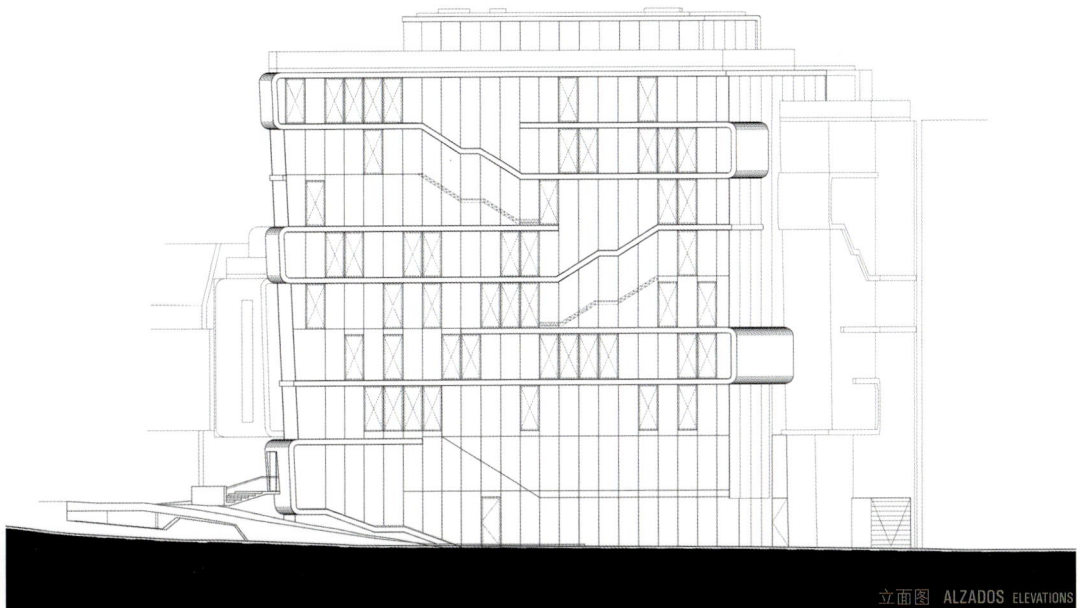

立面图 ALZADOS ELEVATIONS

水平摩天大楼
el rascacielos horizontal
the horizontal skyscraper

建筑是需要创造情感的东西。建起大楼很容易，大楼不计其数，任何人自己都可以建一座楼，但是，我们建筑师是要求提供情感的。

"Architecture is something that has to create emotions. It's easy to build buildings, there are so many of them, anyone can build a building on their own but we, architects, are asked, required to provide emotions"

马西米里亚诺·福克萨斯 Massimiliano Fuksas
2000年威尼斯国际建筑双年展总馆长 Curator International Biennial Venice 2000

能源 +
Energia +
Energy +

巴黎, 法国 Paris, France

SOM 建筑师事务所

景观图 PAISAJE LANDSCAPE

"能源+"项目是世界上首个产生能源大于消耗能源的大规模可持续性办公建筑。这座建筑位于巴黎的上塞纳区，占地213000平方英尺，能容纳4000个租户，每户都能拥有望向塞纳河的良好视野。建筑内的办公和其他便利设施的设计标准已经超过当前关于可持续性的规定方针。

Energy + es el primer edificio de oficinas de gran escala sostenible en el mundo que produce más energía de la que consume. Localizado en el barrio de Hauts-de-Seine de Paris, sus 65.000 metros cuadrados ofrecen a sus 4,000 ocupantes un vista sobre el Sena con oficinas y amenidades que sobrepasan las actuales corrientes de sostenibilidad.

Energy + is the world's first large-scale, sustainable office building that produces more energy than it consumes. Located in Paris's Hauts-de-Seine neighborhood, the 213,000 square feet offers its 4,000 occupants a view of the Seine with offices and amenities designed to supersede current guidelines of sustainability.

200 m

阶段 estado state
EN PROCESO IN PROCESS 设计中

建筑师 arquitectos architects
SKIDMORE, OWINGS & MERRILL LLP (SOM)

图形 imagen image
pmBdesign

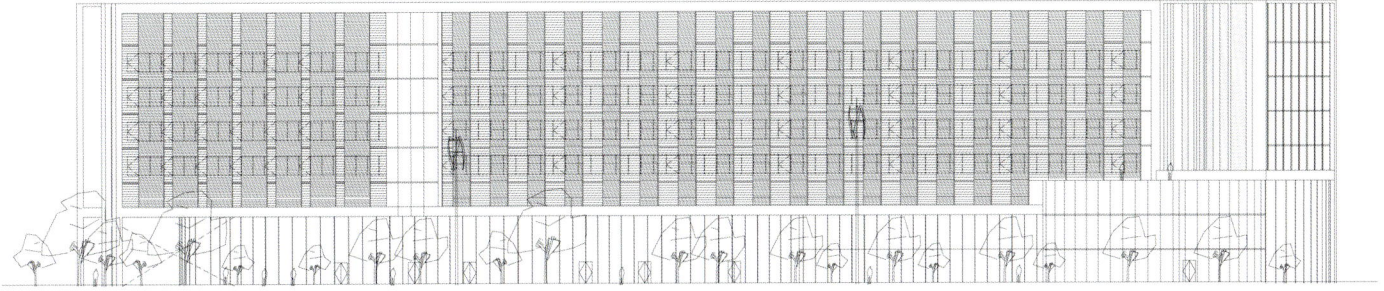

南立面图 ALZADO SUR SOUTH ELEVATION

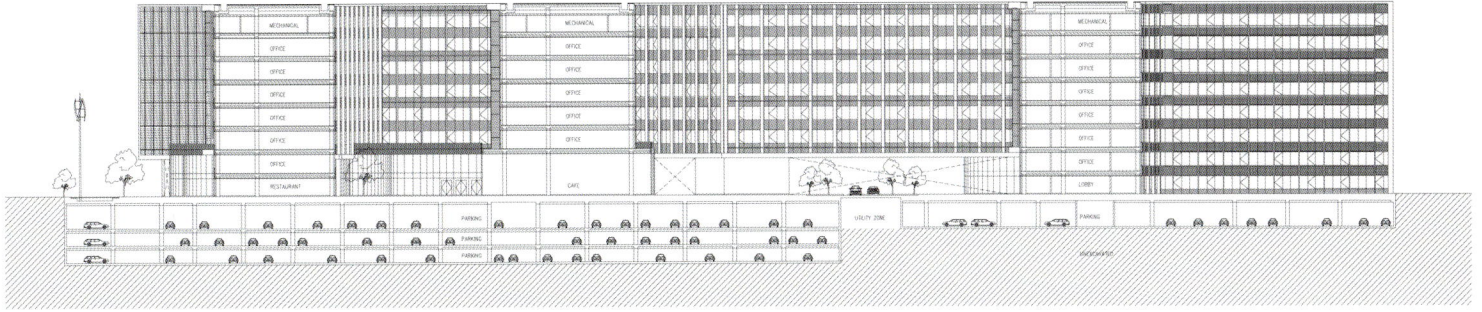

纵向剖面图 SECCIÓN LONGITUDINAL LONGITUDINAL SECTION

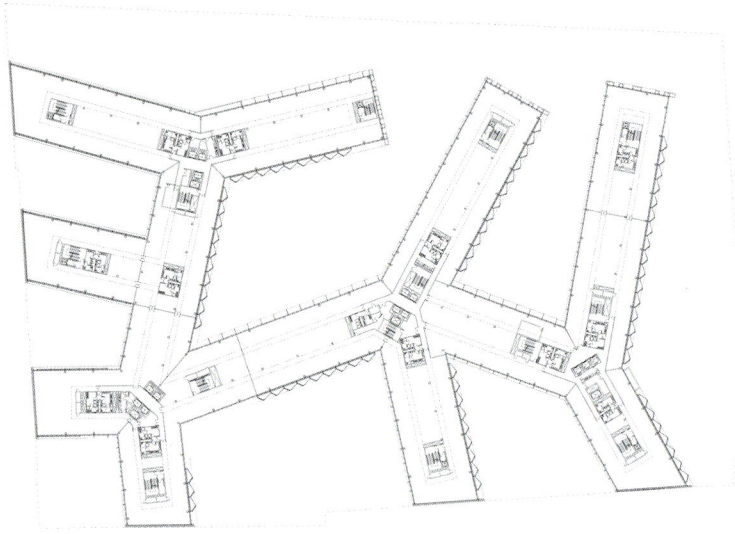

典型层平面图 PLANTA TIPO TYPICAL FLOOR PLAN

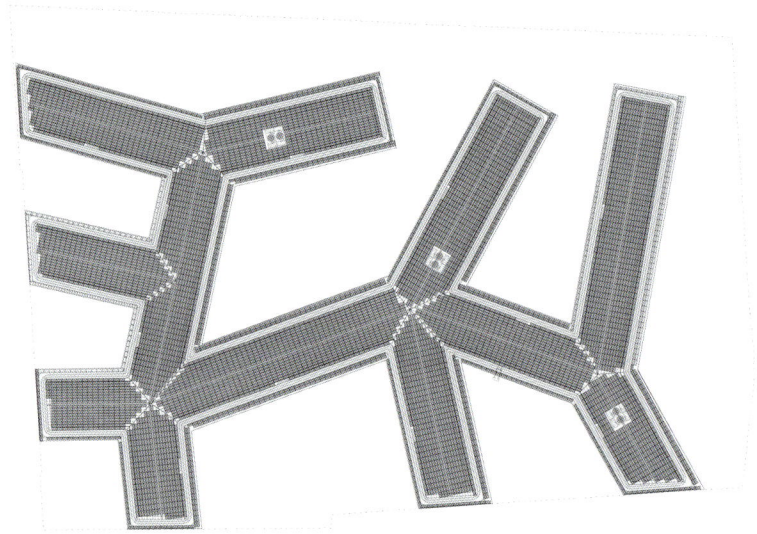

顶层平面图 PLANTA DE CUBIERTAS ROOF PLAN

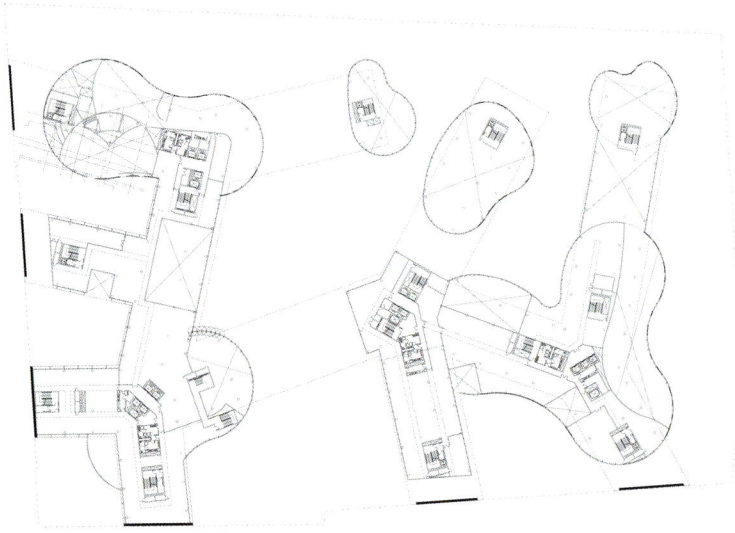

二层平面图 PLANTA PRIMERA FIRST FLOOR PLAN

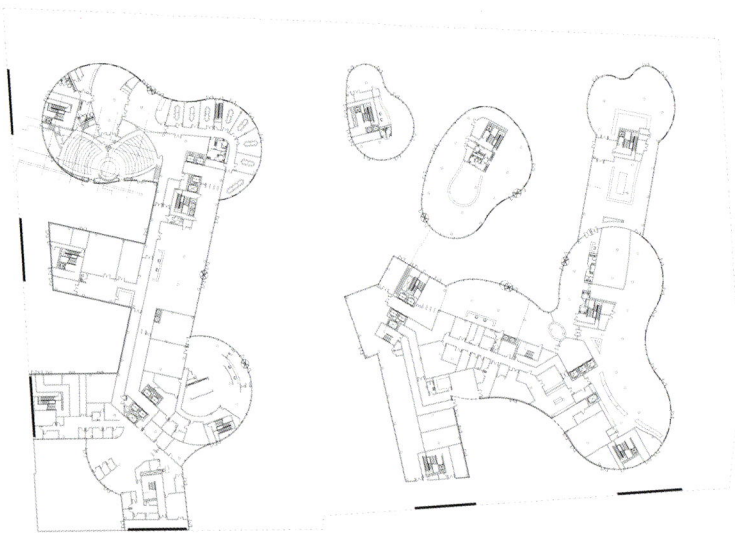

底层平面图 PLANTA BAJA GROUND FLOOR PLAN

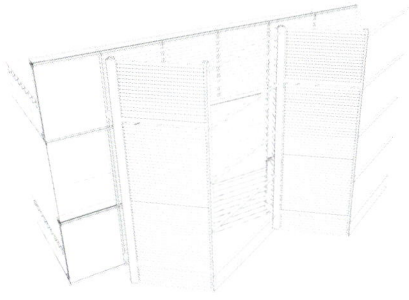

保温管道墙面
FACHADA DE TUBO TERMICO THERMAL TUBE FAÇADE

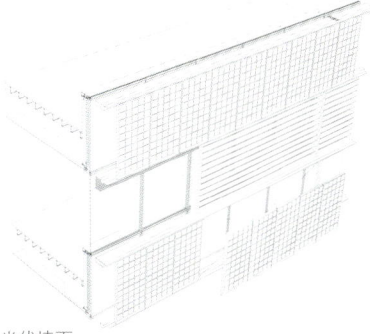

光伏墙面
FACHADA FOTOVOLTAICA PHOTOVOLTAIC FAÇADE

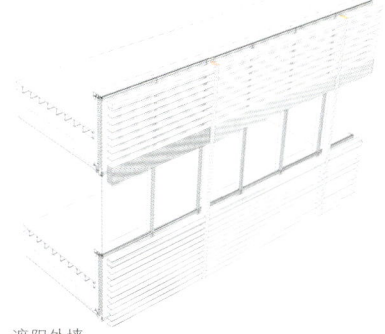

遮阳外墙
FACHADA SOMBREAMIENTO EXTERIOR EXTERIOR SHADING FAÇADE

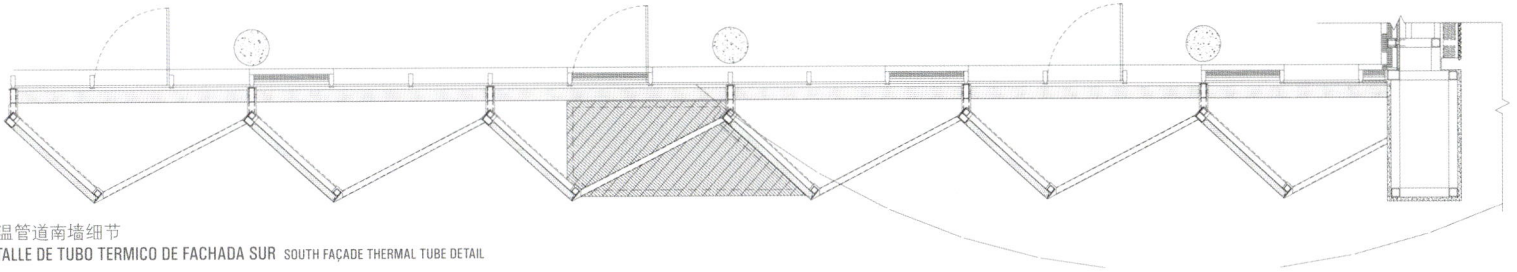

保温管道南墙细节
DETALLE DE TUBO TERMICO DE FACHADA SUR SOUTH FAÇADE THERMAL TUBE DETAIL

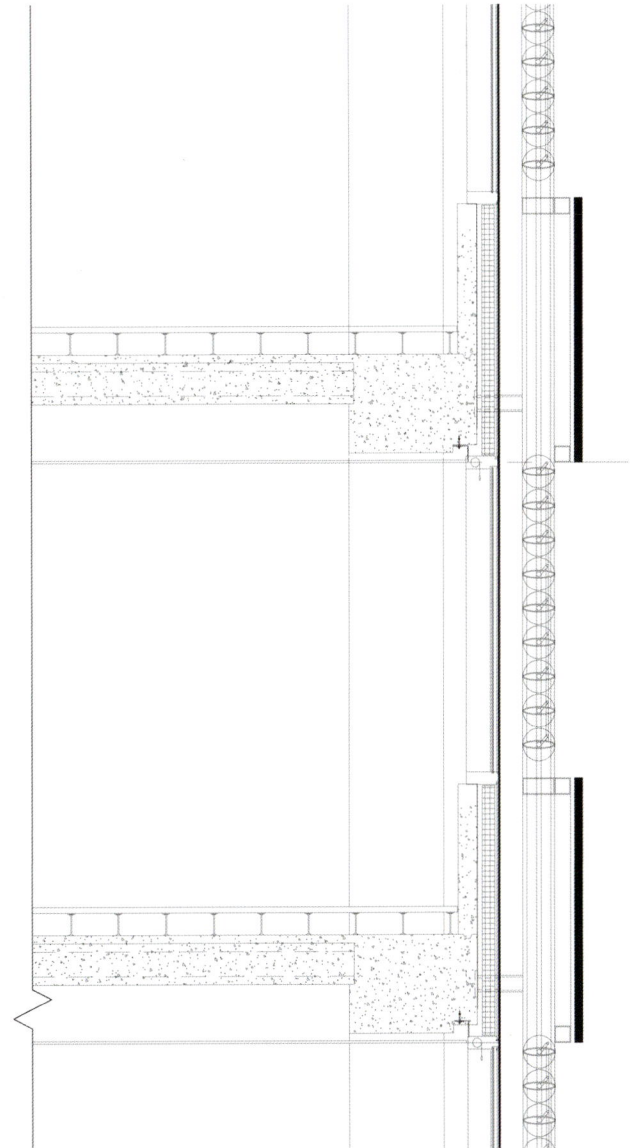

细节剖面图 DETALLE DE SECCIÓN DETAIL SECTION

万科中心
Centro Vanke
Vanke Center

深圳, 中国 Shenzhen, China

Steven Holl Architects 建筑师事务所

这座盘旋于热带花园之上的建筑是一座 "水平摩天楼"，因为其水平长度跟高度相同。这座建筑是深圳万科公司的总部，包含办公空间、公寓和一家酒店。会议中心、水疗馆和停车场位于占地宽广的公共景观之下。设计师选择了让一个巨大的整体结构 "漂浮" 在35米的高度之下，而不是让若干个小结构分管不同功能，这是因为希望能在地平面的高度创造出尽可能多的绿化空间，向公众开放。景观的设计灵感来自于罗伯托•布尔勒•马克思的巴西花园，包含了餐厅和咖啡馆，周围茂密生长的植物中间分布着水池和走道

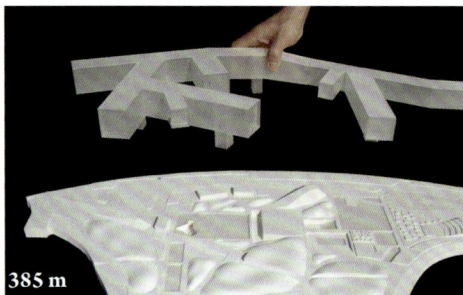

Volando sobre un jardín tropical, este "rascacielos horizontal" – tan largo como la altura del Empire State – unifica la visión de las oficinas, apartamentos y hotel de la sede de Vanke Co. Ltd. Debajo del gran paisaje público se ubica un centro de conferencias, un spa y el aparcamiento. La decisión de hacer flotar una gran estructura justo por debajo del límite de altura de 35 metros, en vez de tener pequeñas estructuras cada una albergando un programa específico, estuvo inspirada en el interés de generar el máximo espacio verde abierto al público en la planta baja. El paisaje, inspirado por los jardines de Roberto Burle Marx en Brasil contiene restaurantes y cafes en montañas cubiertas de vegetación rodeadas por estanques y paseos.

Hovering over a tropical garden, this "horizontal skyscraper"- as long as the Empire State Building is tall - unites into one vision the headquarters for Vanke Co. Ltd, office spaces, apartments, and a hotel. A conference center, spa and parking are located under the large green, public landscape. The decision to float one large structure right under the 35-meter height limit, instead of several smaller structures each catering to a specific program, was inspired by the hope to generate the largest possible green space open to the public on the ground level. The landscape, inspired by Roberto Burle Marx' gardens in Brazil contains restaurants and cafes in vegetated mounds bracketed with pools and walkways.

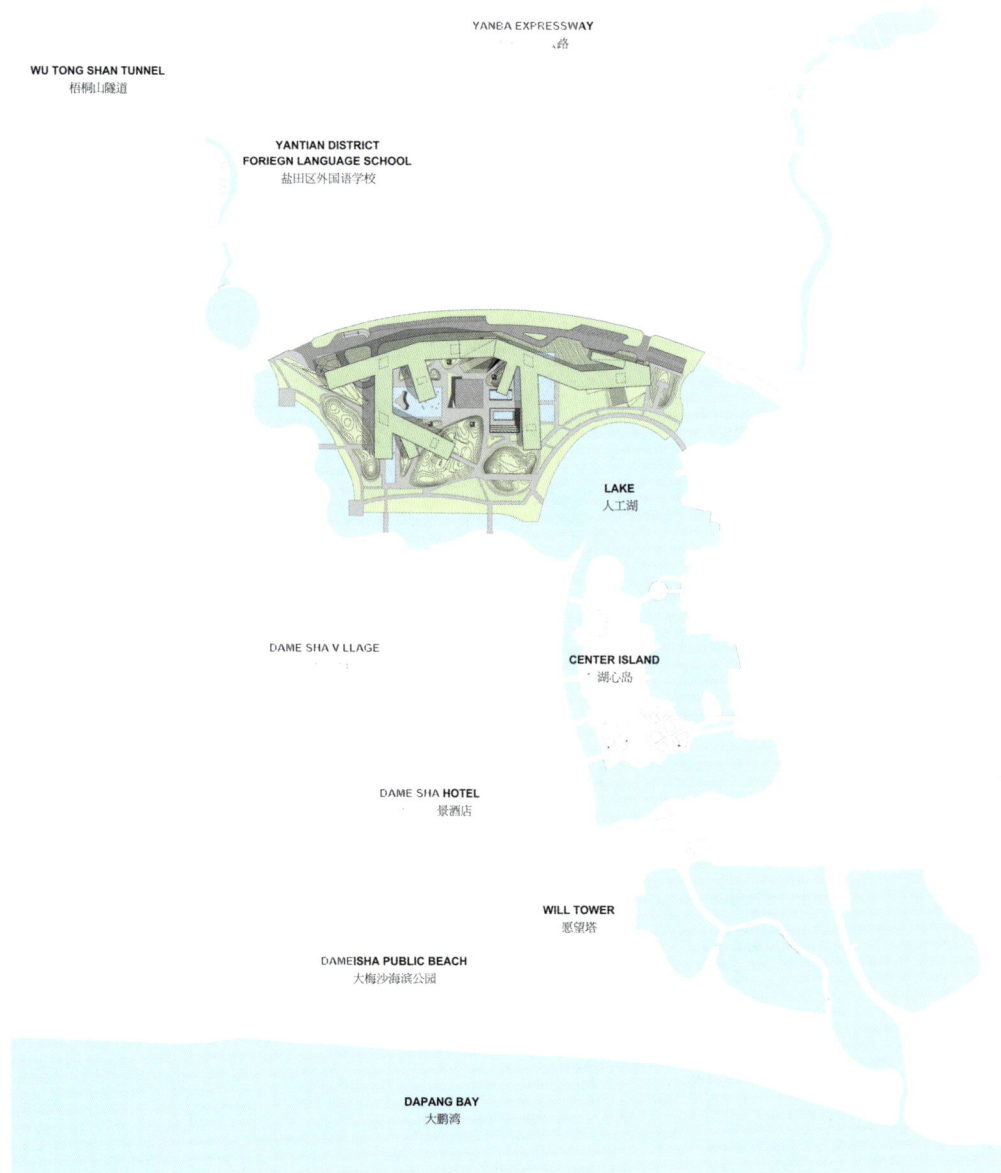

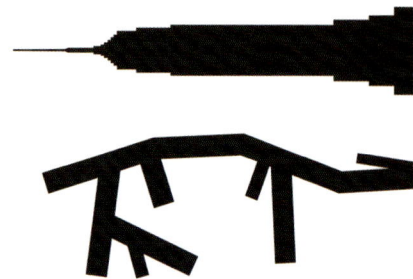

385 m

阶段 estado state
CONSTRUIDO BUILT 已建成

设计建筑师 arquitecto de diseño design architects
STEVEN HOLL, LI HU

项目经理 director de proyecto project manager
YIMEI CHAN, GONG DONG

主案建筑师 arquitectos de proyecto project architects
GARRICK AMBROSE, MAREN KOEHLER, RODOLFO DIAS,
JAY SIEBENMORGEN, CHRISTOPHER BROKAW

助理建筑师 arquitecto asistente assistant architect
ERIC LI

设计团队 equipo de proyecto project team
JASON ANDERSON, GUANLAN CAO, LESLEY CHANG,
CLEMENCE ELIARD, FORREST FULTON, NICK GELPI
M. EMRAN HOSSAIN, SEUNG HYUN KANG,
JONGSEO LEE, WAN-JEN LIN, RICHARD LIU, JACKIE LUK,
ENRIQUE MOYA-ANGELER, ROBERTO REQUEJO,
JINAGTAO SHEN, MICHAEL RUSCH, FILIPE TABOADA

竞标团队 equipo concurso competition team
JUSTIN ALLEN, JOHNNA BRAZIER, KEFEI CAI,
YELING CHEN, HIDEKI HIRAHARA, FILIPE TABOADA

合作建筑师 arquitectos asociados associate architects
CCDI

气候工程 ingenieria climatica climate engineering
TRANSSOLAR

结构工程 ingenieria estructuras structure engineering
CHINA ACADEMY OF BUILDING RESEARCH
CCDI

安装工程师 ingenieria de instalaciones MEP engineering
CCDI

景观 paisaje landscape
STEVEN HOLL ARCHITECTS
CCDI

幕墙 consultores de muro cortina curtain wall consultant
YUANDA CURTAIN-WALL

灯光顾问 consultores de luz lighting consultant
YUANDA CURTAIN-WALL

YANBA EXPRESSWAY
路

WU TONG SHAN TUNNEL
梧桐山隧道

YANTIAN DISTRICT
FORIEGN LANGUAGE SCHOOL
盐田区外国语学校

LAKE
人工湖

DAME SHA V LLAGE

CENTER ISLAND
湖心岛

DAME SHA HOTEL
景酒店

WILL TOWER
愿望塔

DAMEISHA PUBLIC BEACH
大梅沙海滨公园

DAPANG BAY
大鹏湾

地下二层平面图 SÓTANO -2 BASEMENT -2

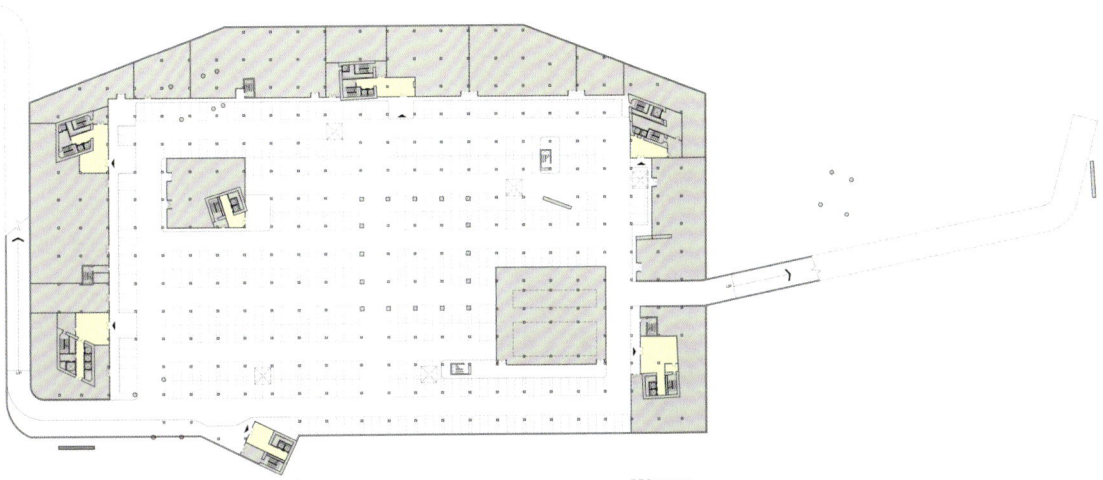

地下一层平面图 SÓTANO -1 BASEMENT -1

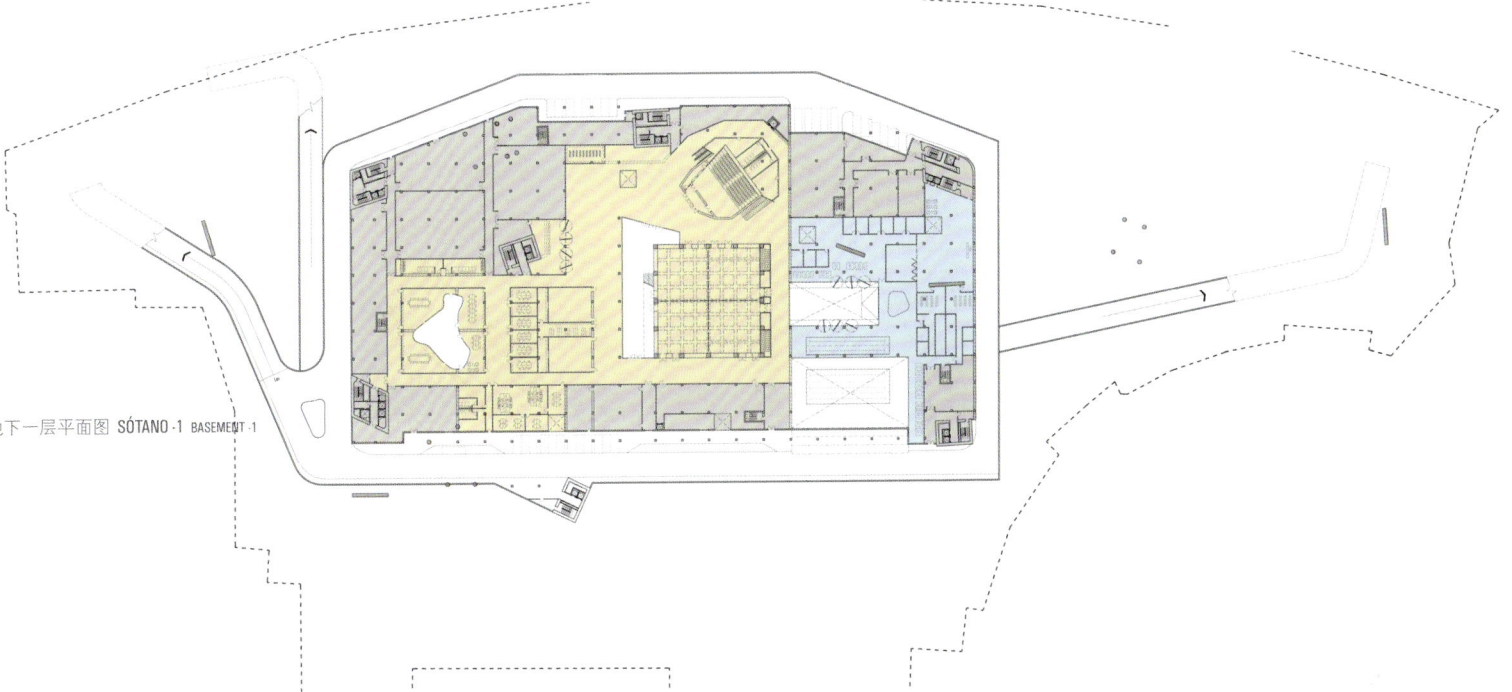

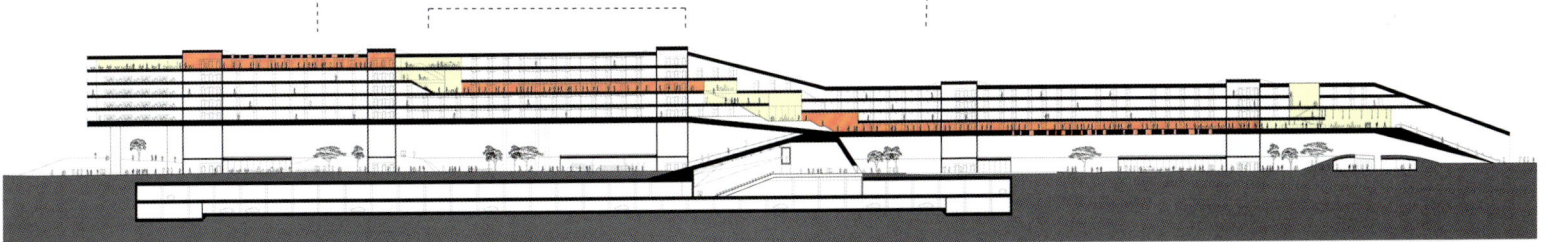

底层平面图 PLANTA BAJA GROUND FLOOR PLAN

HOTEL

ENTRY

HOTEL RECEPTION

CONDO

二层平面图 PLANTA 1 FLOOR PLAN 1

CONDO

SOHO

HOTEL

GYM / COMMUNITY SPACE

CONDO

VANKE

四层平面图 PLANTA 3 FLOOR PLAN 3

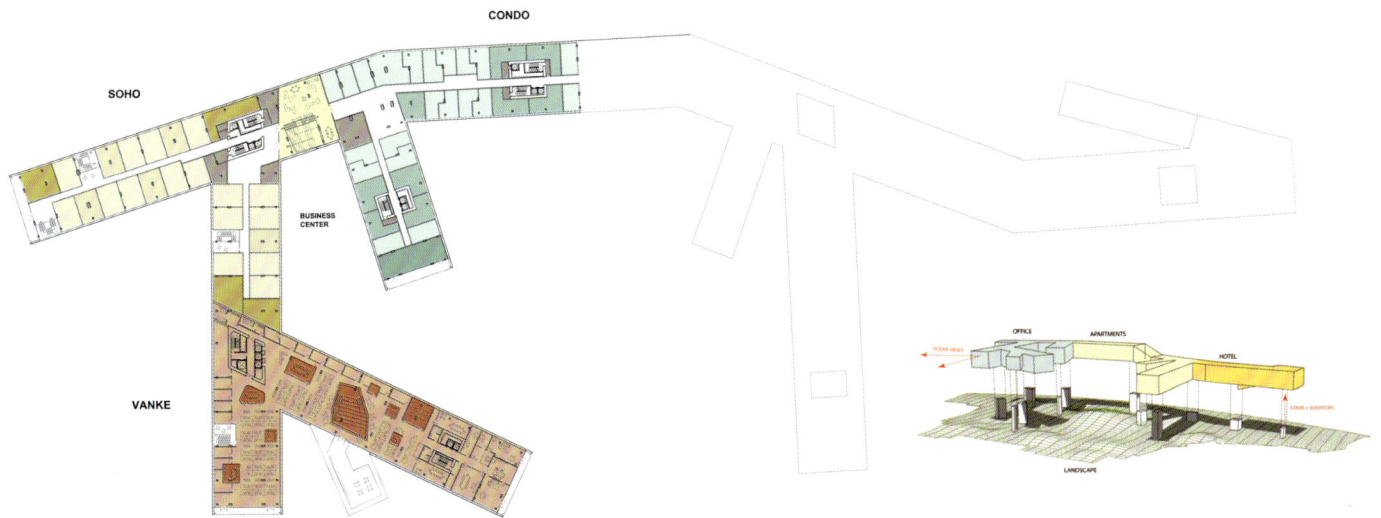

CONDO

SOHO

BUSINESS CENTER

VANKE

OFFICE APARTMENTS

HOTEL

OCEAN VIEW

STAIRS + ELEVATORS

LANDSCAPE

六层平面图 PLANTA 5 FLOOR PLAN 5

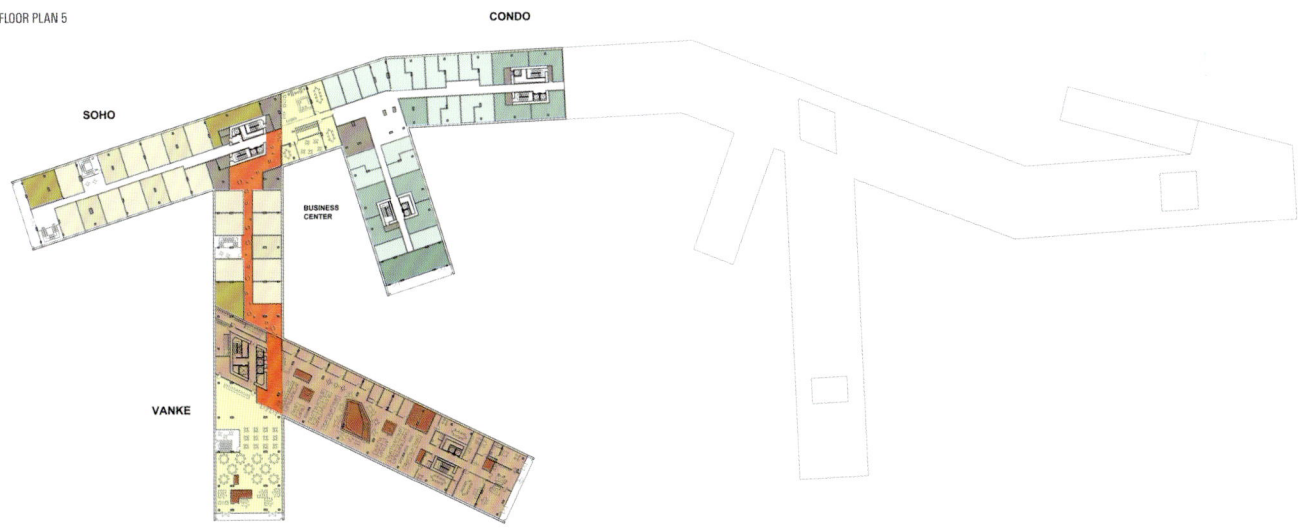

CONDO

SOHO

BUSINESS CENTER

VANKE

七层平面图 PLANTA 6 FLOOR PLAN 6

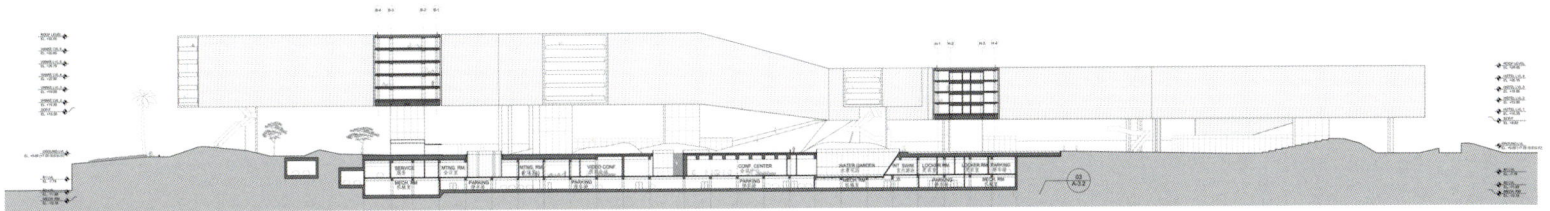

通道剖面图 SECCIÓN DE PASILLO PATH SECTION

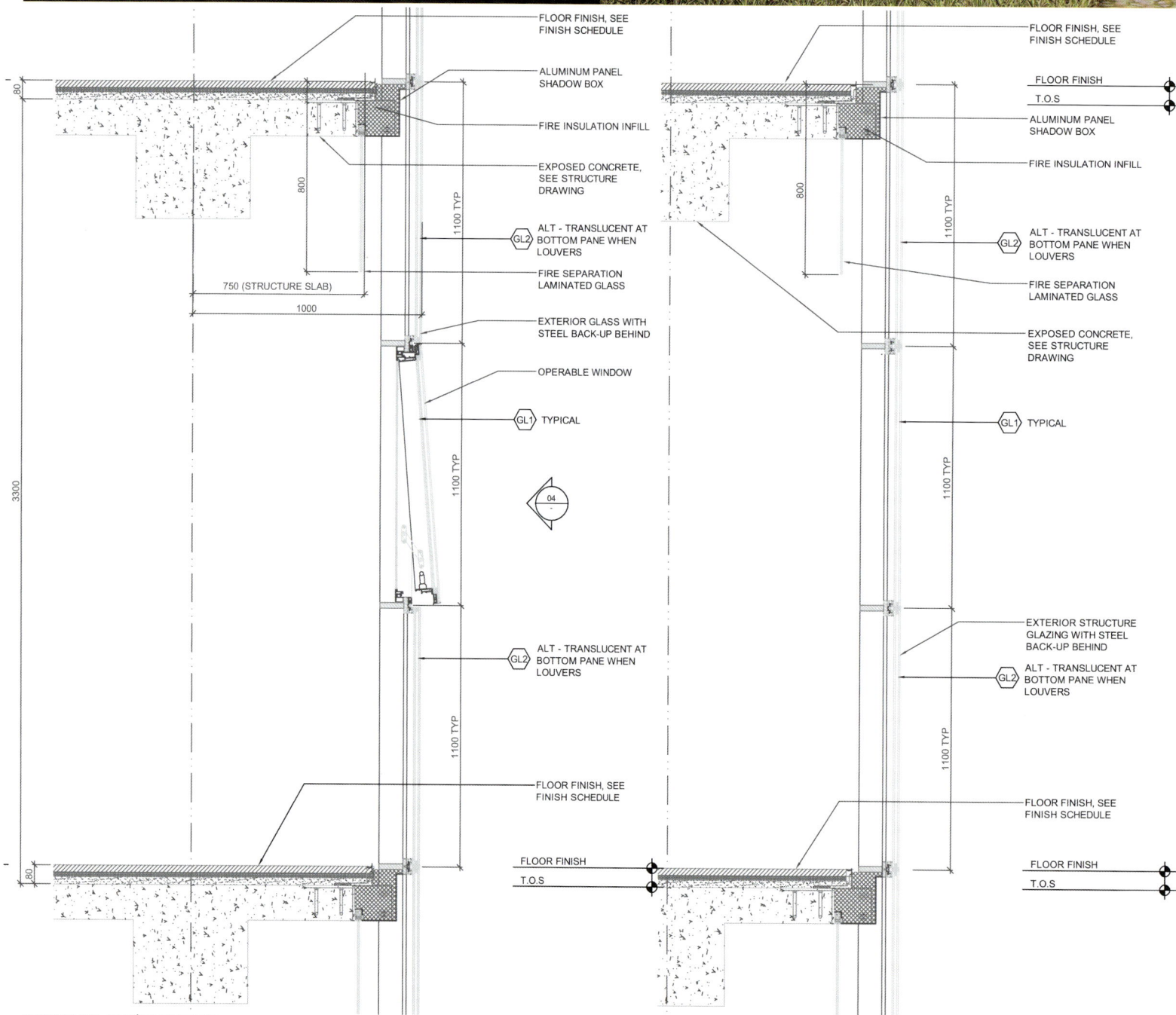

FLOOR FINISH, SEE
FINISH SCHEDULE

ALUMINUM PANEL
SHADOW BOX

FIRE INSULATION INFILL

EXPOSED CONCRETE,
SEE STRUCTURE
DRAWING

GL2 ALT - TRANSLUCENT AT
BOTTOM PANE WHEN
LOUVERS

FIRE SEPARATION
LAMINATED GLASS

EXTERIOR GLASS WITH
STEEL BACK-UP BEHIND

OPERABLE WINDOW

GL1 TYPICAL

04

GL2 ALT - TRANSLUCENT AT
BOTTOM PANE WHEN
LOUVERS

FLOOR FINISH, SEE
FINISH SCHEDULE

FLOOR FINISH

T.O.S

80

800

1100 TYP

750 (STRUCTURE SLAB)

1000

1100 TYP

3300

1100 TYP

80

FLOOR FINISH, SEE
FINISH SCHEDULE

FLOOR FINISH
ALUMINUM PANEL
SHADOW BOX

FIRE INSULATION INFILL

GL2 ALT - TRANSLUCENT AT
BOTTOM PANE WHEN
LOUVERS

FIRE SEPARATION
LAMINATED GLASS

EXPOSED CONCRETE,
SEE STRUCTURE
DRAWING

GL1 TYPICAL

EXTERIOR STRUCTURE
GLAZING WITH STEEL
BACK-UP BEHIND

GL2 ALT - TRANSLUCENT AT
BOTTOM PANE WHEN
LOUVERS

FLOOR FINISH, SEE
FINISH SCHEDULE

FLOOR FINISH

T.O.S

T.O.S

800

1100 TYP

1100 TYP

1100 TYP

典型墙剖面图 SECCIÓN DE MURO TIPO TYPICAL WALL SECTION

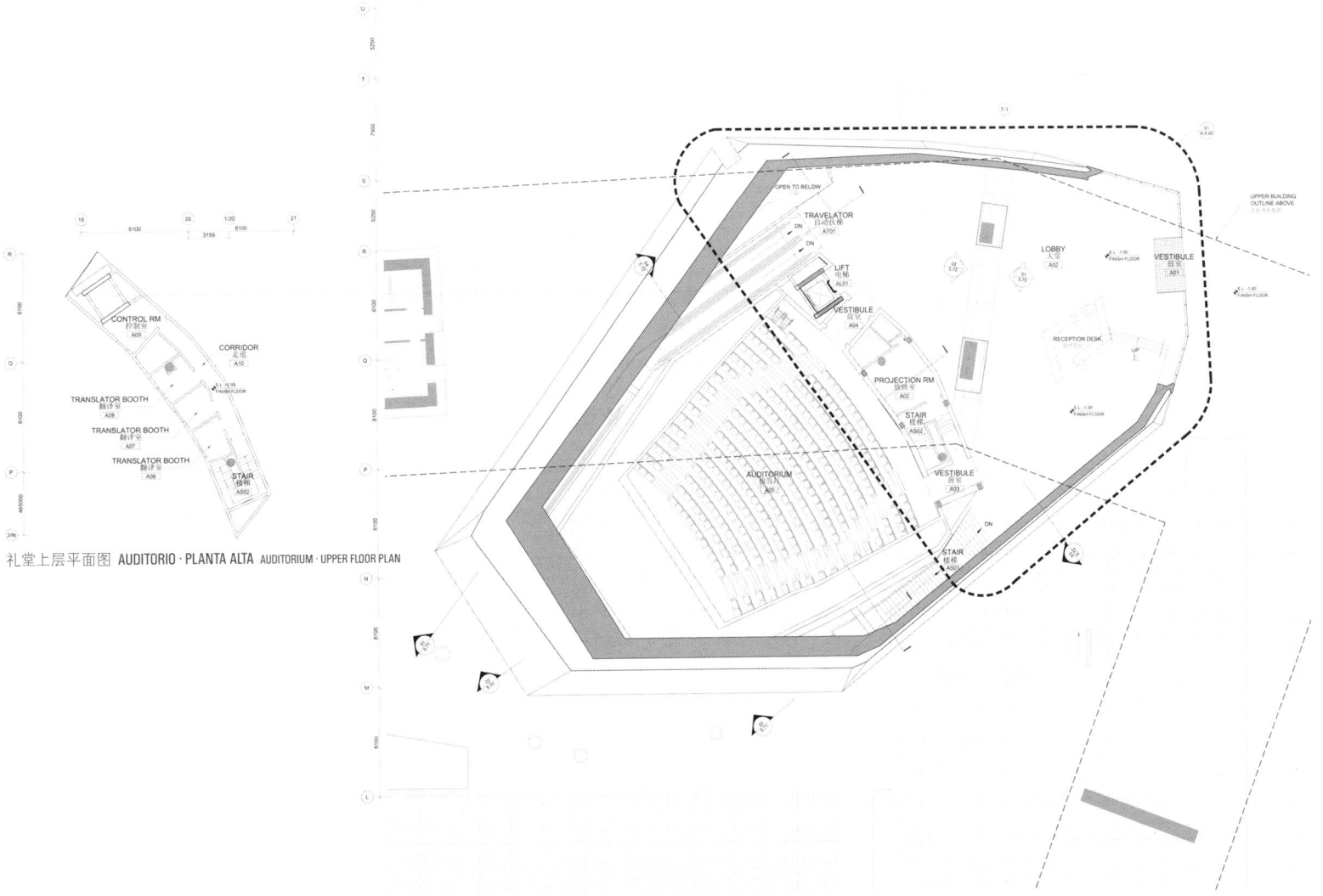

礼堂上层平面图 AUDITORIO · PLANTA ALTA AUDITORIUM · UPPER FLOOR PLAN

CONTROL RM
控制室
A09

CORRIDOR
走道
A10

TRANSLATOR BOOTH
翻译室
A08

TRANSLATOR BOOTH
翻译室
A07

TRANSLATOR BOOTH
翻译室
A06

STAIR
楼梯
AS02

OPEN TO BELOW

TRAVELATOR
自动扶梯
AT01

DN

LIFT
电梯
AL01

VESTIBULE
前室
A04

LOBBY
大堂
A02

VESTIBULE
前室
A01

RECEPTION DESK

PROJECTION RM
放映室
A02

STAIR
楼梯
AS02

FINISH FLOOR

VESTIBULE
前室
A03

AUDITORIUM
礼堂
A05

DN

STAIR
楼梯
AS01

UPPER BUILDING
OUTLINE ABOVE

礼堂底层平面图 AUDITORIO · PLANTA BAJA AUDITORIUM · LOWER FLOOR PLAN

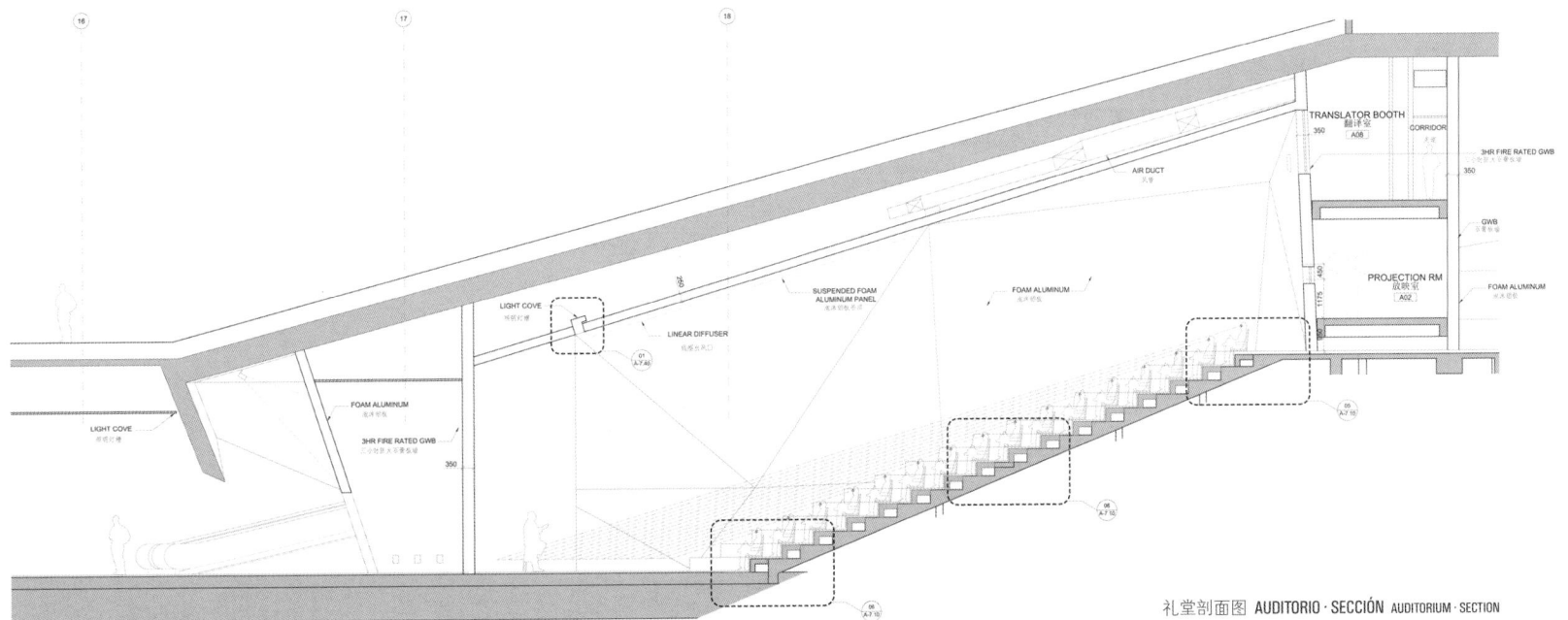

TRANSLATOR BOOTH
翻译室
A08

CORRIDOR
走道

3HR FIRE RATED GWB

GWB

PROJECTION RM
放映室
A02

FOAM ALUMINUM

350

AIR DUCT

LIGHT COVE
环形灯槽

LINEAR DIFFUSER
线形送风口

SUSPENDED FOAM
ALUMINUM PANEL
吊挂铝泡沫板

FOAM ALUMINUM
泡沫铝板

FOAM ALUMINUM
泡沫铝板

LIGHT COVE
环形灯槽

3HR FIRE RATED GWB
三小时耐火石膏板

350

礼堂剖面图 AUDITORIO · SECCIÓN AUDITORIUM · SECTION

地形和景观战略
estrategias topográficas y paisajísticas
topographical and landscape strategies

建筑学的子学科数量正在扩大。建筑涉及构造、城市、经济、景观、大量的功能问题等等。

"The amount of sub-disciplines in architecture is just expanding. It's tectonic, it's urbanistic, it's ecological, it deals with landscape, it deals with huge numbers of functional problems, and on and on"

汤姆•梅恩 Thom Mayne
2005年普利兹克建筑奖得主 Pritzker 2005

都市森林
Bosque Urbano
Urban Forest

重庆, 中国 Chongqing, China

MAD 建筑师事务所

　　这是一座可持续性多维高层建筑，地处中国最年轻的直辖市，这里，大自然融入了密集的城市环境。这个项目从东方哲学的自然与人造的角度中汲取灵感，将城市生活与户外的大自然体验联系起来。建筑不再强调垂直的力，而是关注复杂的人性化空间中的多维关系，体现为多层空中花园和浮动露台。建筑形态分解为空气、风和光之间的一种空间流体运动。

Un edificio en altura sostenible y multidimensional en la municipalidad más joven de China, donde la naturaleza se reincorpora al entorno urbano de la alta densidad. El proyecto se inspira en la perspectiva de la naturaleza y la Filosofía Oriental humana, y conecta la vida urbana con las experiencias naturales exteriores. El proyecto ya no enfatiza las fuerzas verticales, sino que se concentra en la relaciones multidimensionales de los complejos espacios antropomórficos: jardines multicapas y patios flotantes. Las formas arquitectónicas se disuelven en movimientos espaciales fluidos entre el aire, el viento y la luz.

A sustainable multidimensional high-rise within China's youngest municipality, where nature reincorporates into the high-density urban environment. The project draws inspiration from the perspective of nature and the man-made in Eastern Philosophy, and ties the urban city life with the natural outdoor experiences. The project no longer emphasizes on vertical force, instead it concentrates on the multidimensional relationships within complex anthropomorphic spaces: multilayer sky gardens and floating patios. The architectural form dissolves into the fluid spatial movements between air, wind, and light.

385 m

阶段 estado state
EN PROCESO IN PROCESS 设计中

项目负责人 arquitecto director director in charge
MA YANSONG, DANG QUN

团队 equipo team
YU KUI, DIEGO PEREZ, ZHAO WEI, CHIE FUYUKI, FU CHANGRUI, JTRAVIS B RUSSETT, DAI PU, IRMGARD REITER, RASMUS PALMQVIST, QIN LICHAO, XIE XINYU

结构工程 ingeniería de estructuras structural engineering
ARUP GROUP

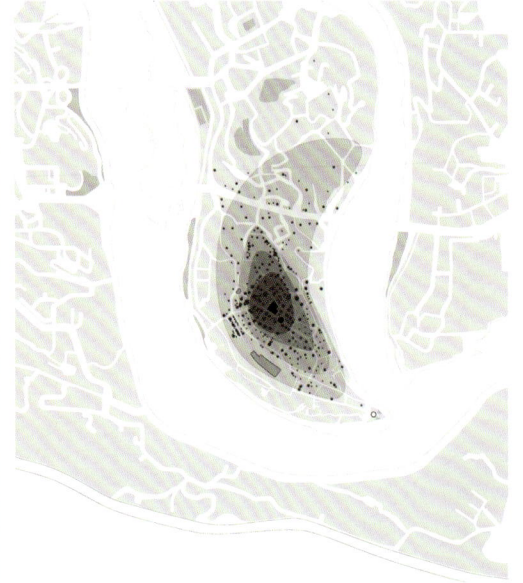

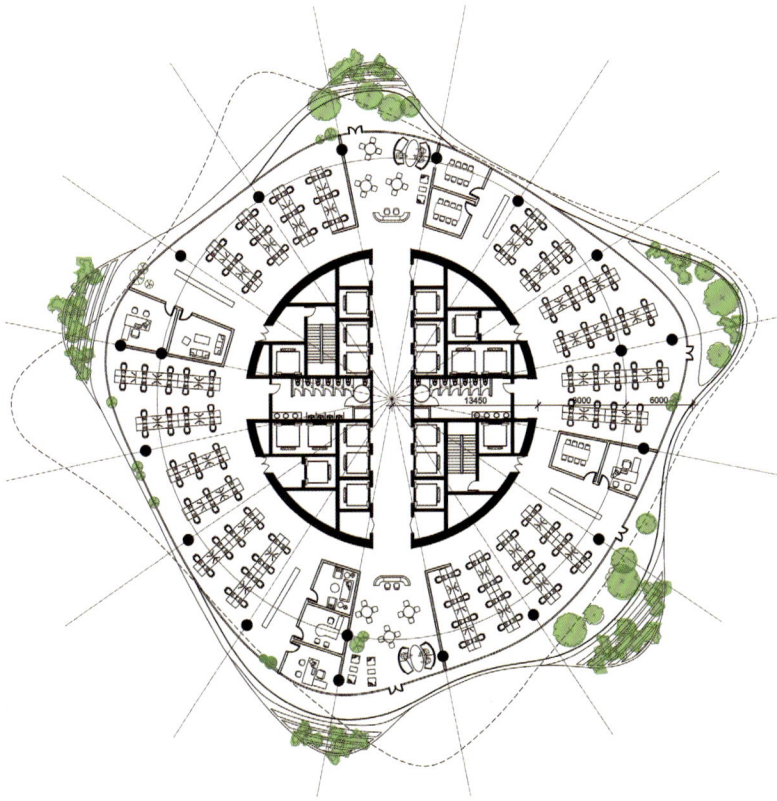

开放式办公室平面图 PLANTA DE OFICINA ABIERTA OPEN OFFICE FLOOR PLAN

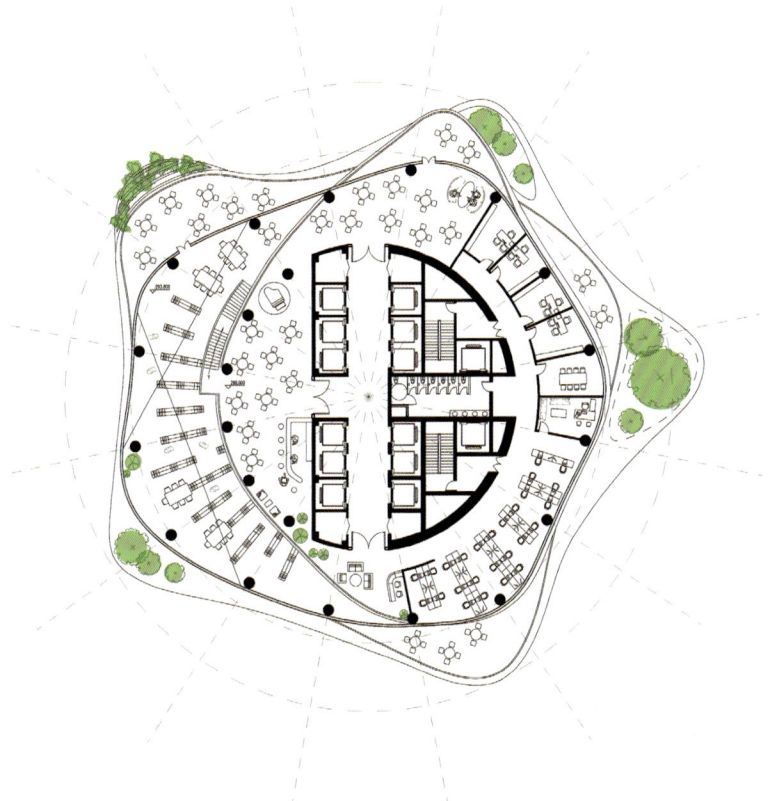

跃层办公室平面图 PLANTA DE OFICINA DÚPLEX DUPLEX OFFICE FLOOR PLAN

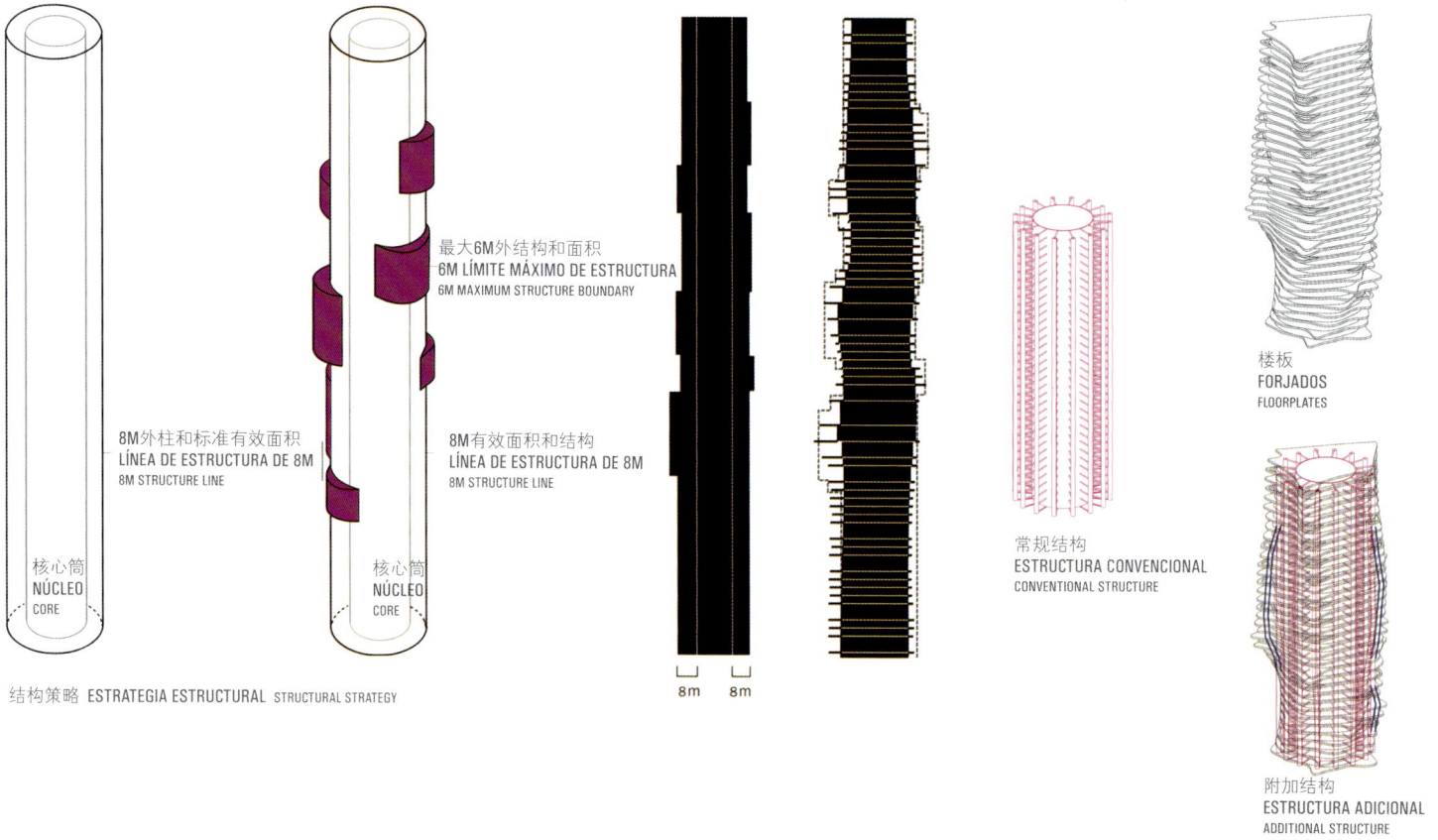

最大6M外结构和面积
6M LÍMITE MÁXIMO DE ESTRUCTURA
6M MAXIMUM STRUCTURE BOUNDARY

8M外柱和标准有效面积
LÍNEA DE ESTRUCTURA DE 8M
8M STRUCTURE LINE

8M有效面积和结构
LÍNEA DE ESTRUCTURA DE 8M
8M STRUCTURE LINE

核心筒
NÚCLEO
CORE

核心筒
NÚCLEO
CORE

8m   8m

结构策略 **ESTRATEGIA ESTRUCTURAL** STRUCTURAL STRATEGY

常规结构
ESTRUCTURA CONVENCIONAL
CONVENTIONAL STRUCTURE

楼板
FORJADOS
FLOORPLATES

附加结构
ESTRUCTURA ADICIONAL
ADDITIONAL STRUCTURE

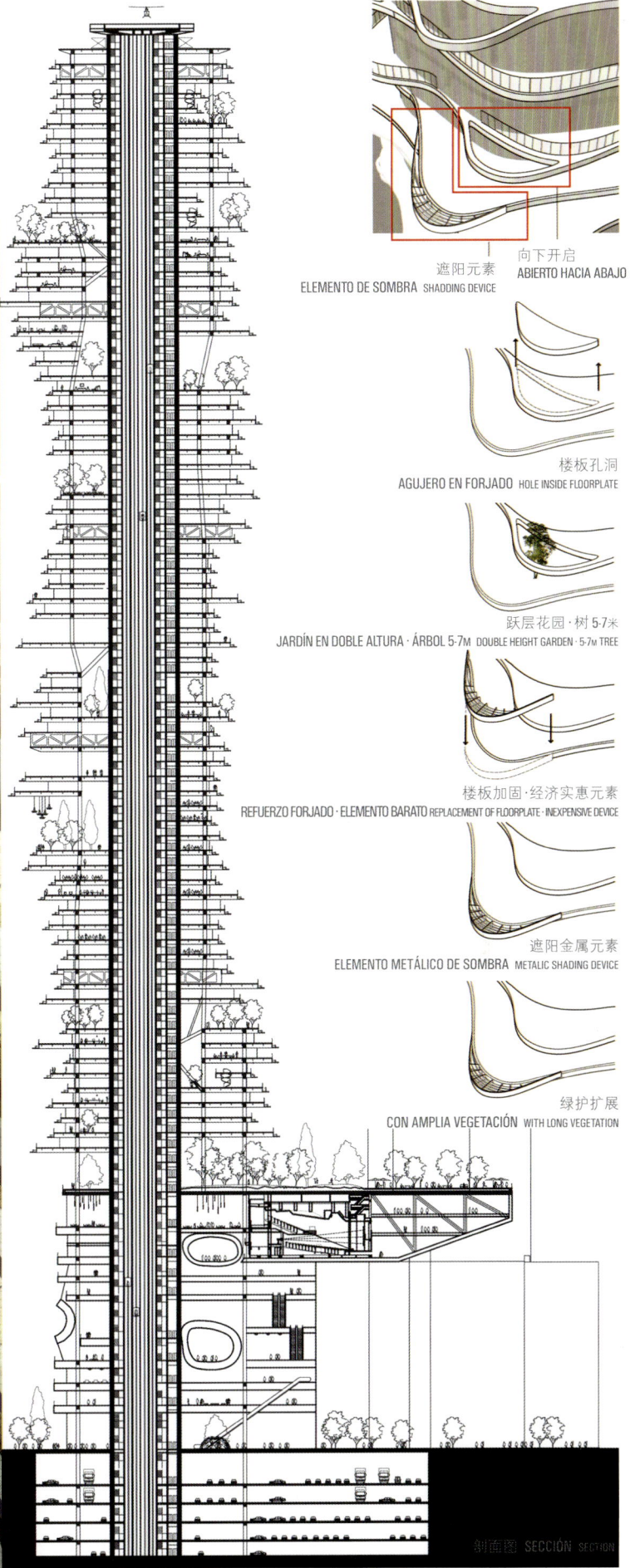

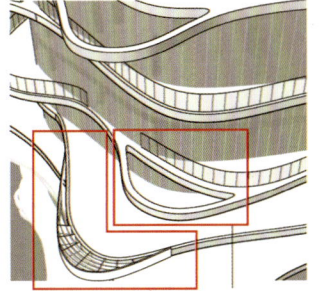

遮阳元素
ELEMENTO DE SOMBRA SHADDING DEVICE

向下开启
ABIERTO HACIA ABAJO OPEN TO BELOW

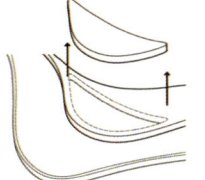

楼板孔洞
AGUJERO EN FORJADO HOLE INSIDE FLOORPLATE

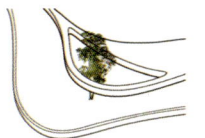

跃层花园·树 5-7米
JARDÍN EN DOBLE ALTURA · ÁRBOL 5-7M DOUBLE HEIGHT GARDEN · 5-7M TREE

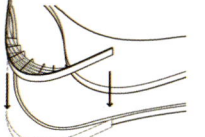

楼板加固·经济实惠元素
REFUERZO FORJADO · ELEMENTO BARATO REPLACEMENT OF FLOORPLATE · INEXPENSIVE DEVICE

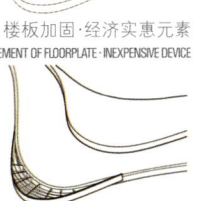

遮阳金属元素
ELEMENTO METÁLICO DE SOMBRA METALIC SHADING DEVICE

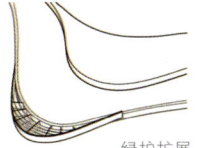

绿护扩展
CON AMPLIA VEGETACIÓN WITH LONG VEGETATION

剖面图 SECCIÓN SECTION

蕾丝山
Colina de Encaje
Lace Hill

埃里温, 亚美尼亚 Yerevan, Armenia

FORREST FULTON 建筑师事务所

这个项目将临近的城市跟景观联系在一起，为我们带来一种全方位、超绿色的生活方式，介于山区生活和文化密集的都市生活之间。建筑外表面精致的穿孔使人想起美国传统的针织蕾丝，创造出外部台阶的空间和自然通风，并赋予酒店客房、住宅和办公空间极佳的视野。这座建筑不是一栋孤立的高楼，相反，看上去仿佛是一座带花边的小山，吸引人们走进内部，在里面连绵不断的中空结构中漫步。这些中空空间在埃里温半干旱的气候中起到了有效降温的作用。

El proyecto vincula la ciudad adyacente y el paisaje juntos para promover una forma de vida integral y ultra-verde, algo entre la vida rural y la densa urbanidad cultural. Complejas perforaciones que recuerdan al tradicional trabajo de aguja de Armenia proporcionan espacios exteriores aterrazados, ventilación natural, y espectaculares vistas a las habitaciones de hotel, residencias y espacios de oficinas. A diferencia de una torre como objeto singular, la diáfana y viva montaña seduce a los visitantes para disfrutar de un paseo y una sucesión de vacíos. Vacíos que actuan como inmensas torres de refrigeración en el clima semiárido de Yerevan.

The project stitches the adjacent city and landscape together to support a holistic, ultra-green lifestyle, somewhere between rural hillside living and dense cultured urbanity. Intricate perforations recalling traditional Armenian lace needlework provide terraced exterior space, natural ventilation, and amazing views for the hotel rooms, residences, and office space. Unlike a singular object tower, the lacy, living hill seduces visitors inside to a promenade and a succession of tower-voids. Tower-voids act as dramatic cooling towers in Yerevan's semi-arid climate.

108 m

阶段 estado state
PROPUESTA CONCURSO COMPETITION ENTRY 参标方案

建筑师 arquitecto architect
FORREST FULTON

团队 equipo team
JARED FULTON, ANDREW C. BRYANT, DERRICK OWENS

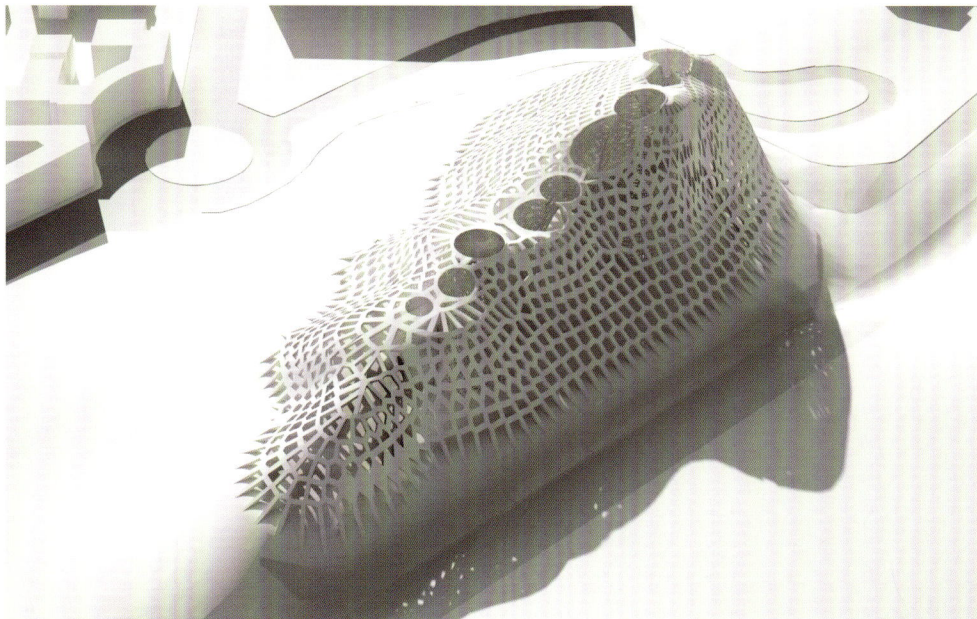

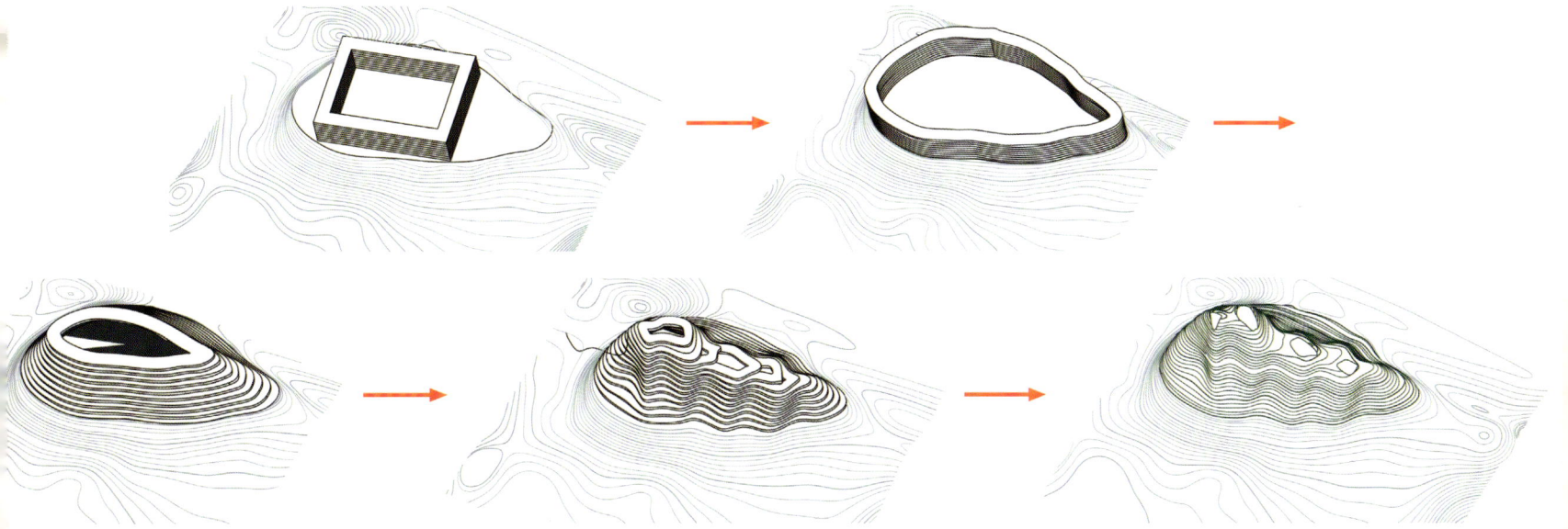

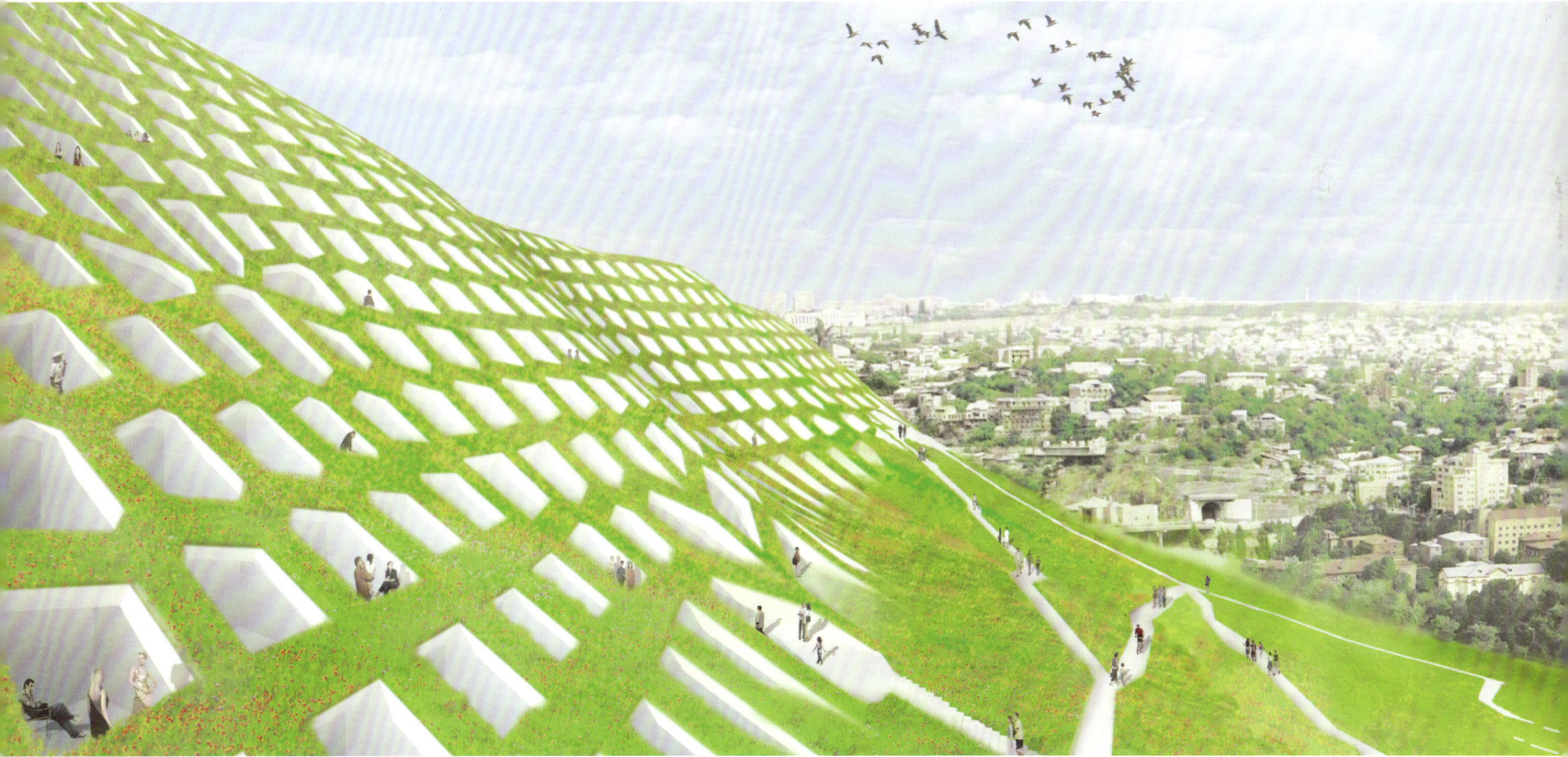

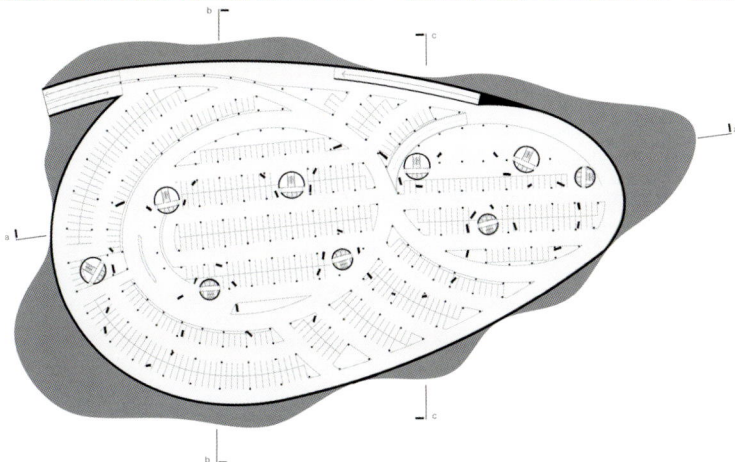

地下一层平面图 PLANTA SÓTANO 1 BASEMENT 1

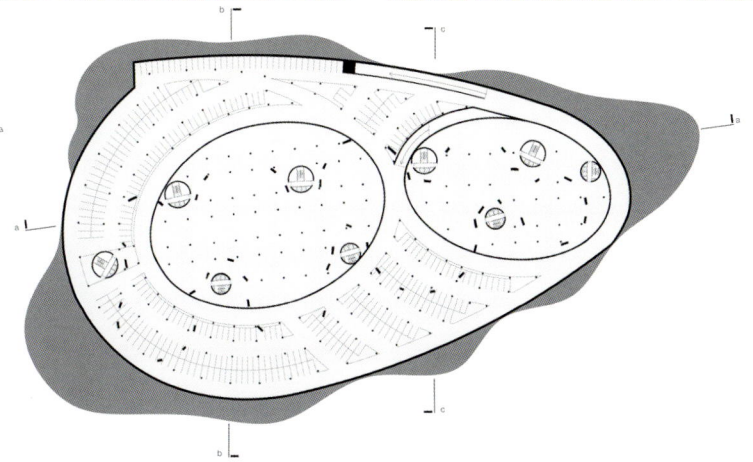

地下二层平面图 PLANTA SÓTANO 2 BASEMENT 2

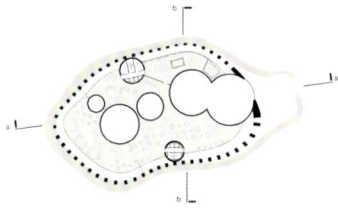

十二层平面图 PLANTA NIVEL 12 FLOOR PLAN LEVEL 12

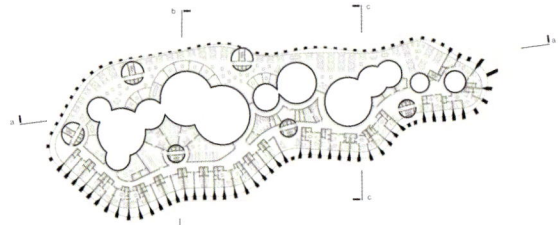

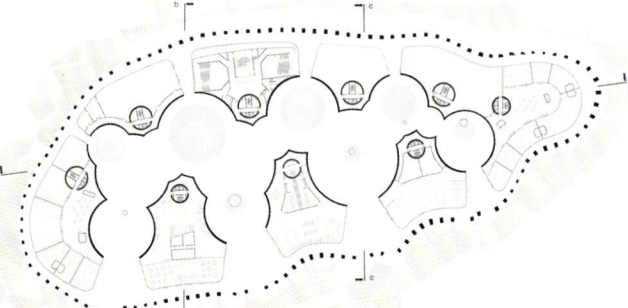

八层平面图 PLANTA NIVEL 8 FLOOR PLAN LEVEL 8

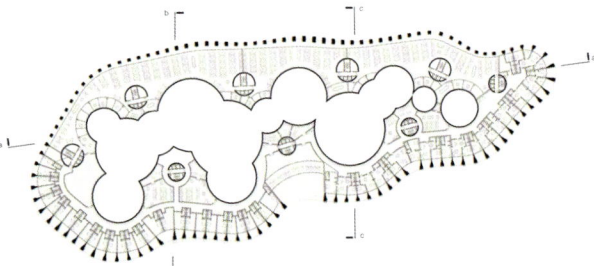

五层平面图 PLANTA NIVEL 5 FLOOR PLAN LEVEL 5

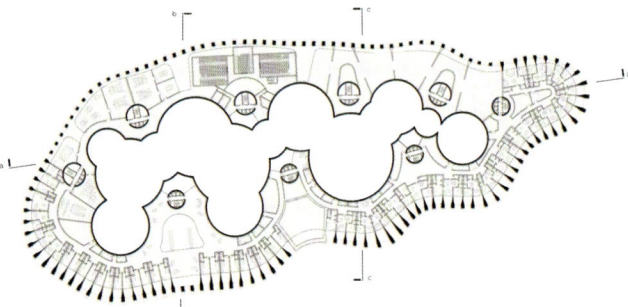

二层平面图 PLANTA NIVEL 2 FLOOR PLAN LEVEL 2

一层平面图 PLANTA NIVEL 1 FLOOR PLAN LEVEL 1

1 景观–混合都市区块
PAISAJE-BLOQUE URBANO HÍBRIDO LANDSCAPE-URBAN HYBRID BLOCK
BLEND ADJACENT NATURAL AMPHITHEATER AND HORIZONTAL
CITY INTO HOLISTIC URBANISM

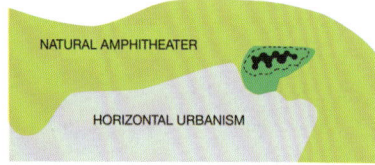

NATURAL AMPHITHEATER

HORIZONTAL URBANISM

2 与其为一座单独大楼
EN LUGAR DE UNA TORRE INDIVIDUAL INSTEAD OF A SINGLE TOWER

大楼–在完整的丘陵里挖空
TORRE-VACÍOS EN COLINA CONSOLIDADA TOWER-VOIDS WITHIN COMPLETED HILLS

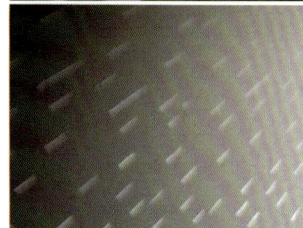

3 穿孔方式
FORMA PERFORADA PERFORATED FORM
PERFORATIONS ALLOW NATURAL VENTILATION,
PUBLIC ACCESS, AND VIEWS

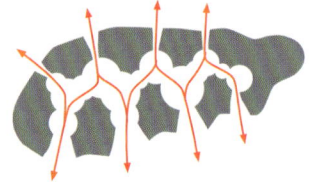

4 公共人流空间–结
ESPACIO PÚBLICO FLUIDO-NODAL FLOWING-NODAL PUBLIC SPACE
TOWER-VOIDS CREATE VARIETY OF PUBLIC SPACE WITH
MICRO-ECOSYSTEM COOLING POOLS AND TREE MOUNDS

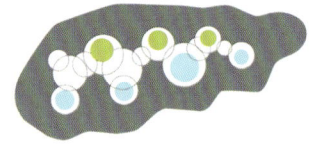

5 优化的工作和生活空间
ESPACIO DE TRABAJO Y VIDA OPTIMIZADO OPTIMIZED LIVING AND WORKING SPACE
MAXIMIZED VIEWS FOR SOUTH FACING LIVING SPACES

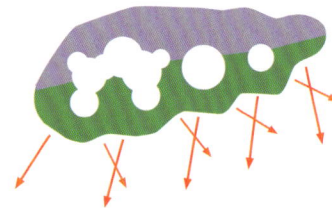

6 功能组织
ORGANIZACIÓN DE PROGRAMA PROGRAM ORGANIZATION
LIVING SPACES RECEIVE DIRECT LIGHT ON SOUTH FACE
DIFFUSE LIGHT FOR NORTH FACING WORKING SPACES

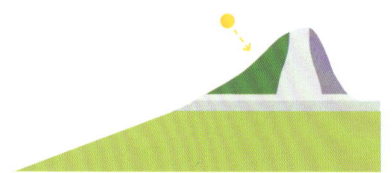

7 硬壳结构表面
SUPERFICIES ESTRUCTURALES MONOCASCO MONOCOQUE STRUCTURAL SURFACES
BEAM AND COLUMN FREE FLEXIBLE SPACES ACHIEVED USING
CONCRETE MONOCOQUE STRUCTURE

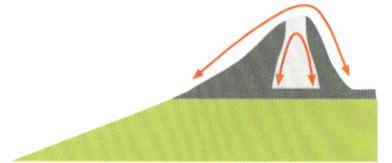

8 被动冷却及加热
CLIMATIZACIÓN + CALEFACCIÓN PASIVAS PASSIVE COOLING + HEATING
GEOTHERMAL WELLS AND COOLING PONDS COOL BUILDING AND
THE CITY

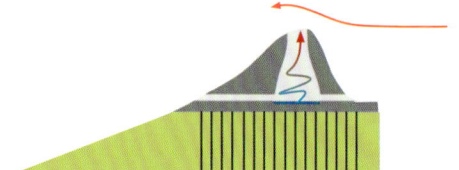

剖面图 AA SECCIÓN AA SECTION AA

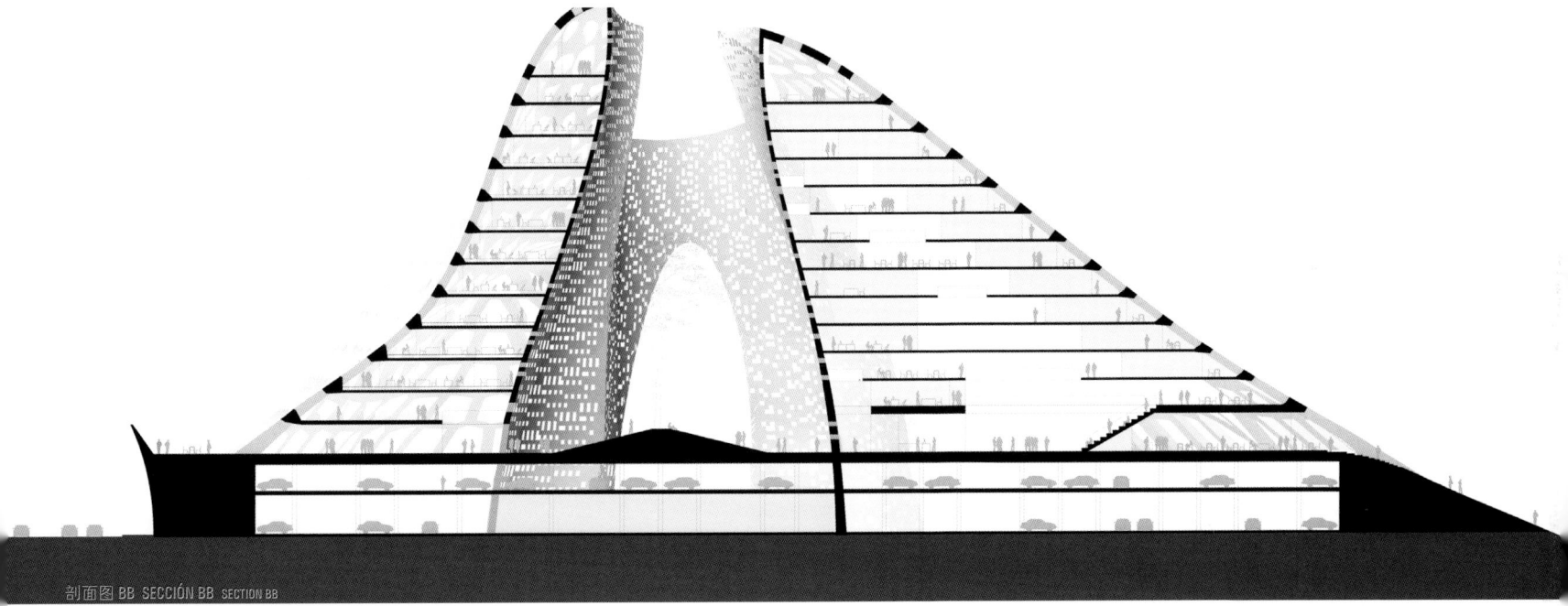

剖面图 BB SECCIÓN BB SECTION BB

剖面图 CC SECCIÓN CC SECTION CC

radiant floor/cooled slab sys

glass guardrail

native plants in medium in rigid cells on waterproof membrane

air/water artery

noon june 21

noon december 21

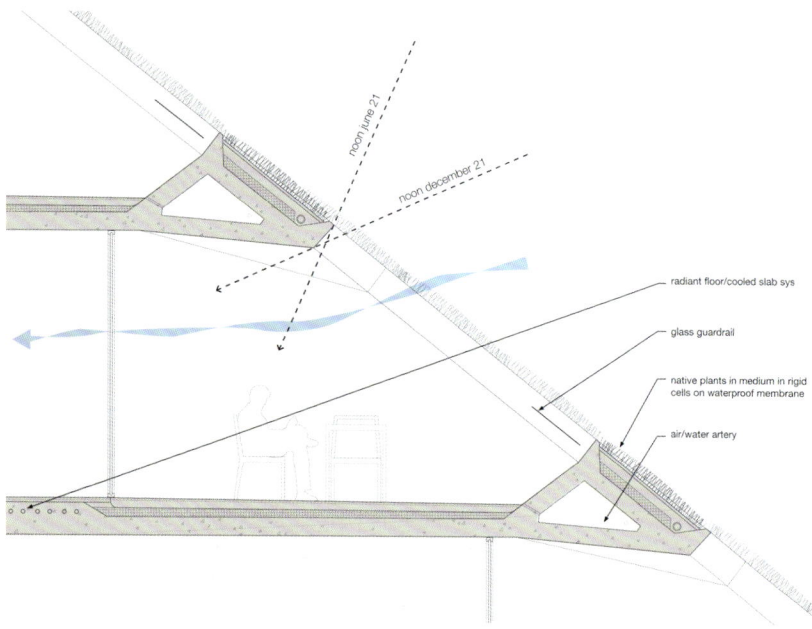

东立面图 ALZADO ESTE EAST ELEVATION

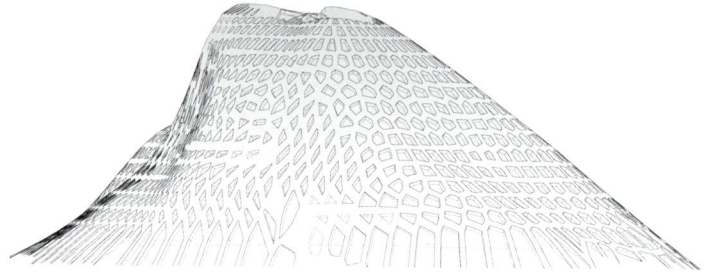

西立面图 ALZADO OESTE WEST ELEVATION

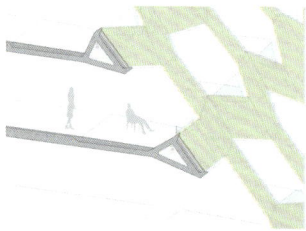

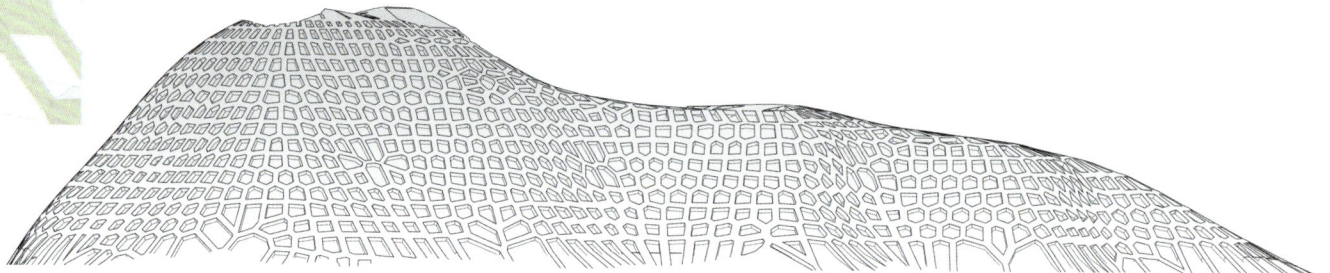

南立面图 ALZADO SUR SOUTH ELEVATION

数码媒体城
Ciudad de Medios Digital
Digital Media City

首尔, 韩国 Seoul, South Korea

SOM 建筑师事务所

这座大厦能产生自身所需的能量，因此能够降低城市能源的消耗。此外，整座大厦中有多个中庭花园和露天绿色空间，成为大厦住户的"新鲜空气过滤器"。大厦的外形是温和的弧线形，在东南和西北面之间平稳地过渡。周边巨大的承重柱清楚地表现出了力的转移，而且自然地打破了一系列的遮光栅格的沉闷。东面和西面的外立面上都有水平和垂直这两种遮光栅格，阻挡从早到晚的日照；而南面则采用水平遮光栅格，主要阻挡午后的烈日。大厦顶部收集日光并进行处理，通过风力涡轮机为大厦提供能量，这样，大厦就从建筑表现上支持了可持续性设计策略。

La torre es capaz de generar su propia energía y por tanto reduce el consumo de la energía municipal. De forma adicional, se pueden encontrar jardines-atrio y espacios verdes abiertos en la torre que actúan como filtros de aire naturales para los habitantes del edificio. La torre se conforma de sutiles formas curvas y suaves transiciones entre las caras norte-sur y este-oeste. Las mega-columnas perimetrales refuerzan la expresión de una masa en transformación como transición natural para una serie de lamas solares. En las fachadas este y oeste un patrón de lamas para crear sombra horizontal del sol tempranero y tardío; mientras la fachada sur se protege del sol de la tarde. Además de su corona que recolecta y conduce la luz y permite que el edificio se alimente de turbinas eólicas, la expresión arquitectónica de la torre refuerza las estrategias sostenibles.

The tower is able to generate its own power and thus reduce municipal energy consumption. Additionally, throughout the tower can be found atrium gardens and open air green spaces which act as natural air filters for the building's inhabitants. The tower is shaped through gently curving forms and smooth transitions between the main north south and east west faces. Perimeter mega-columns reinforce the expression of the transforming mass and provide a natural break to a series of solar louvers. On the east and western facades a pattern of both horizontal and vertical fins shield from early and late day sun; while on the southern face horizontal shades shield from high afternoon sun. Together with the crown which collects and channels light and helps power the building through wind turbines, the architectural expression of the tower reinforces the sustainability strategies.

640 m

阶段 estado state
EN PROCESO IN PROCESS 设计中

建筑师 arquitectos architects
SKIDMORE, OWINGS & MERRILL LLP（SOM）

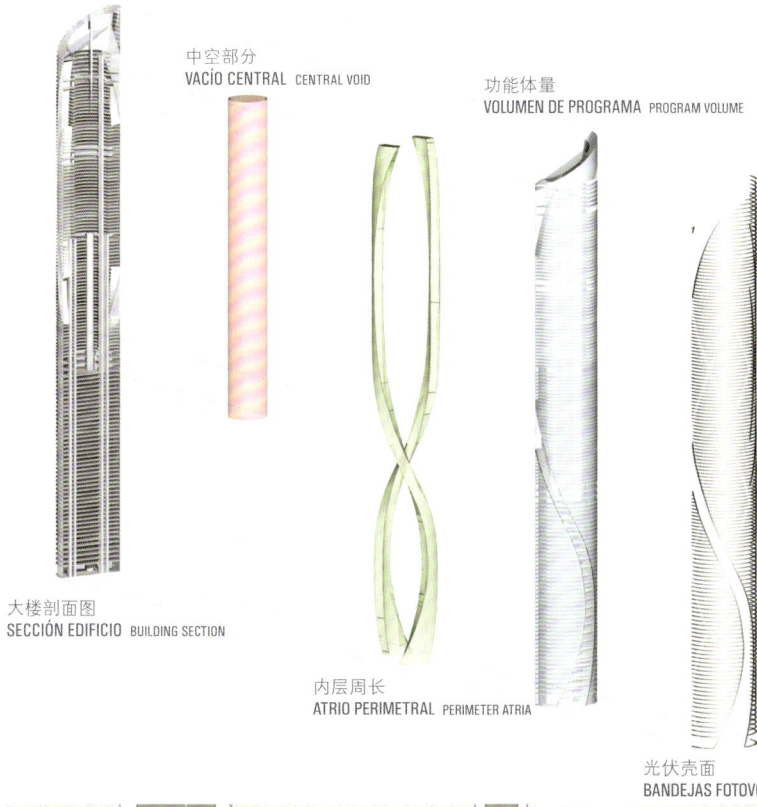

中空部分
VACÍO CENTRAL CENTRAL VOID

功能体量
VOLUMEN DE PROGRAMA PROGRAM VOLUME

大楼剖面图
SECCIÓN EDIFICIO BUILDING SECTION

内层周长
ATRIO PERIMETRAL PERIMETER ATRIA

光伏壳面
BANDEJAS FOTOVOLTAICAS PHOTOVOLTAIC SHELVES

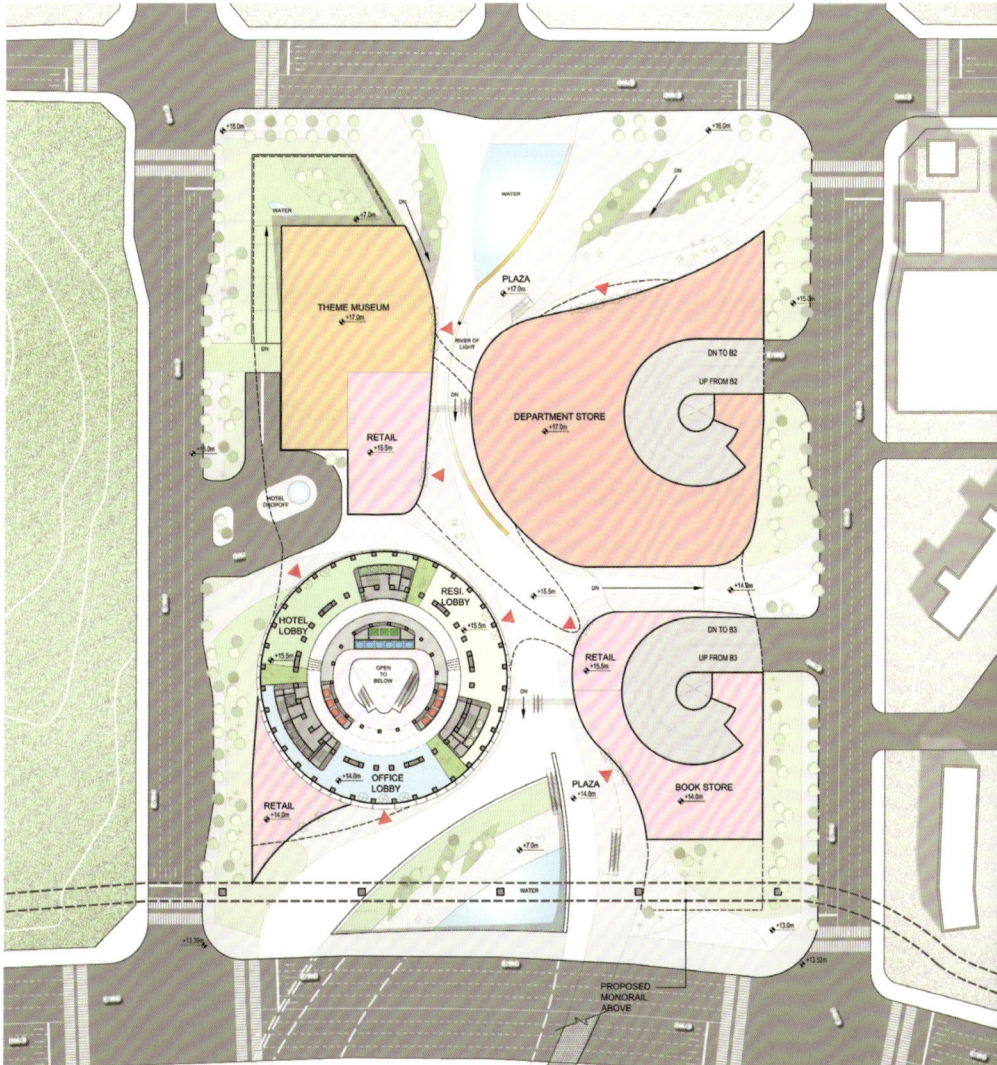

总平面图 PLANTA GENERAL OVERALL PLAN

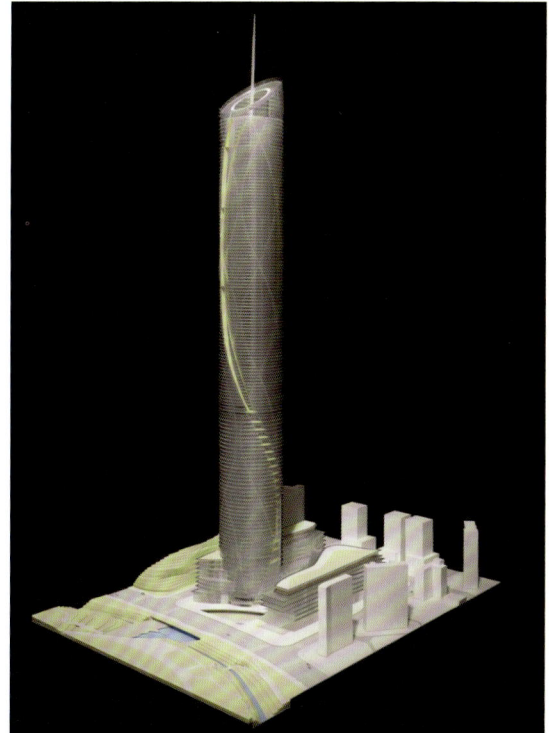

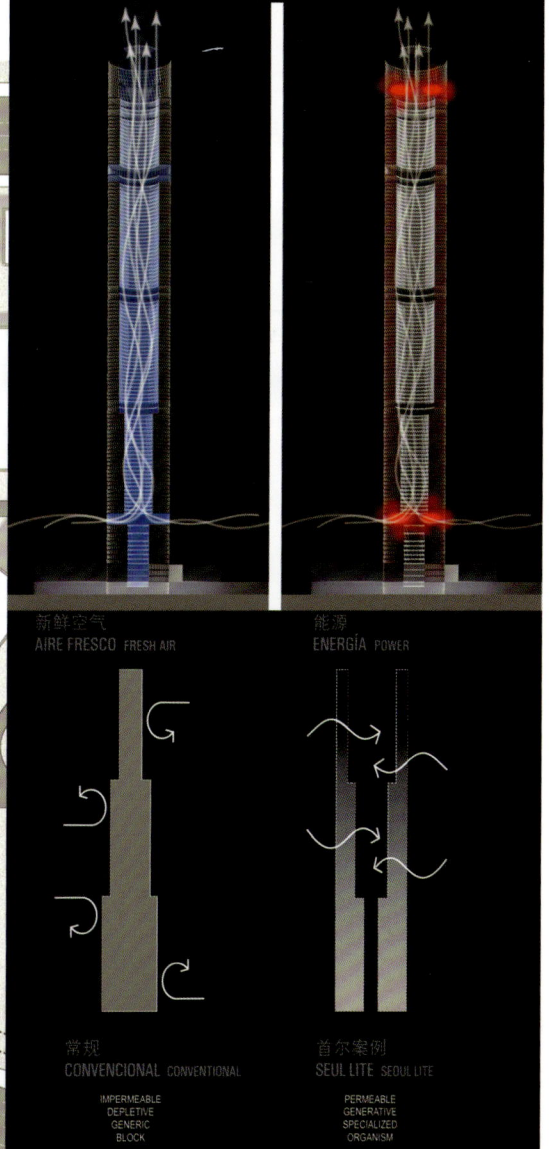

新鲜空气
AIRE FRESCO FRESH AIR

能源
ENERGÍA POWER

常规
CONVENCIONAL CONVENTIONAL

首尔案例
SEUL LITE SEOUL LITE

IMPERMEABLE
DEPLETIVE
GENERIC
BLOCK

PERMEABLE
GENERATIVE
SPECIALIZED
ORGANISM

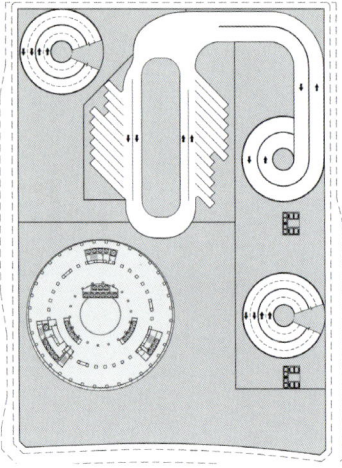

+0.9

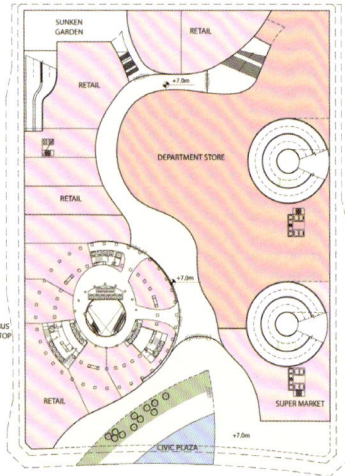

+7.0

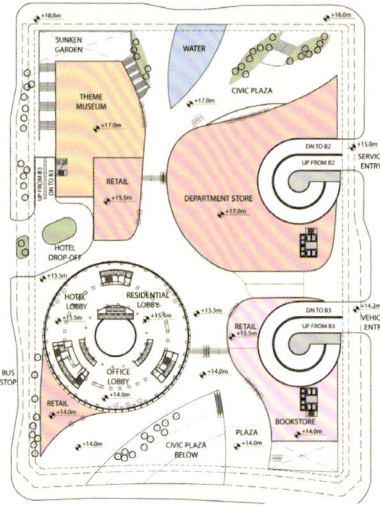

+ 14.0-17.0　底层平面图 NIVEL PLANTA BAJA GROUND FLOOR LEVEL

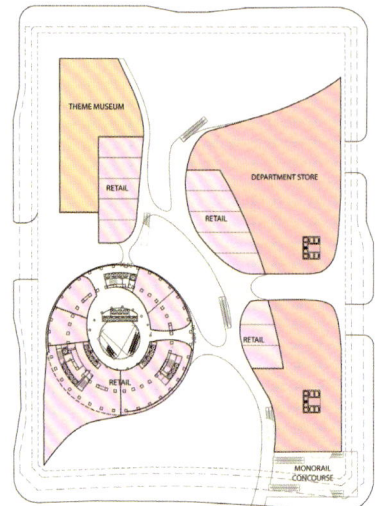

+ 25.0　三层平面图 NIVEL 2 LEVEL 2

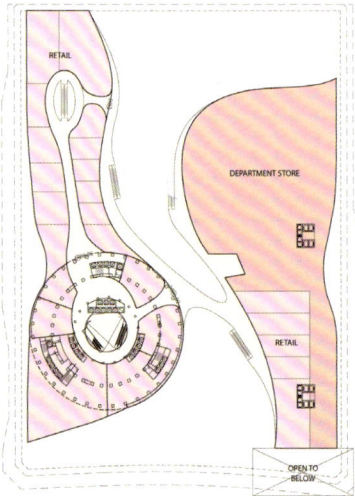

+35.0　五层平面图 NIVEL 4 LEVEL 4

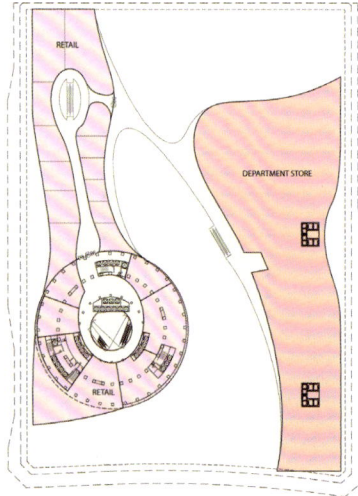

+40.0　七层平面图 NIVEL 6 LEVEL 6

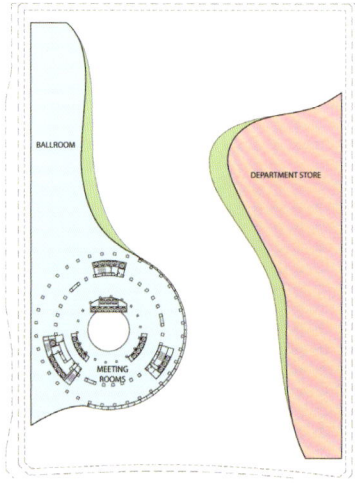

+45.0　九层平面图 NIVEL 8 LEVEL 8

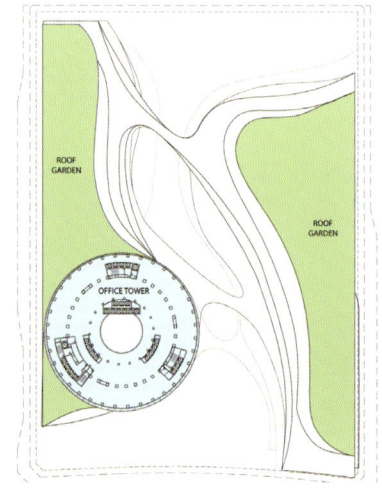

+50.0　十层平面图 NIVEL 9 LEVEL 9

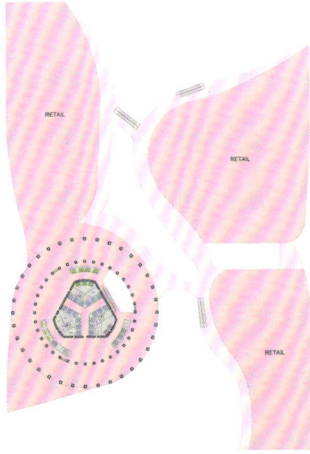

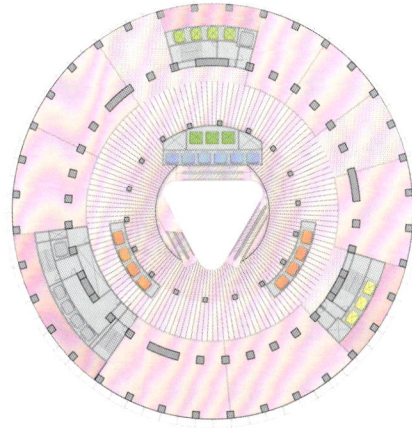

商铺典型层平面图 PLANTA TIPO COMERCIAL TYPICAL RETAIL PLAN

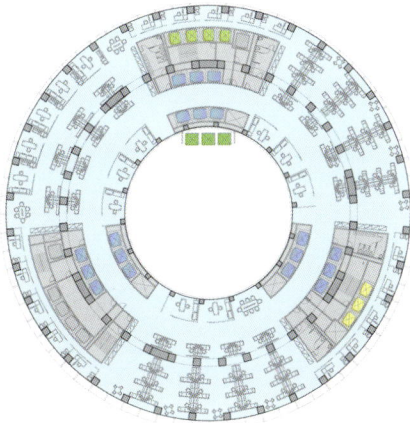

办公室典型层平面图 PLANTA TIPO DE OFICINA TYPICAL OFFICE PLAN

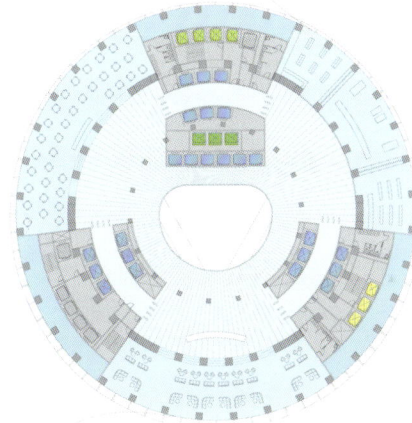

办公室天台层平面图 VESTÍBULO-LUCERNARIO DE OFICINA OFFICE SKY LOBBY PLAN

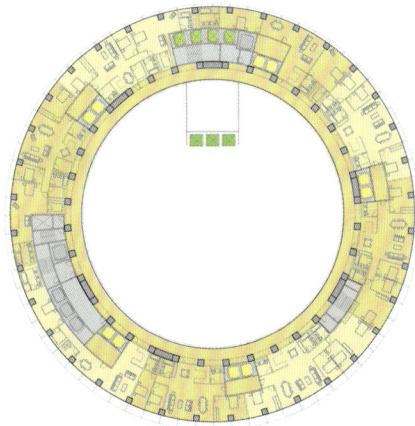

公寓典型层平面图 PLANTA TIPO RESIDENCIAL TYPICAL CONDO PLAN

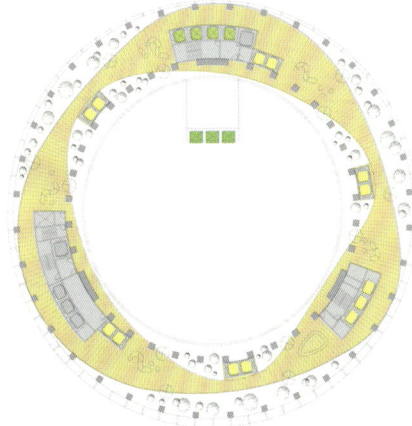

公寓天台层平面图 VESTÍBULO-LUCERNARIO PLANTA RESIDENCIAL CONDO SKY LOBBY PLAN

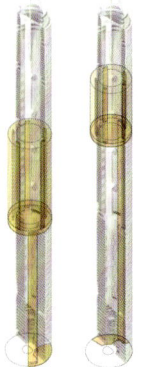

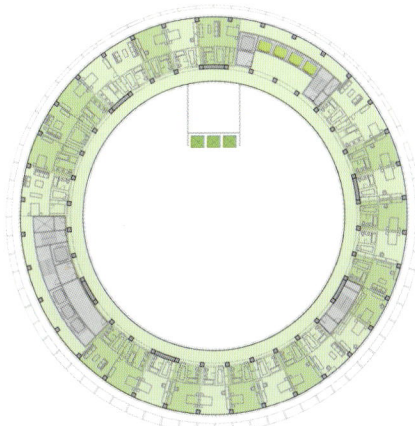

酒店典型层平面图 PLANTA TIPO DE HOTEL TYPICAL HOTEL PLAN

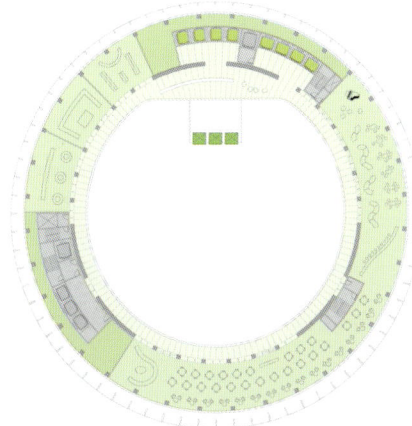

酒店天台层平面图 VESTÍBULO-LUCERNARIO HOTEL HOTEL SKY LOBBY PLAN

62

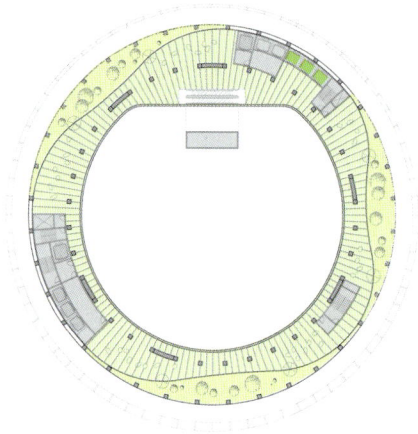

观景台典型层平面图 PLANTA TIPO MIRADOR OBSERVATION DECK PLAN

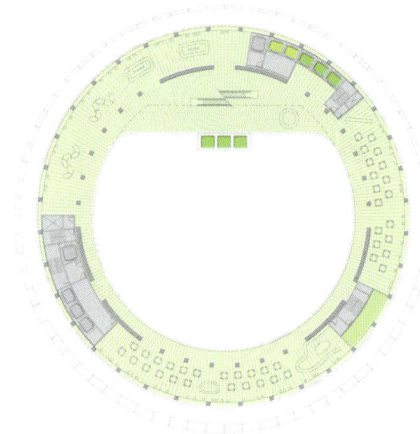

观景台天台层平面图 VESTÍBULO·LUCERNARIO DEL MIRADOR OBSERVATION DECK SKY LOBBY PLAN

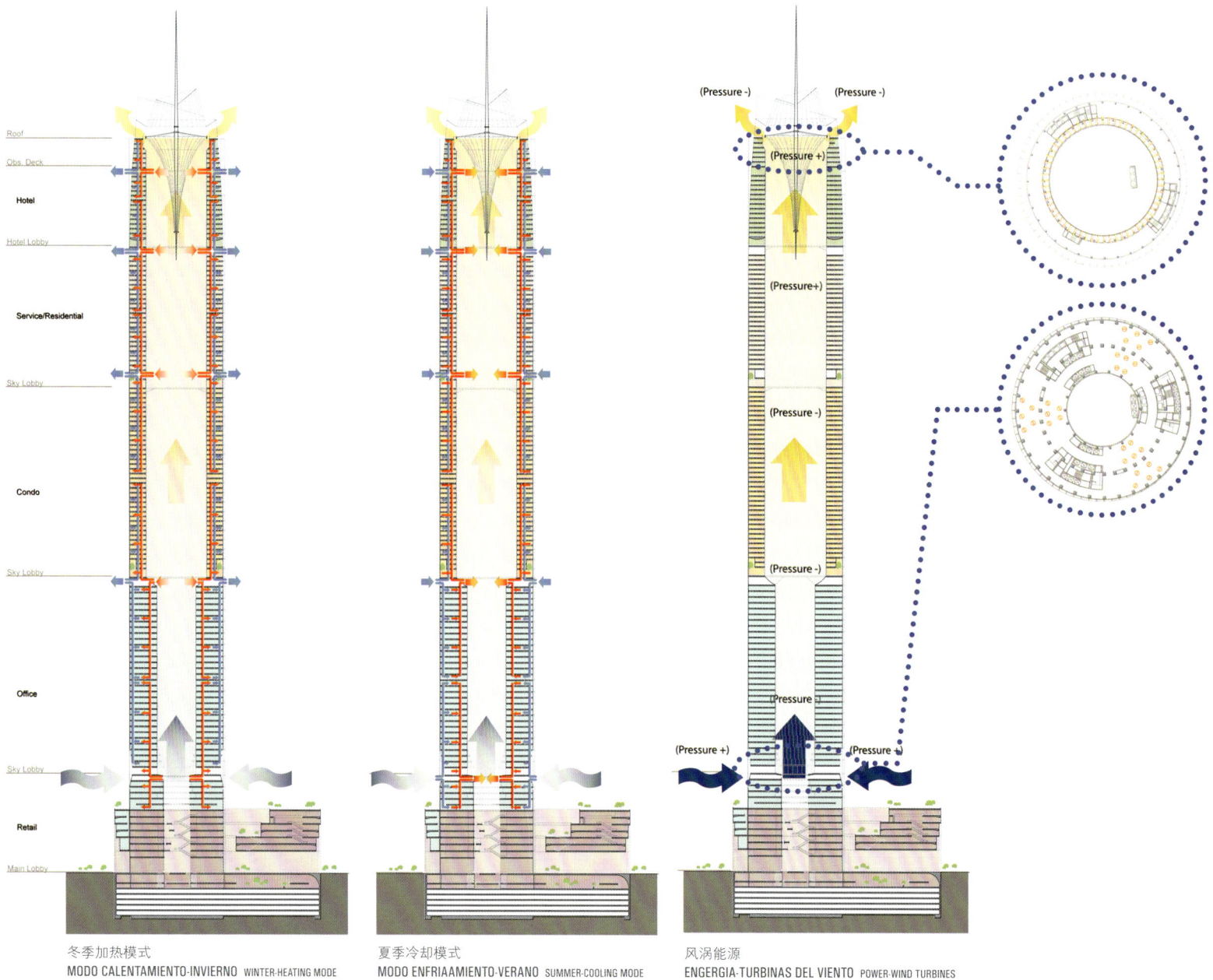

冬季加热模式
MODO CALENTAMIENTO·INVIERNO WINTER·HEATING MODE

夏季冷却模式
MODO ENFRIAAMIENTO·VERANO SUMMER·COOLING MODE

风涡能源
ENGERGIA·TURBINAS DEL VIENTO POWER·WIND TURBINES

码头+海滩大厦
Torres Puerto+Playa
Marina+Beach Towers

迪拜, 阿联酋 Dubai, U.A.E

OPPENHEIM 建筑师事务所

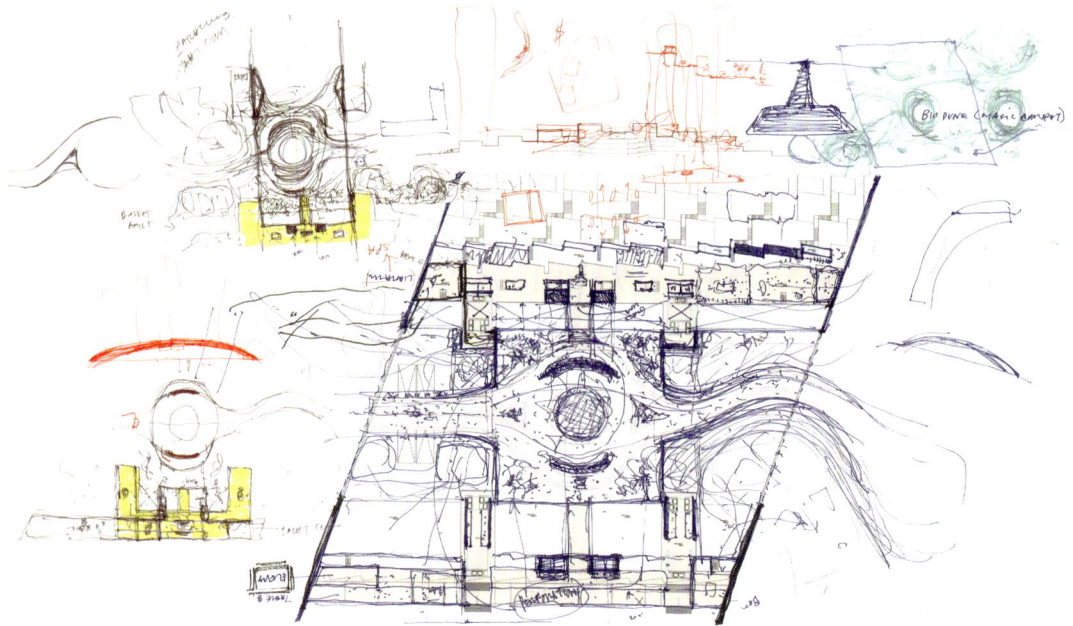

这个项目既是建筑，同时又是景观；其流体设计使天际与水际背景相融。建筑的单元类型采用了标准模块，这使得建筑的两个相似的部分得以拥有编织挂毯一般的外立面。这种"挂毯"的惊险造型给人带来微妙的感受，包括视觉、嗅觉和听觉。整个结构包含大量的太阳能和风能装置，以便产生建筑所需的部分能量。

Es simultáneamente edificio y paisaje; un proyecto cuya fluidez unifica el cielo y el agua. Basando las unidades tipo en un módulo estándar ha permitido que su variada repetición se desarrolle como un tapiz en la fachada. Este sombrío tapiz envuelve los sentidos con sutiles respuestas a la vista, el olor y el sonido. La estructura incorpora una selección de sistemas solares y eólicos para la generación de parte de la energía requerida por el edificio.

It is simultaneously building and landscape; a project whose fluidity merges sky and water. Basing the unit types on a standard module has allowed its shifted repetition to develop into the woven tapestry of the façade. This shaded tapestry envelops the senses with subtle responses to sight, scent and sound. The structure incorporates solar and wind arrays for the generation of some of the building's required energy.

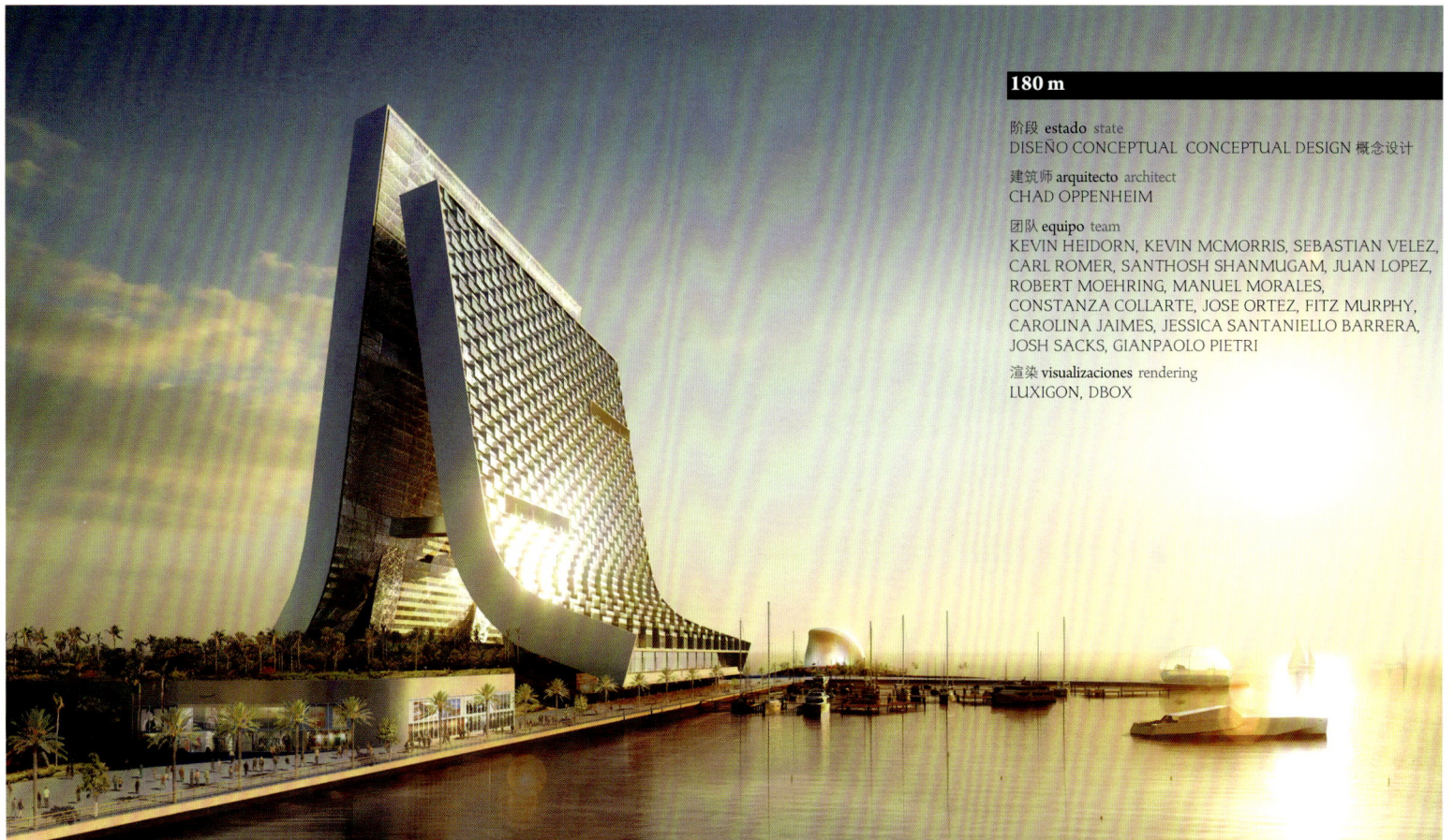

180 m

阶段 estado state
DISEÑO CONCEPTUAL CONCEPTUAL DESIGN 概念设计

建筑师 arquitecto architect
CHAD OPPENHEIM

团队 equipo team
KEVIN HEIDORN, KEVIN MCMORRIS, SEBASTIAN VELEZ, CARL ROMER, SANTHOSH SHANMUGAM, JUAN LOPEZ, ROBERT MOEHRING, MANUEL MORALES, CONSTANZA COLLARTE, JOSE ORTEZ, FITZ MURPHY, CAROLINA JAIMES, JESSICA SANTANIELLO BARRERA, JOSH SACKS, GIANPAOLO PIETRI

渲染 visualizaciones rendering
LUXIGON, DBOX

海滩部分 UNIDAD DE PLAYA BEACH UNIT

150平方米 150m²　　170平方米 170m²　　250平方米 250m²　　300平方米 300m²　　350平方米 350m²

码头部分 UNIDAD DE PUERTO MARINA UNIT

150平方米 150m²　　170平方米 170m²　　200平方米 200m²　　210平方米 210m²　　300平方米 300m²

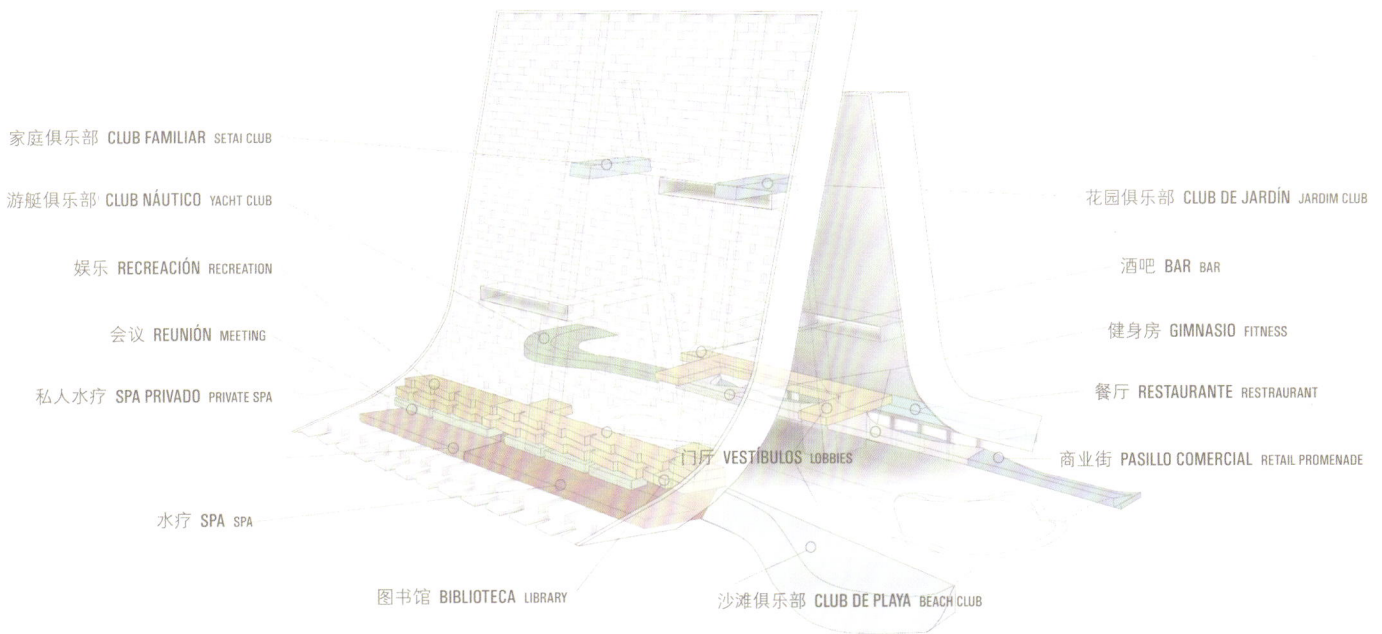

家庭俱乐部 CLUB FAMILIAR SETAI CLUB

游艇俱乐部 CLUB NÁUTICO YACHT CLUB

娱乐 RECREACIÓN RECREATION

会议 REUNIÓN MEETING

私人水疗 SPA PRIVADO PRIVATE SPA

水疗 SPA SPA

花园俱乐部 CLUB DE JARDÍN JARDIM CLUB

酒吧 BAR BAR

健身房 GIMNASIO FITNESS

餐厅 RESTAURANTE RESTRAURANT

商业街 PASILLO COMERCIAL RETAIL PROMENADE

门厅 VESTÍBULOS LOBBIES

图书馆 BIBLIOTECA LIBRARY

沙滩俱乐部 CLUB DE PLAYA BEACH CLUB

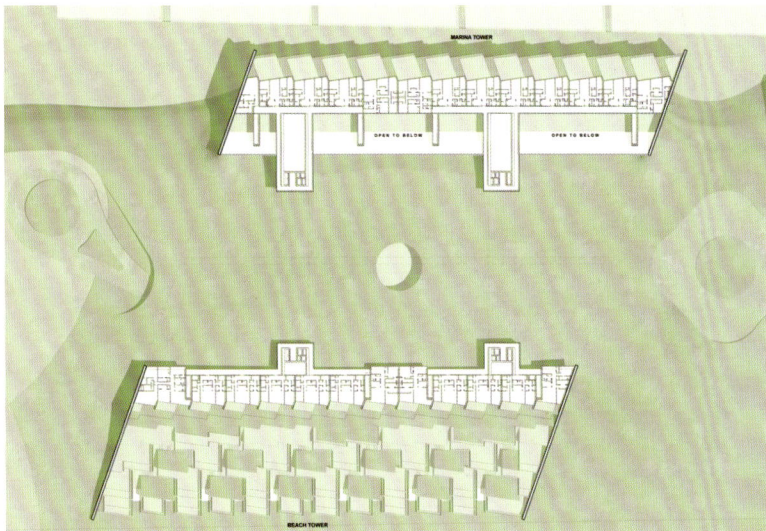

一层住宅平面图 NIVEL RESIDENCIAL 1 RESIDENTIAL LEVEL 1

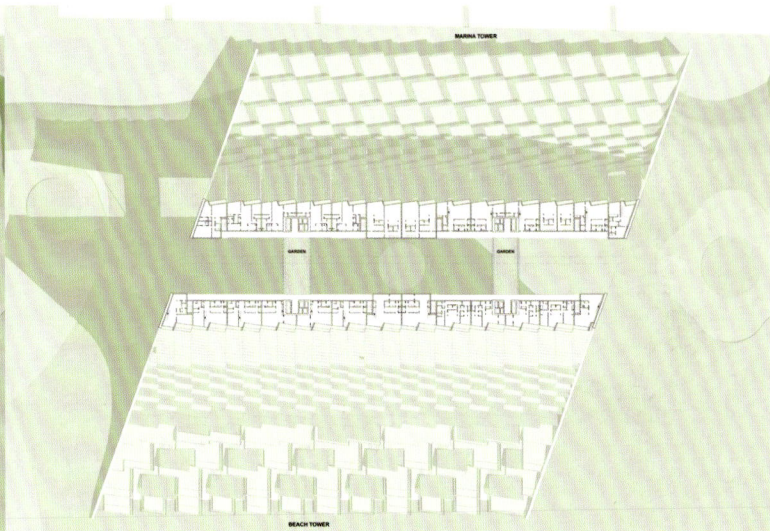

三十二层住宅平面图 NIVEL RESIDENCIAL 32 RESIDENTIAL LEVEL 32

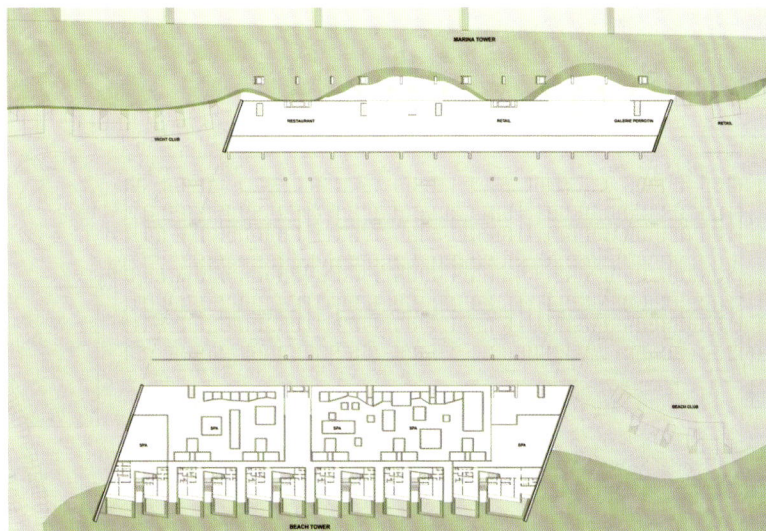

裙房层平面图 NIVEL PODIO PODIUM LEVEL

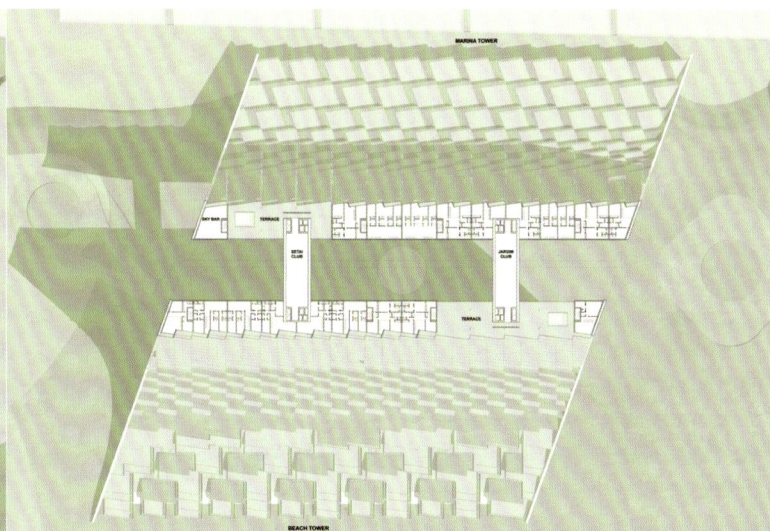

二十八层住宅平面图 NIVEL RESIDENCIAL 28 RESIDENTIAL LEVEL 28

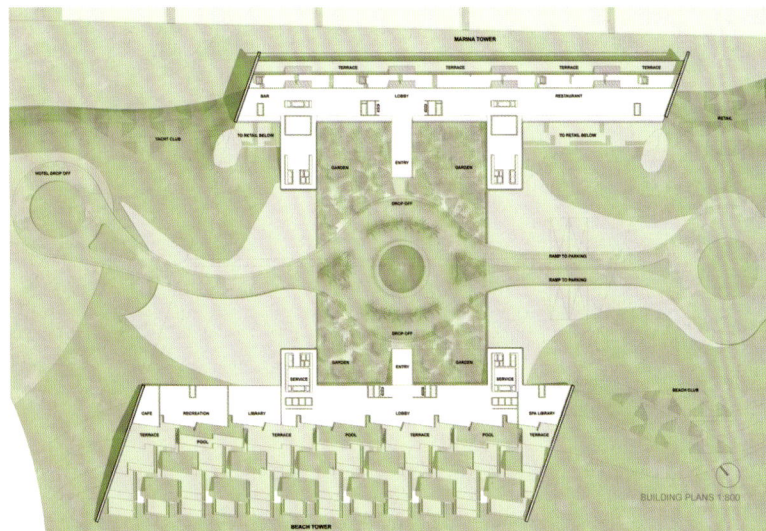

门厅层平面图 NIVEL VESTÍBULO LOBBY LEVEL

BUILDING PLANS 1:800

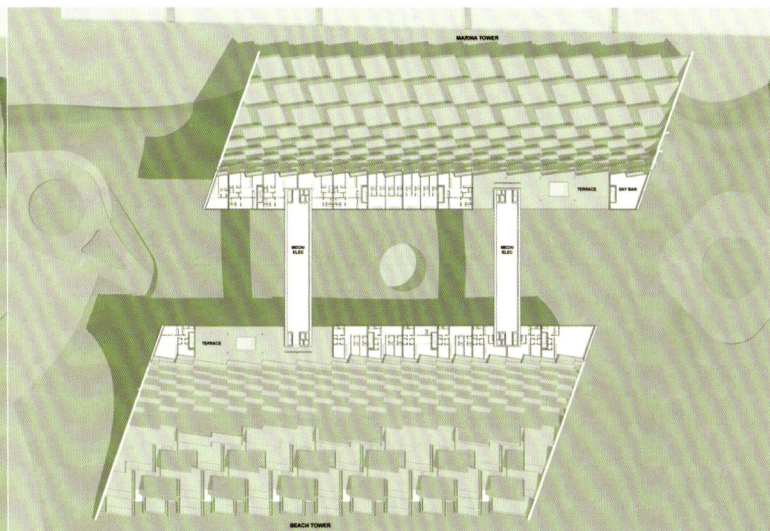

十二层住宅平面图 NIVEL RESIDENCIAL 12 RESIDENTIAL LEVEL 12

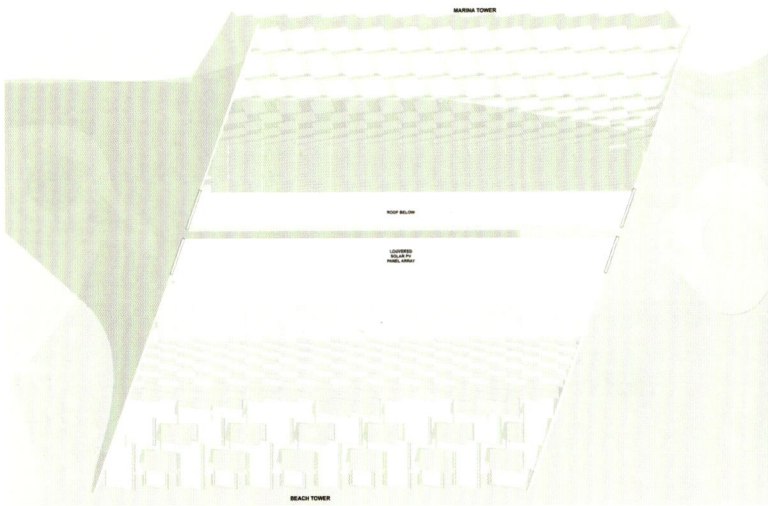

顶层平面图 NIVEL DE CUBIERTA LEVEL ROOF

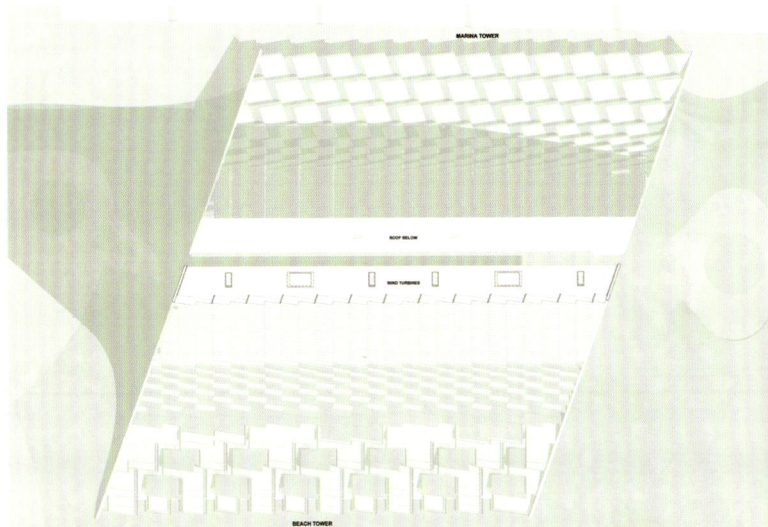

项层风力涡轮机层平面图 NIVEL DE CUBIERTA · TURBINAS DEL VIENTO LEVEL ROOF WIND TURBINES

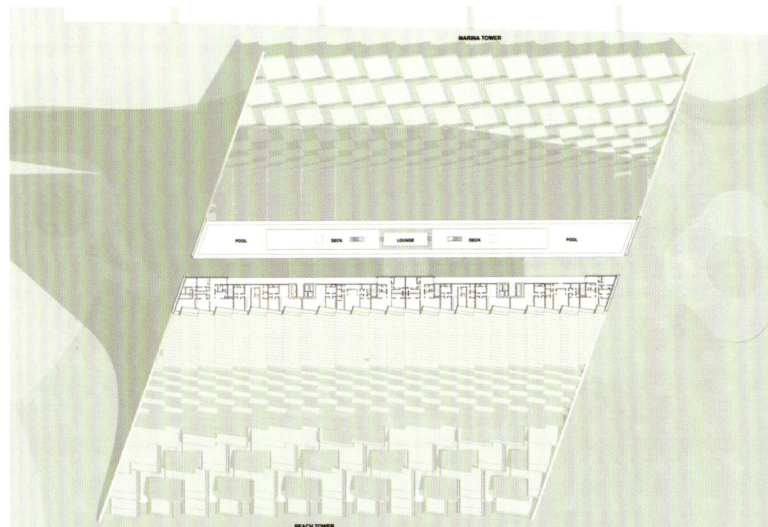

四十四层住宅平面图 NIVEL RESIDENCIAL 44 RESIDENTIAL LEVEL 44

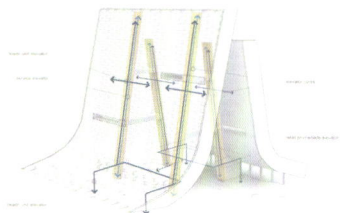

垂直流通 CIRCULACIÓN VERTICAL VERTICAL CIRCULATION

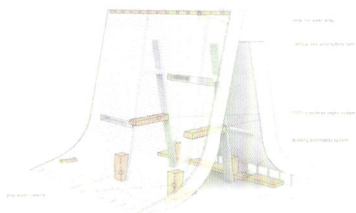

设备 INSTALACIONES MECHANICAL

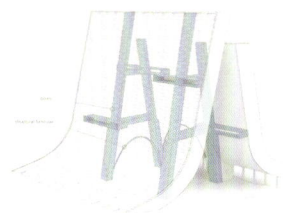

结构 ESTRUCTURA STRUCTURE

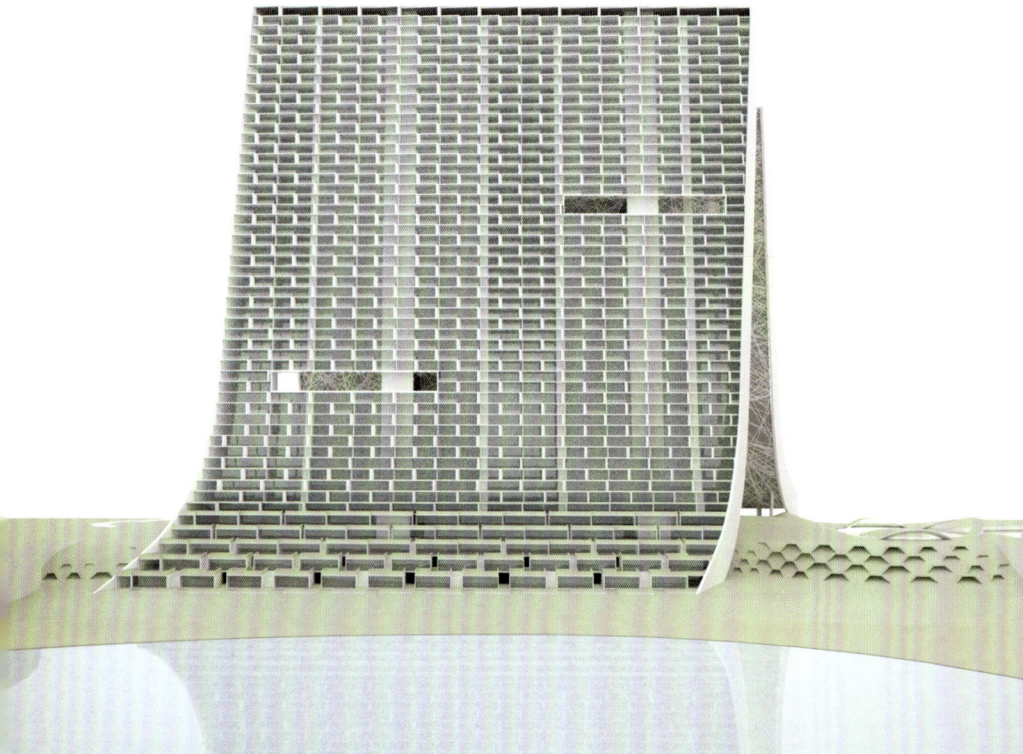

剖立面图 ALZADO Y SECCIÓN ELEVATION AND SECTION

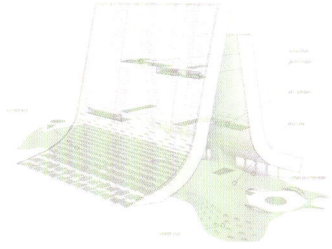

公共空间及露台 ESPACIOS ABIERTOS + TERRAZAS OPEN SPACES + TERRACES

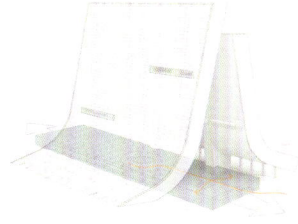

停车场 PARKING APARCAMIENTO

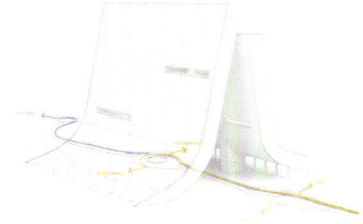

流通 CIRCULACIÓN CIRCULATION

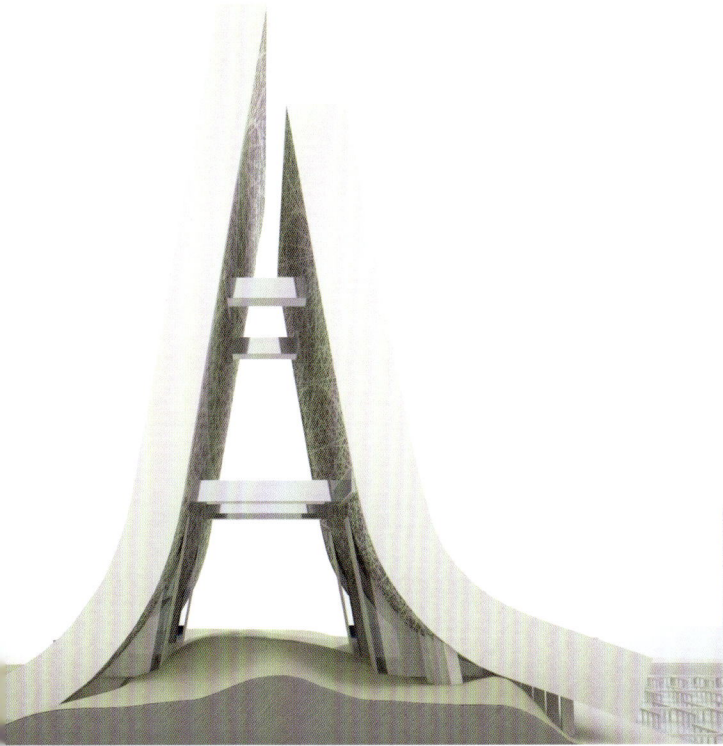

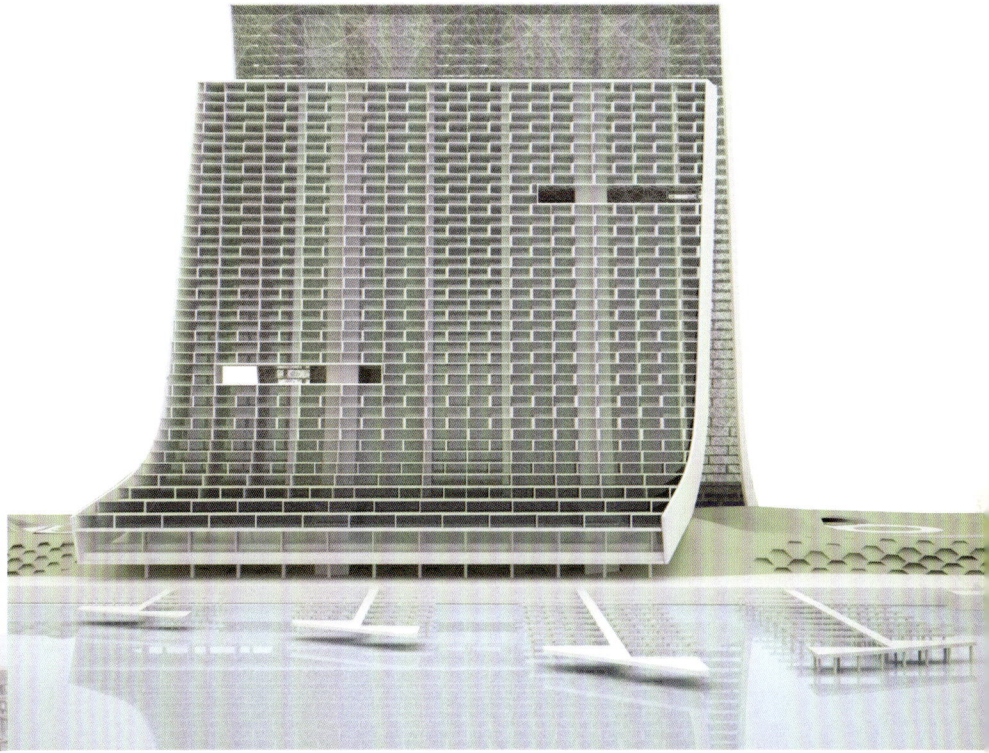

蒙德里安拉诺酒店
Hotel Mondri y Elano
Mondri and Elano Hotel

拉斯维加斯, 美国 Las Vegas, USA

JDS 建筑师事务所

设计师研究了蒙德里安和德拉诺的酒店，目的是从中提取出能代表其特色的关键元素。他们并没有为酒店以往的成功所左右，而是仔细分析了为什么拉斯维加斯这个地方可能让这家酒店遭遇失败。这两家酒店有什么不同，又有什么联系？他们通过把真正的"拉斯维加斯体验"引入拉斯维加斯，成功复制了酒店体验的精髓。

Han estudiado los Hoteles Mondrian y Delano con la intención de extraer los elementos fundamentales de su identidad. En lugar de dejarse llevar por el éxito de los hoteles, han intentado analizar donde podrían fallar en una posible relocalización en Las Vegas. ¿Qué hace a estos dos hoteles diferentes y que los conecta?. Han reproducido la esencia de la experiencia hotelera introduciendo la genuina experiencia de Las Vegas en Las Vegas.

They studied the Mondrian and Delano Hotels with the aim to extract core elements of their identities. Rather than falling for their success, they tried to encircle where they could fail in the event of a Las Vegas relocation. What makes these two hotels different and what connects them?. They have reproduced the essence of the hotel experience and thereby attempted to introduce a genuine experience of Las Vegas to Las Vegas.

180 m

阶段 estado state
EN CONSTRUCCION UNDER CONSTRUCTION 建造中

建筑师 arquitectos architects
PLAMEN BRATKOV
ROSSITZA BRATKOVA
NEDKO NEDEV
BOYAN BELCHEV

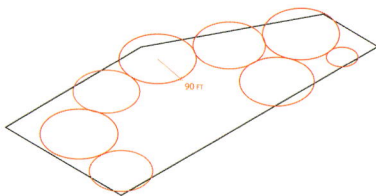
核心地区 SITUACIÓN NUCLEOS CORE PLACEMENT

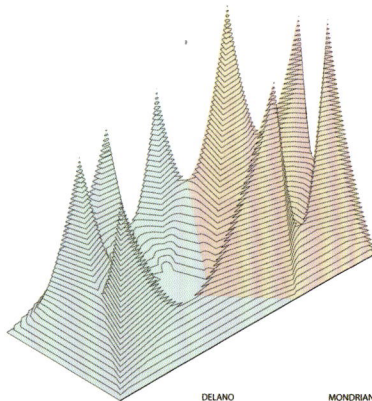
蒙德里安及德拉诺地区 ÁREAS MONDRIAN Y DELANO MONDRIAN AND DELANO AREAS

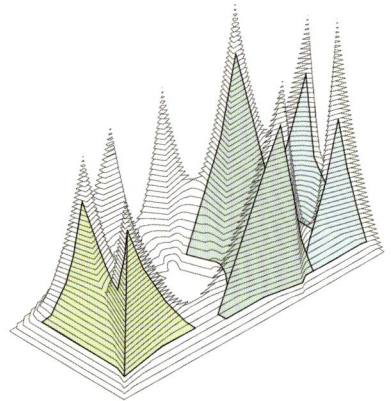
内部空地 VACÍOS INTERIORES INTERNAL VOIDS

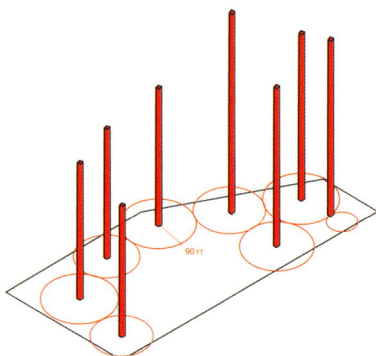
垂直流通 CIRCULACIÓN VERTICAL VERTICAL CIRCULATION

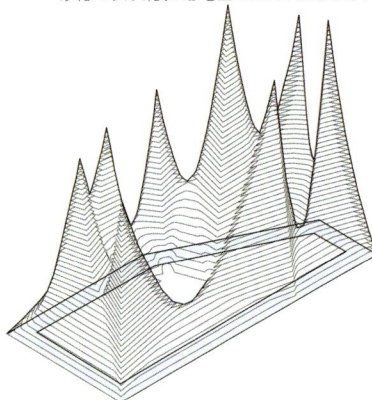
功能围合 ENVOLVENTE PROGRAMÁTICA PROGRAMMATICAL ENVELOPE

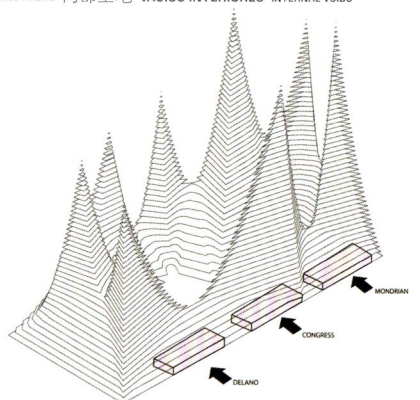
入口 ENTRADAS ENTRANCES

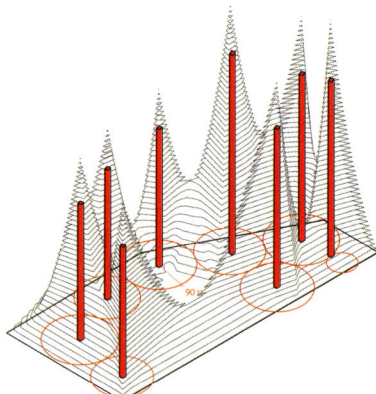
垂直流通及平面 CIRCULACIÓN VERTICAL CON PLANTAS VERTICAL CIRCULATION WITH FLOORS

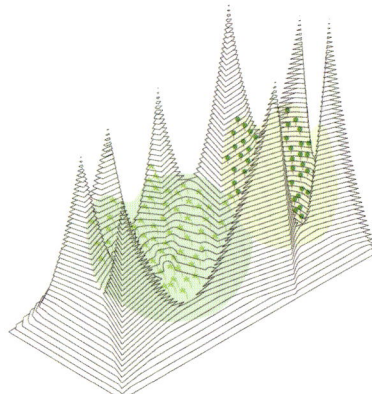
室外空地 VACÍOS EXTERIORES EXTERNAL VOIDS

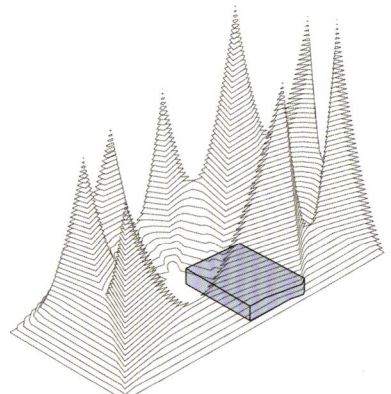
舞厅 SALÓN DE BAILE BALLROOM

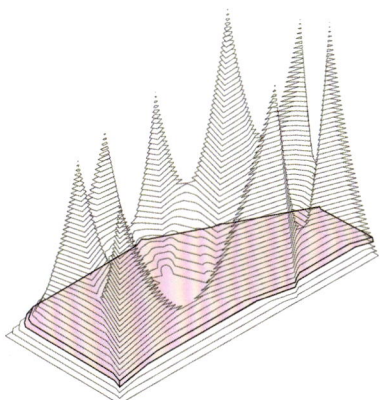

门庭 **VESTÍBULO** LOBBY

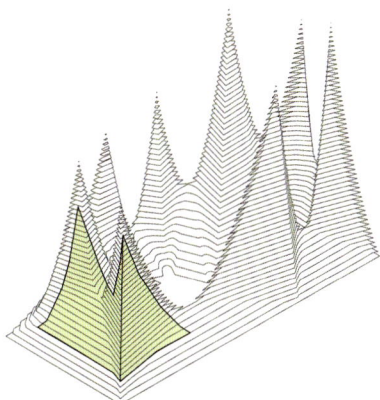

撒哈拉水疗 **SPA SAHARA** SAHARA SPA

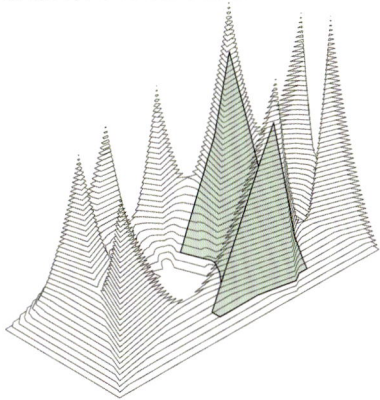

热带雨林会议厅 **CONGRESO SELVA TROPICAL** RAINFOREST CONGRESS

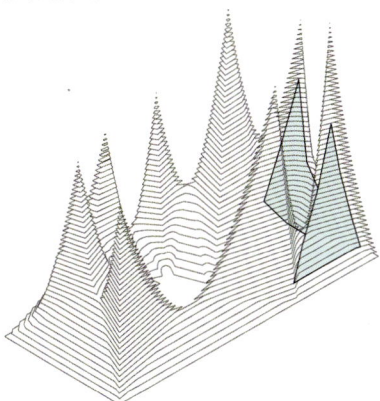

极地水疗 **SPA POLAR** POLAR SPA

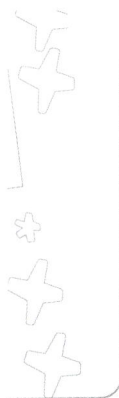

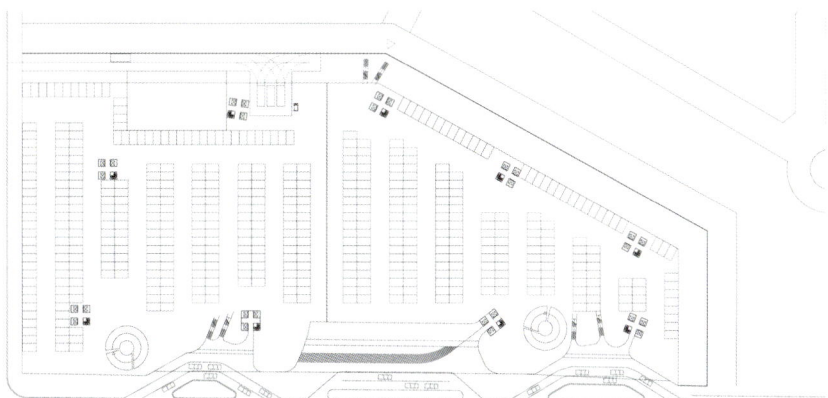

底层平面图 **NIVEL 0** LEVEL 0

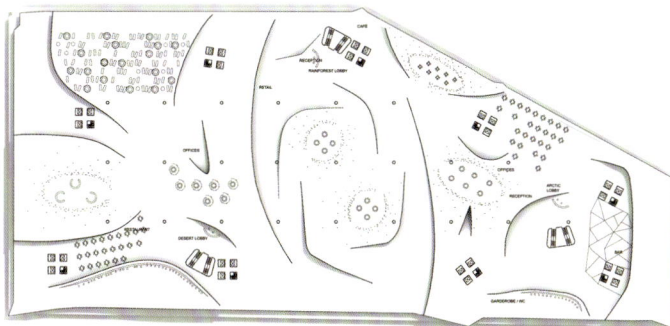

五层平面图 **NIVEL 4** LEVEL 4

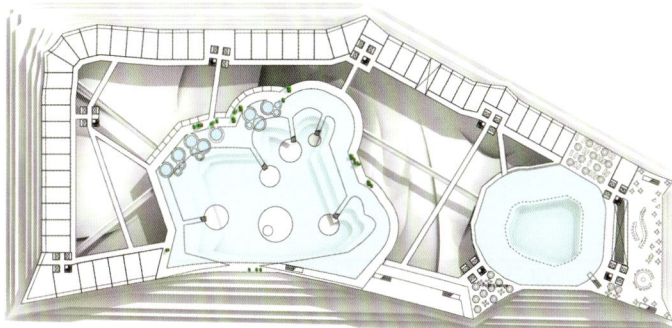

八层平面图 **NIVEL 7** LEVEL 7

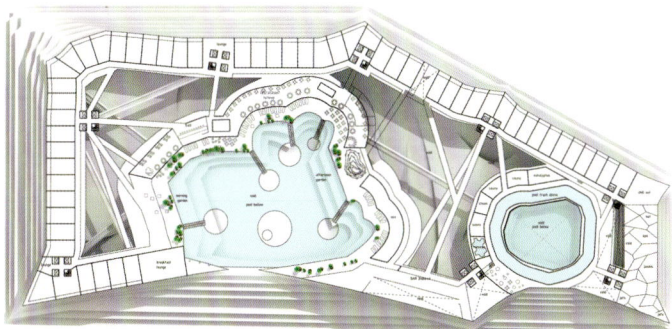

九层平面图 **NIVEL 8** LEVEL 8

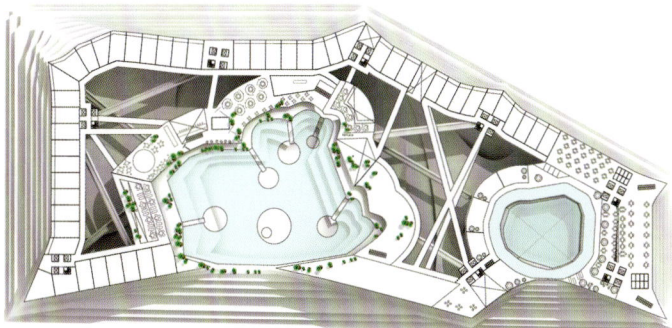

十层平面图 **NIVEL 9** LEVEL 9

埃拉诺 迈阿密甲板 CUBIERTA DELANO MIAMI DELANO MIAMI DECK

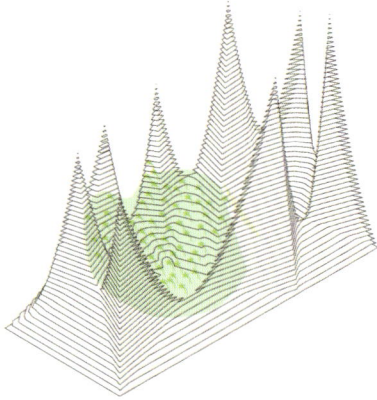

酒店客房 HABITACIONES DE HOTEL HOTEL ROOMS

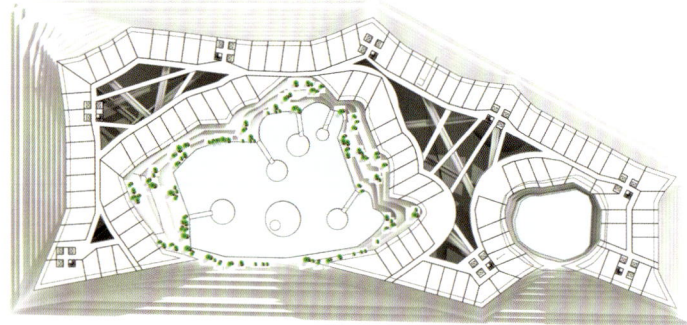

露台 TERRAZAS AL AIRE LIBRE SKY LOUNGES

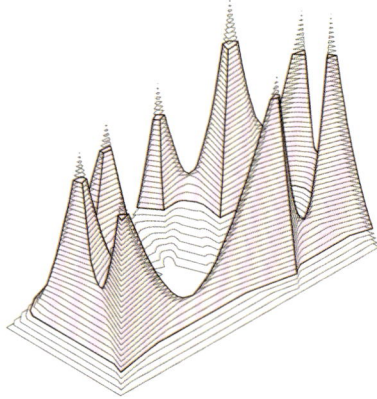

蒙德里安拉诺 MONDRI Y ELANO MONDRI AND ELANO

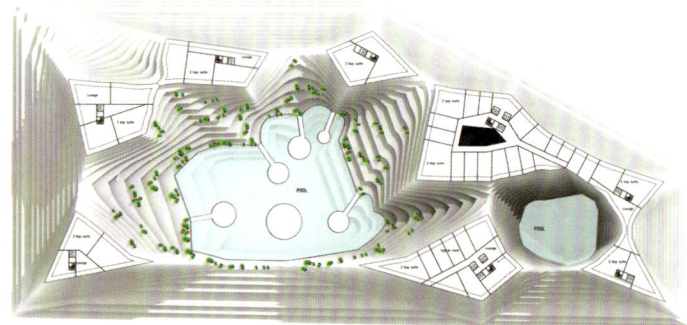

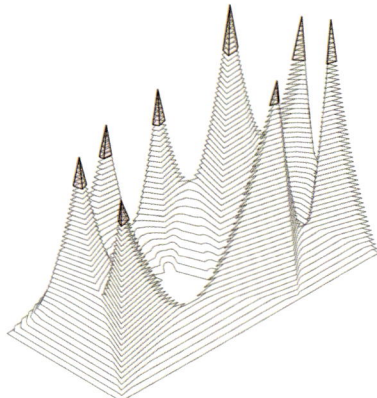

十二层平面图 NIVEL 11 LEVEL 11

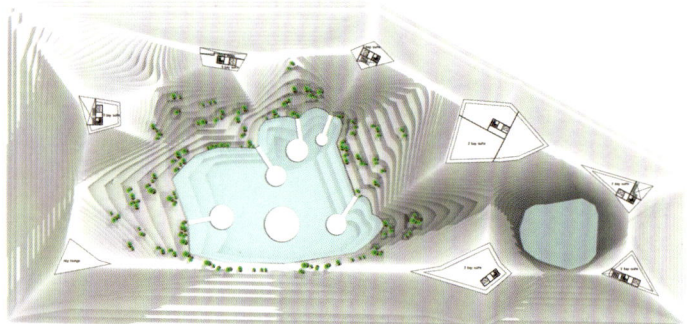

十九层平面图 NIVEL 18 LEVEL 18

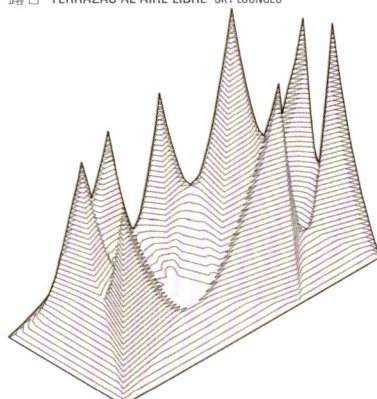

二十八层平面图 NIVEL 27 LEVEL 27

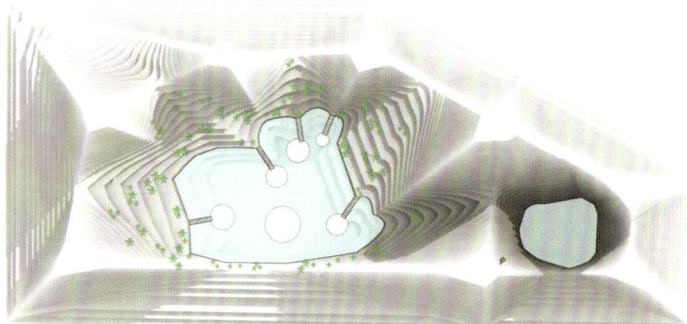

顶层平面图 NIVEL CUBIERTAS ROOF LEVEL

剖面图 SECCIÓN SECTION

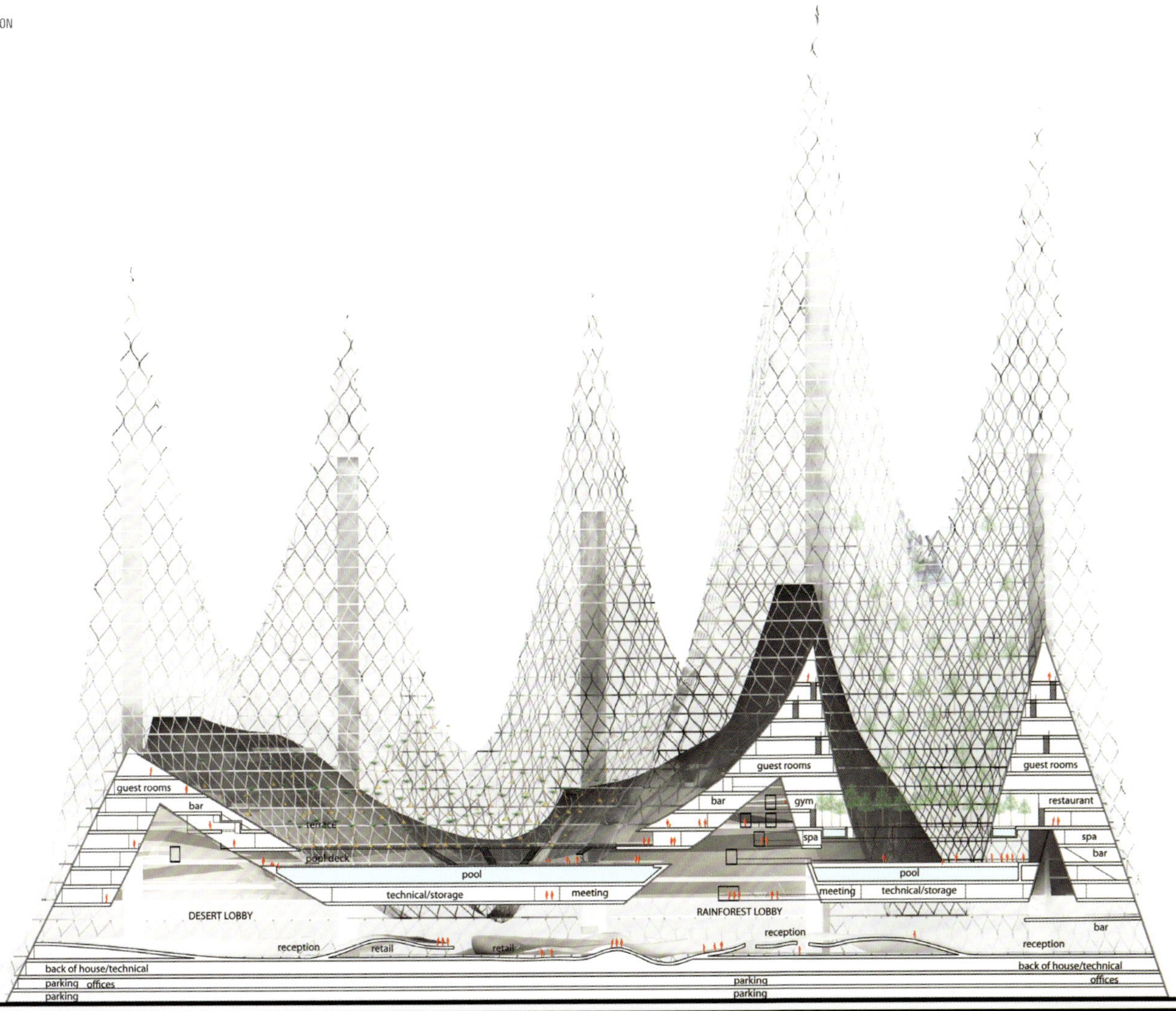
guest rooms
bar
terrace
pool deck
pool
technical/storage
meeting
DESERT LOBBY
reception
retail
retail
back of house/technical
parking
offices
parking
guest rooms
bar
gym
spa
pool
meeting
technical/storage
RAINFOREST LOBBY
reception
guest rooms
restaurant
spa
bar
bar
reception
back of house/technical
offices
parking
parking

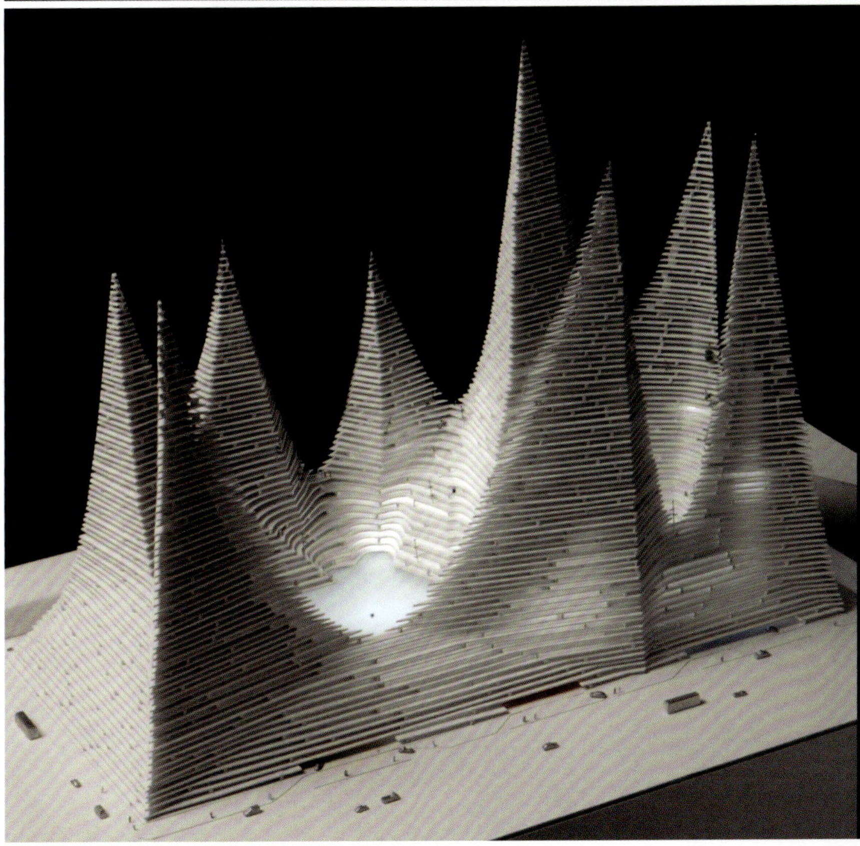

两个高层结构体系
dos sistemas estructurales en altura
two high-rise structural systems

当我们设计一座建筑的时候，我们看的是它跟自然环境之间的关系以及二者如何交流互动。

"When we design a building we are looking at its relationship with the natural environment and how the two interface"

杨经文 Ken Yeang
马来西亚建筑师、作家 Malaysian architect and writer

艾尔里姆岛的摩天之翼

Las Alas de la Isla de Al Reem
The Wings Al Reem Island

阿布扎比, 阿联酋 Abu Dhabi, UAE

KEO International Consultants 建筑师事务所

这个项目的设计灵感来自于猎鹰的翅膀。住宅分为三个类型，每个类型的奢华程度不同。顶层部分的"豪华跃层"和"奢华阁楼"旨在成为阿布扎比最高级的住宅。商业大厦中的办公空间也期望吸引广大投资商的注意。这两座大厦是达尔阿布扎比项目二期工程的一部分，整个项目耗资60亿，包含分布在艾尔里姆岛奈季港湾及其周围的6座大厦。

La inspiración de su diseño se basa en las alas de un halcón. La torre residencial se ha dividido en tres categorías especiales, cada una con diferentes niveles de lujo. Los grandes duplex y los lujosos áticos en las plantas más altas de la torre están destinados a convertirse en una de las propiedades más exclusivas de Abu Dhabi. También se espera que el espacio terciario de la torre comercial atraiga la atención de los inversores. Estas dos torres son parte de la segunda fase del lanzamiento del Proyecto Dar Al-Dhabi – un desarrollo pionero en altura de 6 billones de las seis torres localizado en y alrededor de la marina de Najmat en la isla de Al Reem.

Its design inspiration is based on the wings of a falcon. The residential has been divided into three special categories, each with differing levels of luxury. The grand duplexes and luxurious penthouses in the top floors of the tower are destined to become one of Abu Dhabi's most exclusive residential properties. Office space in the commercial tower is also expected to attract wide spread attention from investors. These two towers are part of the phase II launch of The Dar Al-Dhabi Project – a pioneering 6 billion development of six towers set on and around the Najmat marina on Al Reem Island.

300 m

阶段 estado state
EN CONSTRUCCION UNDER CONSTRUCTION 建造中
建筑师 arquitecto architect
RAJ PATEL

办公楼 TORRE DE OFICINAS OFFICE TOWER

COMPOSITE S/S
BEVELLED PANEL

DOUBLE GLAZED UNITIZED
STRUCTURAL GLAZING SYSTEM

ALUMINUM LOUVER SYSTEM
FOR MECHANICAL LEVEL

COMPOSITE S/S
BEVELLED PANEL

DOUBLE GLAZED UNITIZED
STRUCTURAL GLAZING SYSTEM

12 HIGH RISE ZONE @ 4000

14 UPPER MID RISE ZONE @ 4000

17 LOWER MID RISE ZONE @ 4000

18 LOW RISE ZONE @ 4000

剖面图 SECCIÓN section

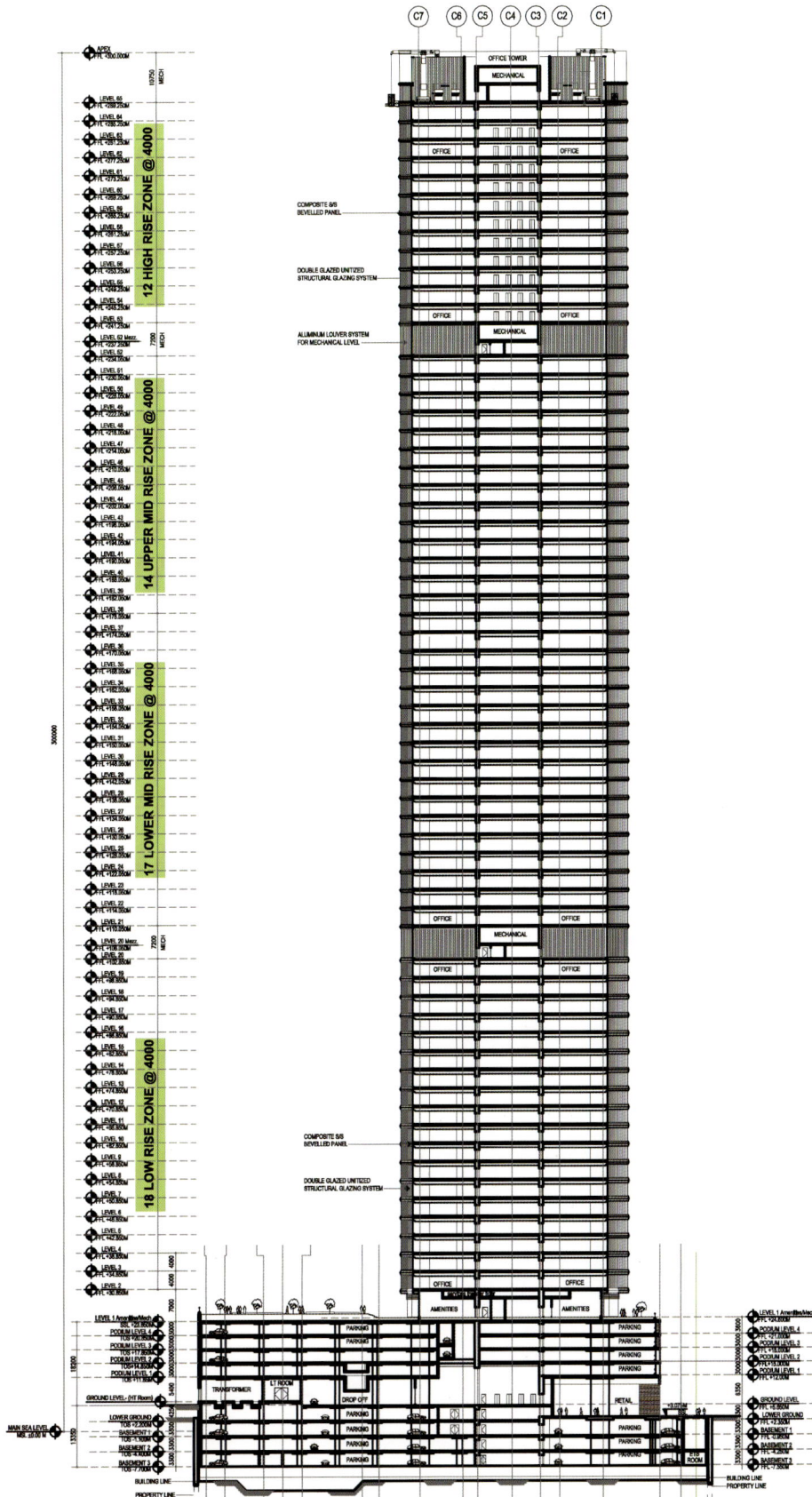

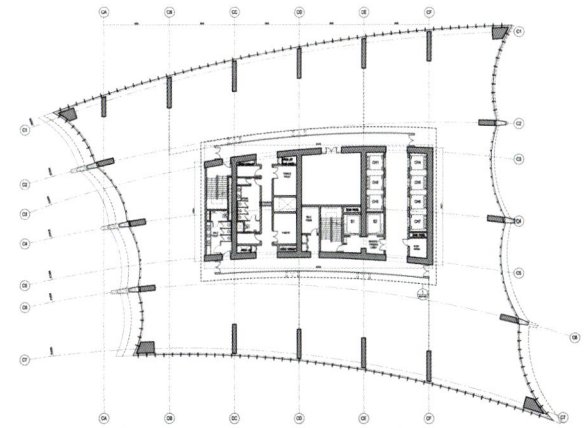

54-64层平面图 PLANTA NIVEL 54-64 FLOOR PLAN LEVEL 54-64

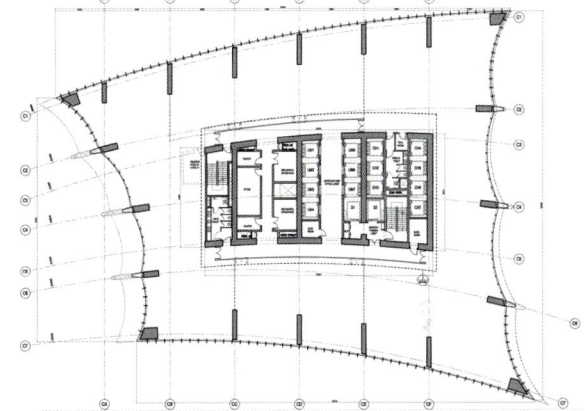

41-51层平面图 PLANTA NIVEL 41-51 FLOOR PLAN LEVEL 41-51

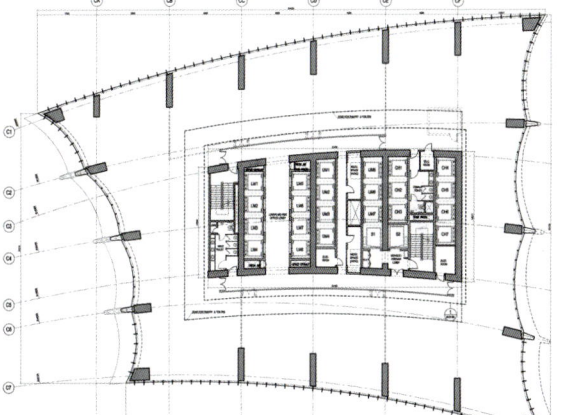

22-37层平面图 PLANTA NIVEL 22-37 FLOOR PLAN LEVEL 22-37

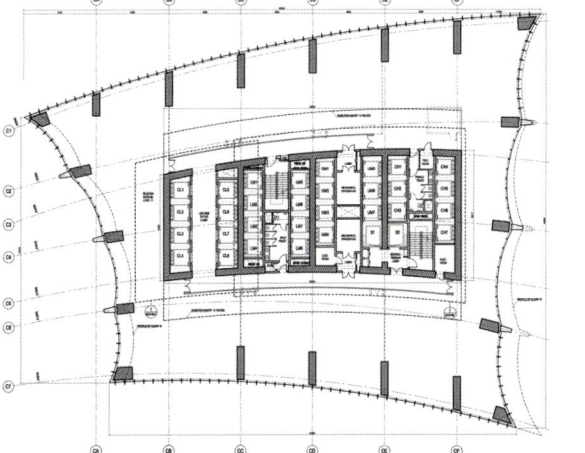

2-19层平面图 PLANTA NIVEL 2-19 FLOOR PLAN LEVEL 2-19

公寓商业楼 **TORRE RESIDENCIAL & COMERCIAL** RESIDENTIAL & COMMERCIAL TOWER

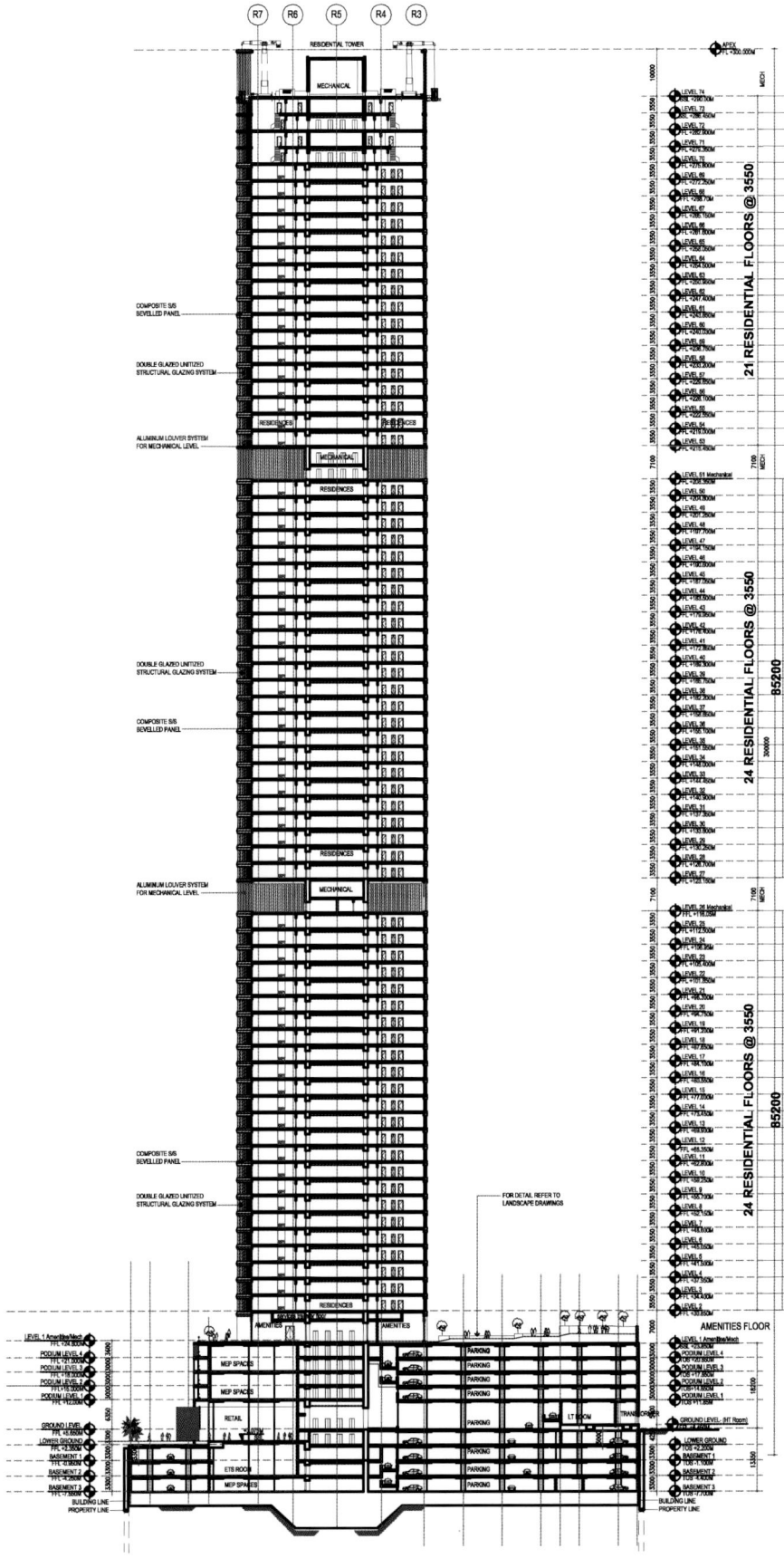

剖面图 **SECCIÓN** SECTION

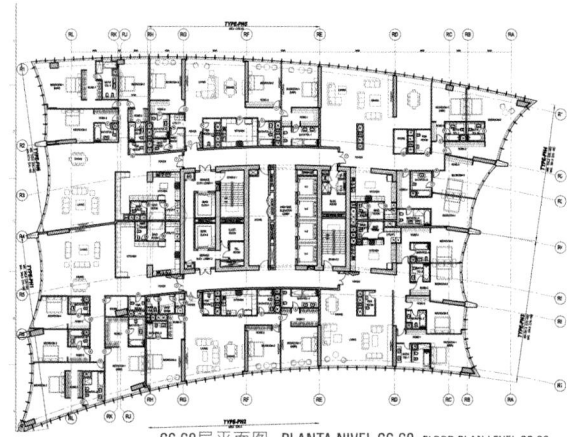

66-68层平面图 **PLANTA NIVEL 66-68** FLOOR PLAN LEVEL 66-68

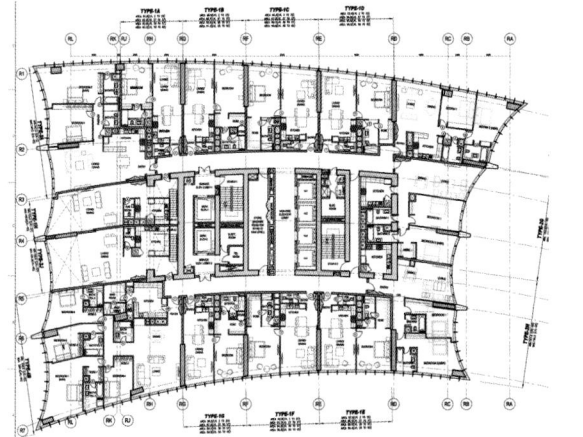

52-64层平面图 **PLANTA NIVEL 52-64** FLOOR PLAN LEVEL 52-64

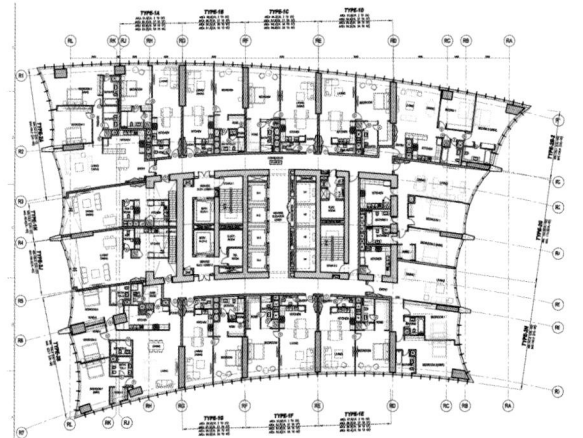

27-37层平面图 **PLANTA NIVEL 27-37** FLOOR PLAN LEVEL 27-37

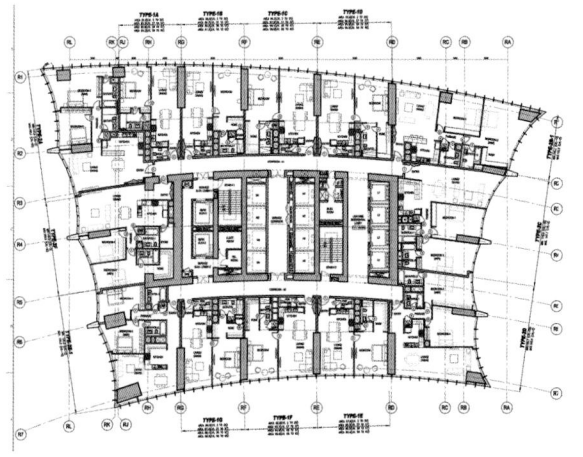

2-9层平面图 **PLANTA NIVEL 2-9** FLOOR PLAN LEVEL 2-9

海格力斯大楼
Torre de Hercules
Hercules Tower

加地斯, 西班牙 Cádiz, España

RAFAEL DE LA-HOZ 建筑师事务所

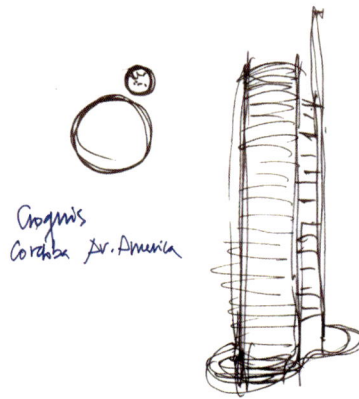

设计师接到的任务是设计一座塔，但他们决定设计两座。两座面积不大，都是500平方米，不能各自为政，需要连接在一起，于是设计了两塔之间的桥梁。直布罗陀海峡是一个激动人心的地方，这里有两大洋、两大洲、两大山脉。而这个地点却跟这里许多神秘之所相反，不管是考古方面还是建筑方面，没有留下任何跟其宏伟壮丽的历史相关的遗迹，实在令人惊异。这里没有寺庙、灯塔、剧院，没有任何砖瓦建筑。久远的时光在这里留下的是散布的工厂、院落，以及从直布罗陀湾到阿尔赫西拉斯湾，沿着海岸线分布的一列烟囱。因此，设计师提出建两座塔、两根柱子、两根烟囱。

Se nos ha pedido una torre y hemos decidido hacer dos. Plantas tan reducidas en superficie, 500 m2, no pueden actuar de forma autónoma y precisan vincularse. De ahí el puente entre las torres. El estrecho de Gibraltar es un lugar impresionante con sus dos mares, sus dos continentes y sus dos rocas. Sorprende que, a diferencia de la mayoría de lugares míticos, aquí no haya resto alguno - arqueológico o arquitectónico - de su grandeza y pasado. Aquí no hay templos, ni faros, ni teatros, ni siquiera cimientos. El tiempo y las ausencias han permitido la aparición de un disperso hábitat industrial de fábricas, depósitos y sobre todo visibles chimeneas que a lo largo de la costa recorren la bahía de Gibraltar a Algeciras. Se proponen pues dos torres, dos columnas, dos chimeneas.

The designers were asked to design one tower and they decided to design two. So small 500sqm-floor plans cannot act in an autonomous way and need to be linked. Thus comes the existence of the bridge between both towers. The Strait of Gibraltar is an exciting site with two seas, two continents and two rocks. It is amazing to see that, opposite to most of mythical sites, here there are no remains at all – archaeological or architectural – related to its grandeur and past. There are no temples, lighthouses, theatres, nor masonry. Time and absence have promoted the apparition of a dispersed industrial habitat of factories, yards and above all visible chimneys which emerge along the coast from Bay of Gibraltar to Algeciras. Therefore the designers propose two towers, two columns, two chimneys.

100 m

阶段 estado state
CONSTRUIDO BUILT 已建成

建筑师 arquitecto architect
RAFAEL DE LA-HOZ CASTANYS

合作建筑师 arquitectos colaboradores architects team
JESUS ROMAN, PETER GERMANN, MARKUS LASSAN,
ALEX CAFCALAS, ULRIK WEINERT, IVAN UCROS,
ANGEL ROLAN, MARGARITA SANCHEZ,
NICOLAS ANDRÉ, IVONNE DE SOUZA, PAOLA MERANI

监理师 arquitecto técnico surveyor
RAFAEL VEGAS

结构工程 ingeniería de estructuras structural engineering
INEPRO S.L. + NB 35

安装工程 ingeniería de instalaciones mechanical engineering
IG INGENIERIA Y GESTION + URCULO INGENIEROS

建造商 constructor construction firm
CONSTRUCCIONES SANCHEZ DOMINGUEZ-SANDO

摄影师 fotógrafo photographer
ROLAND HALBE

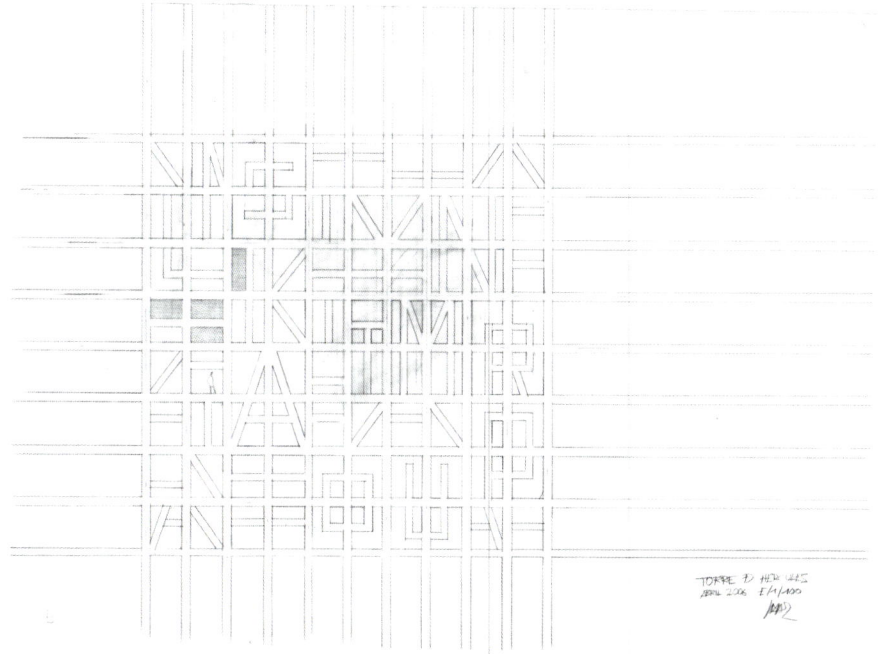

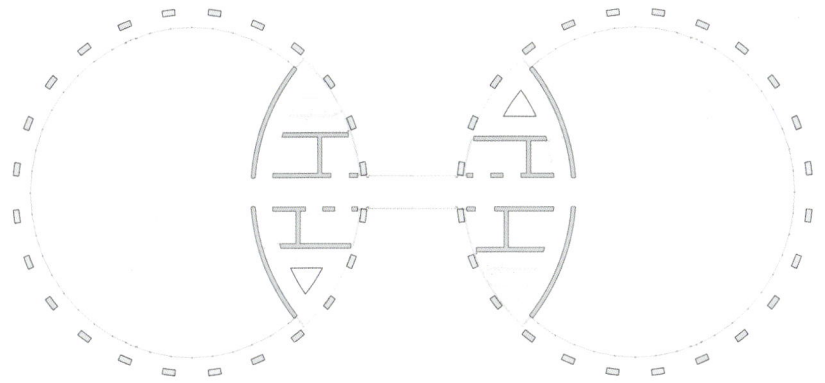

TORRE D HÉRCULES
ABRIL 2006 E/1/1500

典型层平面图 PLANTA TIPO TYPICAL FLOOR PLAN

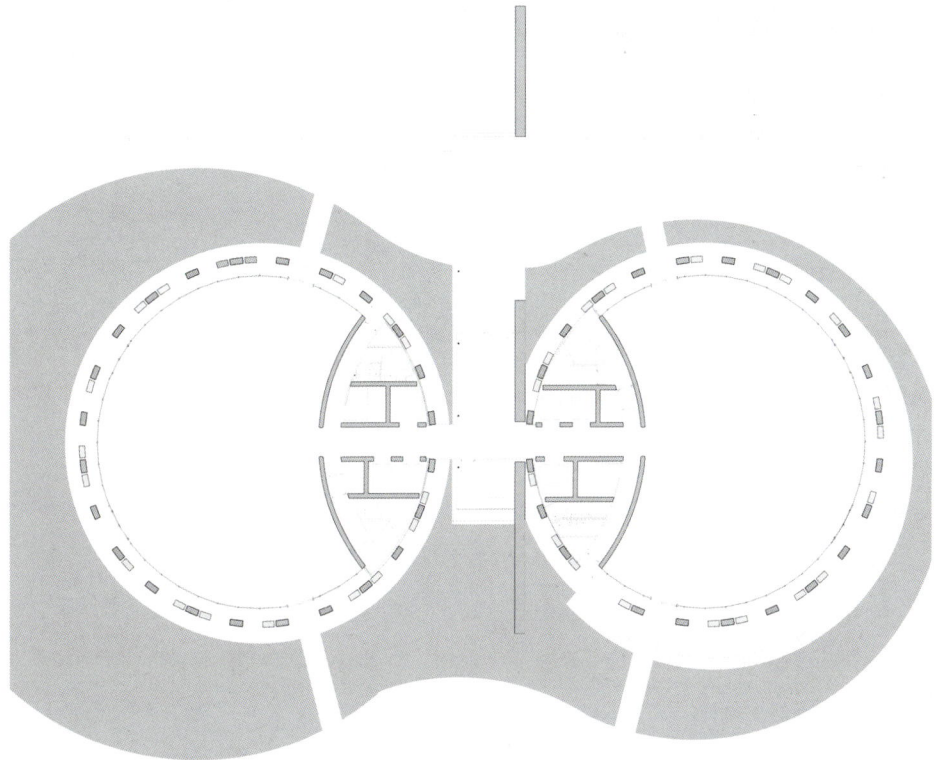

底层平面图 PLANTA BAJA FIRST FLOOR PLAN

+100.60

REMATE DECORATIVO

ENFRIADORA

+80.55   20   ALTURA MAX. +80.00   MIRADOR

+76.55   19   OFICINA

+72.55   18   OFICINA

+68.55   17   OFICINA

+64.55   16   OFICINA

+60.55   15   OFICINA

+56.55   14   OFICINA

+52.55   13   OFICINA

+48.55   12   OFICINA

+44.55   11   OFICINA

+40.55   10   OFICINA

+36.55   9   OFICINA

+32.55   8   OFICINA

+28.55   7   OFICINA

+24.55   6   OFICINA

+20.55   5   OFICINA

+16.55   4   OFICINA

+12.55   3   OFICINA

+8.55   2   OFICINA

+4.55   1   OFICINA

+0.00

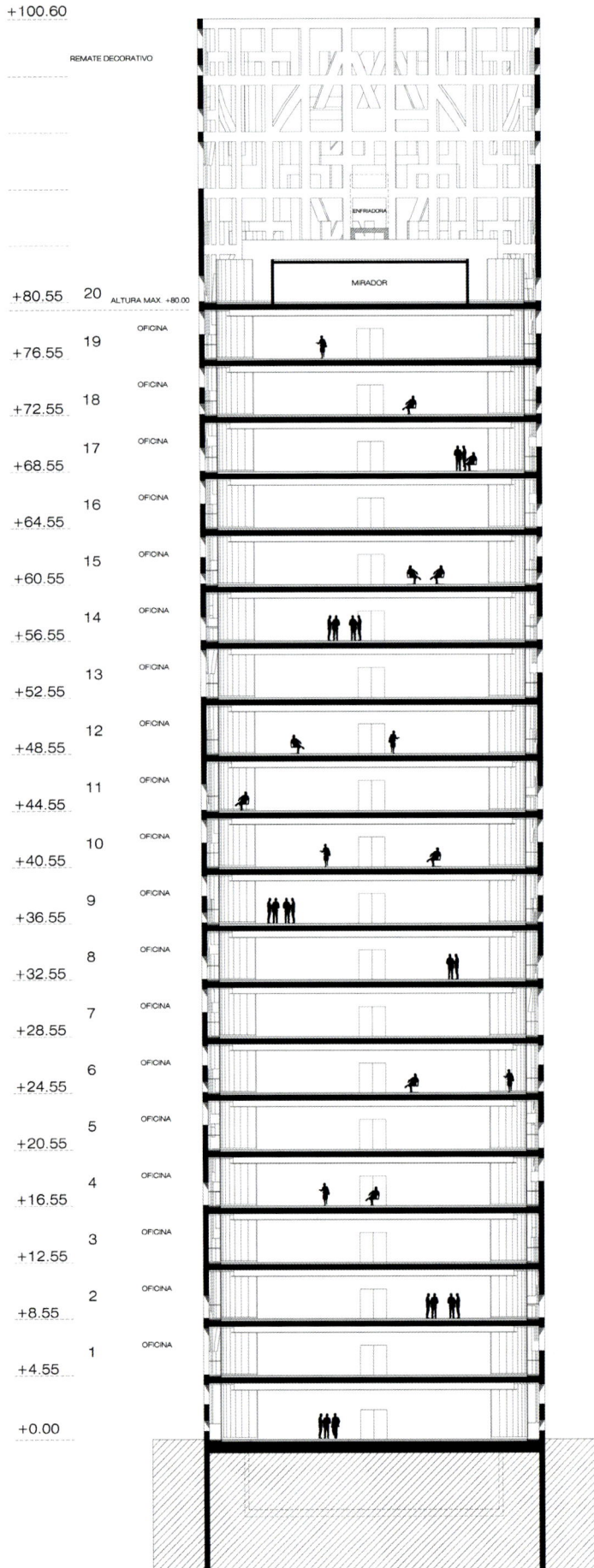

总体剖面图 SECCIÓN GENERAL GENERAL SECTION

墙面剖面图 SECCIÓN DE FACHADA FAÇADE SECTION

立面图 1 ALZADO 1 ELEVATION 1

立面图 2 ALZADO 2 ELEVATION 2

Z 大厦
Torres Z
Z Towers

里加, 拉脱维亚 Riga, Latvia

NRJA 建筑师事务所

这个项目所在的地段很好，在道加瓦河对面的9/11 Daugavgrivas大街上，距旧城仅5分钟车程，距里加国际机场仅10分钟车程。建筑中将包括A级办公空间、贵宾级办公空间以及一家奢华酒店和若干零售店。

El proyecto está en una localización excelente, en la calle Daugavgrīvas 9/11, en "Pardaugava" justo en frente del río Daugava, sólo a 5 minutos en coche de la Vieja Ciudad y a 10 minutos del Aeropuerto Internacional de Riga. Las torres tendrán oficinas de clase A y VIP además de un hotel de lujo y espacios comerciales.

The project is in a prime location, at 9/11 Daugavgrīvas Street, in "Pardaugava" just across the River Daugava, only 5 minutes drive from the Old Town and 10 minutes drive from Riga International Airport. The towers will include A and VIP-class office space along with a luxury hotel and retail outlets.

120 m

阶段 estado state
EN CONSTRUCCION UNDER CONSTRUCTION 建造中

建筑师 arquitecto architect
ULDIS LUKSEVICS

团队 equipo team
MARTINS RUSINS, IVARS VEINBERGS, LINDA LEITANE

建造 construcción construction
ENGINEER GROUP KURBADS LTD

安装工程 ingeniería de instalaciones mechanical engineering
ENGINEER GROUP KURBADS LTD

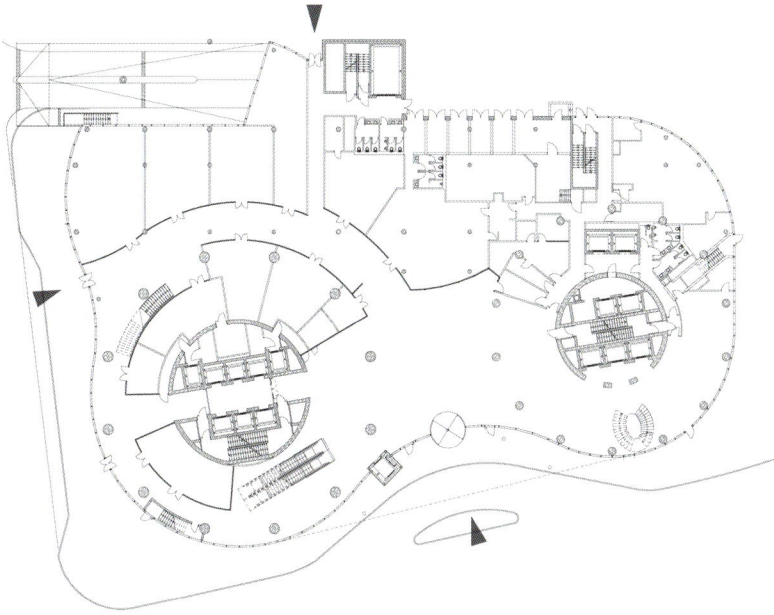

底层平面图 PLANTA BAJA GROUND FLOOR PLAN

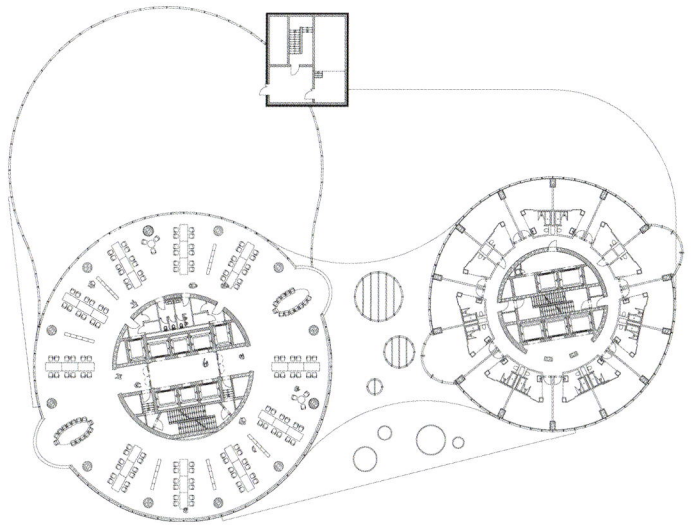

典型层平面图 PLANTA TIPO TYPICAL FLOOR PLAN

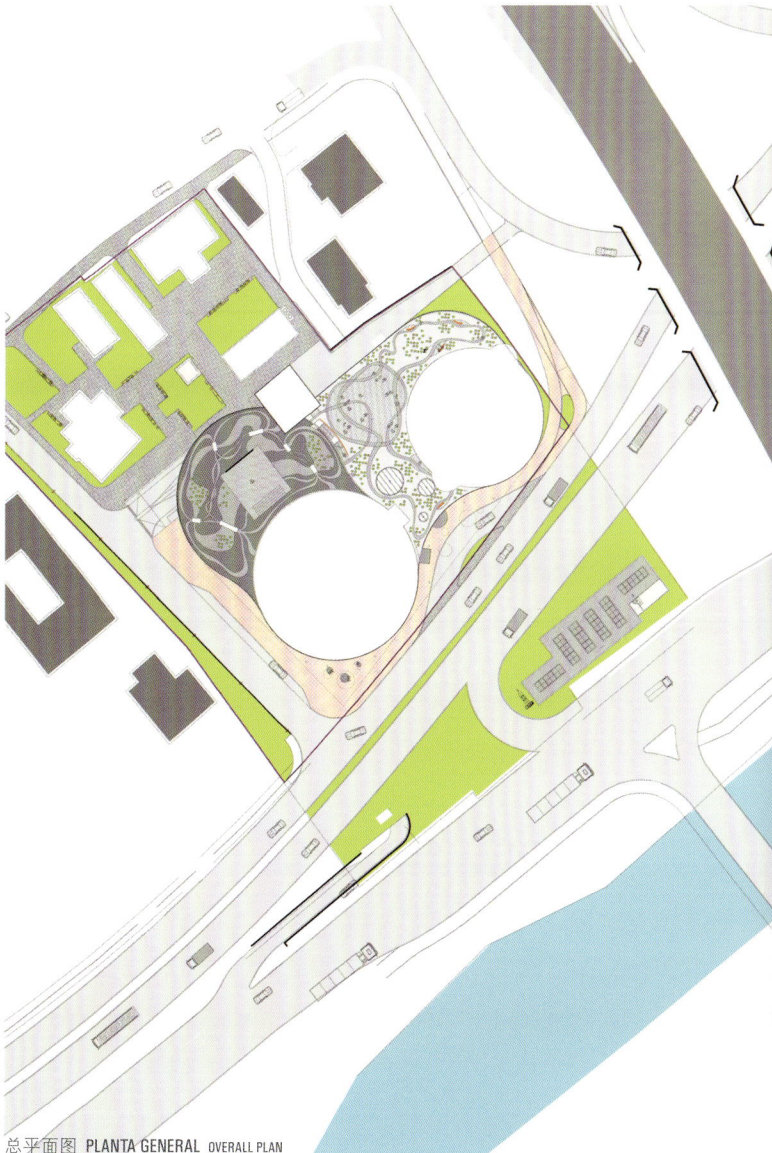

总平面图 PLANTA GENERAL OVERALL PLAN

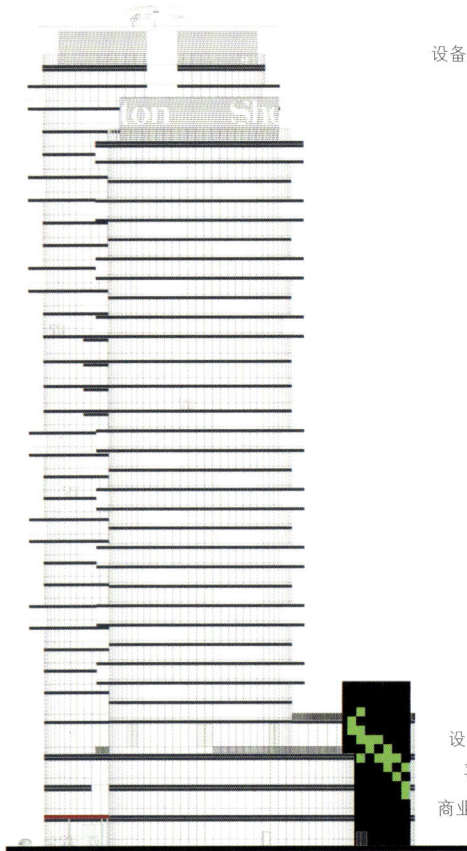

设备层 PLANTA DE INSTALACIONES TECHNICAL FLOOR
贵宾厅 SALA VIP VIP LOUNGE

贵宾办公室 OFICINAS VIP VIP OFFICES

商务中心及餐厅
CENTRO DE NEGOCIOS&RESTAURANTE
BUSINESS CENTRE&RESTAURANT

办公室 OFICINAS OFFICES

设备层 PLANTA DE INSTALACIÓN TECHNICAL FLOOR
喜来登酒店 HOTEL SHERATON SHERATON HOTEL
商业层 PLANTAS DE COMERCIO COMMERCIAL FLOORS

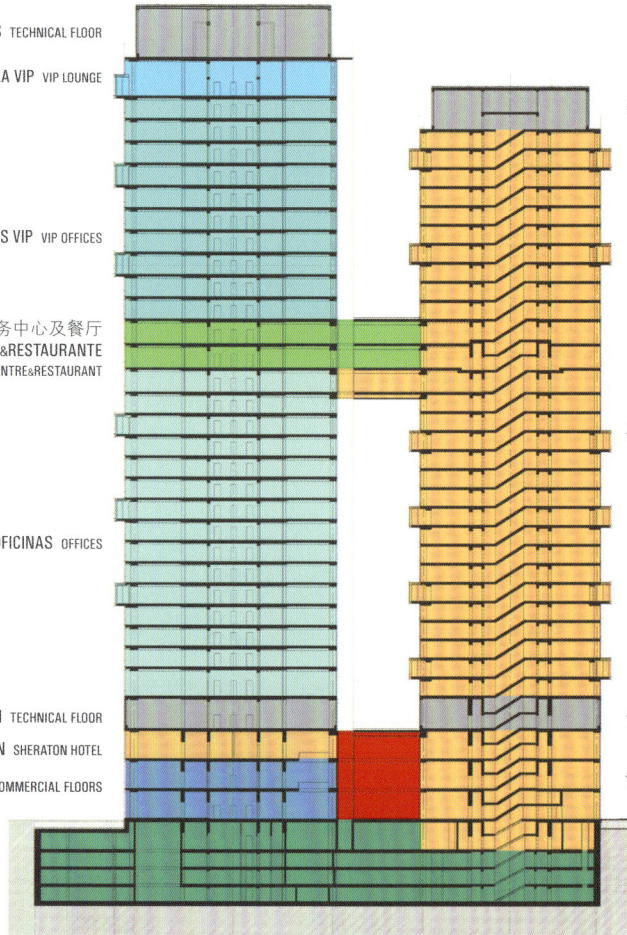

立面 FACHADA FAÇADE

设备层 PLANTA DE INSTALACIONES TECHNICAL FLOOR

喜来登酒店 HOTEL SHERATON SHERATON HOTEL

设备层 PLANTA DE INSTALACIONES TECHNICAL FL
停车场 APARCAMIENTO PARKING

埃德加大街摩天楼
Torres Calle Edgar
Edgar Street Towers

纽约, 美国 NEW YORK, USA

IwamotoScott 建筑师事务所

这个项目的设计灵感来自于曼哈顿之前混合了建筑、基础设施和公共空间的规划方案。这座大厦的设计旨在让埃德加大街重新成为东西向的一条公共大道，将格林威治街和华盛顿街重新连接起来。穿过建筑的这个通道的空间蜿蜒而上，在建筑体中上升，到中层收紧，以便安装更大的楼面板，最后到达顶层的空中休息室和公共空间。建筑最上面的这个空间跟曼哈顿大街北面的主要街道线排齐，直接跟第五大街同轴。

El proyecto está inspirado en antiguos proyectos visionarios para Manhattan que proponían nuevos híbridos de arquitectura, infraestructura y espacio público. El diseño de las torres busca reinstaurar Edgar Street como un eje público este-oeste. Reconectando las calles de Greenwich y Washington. El espacio de este pasaje que atraviesa el edificio se retuerce hacia arriba, emergiendo a través de los cuerpos de las torres, apretándose en el nivel medio para conseguir plantas más grandes, y culminando en un vestíbulo-mirador y un espacio público. Este espacio en la parte más alta de las torres se alinea con la malla principal de Manhattan hacia el norte, directamente en el eje de la 5ª Avenida.

The project is inspired by earlier visionary projects for Manhattan that proposed new hybrids of architecture, infrastructure and public space. The towers' design seeks to reinstate Edgar Street as an east-west public way, reconnecting Greenwich and Washington streets. The space of this passageway through the building twists upwards, rising through the body of the towers, pinching at the mid level to allow for larger floorplates, and culminating at a rooftop sky lobby and civic space. This space at the towers' crown is aligned with the primary Manhattan street grid to the north, directly on axis with 5th Avenue.

366 m

阶段 estado state
PROPUESTA DE ESTUDIO STUDY PROPOSAL 学术研究方案
GREENWICH SOUTH DESIGN STUDY

建筑师 arquitectos architects
LISA IWAMOTO, CRAIG SCOTT

团队 equipo team
RYAN GOLENBERG, STEPHANIE LIN, JOHN KIM
BLAKE ALTSHULER

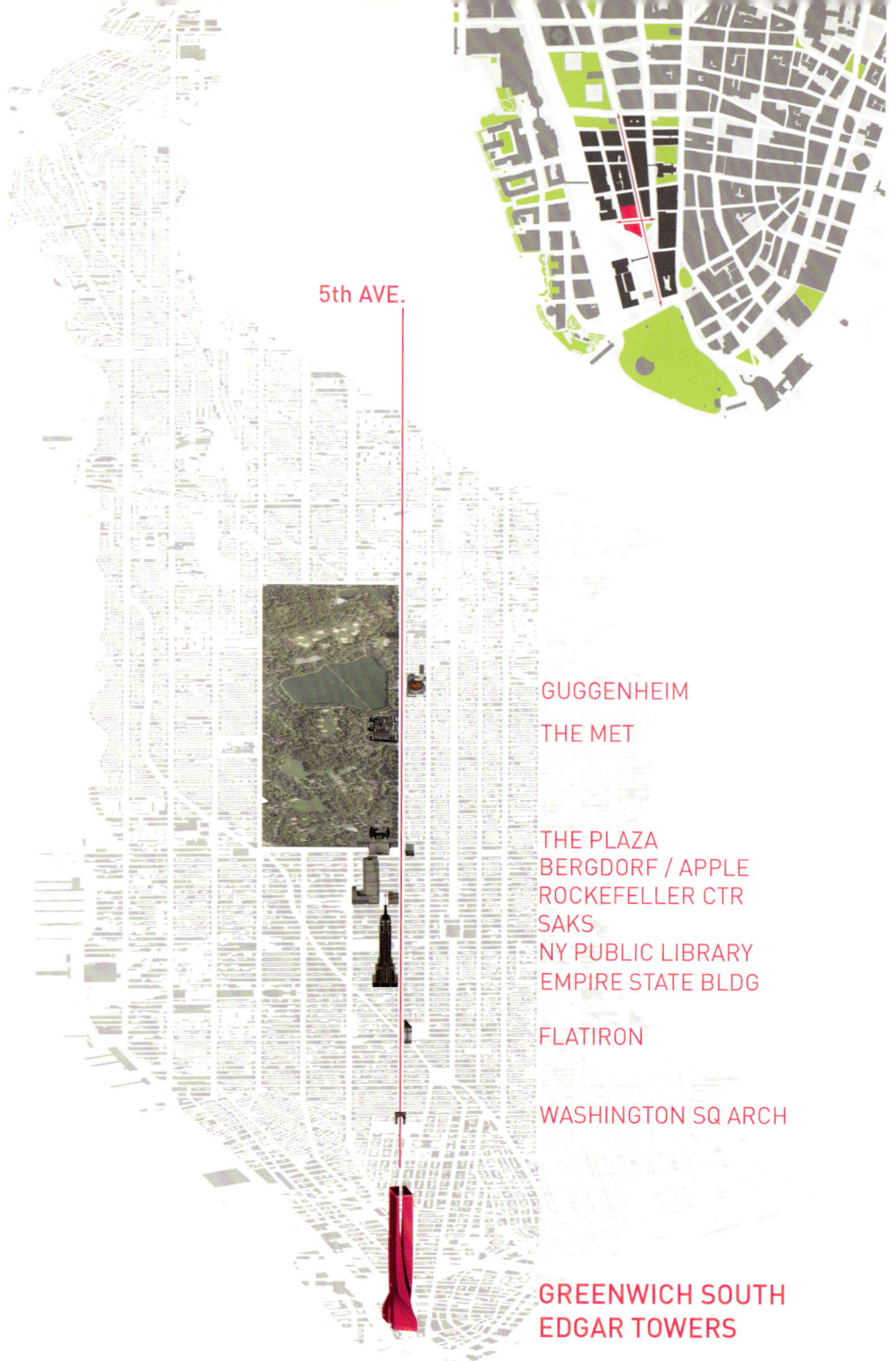

5th AVE.

GUGGENHEIM

THE MET

THE PLAZA
BERGDORF / APPLE
ROCKEFELLER CTR
SAKS
NY PUBLIC LIBRARY
EMPIRE STATE BLDG

FLATIRON

WASHINGTON SQ ARCH

GREENWICH SOUTH
EDGAR TOWERS

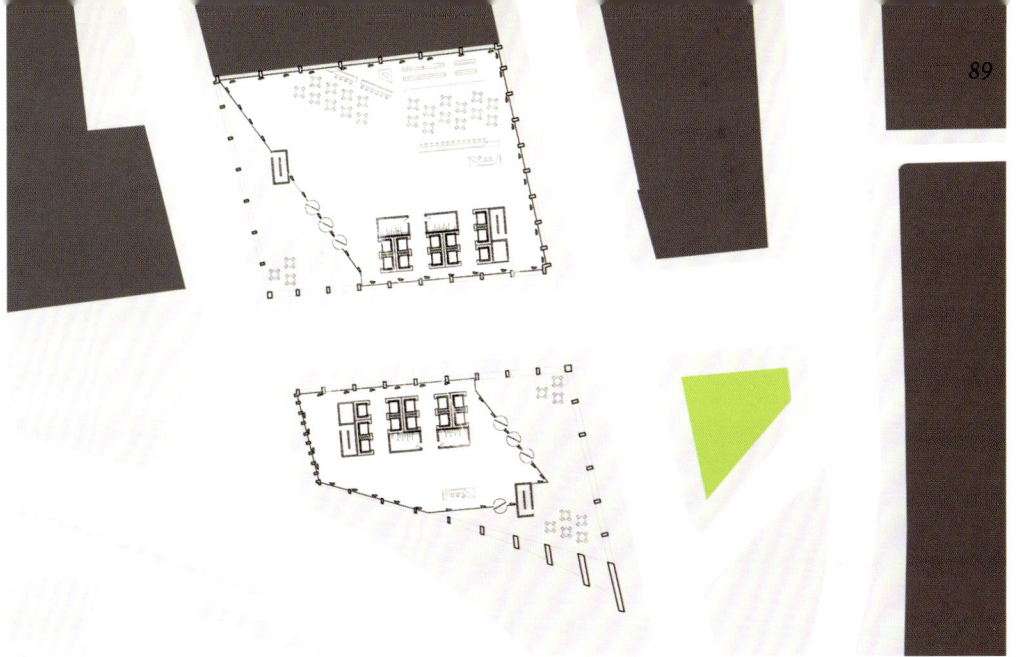

底层平面图 PLANTA BAJA GROUND FLOOR PLAN

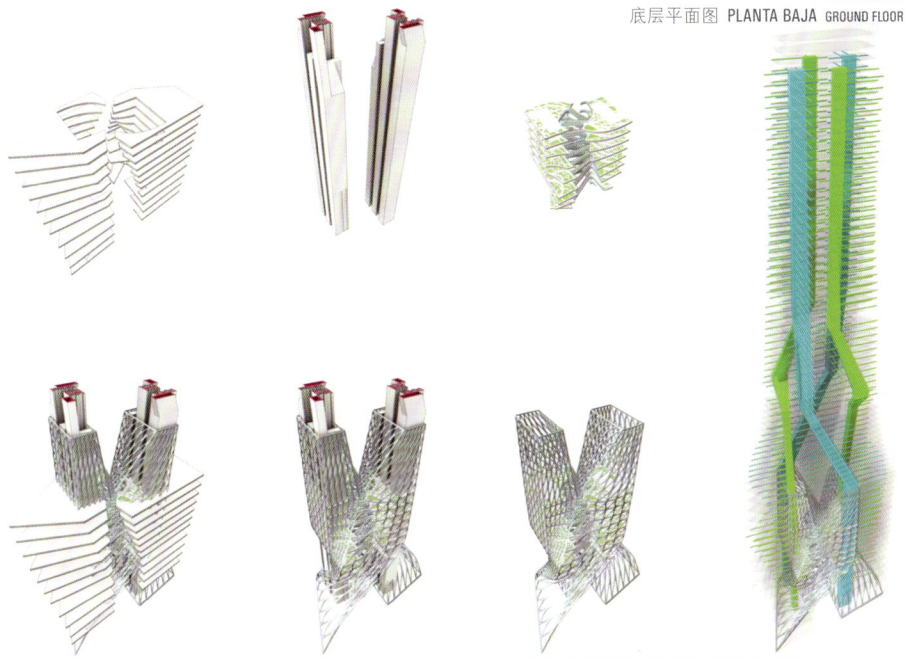

内部生物过滤示意 BIO-FILTRACIÓN DE ATRIO ATRIUM BIO-FILTRATION

内部穿透效果 VISTA TRANSVERSAL DE ATRIO ATRIUM LOOKING ACROSS

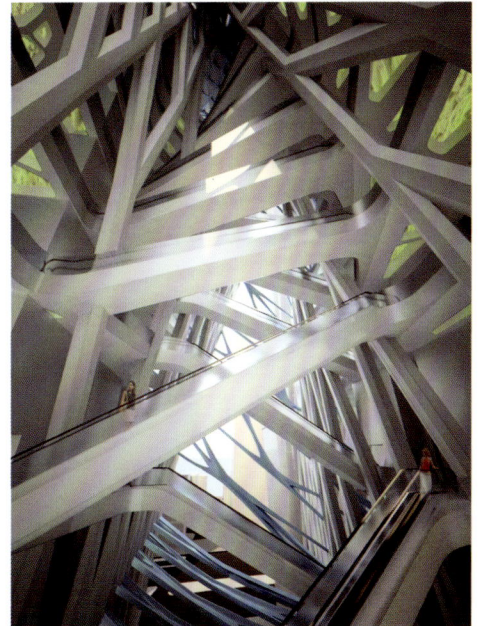

内部仰视效果 VISTA HACIA ARRIBA DE ATRIO ATRIUM LOOKING UP

绞状空间
VACÍO·LUCERNARIO GIRATORIO
TWISTING SKY VOID

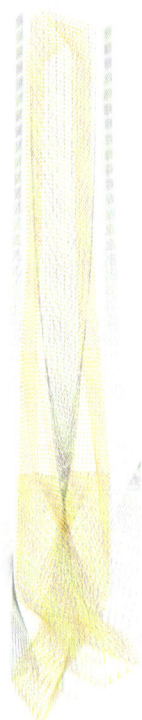

日照视觉纤维网
MALLA DE LUZ NATURAL DE FIBRA ÓPTICA
FIBER OPTIC DAYLIGHT MESH

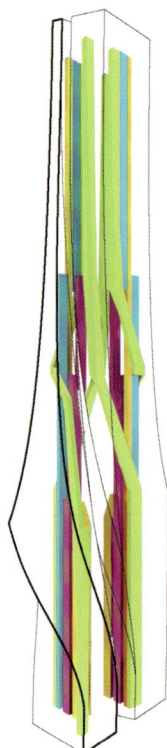

基础设施
INFRAESTRUCTURA
INFRASTRUCTURE

功能区域
ZONA PROGRAMÁTICA
PROGRAMMATIC ZONING

结构外表
PIEL ESTRUCTURAL
STRUCTURAL SKIN

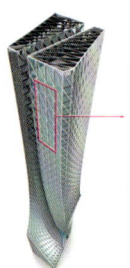

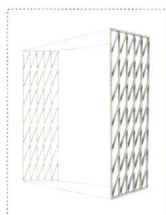

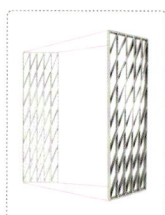

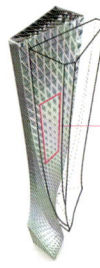

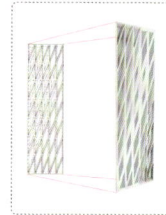

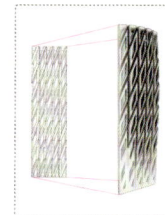

模块化表皮 PIEL MODULADA MODULATED SKIN

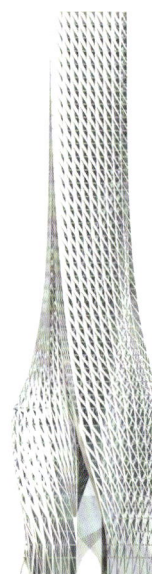

立面图 ALZADOS ELEVATIONS

B 十二层平面图 商业区 PLANTA NIVEL 12 COMERCIAL FLOOR PLAN LEVEL 12 COMMERCIAL

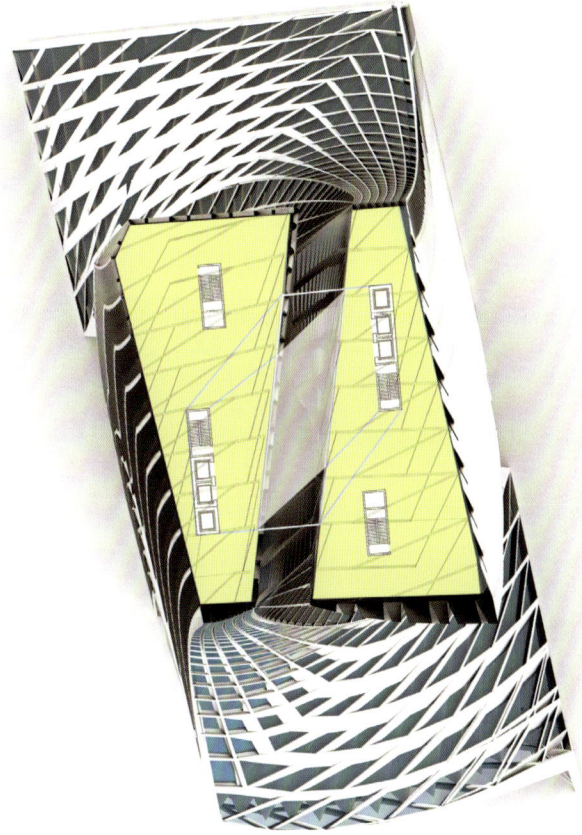

■ 公共天台 VESTÍBULO-LUCERNARIO PÚBLICO PUBLIC SKY LOBBY
七十层平面图 天台 PLANTA NIVEL 70 VESTÍBULO-LUCERNARIO FLOOR PLAN LEVEL 70 SKY LOBBY

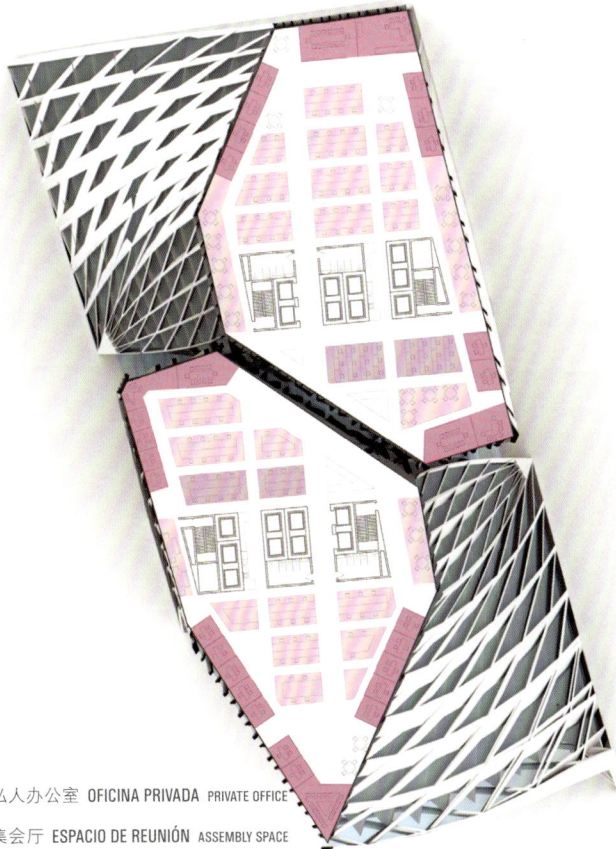

■ 私人办公室 OFICINA PRIVADA PRIVATE OFFICE
■ 集会厅 ESPACIO DE REUNIÓN ASSEMBLY SPACE
■ 公共办公室 OFICINA ABIERTA OPEN OFFICE
A 十二层平面图 商业区 PLANTA NIVEL 12 COMERCIAL FLOOR PLAN LEVEL 12 COMMERCIAL

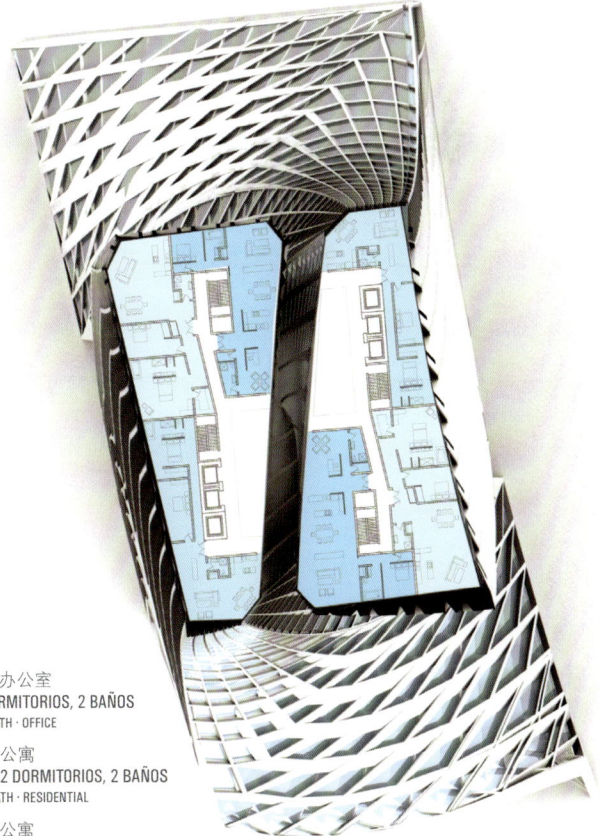

■ 2卧室, 2卫浴办公室
OFICINA · 2 DORMITORIOS, 2 BAÑOS
2 BEDROOMS, 2 BATH · OFFICE
■ 2卧室, 2卫浴公寓
RESIDENCIAL · 2 DORMITORIOS, 2 BAÑOS
2 BEDROOMS, 2 BATH · RESIDENTIAL
■ 2卧室, 2卫浴公寓
RESIDENCIAL · 2 DORMITORIOS, 2 BAÑOS
2 BEDROOMS, 2 BATH · RESIDENTIAL
四十八层平面图 公寓区 PLANTA NIVEL 48 RESIDENCIAL FLOOR PLAN LEVEL 48 RESIDENTIAL

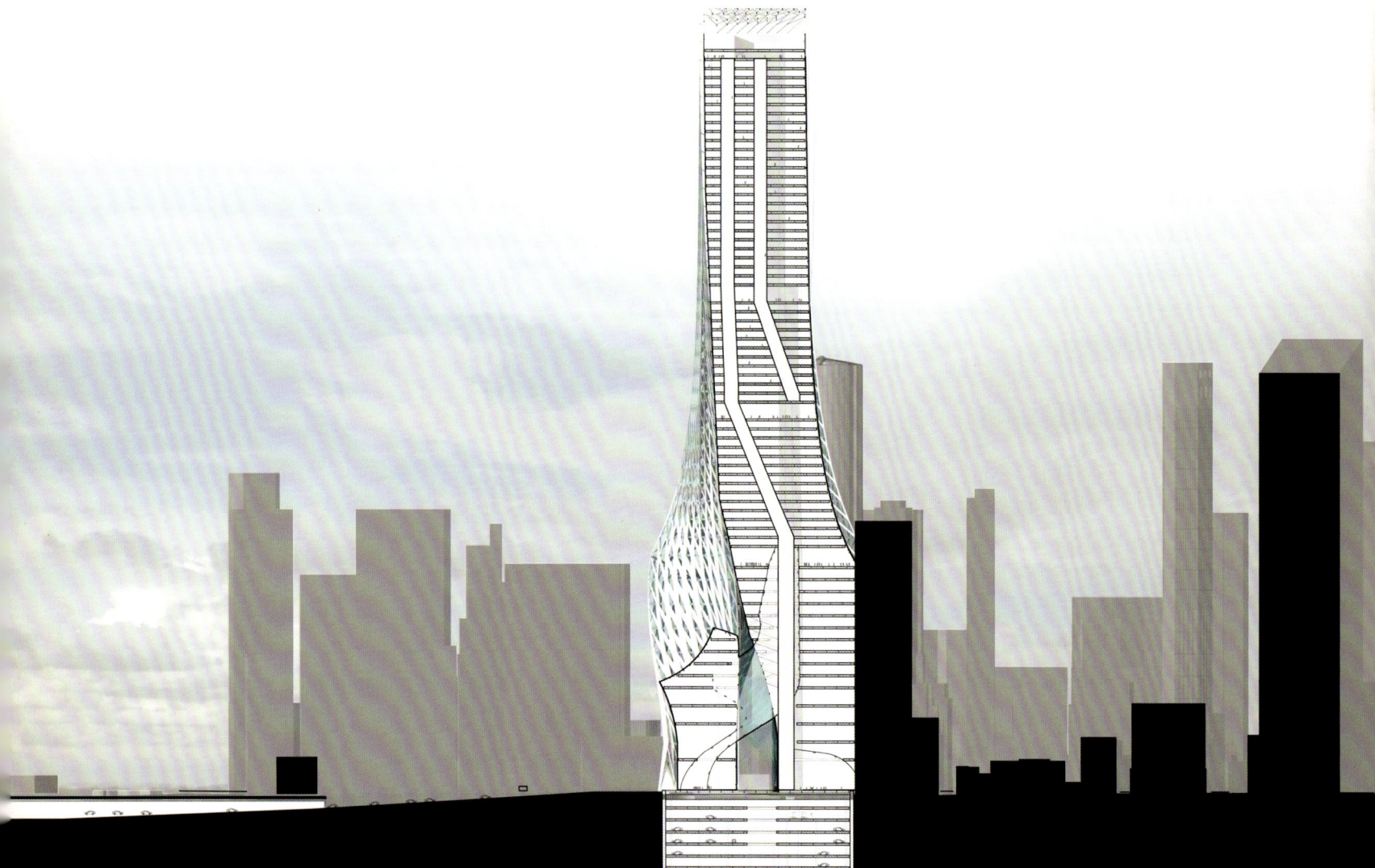

剖面图 SECCIÓN SECTION

展会之门大楼
Torres Porta Fira
Porta Fira Towers

巴塞罗那, 西班牙 Barcelona, España

TOYO ITO&ASSOCIATES 建筑师事务所
B720 ARQUITECTOS 建筑师事务所

　　"欧洲广场"上伫立的这座双塔建筑是毗邻巴塞罗那的洛斯皮塔莱市城市复兴计划的一部分。项目所在地距巴塞罗那安普拉特国际机场大约8千米。这个项目是巴塞罗那博览会场馆扩建的一部分，旨在为博览会树立一座大门。红色大厦下面的入口大厅占地240000平方米，跟建筑内遍布的通道相连，是整座建筑的中轴。项目包含三个部分：一座酒店大厦、一座办公大厦和一座较低的间隔建筑，间隔建筑的屋顶花园将前两者连接在一起。

Dentro de la "Plaza Europea", ahora emergen 2 torres gemelas como parte del proyecto de regeneración de L'Hospitalet, un ciudad vecina de Barcelona. El lugar está aproximadamente a 8km del Aeropuerto internacional del Prat. El proyecto es parte de la extensión de la sede del recinto ferial Gran Vía de Barcelona", con la intención de ser una puerta de entrada. Bajo las torres rojas, el vestíbulo de entrada se extiende en un área de 240,000 m² y está conectado al corredor de continua circulación, el Eje Central. El proyecto tiene tres partes: una torre hotelera y una de oficinas, y un elemento bajo con una cubierta ajardinada que las conecta.

Within the "European Plaza", a pair of twin towers now stands as part of the urban regeneration project for L'Hospitalet, the neighboring city to Barcelona. The site is approximately 8km away from Barcelona El Prat International Airport. The project constitutes as part of the extension to "Barcelona Fair" Venue, intending to form a gateway. Beneath the red towers, the entrance hall spreads out to an area of 240,000 m² and is connected to the continuous circulation corridor, the Central Axis. The project consists of three parts; a hotel tower and an office tower, and a lower compartment which has a roof garden that connects them.

112.71 m · 111.51 m

阶段 estado state
CONSTRUIDO BUILT 已建成

建筑师 arquitectos architects
TOYO ITO, FERMIN VAZQUEZ

团队 equipo team
TOYO ITO: TAKEO HIGASHI, ATSUSHI ITO,
WATARU FUJIE, KEISUKE SAWAMURA,
SHUICHI KOBARI, FLORIAN BUSCH, ANDREW BARRIE,
KENICHI SHINOZAKI, YOU HAMA
B720 ARQUITECTOS: ALEXA PLASENCIA,
CRISTINA ALGAS, ANA CAFFARO, LAIA ISERN,
PECO MULET, PIETRO PEYRON, ANDREA RODRIGUEZ,
GAELLE LAUXERROIS, MAGDALENA OSTORNOL,
MIRKO USAI

结构工程 ingeniería de estructuras structural engineering
IDOM INGENIERIA Y SISTEMA S.A.
JOEL MONTOY, FRANCIS STEINER, SERGIO BLANCO

安装工程 ingeniería de instalaciones mechanical engineering
GRUPO JG: JAUME SERRA, GERMAN ROMERO

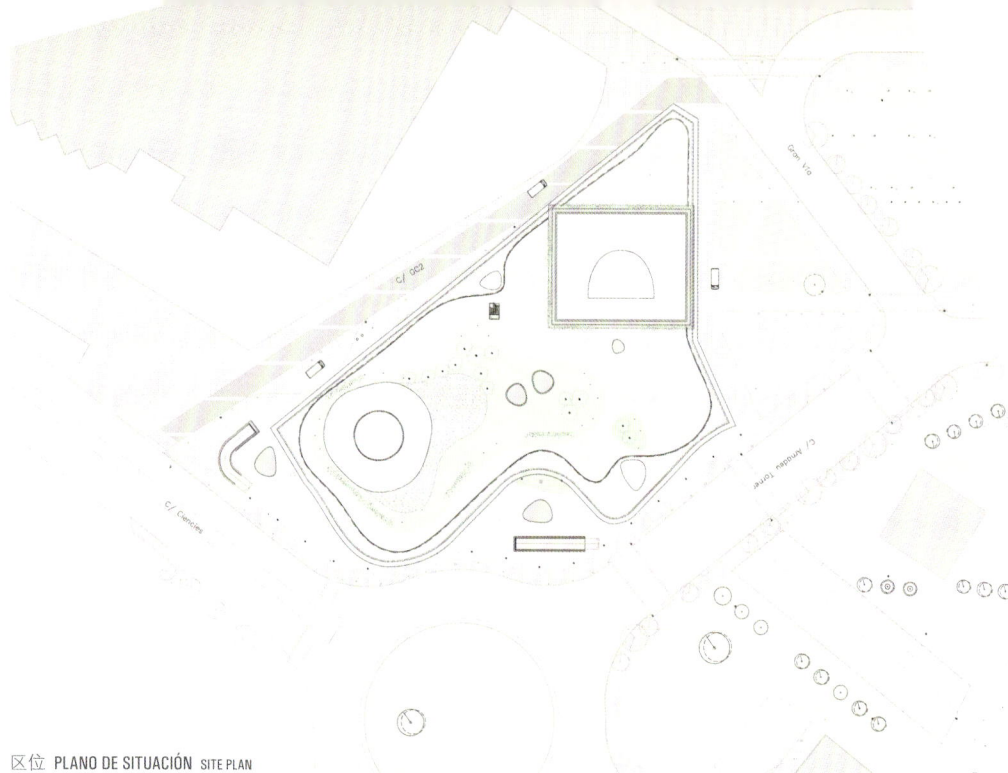

区位 PLANO DE SITUACIÓN SITE PLAN

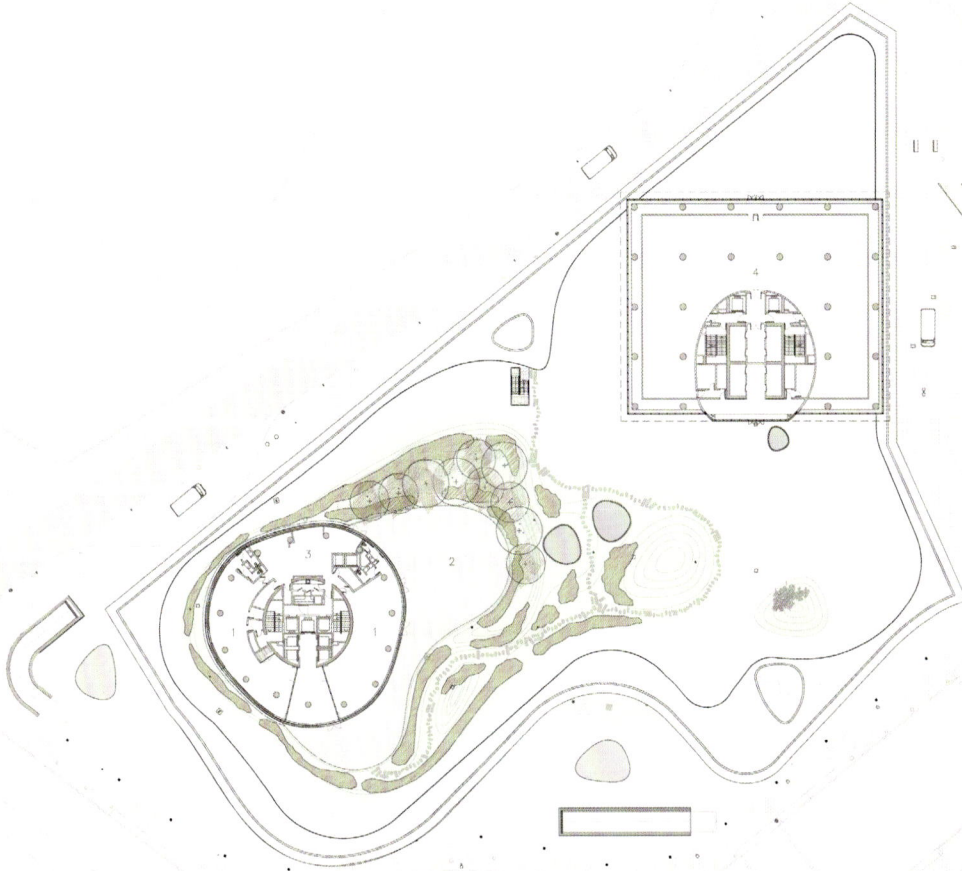

二层平面图 PLANTA PRIMERA FIRST FLOOR PLAN

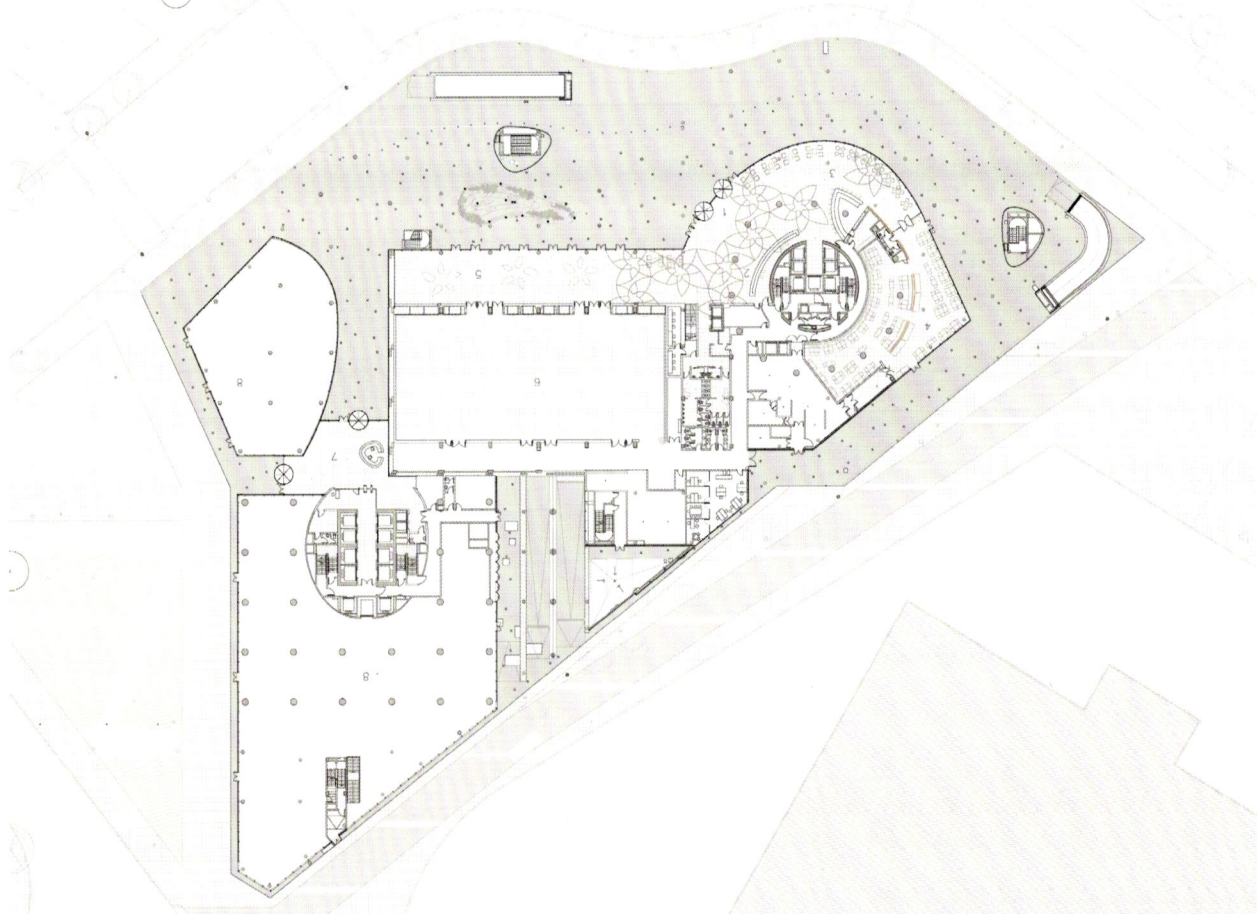

底层平面图 PLANTA BAJA GROUND FLOOR PLAN

酒店楼 TORRE DE HOTEL HOTEL TOWER

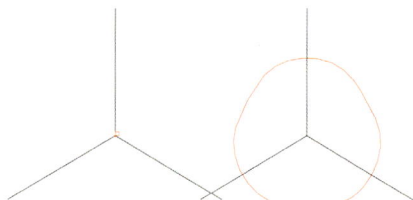

底层 PLANTA BAJA GROUND FLOOR PLAN
初步几何生成
GENERADORA GEOMÉTRICA ESTADO INICIAL
GEOMETRICAL GENERATOR EXISTING STATE

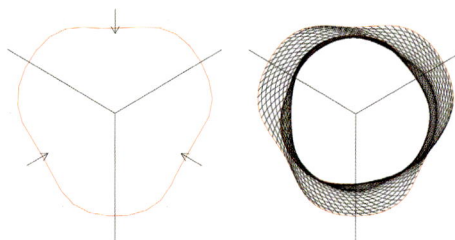

顶层 PLANTA DE CORONACIÓN UPPER FLOOR PLAN
最终几何生成
GENERADORA GEOMÉTRICA ESTADO FINAL
GEOMETRICAL GENERATOR FINAL STATE

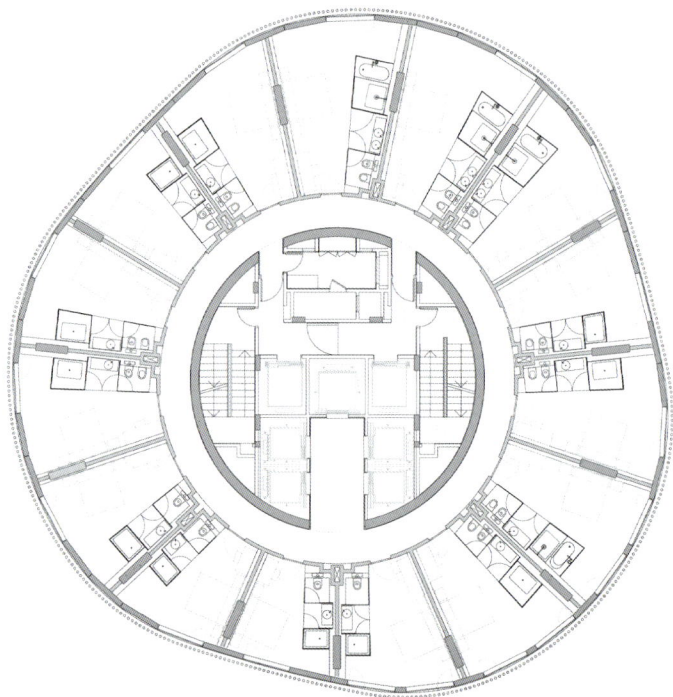

十九层平面图 PLANTA 18 FLOOR PLAN 18

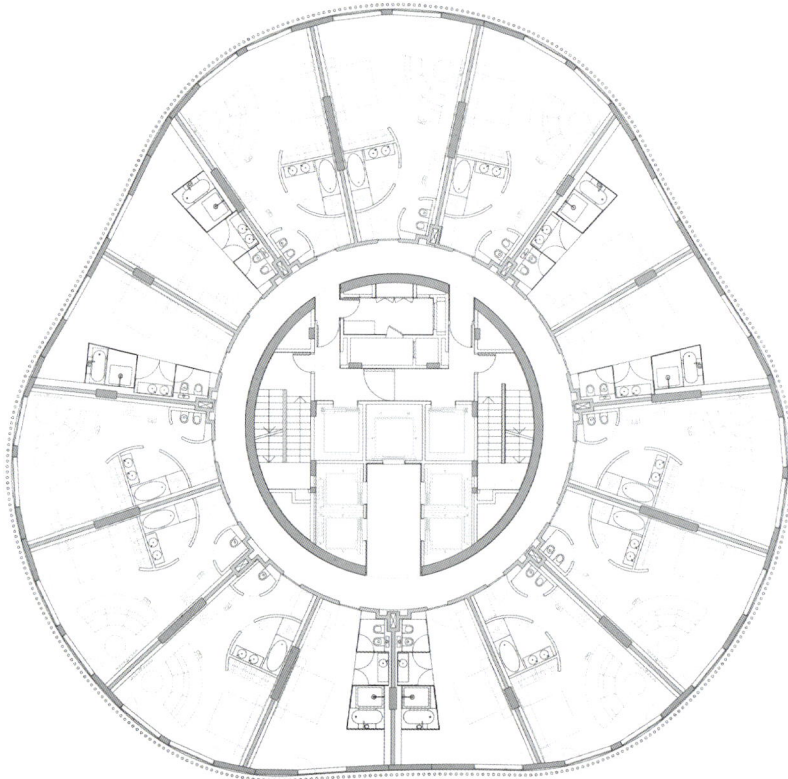

二十四层平面图 PLANTA 23 FLOOR PLAN 23

1 间接荧光灯 LUZ FLUORESCENTE INDIRECTA FLUORESCENT INDIRECT LIGHT
2 石膏板，丙烯颜料 ESCAYOLA, PINTURA ACRÍLICA PLASTER BOARD, ACRYLIC PAINT
3 窗帘 CORTINAS CURTAINS
4 天然石质或木质地面 SUELO PIEDRA NATURAL O MADERA NATURAL STONE OR WOOD FLOORING
5 金属支架 SOPORTE METÁLICO CUT PIPE SUPPORT
6 金属支架梁 PERFIL METÁLICO DE SOPORTE STEEL PLATE SUPPORT
7 铝管连接 JUNTA TUBO ALUMINIO ALUMINIUM TUBE JOINT
8 防火隔离墙 PARED DIVISORIA CONTRA FUEGO FIRE DIVISION WALL
9 直径100mm铝管 TUBO ALUMINIO Ø100MM ALUMINIUM TUBE Ø100MM
10 三层夹板 PANEL SANDWICH 35MM SANDWICH PANEL 35MM
11 震动缓冲 AMORTIGUADOR DE VIBRACIÓN TUNED MASS DAMPER

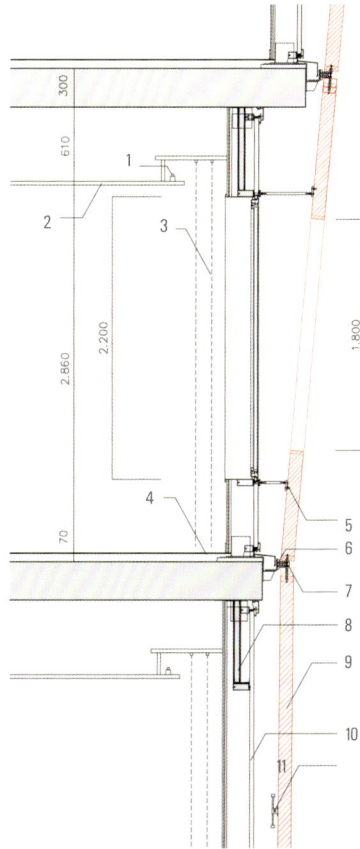

外墙立面图 ALZADO DE FACHADA FAÇADE ELEVATION

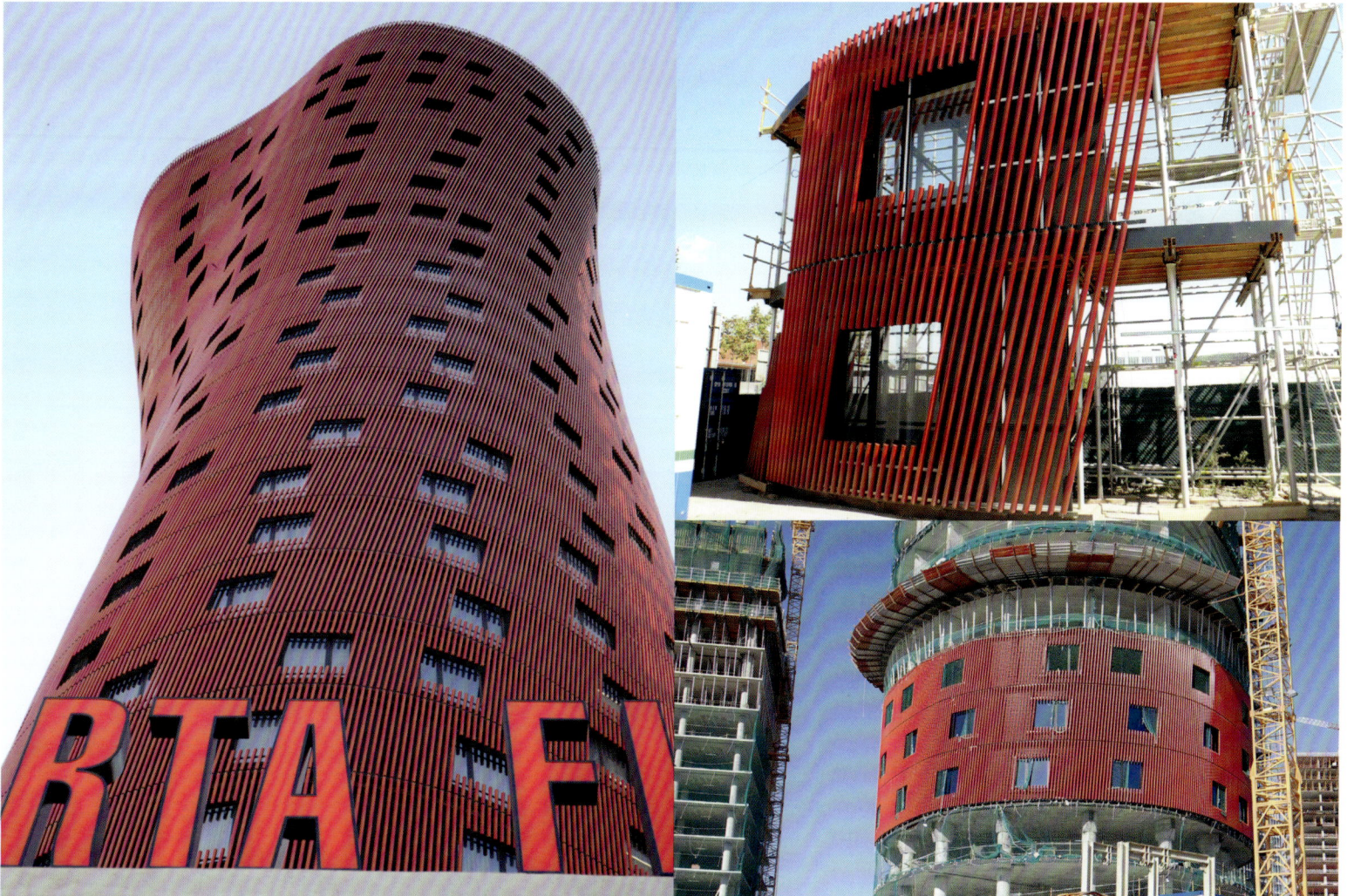

办公楼 **TORRE DE OFICINAS** OFFICE TOWER

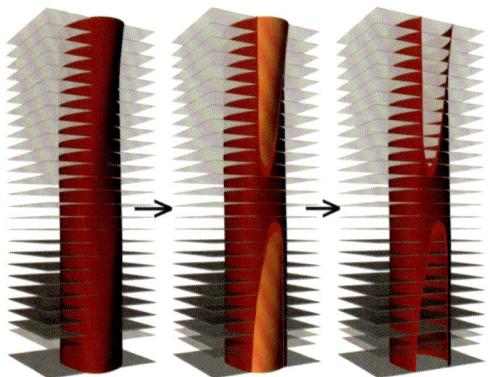

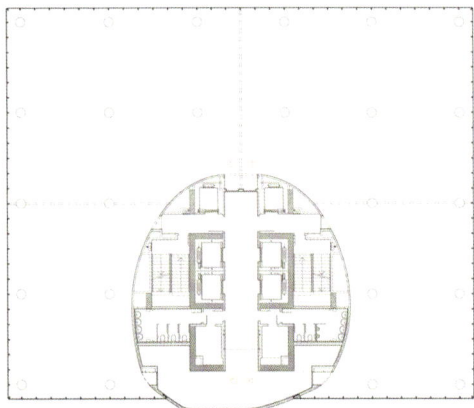

十五至二十三层平面图 **PLANTA 14 - 22** FLOOR PLAN 14 - 22

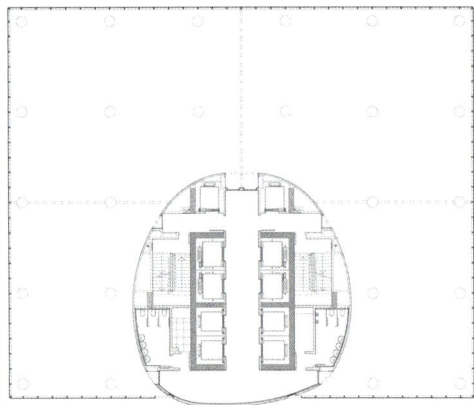

十三层平面图 **PLANTA 12** FLOOR PLAN 12

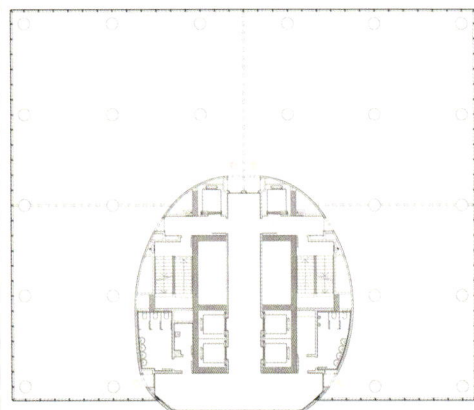

二至十二层平面图 **PLANTA 1 - 11** FLOOR PLAN 1 - 11

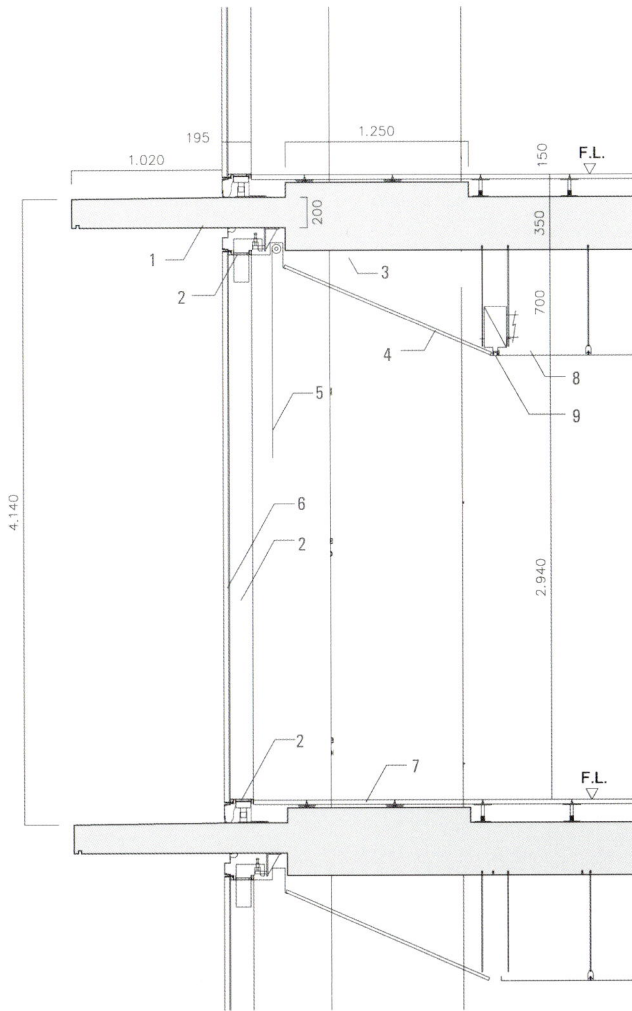

1　钢筋混凝土饰面　ACABADO HORMIGÓN ARMADO　REINFORCED CONCRETE FINISH
2　挤压铝阳极氧化钢轨　CARRIL ALUMINIO EXTRUSIONADO ANODIZADO　ANODYZED ALUMINIUM EXTRUSION SASH
3　岩棉保温　AISLAMIENTO LANA DE ROCA　ROCK WOOL INSULATION
4　石膏板，丙烯颜料　ESCAYOLA, PINTURA ACRÍLICA　PLASTER BOARD, ACRYLIC PAINT
5　可转动百叶窗　PERSIANA ENROLLABLE　ROLL BLIND
6　双层窗户　DOBLE ACRISTALAMIENTO　DOUBLE GLAZING
7　浮动地板　PAVIMENTO FLOTANTE　RAISED FLOOR
8　岩棉保温 声金属面板　AISLAMIENTO LANA DE ROCA. PANEL METÁLICO ACÚSTICO　ROCK WOOL INSULATION. ACOUSTIC METALLIC PANEL
9　周长线扩散器　DIFUSOR LINEAL PERIMETRAL　PERIMETER LINE DIFFUSER

亚洲广场
Plaza de Asia
Asia Square

新加坡, 新加坡 Singapore, Singapore

DENTON CORKER MARSHALL 建筑师事务所

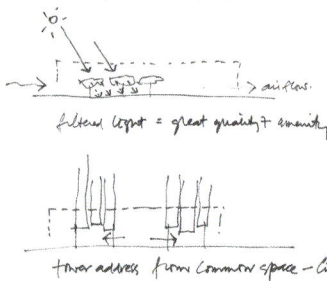

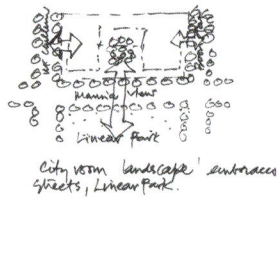

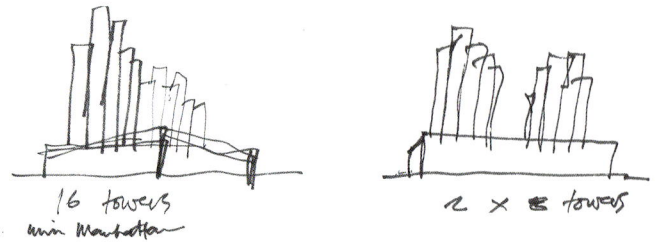

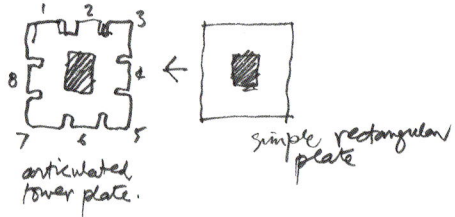

这个项目位于新加坡滨海湾——新加坡当前中心商业区的一个外延。这是一个一体式的多功能项目，包括办公、酒店、零售以及一个活力四射的9000平方米公共广场。两座大厦巧妙地相互咬合，从一个"冰块"玻璃底座上升起。每座大厦都由8个修长的井筒构成，每个井筒上升的高度各异，产生一种与众不同的轮廓线。

El proyecto se localiza en la bahía de la marina de Singapur, una extensión del existente distrito financiero central de Singapur. El proyecto alberga un uso mixto integrado de oficinas, hotel y locales además de una plaza pública única y vibrante de 9000 m². Dos torres elegantemente articuladas emergen del "bloque de hielo" que forma el podio de vidrio. Cada torre se compone de un núcleo de ocho finas tiras que ascienden individualmente con distintas alturas para crear una firma distintiva en el horizonte.

The project is situated in Singapore's new Marina Bay, an extension of Singapore's existing Central Business District. The project comprises an integrated mixed use development of office, hotel and retail uses together with a unique and vibrant 9000 m² public plaza. Two elegantly articulated towers rise out of an "ice block" glass podium. Each tower is composed of a cluster of eight slender shafts that individually rise to varying heights to create a distinctive signature on the skyline.

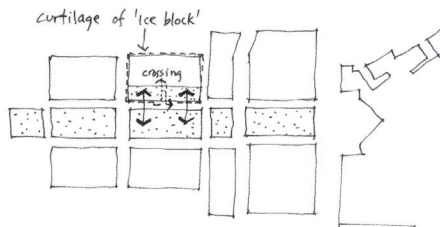

229 m - 222m

阶段 estado state
EN CONSTRUCCION UNDER CONSTRUCTION 建造中

建筑师 arquitectos architects
DENTON CORKER MARSHALL

配合建筑师 arquitecto colaborador delivery architect
ARCHITECTS 61

安装结构师 ingeniería ME & estructural ME & structural engineering
AECOM

工程预算 aparejador quantity surveyor
NORTHCROFT LIM CONSULTANTS

景观设计 paisaje landscaping
EARTHSCAPE CONCEPTS

外墙 fachada façade
ALT LIMITED

灯光 iluminación lighting
BRANDSTON PARTNERSHIP

声学 acústica acoustics
ACVIRON ACOUSTICS CONSULTANTS

交通 tráfico traffic
DUFFILL WATTS

防火 contra incendios fire
INTEGRATED BUILDING CONSULTANTS

环境可持续性 sostenibilidad ambiental environmental sustainability
BUILDING SYSTEM AND DIAGNOSTICS

三层平面图 PLANTA SEGUNDA SECOND FLOOR PLAN

项层平面图 PLANTA CUBIERTA ROOF PLAN

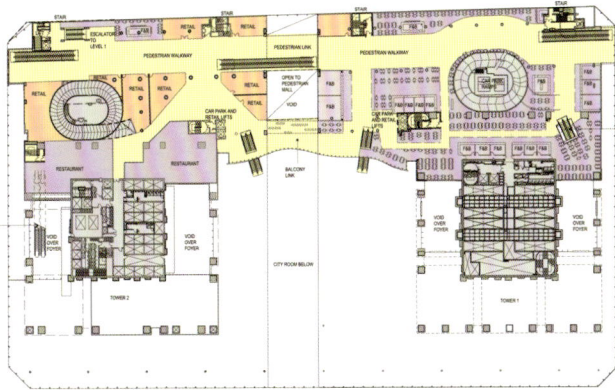
二层平面图 PLANTA PRIMERA FIRST FLOOR PLAN

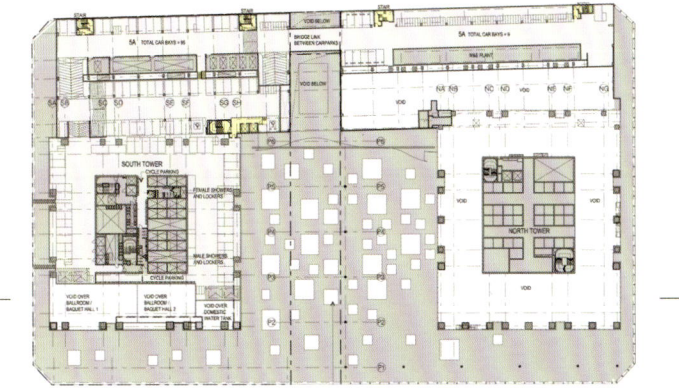
六层平面图 PLANTA QUINTA FIFTH FLOOR PLAN

底层平面图 PLANTA BAJA GROUND FLOOR PLAN

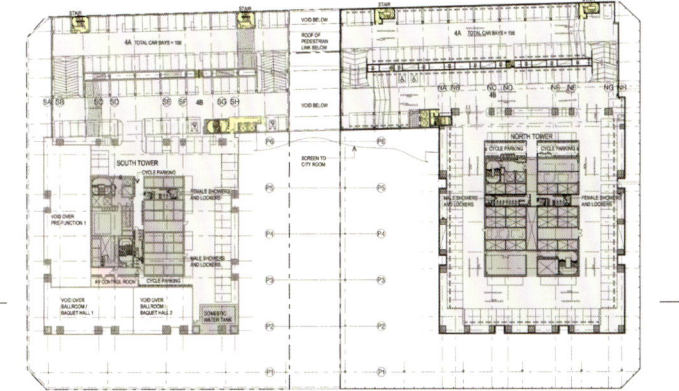
四/五层平面图 PLANTA TERCERA/CUARTA THIRD/FOURTH FLOOR PLAN

剖面图 DD SECCIÓN DD SECTION DD

莱佛士坊
Raffles Place Uno
One Raffles Place

新加坡, 新加坡 Singapore, Singapore

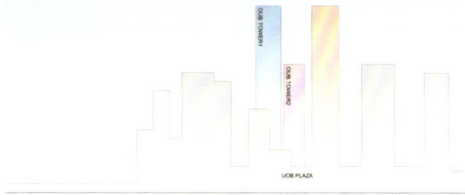

Tange Associates 丹下都市建筑师事务所

これ座全新的**38层**大厦将与原来**280米**高的**63层**新加坡华联银行中心**1号楼**相连，后者是新加坡最高的建筑之一。本项目将在莱佛士坊上这个新加坡历史悠久的金融区中心里成为新地标。新的**2号楼**既遵从**1号楼**的设计，同时也具备了自身的独特之处。

La nueva torre de 38 plantas se unirá a la original de 280m, y 63 plantas, Torre 1 Centro OUB, uno de los edificios más altos de Singapur, para crear un nuevo hito urbano en Raffles Place Uno en el corazón del histórico distrito financiero de Singapur. La nueva Torre 2 respeta el diseño de la 1, sin embargo posee su propia identidad.

The new 38-storey tower will join the original 280m, 63-storey OUB Centre Tower 1, one of the tallest buildings in Singapore, to create a new urban landmark at One Raffles Place in the heart of Singapore's historic financial district. The new Tower 2 respects the design of Tower 1, yet has its own unique identity.

175.69 m

阶段 estado state
EN CONSTRUCCION UNDER CONSTRUCTION 建造中

建筑师 arquitectos architects
PAUL NORITAKA TANGE

团队 equipo team
YASUHIRO ISHINO, KENICHI MATSUDA,
PHILLIPPE ILIFFE-MOON, KAZUYA ISHIDA,
KENTARO SHIRATANI

二号楼 TORRE 2 TOWER 2

一号楼 TORRE 1 TOWER 1

一号楼二层平面图 PLANTA 1 (TORRE 1) FLOOR PLAN 1 (TOWER 1)

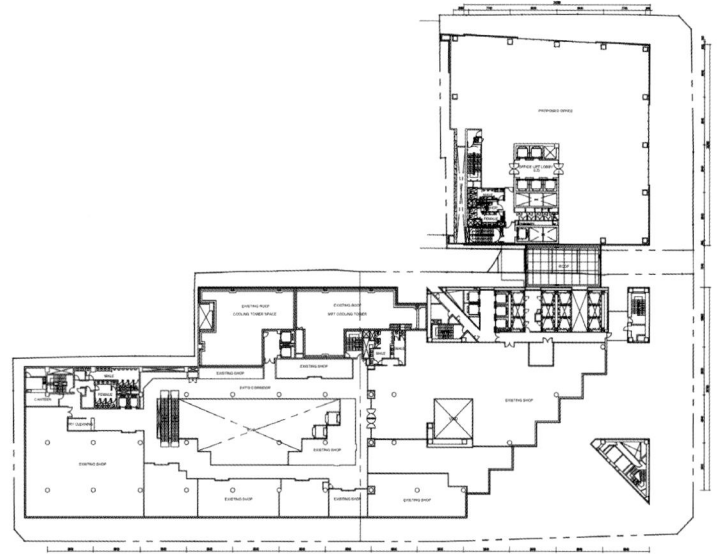

一号楼五层平面图 PLANTA 4 (TORRE 1) FLOOR PLAN 4 (TOWER 1)

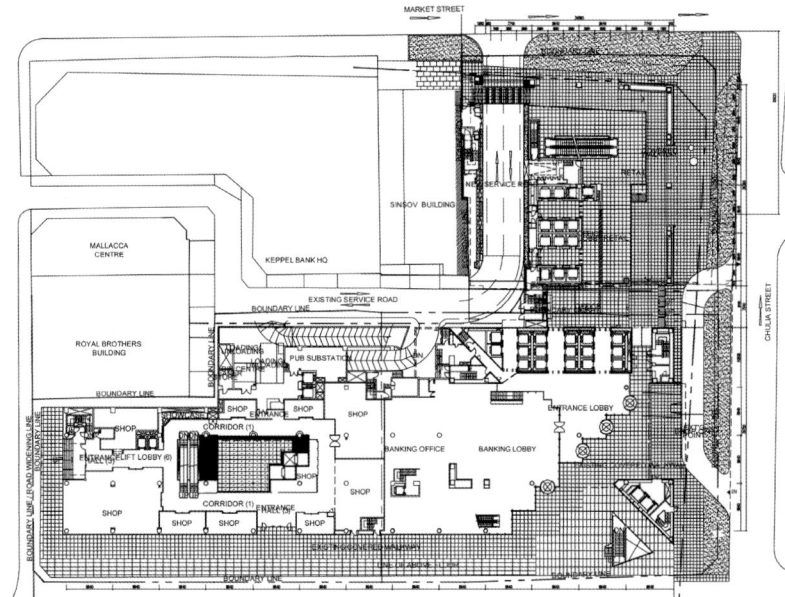

一号楼底层平面图 PLANTA BAJA (TORRE 1) GROUND FLOOR PLAN (TOWER 1)

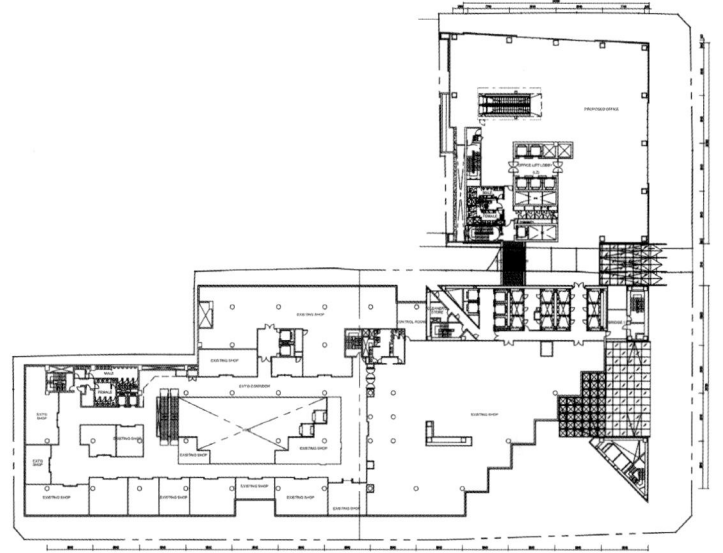

一号楼四层平面图 PLANTA 3 (TORRE 1) FLOOR PLAN 3 (TOWER 1)

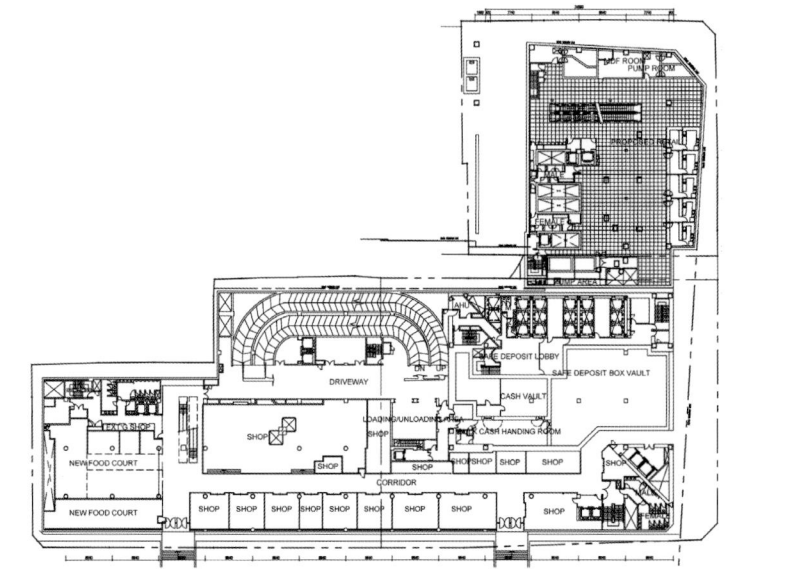

一号楼地下室层平面图 PLANTA SÓTANO (TORRE 1) BASEMENT FLOOR PLAN (TOWER 1)

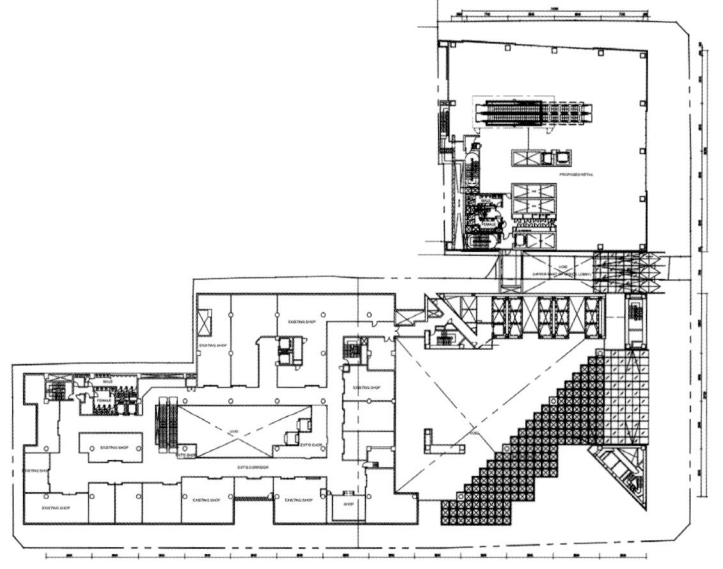

一号楼三层平面图 PLANTA 2 (TORRE 1) FLOOR PLAN 2 (TOWER 1)

106

二号楼 TORRE 2 TOWER 2

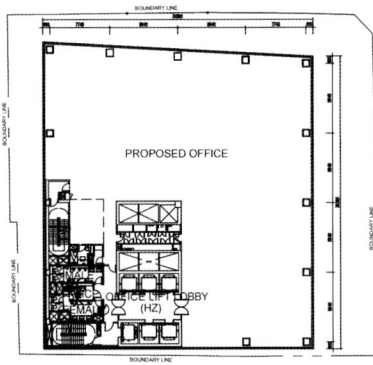
二十三层平面图 PLANTA 22 FLOOR PLAN 22

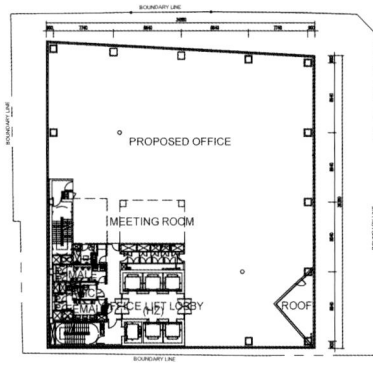
三十五层平面图 PLANTA 34 FLOOR PLAN 34

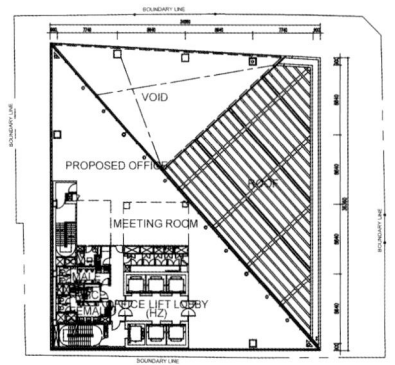
三十九层平面图 PLANTA 38 FLOOR PLAN 38

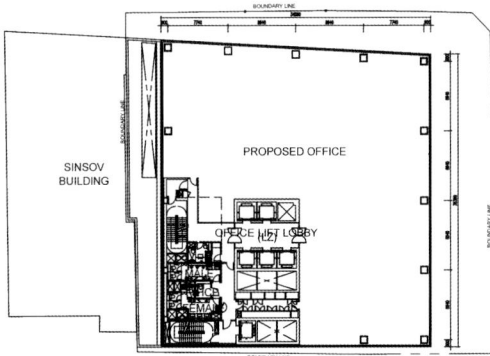
十至二十二层平面图 PLANTA 9-21 FLOOR PLAN 9-21

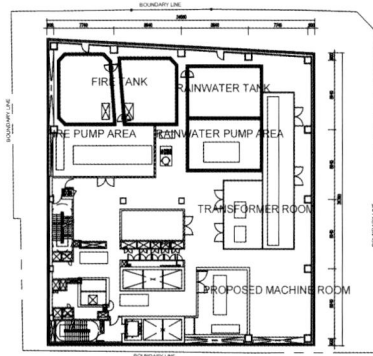
三十四层平面图 PLANTA 33 FLOOR PLAN 33

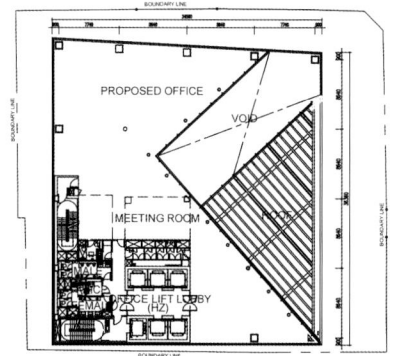
三十八层平面图 PLANTA 37 FLOOR PLAN 37

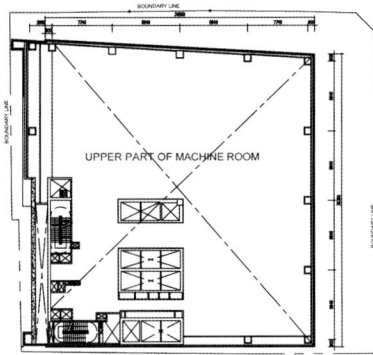
九层上端平面图 PARTE SUPERIOR PLANTA 8 UPPER PART OF FLOOR PLAN 8

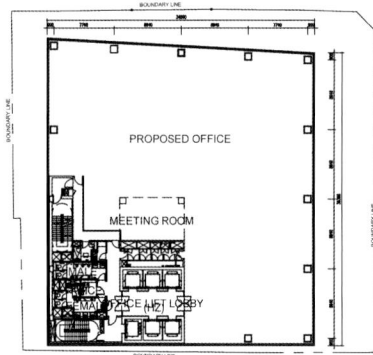
二十五至三十三层平面图 PLANTA 24-32 FLOOR PLAN 24-32

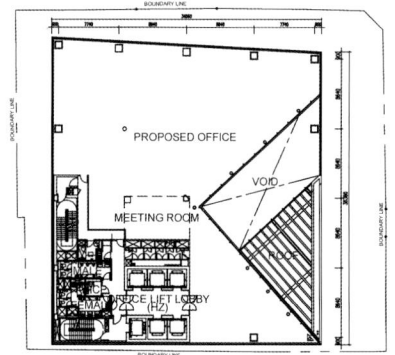
三十七层平面图 PLANTA 36 FLOOR PLAN 36

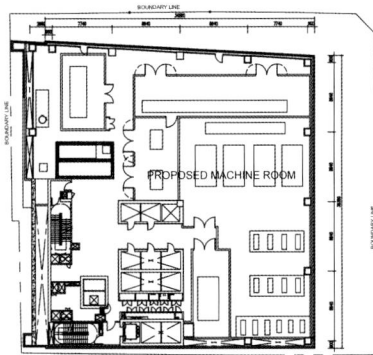
九层平面图 PLANTA 8 FLOOR PLAN 8

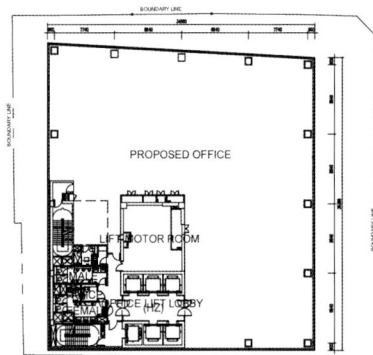
二十四层平面图 PLANTA 23 FLOOR PLAN 23

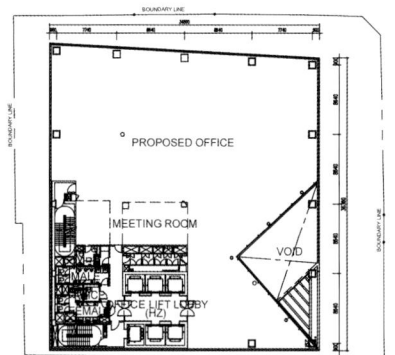
三十六层平面图 PLANTA 35 FLOOR PLAN 35

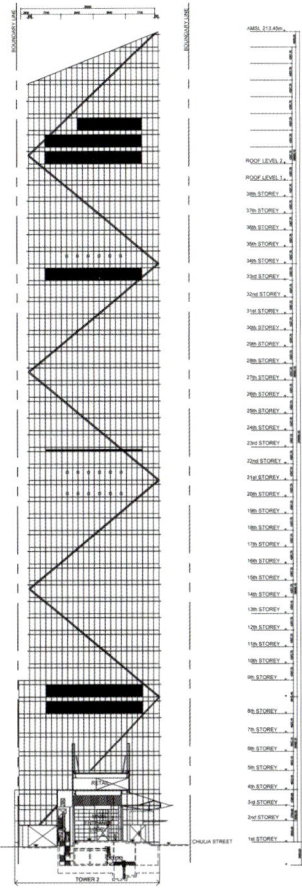

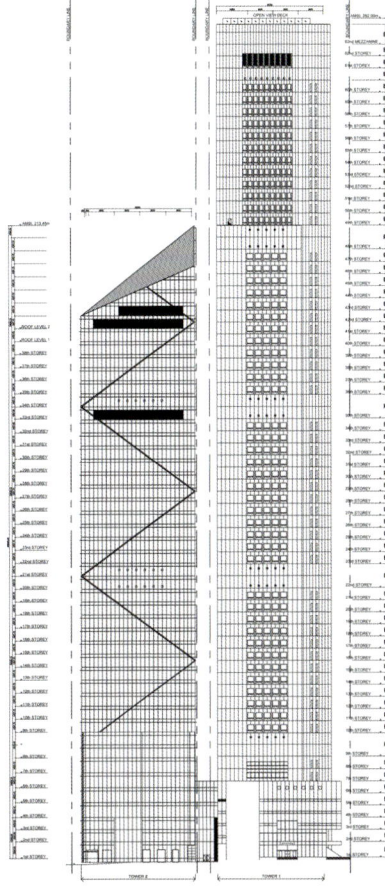

东立面图 ALZADO ESTE EAST ELEVATION   南面图 ALZADO SUR SOUTH ELEVATION   剖面图 SECCIÓN SECTION

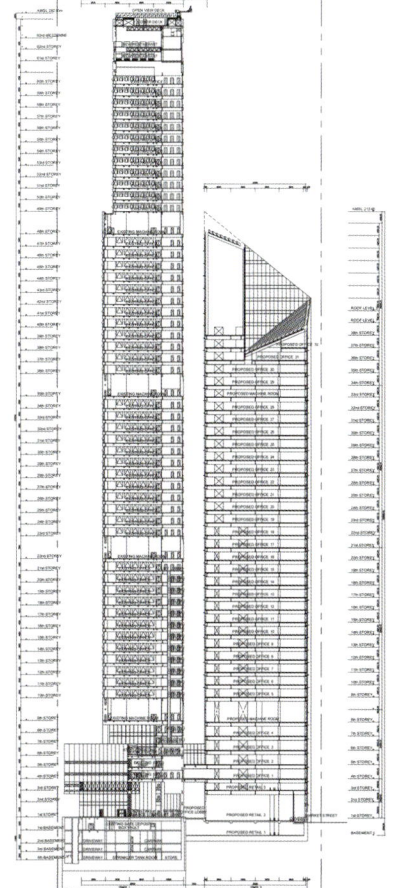

西门子AG及AFK加尔斯系统公司总部
Sedes de Siemens AG y AFK Sistema Gals
Headquarters Siemens AG and AFK Sistema Gals

莫斯科, 俄罗斯 Moscow, Russia

Eller + Eller 建筑师事务所

区位图 PLANO DE SITUACIÓN SITE PLAN

这个项目坐落在莫斯科西北角的列宁格勒大道上，这条大道是通向莫斯科市内的放射状公路之一，在戈尔巴乔夫基金会旁边。这是一个办公项目，包含两座27层高的大厦，每座都在一个5层的裙楼之上。每座大厦所占的空间为35 x 35米。

El proyecto se ubica en el noroeste de Moscú en Leningradsky Prospekt, una de las autovías radiales hacia el centro de la ciudad, cerca de la Fundación Gorbatschow. El desarrollo terciario consiste en dos torres de 27 plantas, cada una en la esquina de un edificio-podio de 5 alturas. La huella de cada torre mide 35 x 35 m.

The project is located in the North-West of Moscow at Leningradsky Prospekt, one of the big radial highways to the inner city, next to the Gorbatschow Foundation. The office development consists of two 27-story towers, each placed in the corner of a five-story podium building. The footprint of each tower measures 35 x 35 m.

110 m

阶段 estado state
EN CONSTRUCCION UNDER CONSTRUCTION 建造中

建筑师 arquitectos architects
ELLER + ELLER ARCHITEKTEN

结构工程 ingeniería estructural structural engineering
SPEKTRUM

安装工程 ingeniería de instalaciones mechanical engineering
ARUP, BERLIN/MOSCOW

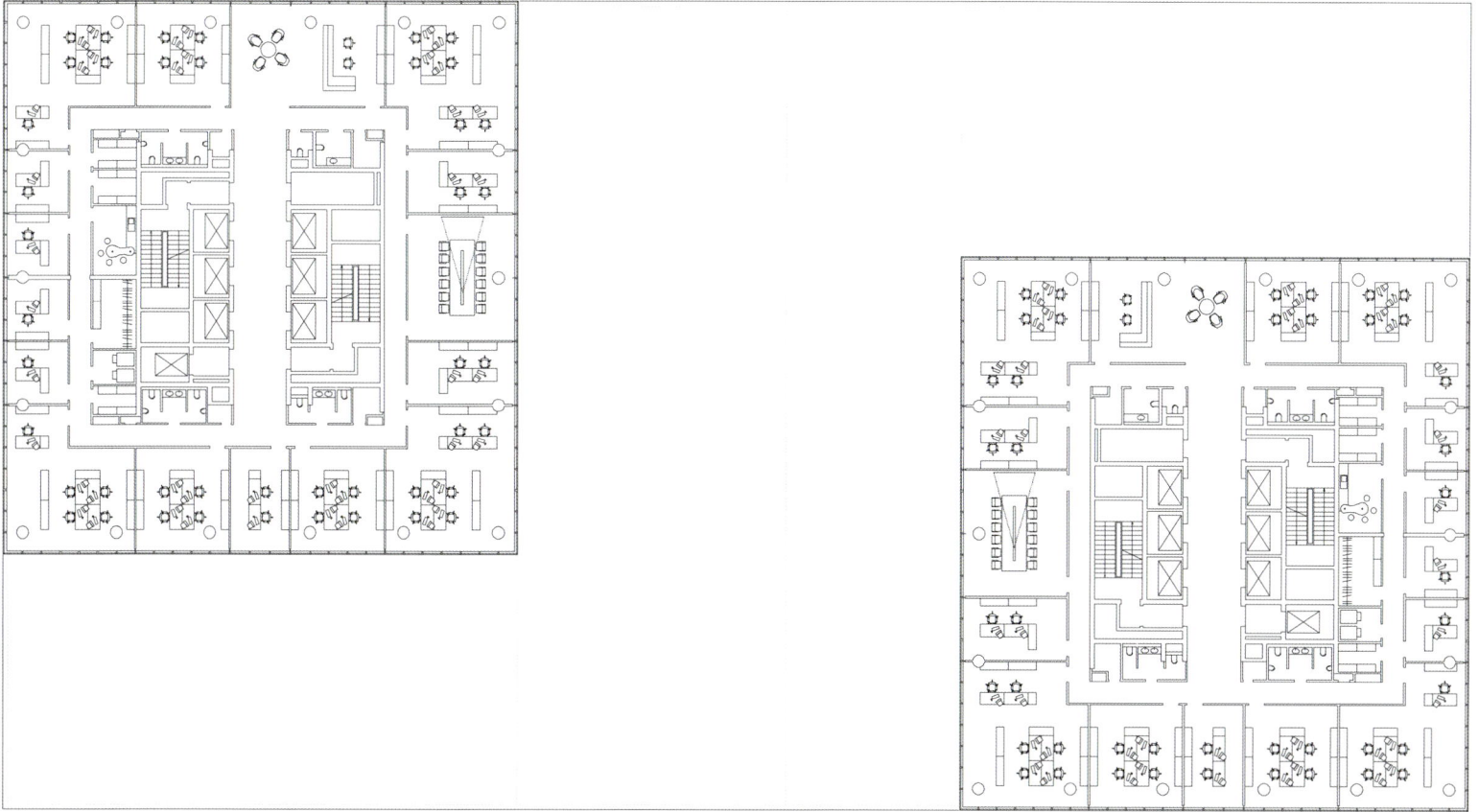

底层平面图 PLANTA BAJA GROUND FLOOR PLAN

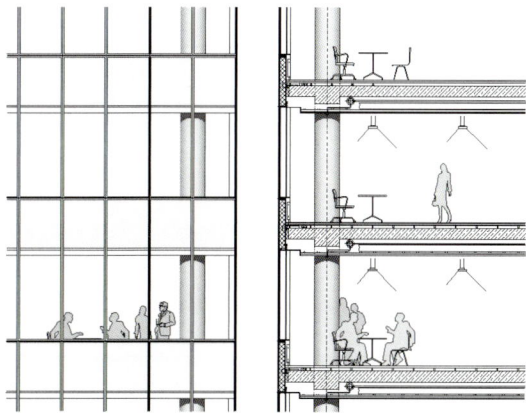

外墙细部 DETALLE DE FACHADA FAÇADE DETAIL

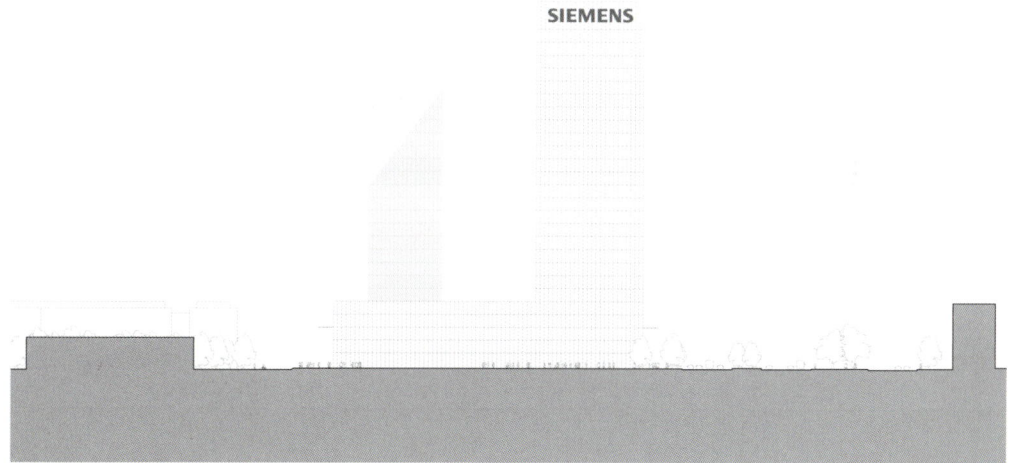

立面图 ALZADO ELEVATION

SIEMENS

公共空间及独立办公室典型层平面图
PLANTA ESTÁNDAR DE ESPACIO PÚBLICO + OFICINA INDIVIDUAL STANDARD FLOOR PLAN OPEN SPACE + SINGLE OFFICE

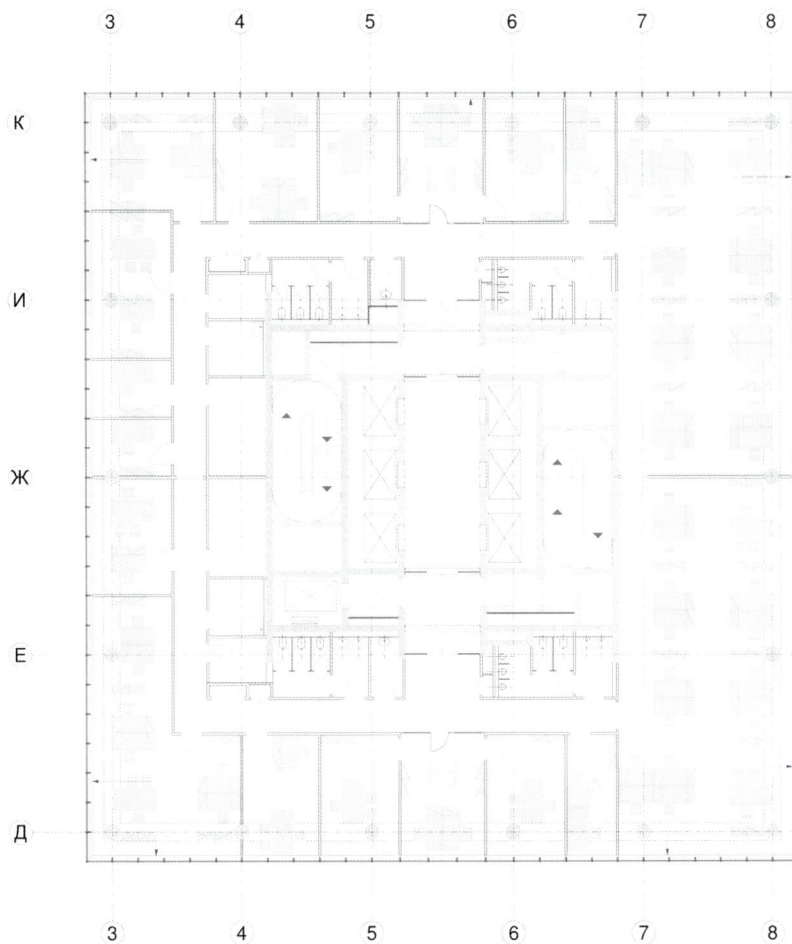

办公室典型层平面图
PLANTA ESTÁNDAR DE OFICINA STANDARD FLOOR PLAN OFFICE

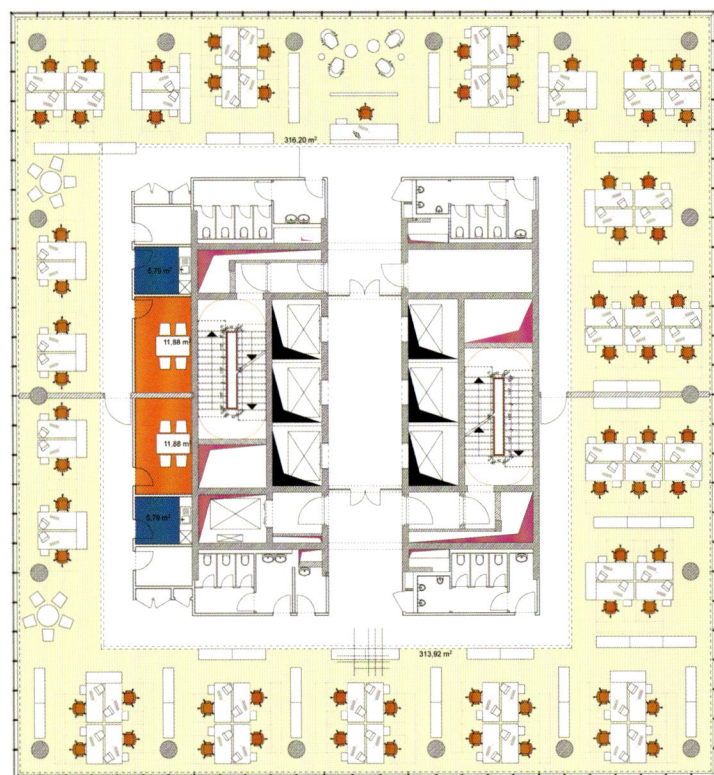

公共空间典型层平面图 PLANTA ESTÁNDAR DE ESPACIO PÚBLICO STANDARD FLOOR PLAN OPEN SPACE

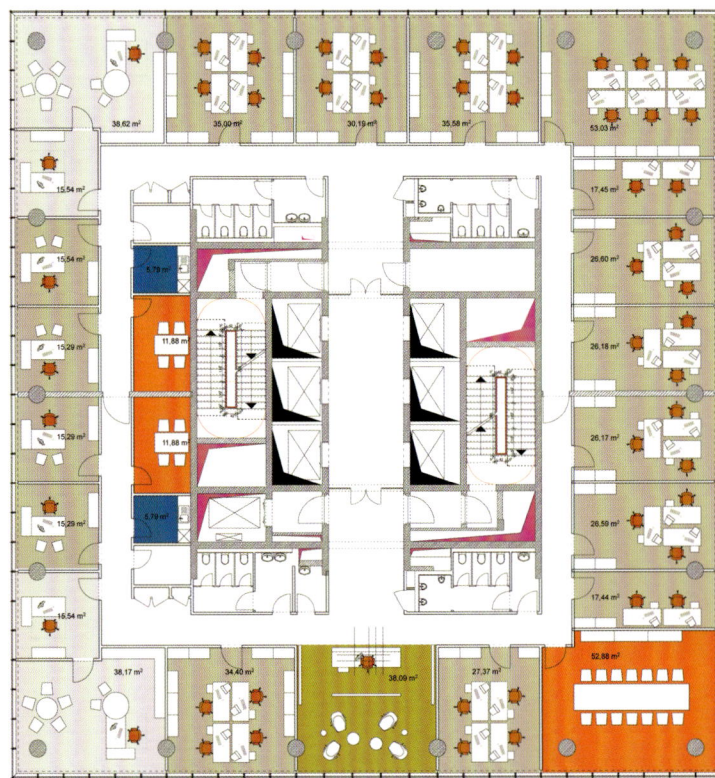

独立办公室典型层平面图 PLANTA ESTÁNDAR DE OFICINA INDIVIDUAL STANDARD FLOOR PLAN SINGLE OFFICE

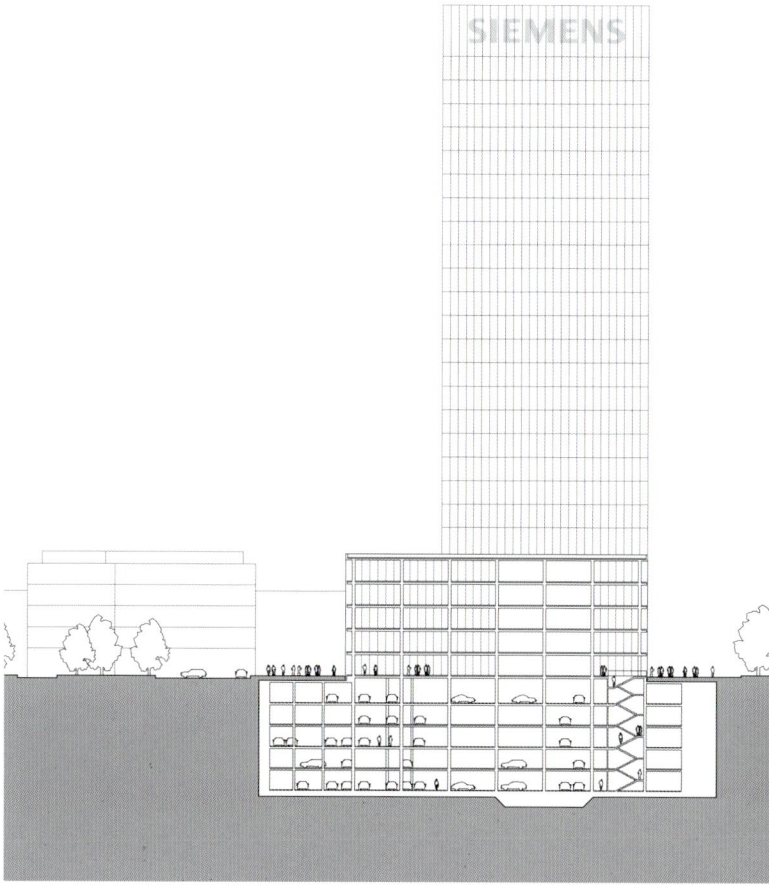

剖面图 SECCIÓN SECTION

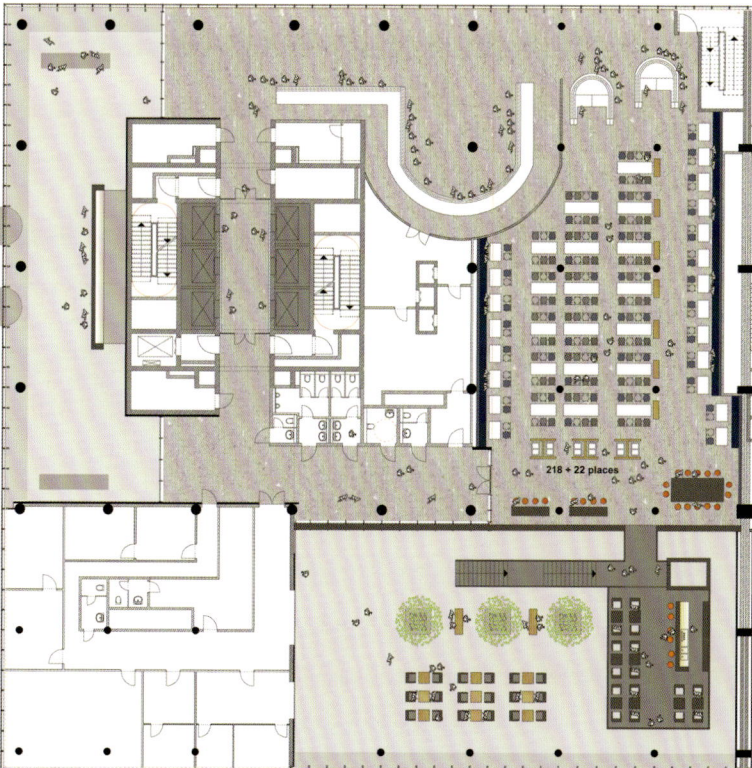

二层平面图食堂 PLANTA PRIMERA COMEDOR FIRST FLOOR PLAN CANTEEN

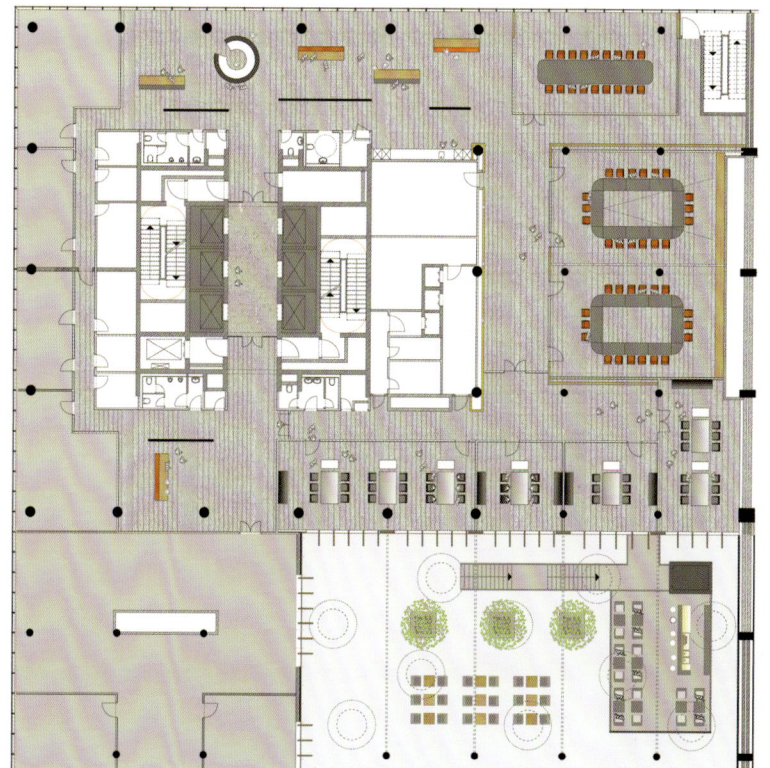

五层平面图会议厅 PLANTA CUARTA CONFERENCIA FORTH FLOOR PLAN CONFERENCE

218 + 22 places

莱佛士城
Ciudad Raffle
Raffle City

杭州, 中国 Hangzhou, China

UNStudio 建筑师事务所

这个项目位于杭州钱塘江附近，继香港、上海、北京、成都、巴林之后，将成为第六座莱佛士城。该项目将把该地打造为钱江新区的一个文化景观。设计师本·范·伯克尔表示："莱佛士城背后的设计理念，是在城市环境中融入一个多功能项目，而融入的方式则要让这个理念有些新意。通过关注'城市环境中的城市景观'这一点……因此我们将这些独立的元素进行合并、整合，成为一个统一的整体。"

El proyecto se ubica en el río Qiantang en Hanzhou. Será la sexta ciudad Raffles, siguiendo las de Singapur, Shanghai, Beijing, Chengdu y Bahrain. Marca el lugar con un paisaje dentro del área de la nueva ciudad de Qianjiang. Según Ben van Berkel, "La filosofía detrás del concepto de la ciudad Raffles es integrar usos mixtos en un contexto urbano, de manera que el concepto tenga un giro; basándose en el lugar en el cual el contexto urbano se encuentra con el paisaje de la ciudad... así se produce la incorporación y consolidación de estos elementos separados en un único gesto formal".

The project is located near the Qiantang River in Hangzhou. It will be the sixth Raffles City, following those in Singapore, Shanghai, Beijing, Chengdu and Bahrain. It marks the site of a cultural landscape within the Qianjiang New Town Area. According to Ben van Berkel, "The philosophy behind the Raffles City concept is to integrate mixed use in an urban context, but in such a way as to give this concept a twist; by focussing on where the urban context meets the landscape of the city... thereby effecting the incorporation and consolidation of these separate elements in one formal gesture".

250 m

阶段 estado state
EN CONSTRUCCION UNDER CONSTRUCTION 建造中

概念图形设计 diseño conceptual&esquematico conceptual&schematic design
BEN VAN BERKEL, CAROLINE BOS, ASTRID PIBER, HANNES PFAU, MARKUS VAN AALDEREN

设计团队 equipo group
JULIANE MAIER, MARC SALEMINK, SHU YAN CHAN, ANDREAS BOGENSCHEUTZ, MARINA BOZUKOVA, BRENDON CARLIN, MIKLOS DERI, GARY FREEDMAN, JUERGEN HEINZEL, ALEXANDER HUGO, ABHIJIT KAPADE, MARCIN KOLTUNSKI, FERNIE LAI, JAMES LENG, PETER MOERLAND, RUDI NIEVEEN, HANS-PETER NUENNING, HYUNIL OH, YI CHENG PAN, STEFFEN RIEGAS, RIKJAN SCHOLTEN, IOANA SULEA, CHRISTIAN VEDDELER, LUMING WANG, ZHENFEI WANG, REIN WERKHOVEN, GEORG WILLHEIM

当地设计研究院 instituto local de diseño local design institute
CHINA UNITED ENGINEERING CORPORATION, HANGZHOU

结构防火安装工程 ingeniería de estructuras, MEP structure, MEP engineering
ARUP LONDON, ARUP SHANGHAI, ARUP LEED HONG KONG

外墙 fachade façade
MEINHARDT FAÇADE TECHNOLOGY, HONG KONG

交通顾问 consultor de tráfico transport consultants
MVA TRANSPORT CONSULTANTS, HONG KONG

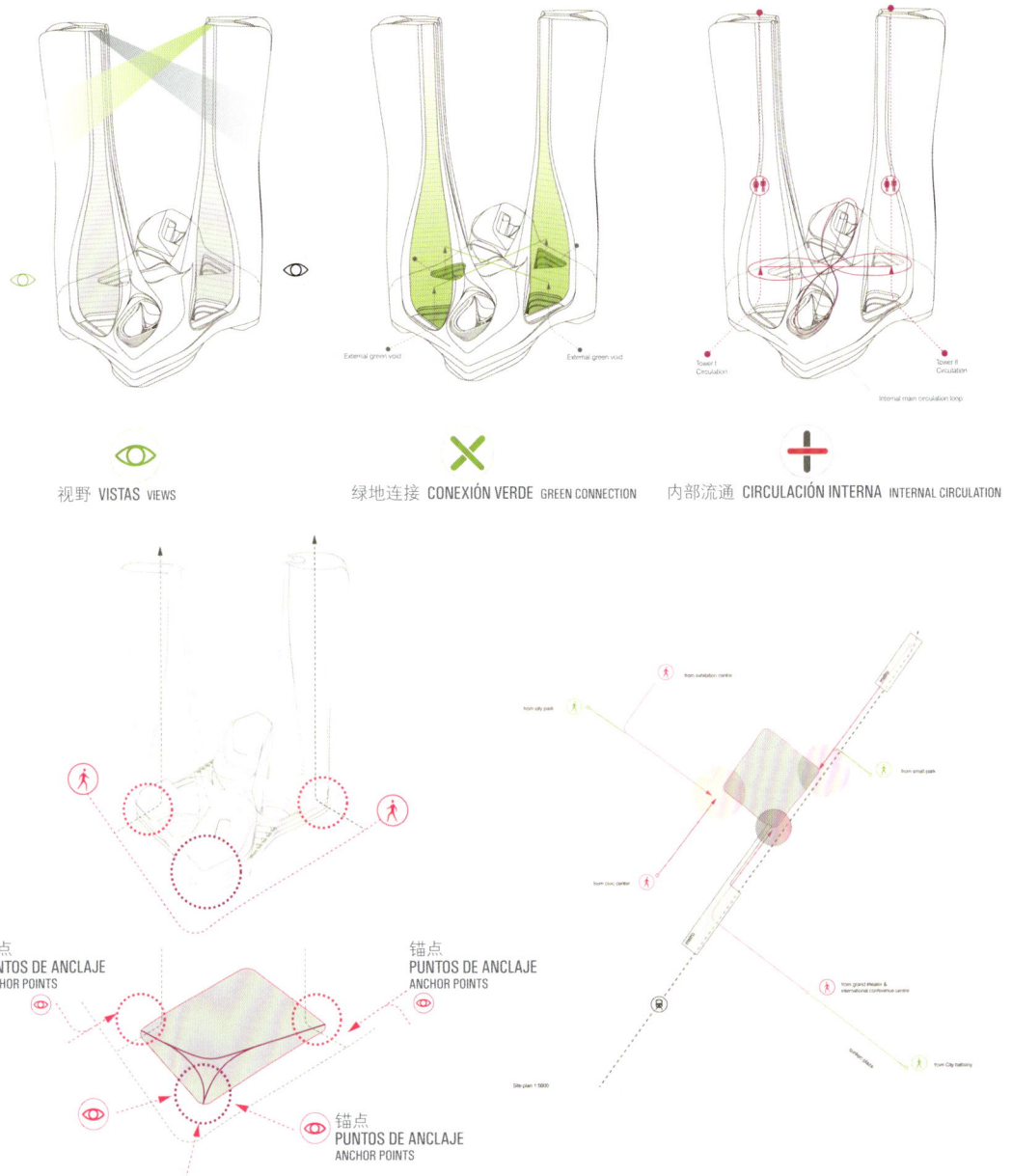

视野 VISTAS VIEWS　　绿地连接 CONEXIÓN VERDE GREEN CONNECTION　　内部流通 CIRCULACIÓN INTERNA INTERNAL CIRCULATION

External green void　　External green void

Tower I Circulation　　Tower II Circulation

Internal main circulation loop.

锚点 PUNTOS DE ANCLAJE ANCHOR POINTS　　锚点 PUNTOS DE ANCLAJE ANCHOR POINTS

锚点 PUNTOS DE ANCLAJE ANCHOR POINTS

三个节点的安排 PLANTEAMIENTO DE LOS TRES NUDOS THREE NODES APPROACH

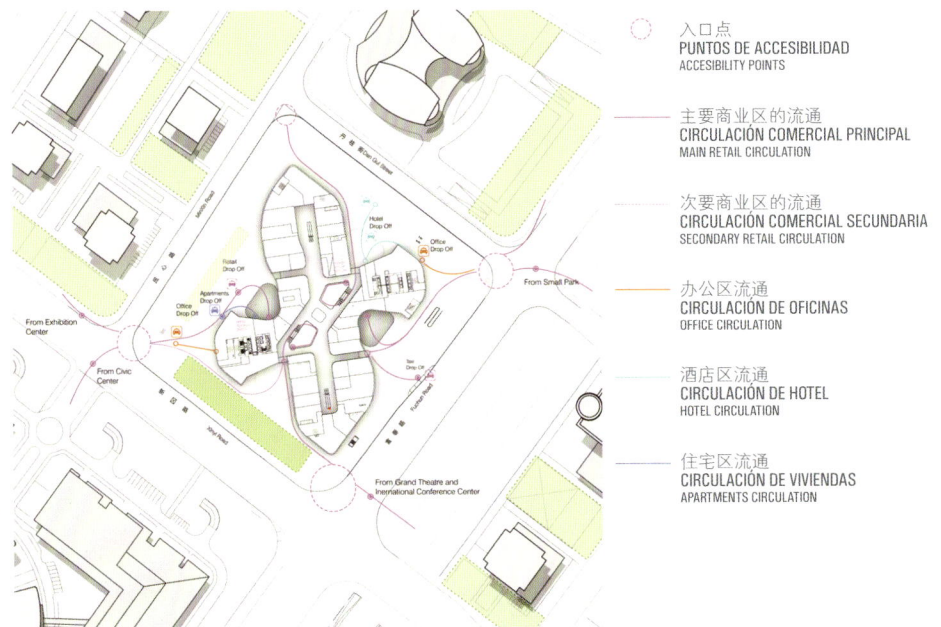

Site plan 1:5000

入口点 PUNTOS DE ACCESIBILIDAD ACCESIBILITY POINTS

主要商业区的流通 CIRCULACIÓN COMERCIAL PRINCIPAL MAIN RETAIL CIRCULATION

次要商业区的流通 CIRCULACIÓN COMERCIAL SECUNDARIA SECONDARY RETAIL CIRCULATION

办公区流通 CIRCULACIÓN DE OFICINAS OFFICE CIRCULATION

酒店区流通 CIRCULACIÓN DE HOTEL HOTEL CIRCULATION

住宅区流通 CIRCULACIÓN DE VIVIENDAS APARTMENTS CIRCULATION

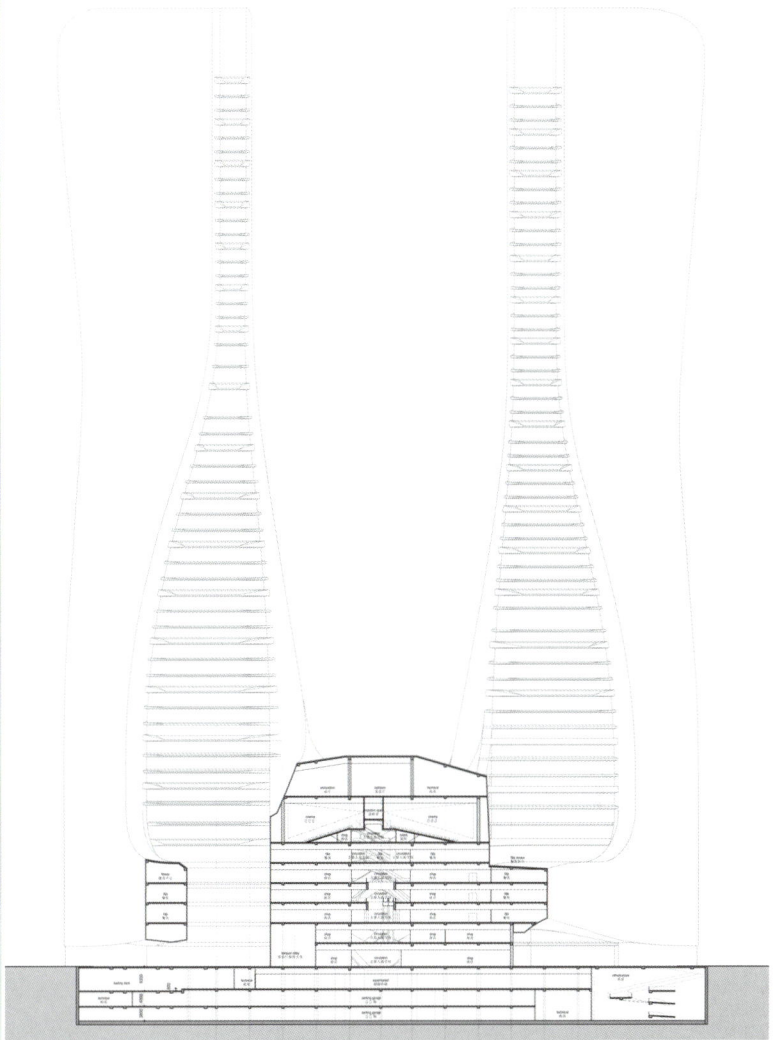

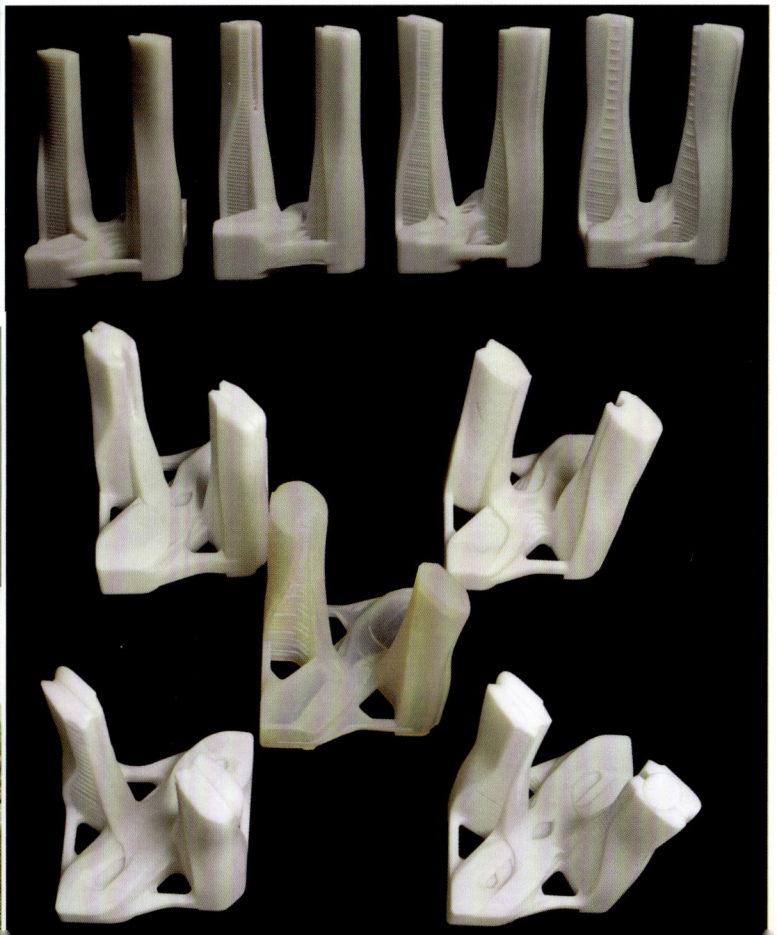

116

Level 10
+46.00m

Level 9
+41.00m

Level 8
+36.00m

Level 7
+31.00m

Level 6
+26.00m

Level 5
+21.00m

Level 4
+16.00m

Level 3
+11.00m

Level 2
+6.00m

Level 1
+-0.00m

B 1
-05.00m

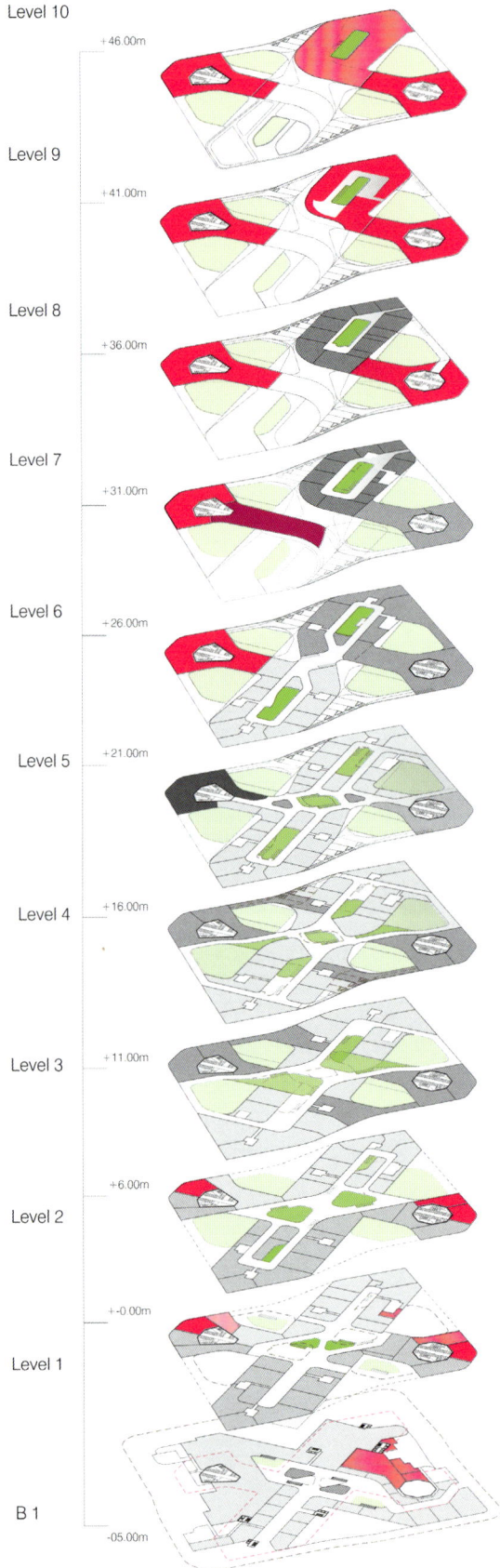

休闲娱乐
Entertainment
-Restaurant with theatre

餐饮, 酒吧
F & B
Restaurant
Bar

电玩中心及餐厅剧院
Game Arcade,
Theatre

餐饮及咖啡厅
F & B
Restaraunt cafe
(lunch time)

购物
Shopping

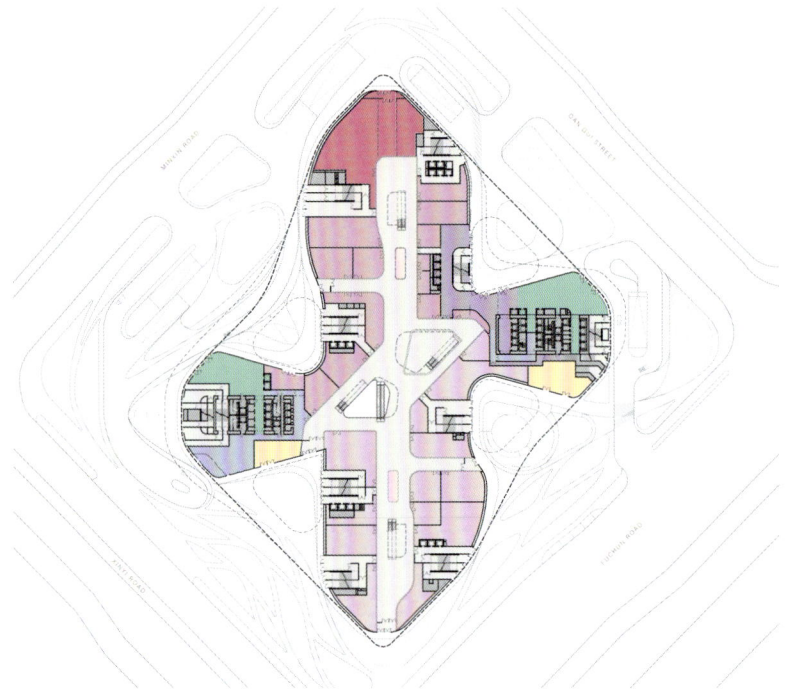

平面图 1 NIVEL 1 LEVEL 1

迷你锚点 MINI ANCLA MINI-ANCHOR
商铺 TIENDA SHOP
高档商店 TIENDA DE LUJO HIGH-END SHOP
特殊商店 TIENDA ESPECIAL SPECIALTY SHOP
餐饮 F&B F&B
酒店 HOTEL HOTEL
办公室 OFICINAS OFFICES
办公室 OFICINAS OFFICES

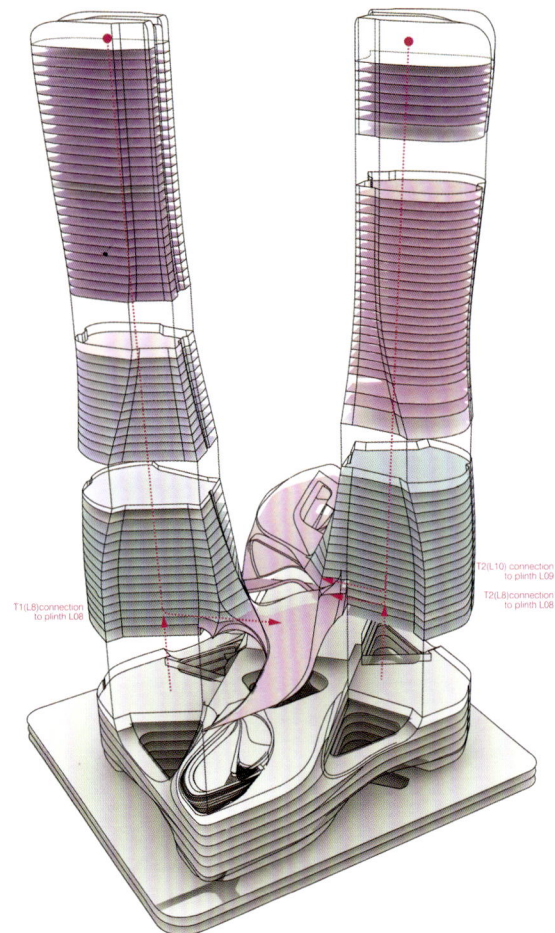

影院 CINE CINEMA
主要流通 CIRCULACIÓN PRINCIPAL MAIN CIRCULATION
流通 CIRCULACIÓN CIRCULATION
服务区 ÁREA SERVICIO SERVICE AREA
基建 INFRAESTRUCTURA INFRASTRUCTURE
设备 INSTALACIONES TECHNICAL

墙面转型
TRANSFORMACIÓN DE FACHADA
FACADE TRANSFORMATION

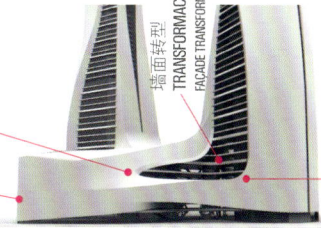

桥柱基的连接
CONEXIÓN PLINTO DEL PUENTE
BRIDGE PLINTH CONNECTION

塔与桥的连接
CONEXIÓN TORRE-PUENTE
TOWER-BRIDGE CONNECTION

楼体围合
CERRAMIENTO URBANO
URBAN ENVELOPE

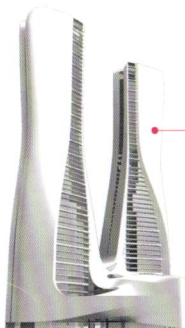

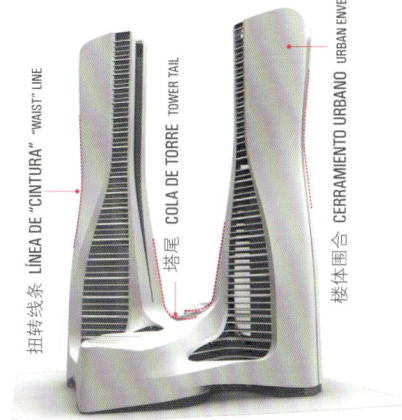

塔柱基的连接
CONEXIÓN PLINTO DE LA TORRE
TOWER PLINTH CONNECTION

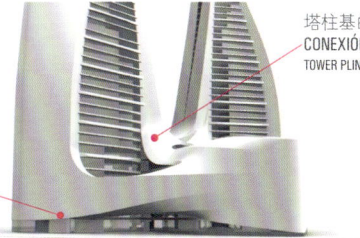

塔与桥的连接
CONEXIÓN TORRE-PUENTE
TOWER-BRIDGE CONNECTION

中部空地至主顶与塔尾的连接
CONEXIÓN DEL VACÍO CENTRAL A LA CUBIERTA PRINCIPAL Y COLA DE TORRE
CENTRAL VOID CONNECTION TO MAIN ROOF TOP DESIGN AND TOWER TAIL

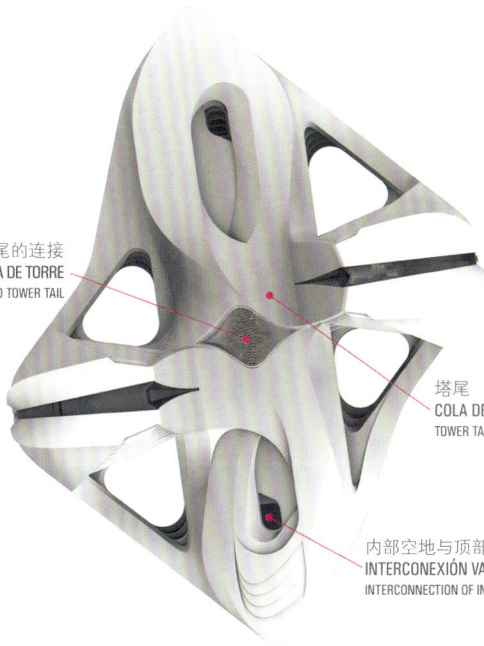

塔尾
COLA DE TORRE
TOWER TAIL

内部空地与顶部景观的互相连接
INTERCONEXIÓN VACIÓ INTERIOR Y CUBIERTA AJARDINADA
INTERCONNECTION OF INTERNAL VOID AND ROOF LANDSCAPE

桥柱基的连接
CONEXIÓN PLINTO DEL PUENTE
BRIDGE PLINTH CONNECTION

内外功能的整合
INTEGRACIÓN PROGRAMÁTICA INTERNA + EXTERNA
INTERNAL + EXTERNAL PROGRAMMATIC INTEGRATION

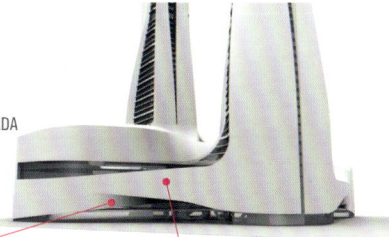

L9
L8
L7
L6
L5
L4
L3
L2
L1
event space

内部空地剖面 SECCIÓN VACÍO INTERIOR SECTION INTERNAL VOID

楼冠设计 PROYECTO DE CORONACIÓN CROWN DESIGN

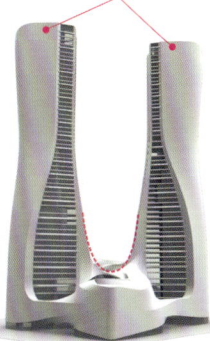

楼体围合 CERRAMIENTO URBANO URBAN ENVELOPE

扭转线条 LÍNEA DE "CINTURA" "WAIST" LINE

塔尾 COLA DE TORRE TOWER TAIL

楼体围合 CERRAMIENTO URBANO URBAN ENVELOPE

Strata High L59

Strata Low L34

Serviced Apartment High L32

Serviced Apartment Low L24

Office High L19

Office Low L09

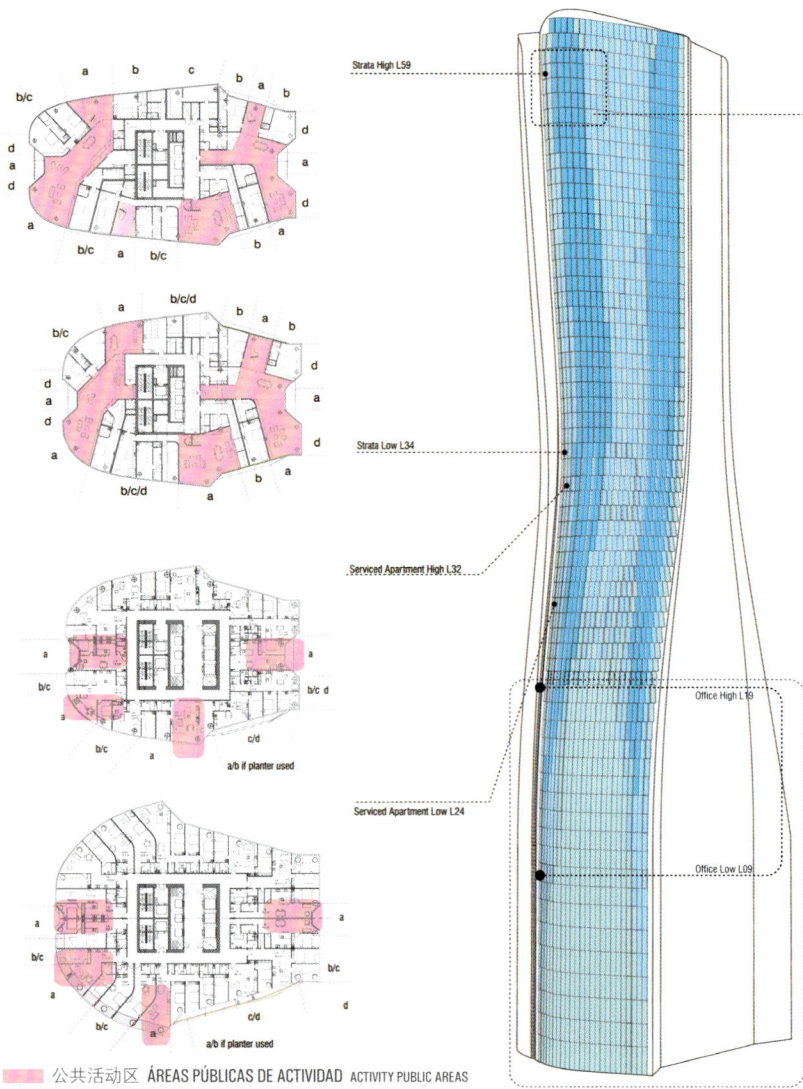

公共活动区 ÁREAS PÚBLICAS DE ACTIVIDAD ACTIVITY PUBLIC AREAS

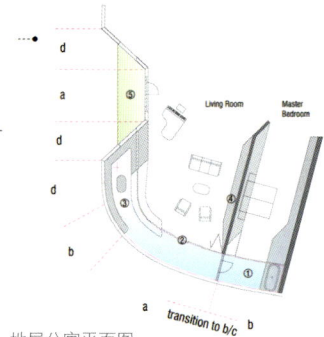

a/b if planter used

c/d

a/b if planter used

transition to b/c

地层公寓平面图
PLANTA APARTAMENTO STRATA FLOOR PLAN STRATA APARTMENT

1. 双层玻璃区域 ZONA DOBLE ACRISTALAMIENTO DOUBLE GLAZING ZONE
2. 内部可拆卸玻璃 ACRISTALAMIENTO INTERIOR DESMONTABLE REMOVABLE INTERIOR GLAZING
3. 坐式元素冬季花园 JARDÍN DE INVIERNO CON ELEMENTOS-ASIENTOS WINTER GARDEN WITH SITTING ELEMENTS
4. 滑动式整合书架 ESTANTERÍA INTEGRANDO ELEMENTOS DESLIZANTES BOOKSHELF INTEGRATING SLIDING ELEMENTS
5. 阳台区 ZONA DE BALCÓN BALCONY ZONE

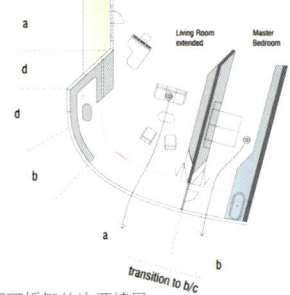

transition to b/c

局部可拆卸的次要墙层
ESTRATO DE FACHADA SECUNDARIA PARCIALMENTE DESMONTABLE PARTIALLY REMOVING SECONDARY FAÇADE LAYER

楼板与楼板间的滑动
SE DESLIZAN DE FORJADO A FORJADO SLIDING FLOOR TO FLOOR

楼板与楼板间的倾斜
SE INCLINAN DE FORJADO A FORJADO TILTING FLOOR TO FLOOR

半开
SEMI ABIERTO SEMI OPEN

关闭
CERRADAS CLOSED

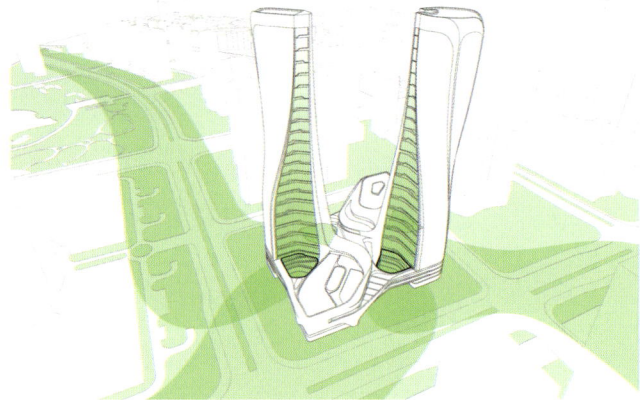

绿地连续性概念 CONCEPTO CONTINUIDAD VERDE CONCEPT GREEN CONTINUITY

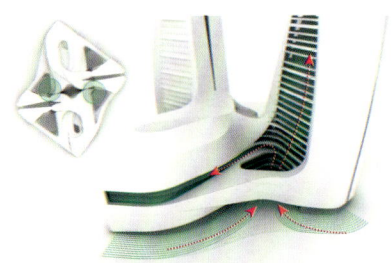

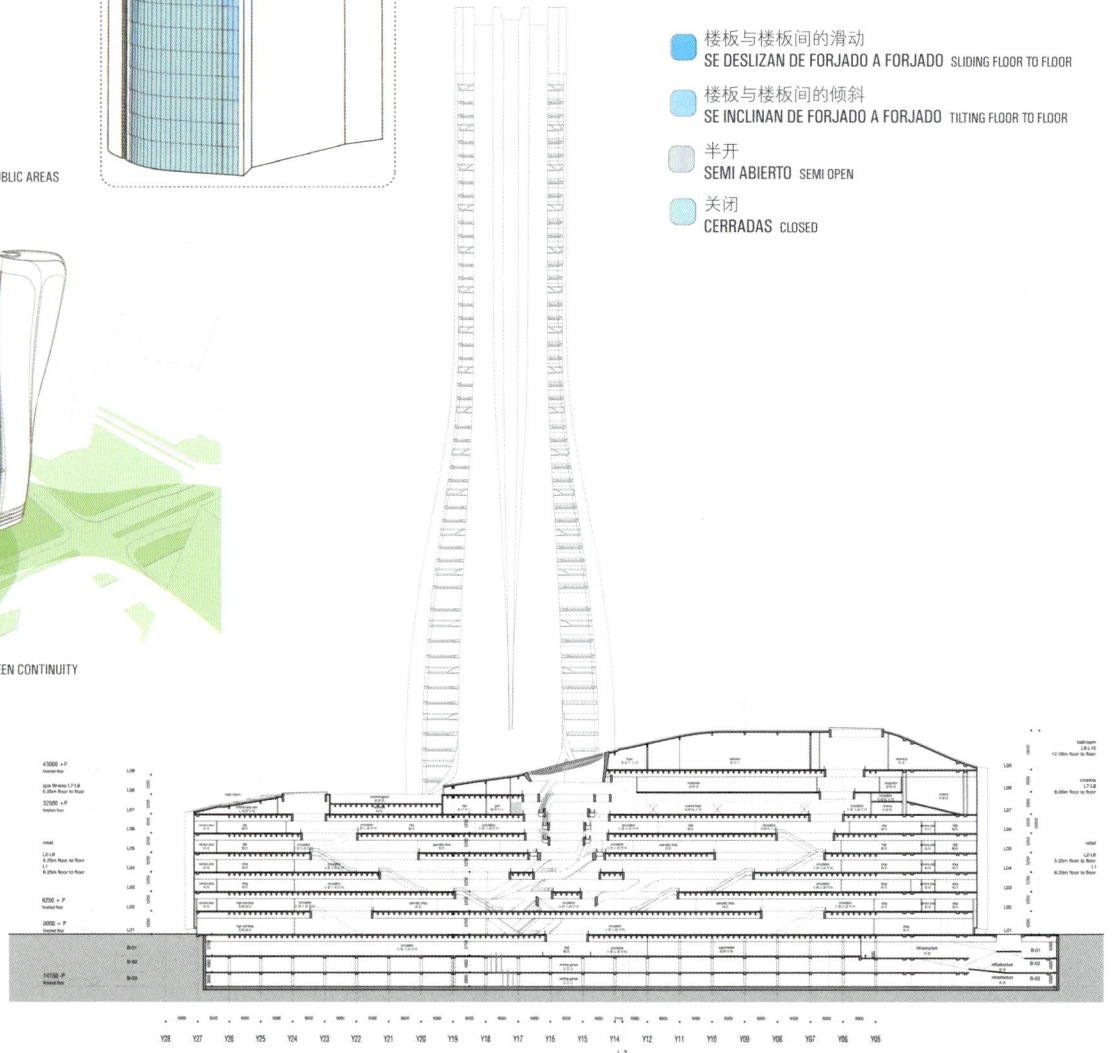

世界帝国大厦
Torre del Imperio Mundial
Empire World Tower

迈阿密, 美国 Miami, USA

KOBIKARP 建筑师事务所

　　这座多功能大厦将成为迈阿密最高的建筑，超过四季酒店大厦，将是世界最高的30座建筑之一。大厦内将囊括1557间公寓、商业写字间、零售商店以及能容纳1786个车位的停车场。大厦由两座高塔构成，由三条空中走廊相连，坐落在一个理想地段——比斯坎林荫大道，俯瞰比斯坎湾，后者正是这两座高塔银灰蓝色玻璃外立面的灵感之源。

El complejo de usos mixtos será el edificio más alto de Miami, sobrepasando la torre y hotel Four Seasons. Será una de las 30 estructuras más altas del mundo. Las torres albergarán: 1.557 viviendas, oficinas comerciales, comercios y un garaje con espacio para 1.786 plazas. Las dos torres unidas por tres puentes de aire están ubicadas de forma ideal en el bulevar Biscayne mirando hacia la bahía de Biscane, inspiración del vidrio tintado de azul plateado de las torres.

The mixed-use complex will be the tallest building in Miami, surpassing the Four Seasons Hotel and Tower. It will be one of the top 30 tallest structures in the world. The towers will be home to: 1,557 condos, commercial offices, retail shops, and a 1,786 parking space garage. The two high-rise towers joined by three air bridges are ideally situated on Biscayne Boulevard overlooking Biscayne Bay, the inspiration for the towers' silver-blue tinted glass.

366 m

阶段 estado state
EN PROCESO IN PROCESS 设计中

建筑 arquitectura architecture
KOBI KARP ARCHITECTURE AND INTERIOR DESIGN, INC.

结构工程 ingeniería estructural structural engineer
YSRAEL A. SEINUK, P.C. CONSULTING ENGINEERS

安装工程 ingeniería MEP MEP engineer
COSENTINI ASSOCIATES, INC.

景观 paisaje landscape
URBAN RESOURCE GROUP

土木工程师 ingeniería cívica civil engineer
KIMLEY-HORN AND ASSOCIATES, INC.

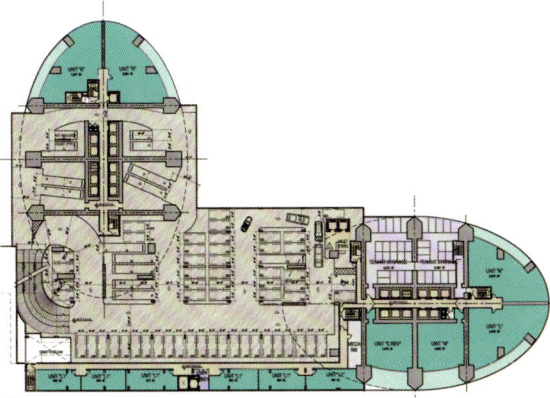

四层平面图停车场　PLANTA 3 · APARCAMIENTO FLOOR PLAN 3 · PARKING

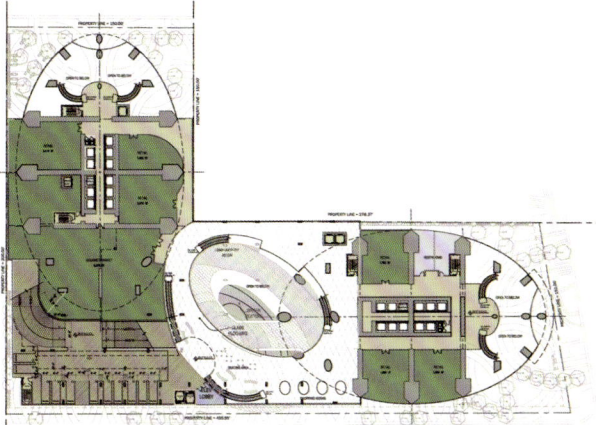

三层平面图　PLANTA 2 FLOOR PLAN 2

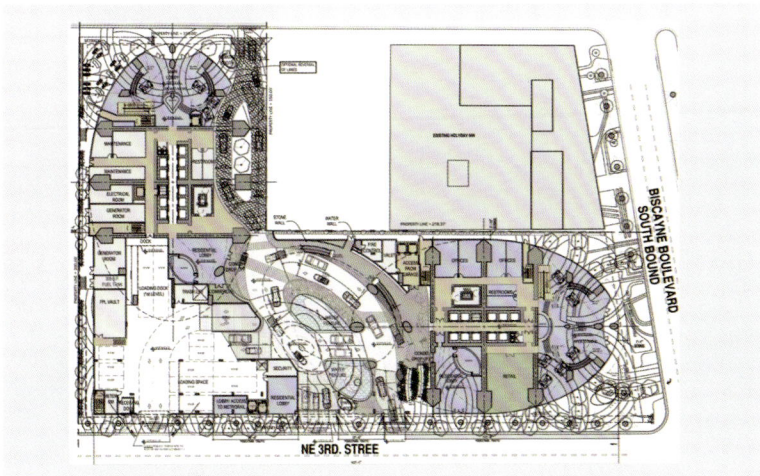

底层平面图　PLANTA BAJA GROUND FLOOR PLAN

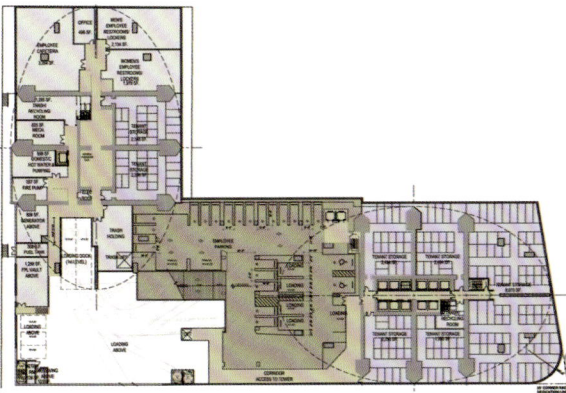

地下室层平面图　PLANTA SÓTANO BASEMENT FLOOR PLAN

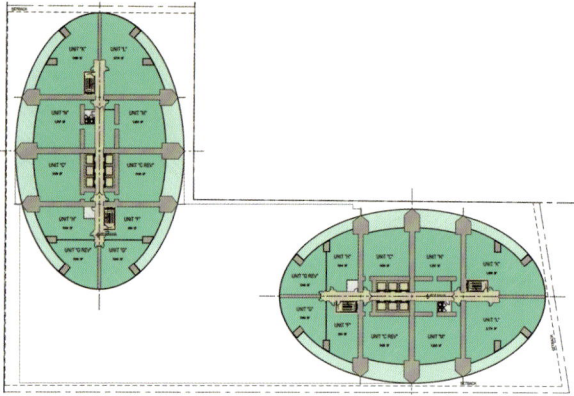

三十九至六十二层平面图 PLANTA TIPO 38-61 TYPICAL FLOOR PLAN 38-61

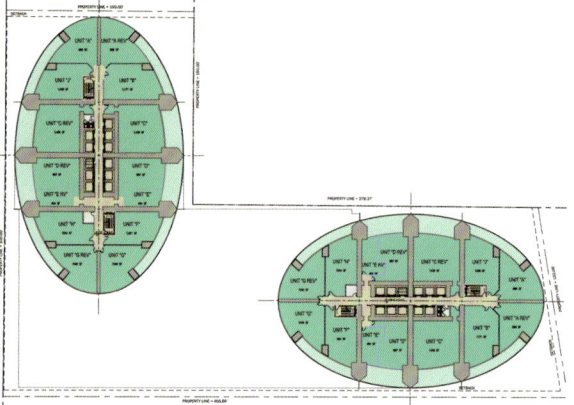

十六至三十七层平面图 PLANTA TIPO 15-36 TYPICAL FLOOR PLAN 15-36

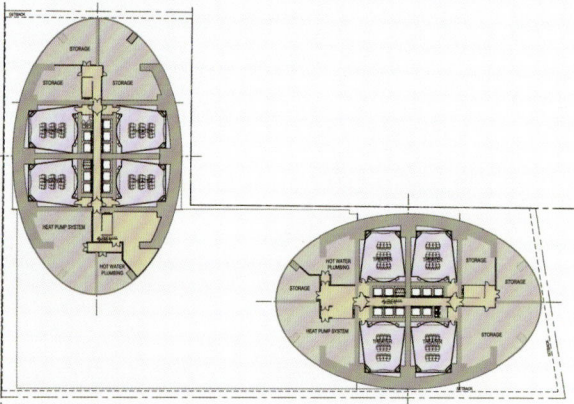

十五层平面图设备 PLANTA 15 · INSTALACIONES FLOOR PLAN 15 · MECHANICAL

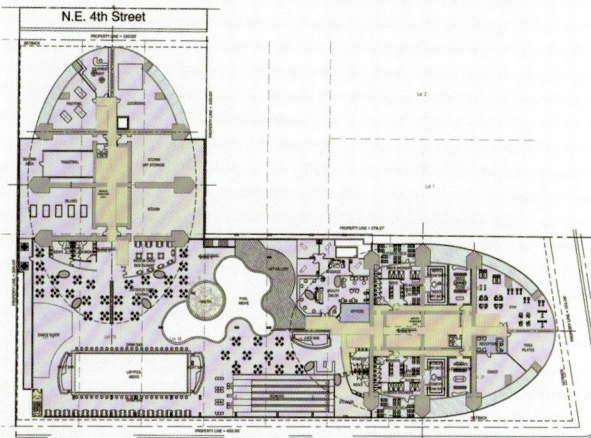

十三层平面图娱乐 PLANTA 13 · ENTRETENIMIENTO FLOOR PLAN 13 · AMENETIES

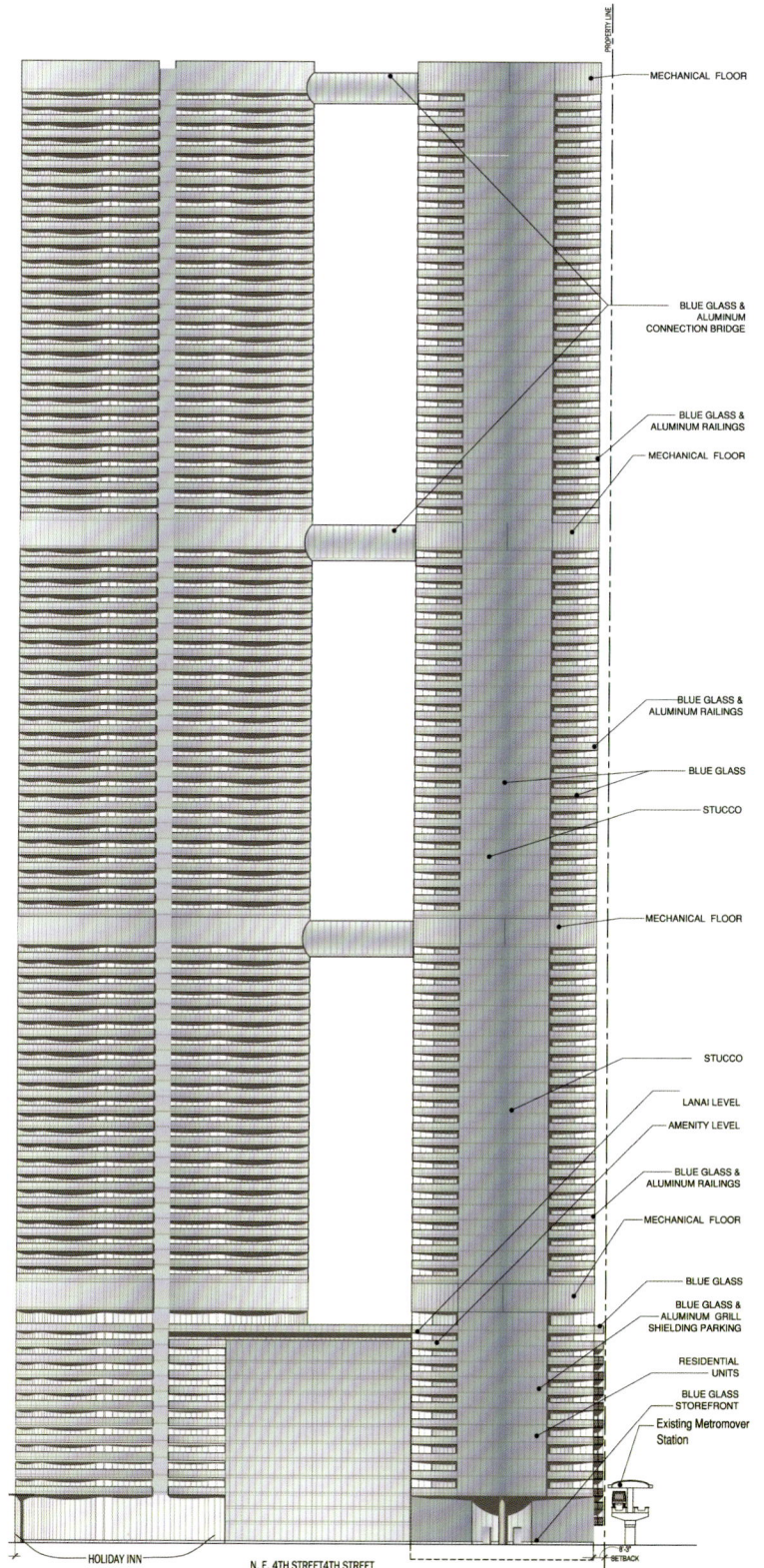

北立面图 ALZADO NORTE NORTH ELEVATION

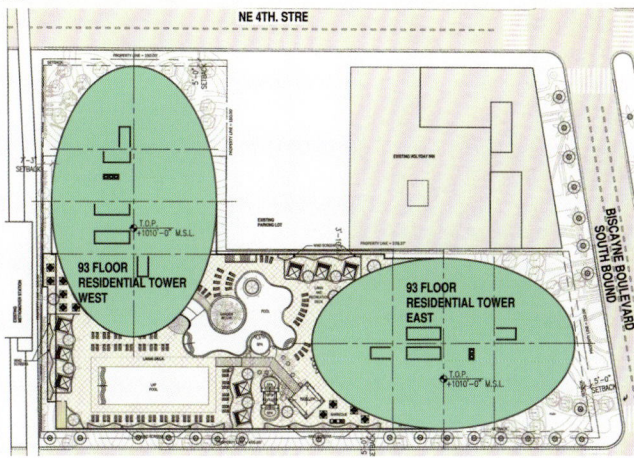

顶层平面图 PLANTA DE CUBIERTA ROOF PLAN

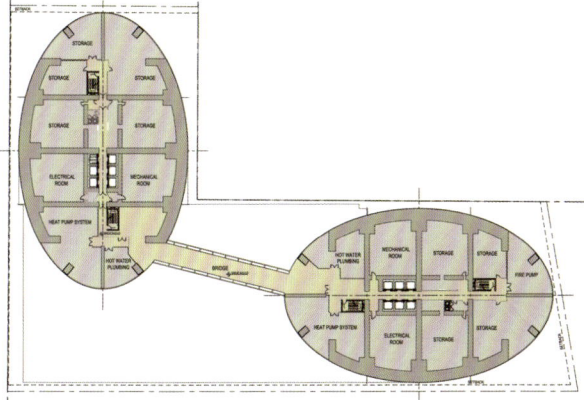

九十三层平面图设备 PLANTA 92 · INSTALACIONES FLOOR PLAN 92 · MECHANICAL

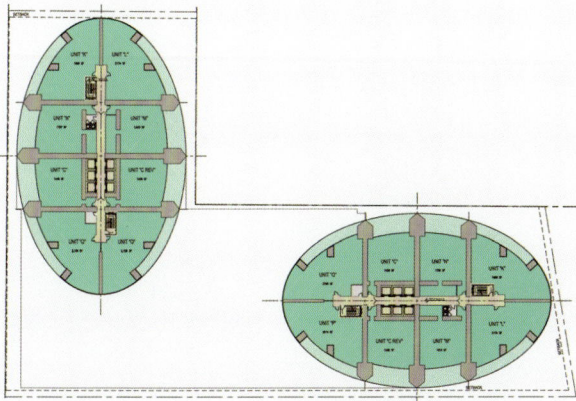

六十四至八十四层平面图设备 PLANTA TIPO 63-83 TYPICAL FLOOR PLAN 63-83

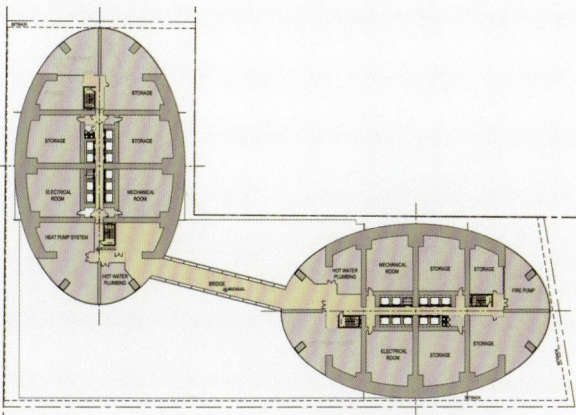

三十八及六十三层平面图设备 PLANTA 37&62 · INSTALACIONES FLOOR PLAN 37&62 · MECHANICAL

视觉艺术品
artefactos visionarios
visionary artefacts

城市就是一件艺术品。

"The city is an artefact"

阿尔多•罗西 Aldo Rossi
意大利建筑师、理论家，1990年普利兹克建筑奖得主 Italian architect and theoretician, Pritzker 1990(1931-1997)

苏州高新城际铁路站
Estación de Tren Gaoxin
Gaoxin Train Station

苏州, 中国 Suzhou, China

BAU BREARLEY ARCHITECTS + URBANISTS 建筑师事务所

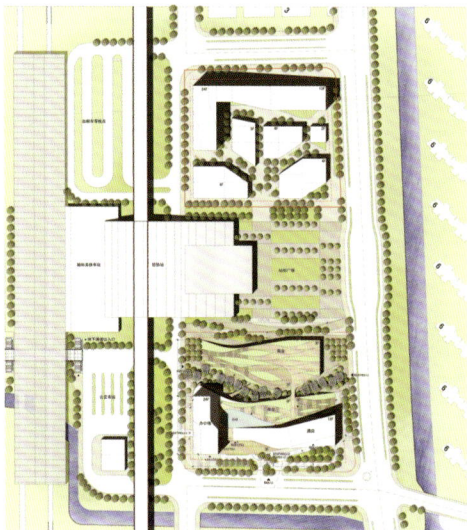

本建筑基地坐落于沪宁城际铁路苏州高新区站站前广场，功能分为商业、商务办公、酒店业建筑。为了塑造友好的气氛，设计手法上使用了地形与景观建筑的策略。内部商业街吸引从车站以及沿街面的人流。

La parcela está localizada en la plaza de la Estación de Gaoxin del nuevo tren de alta velocidad interurbano de Huning en Suzhou. El programa incluye comercio, una torre de oficinas y hotel, integrados en una única forma. Para proporcionar una atmósfera informal, el edificio utiliza estrategias topográficas y paisajísticas. La calle comercial interna se proyecta para albergar flujos de personas entre la estación y la calle.

The site is located on the Gaoxin Station Plaza of the new Huning inter-city high-speed train in Suzhou. The program includes retail, office tower and hotel integrated into one form. To provide an informal atmosphere the building utilizes topographic and landscape strategies. The inner commercial street is organized to accept flows of people between the station and the street.

97.5 m

阶段 estado state
PROPUESTA CONCURSO COMPETITION PROPOSAL 参标作品

团队 equipo team
HUANG FAN 黄帆, YUCHEN LIN 林佑桢
MEIQING ZHANG 张美菁

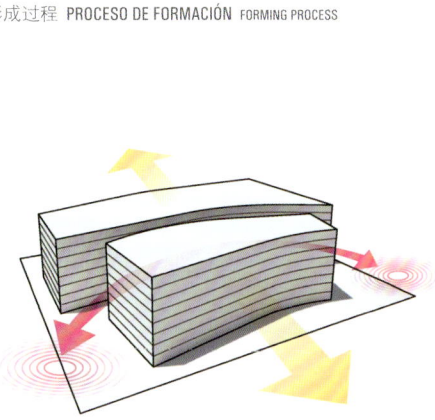

建立内街用以连接两个重要节点
Crear la calle interior para conectar dos importantes nodos.
Create the inner street to connect two important nodes.

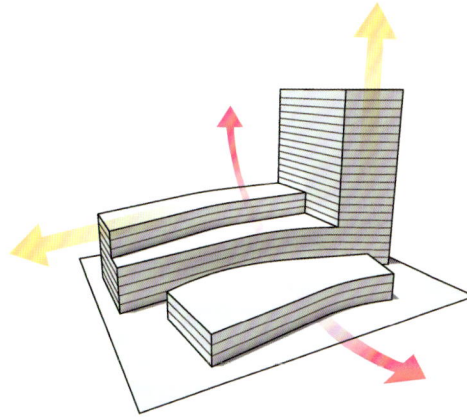

酒店楼水平发展的同时垂直拉伸办公楼
Extrusionar la torre de oficinas verticalmente, mientras el hotel se desarrolla horizontalmente.
Extrude the office tower vertically, while develop the hotel horizontally.

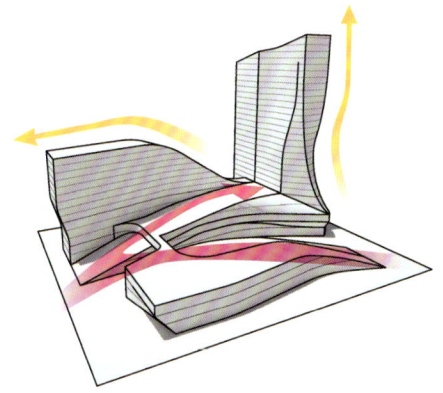

建立自然斜坡将流通效果最大化及舒缓流通压力
Crear una pendiente natural para maximizar el efecto de conducir la circulación y refinar toda la tensión.
Create the gradual slope to maximize the effect of conducting the circulation and refine the whole curb.

辐射分析 ANÁLISIS DE RADIACIÓN RADIATION ANALYSIS

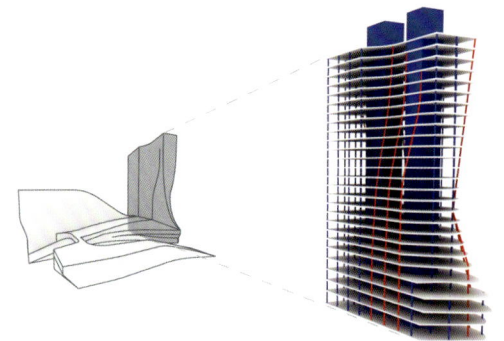

结构 ESTRUCTURA STRUCTURE

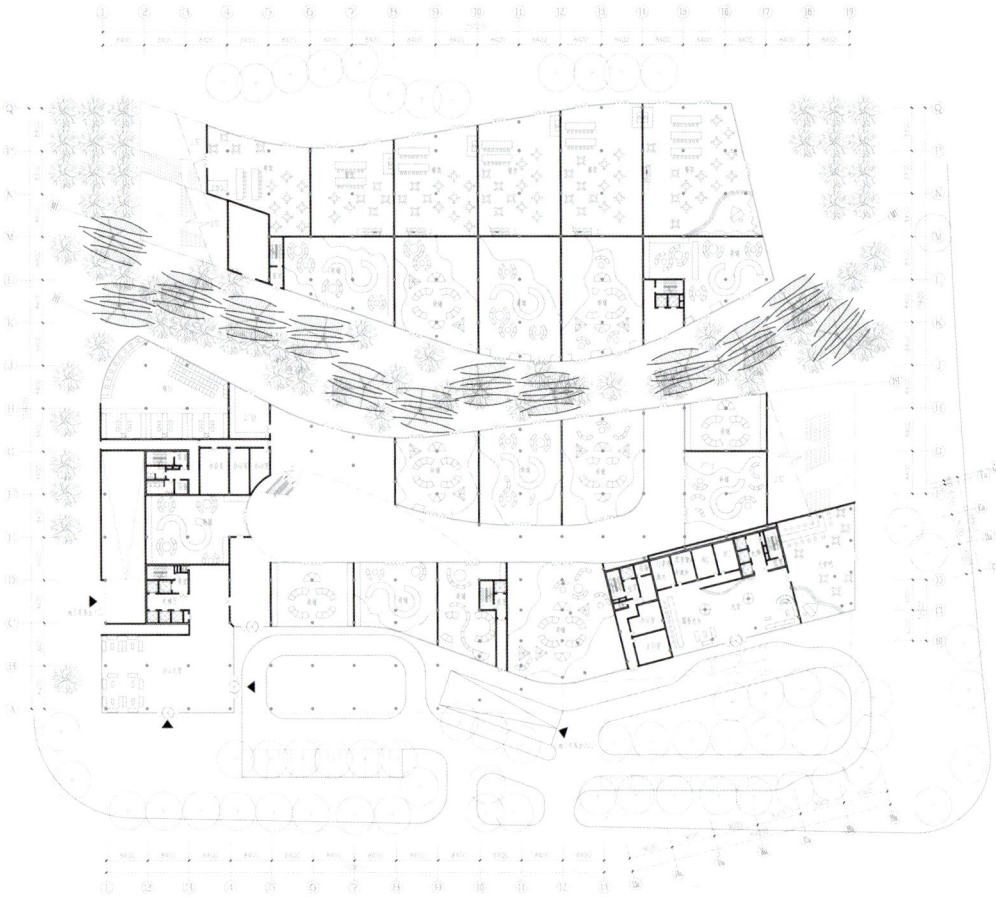

底层平面图 PLANTA NIVEL 1 FLOOR PLAN LEVEL 1

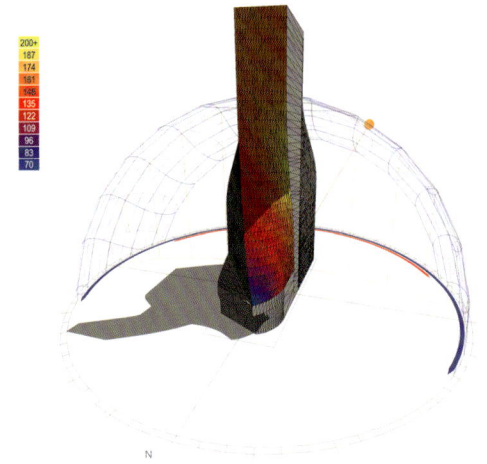

南立面图 ALZADO SUR SOUTH ELEVATION

东立面图 ALZADO ESTE EAST ELEVATION

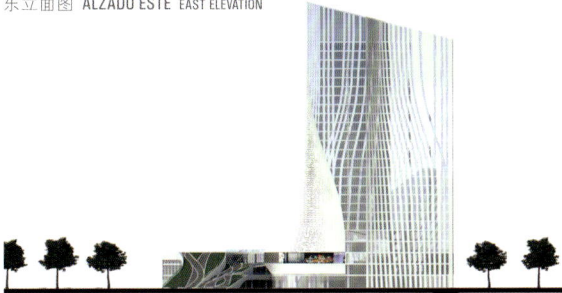

西立面图 ALZADO OESTE WEST ELEVATION

北立面图 ALZADO NORTE NORTH ELEVATION

米易县文化大楼
Torre Cultural de Miyi
Miyi Cultural Tower

四川, 中国 Sichuan, China

Studio Shift 建筑师事务所

88 m

阶段 estado state
EN PROCESO IN PROCESS 设计中

项目负责人 directores principals
MARIO CIPRESSO, CHRIS WARREN

团队 equipo team
CHRIS HYUN, ANDREW KIM, IRINA KRUSTEVA,
STEPHEN MORTON

景观 paisaje landscape
GERDO AQUINO, YING-YU HUNG (principals)
PATRICK CURRAN, DAWN DYER , ALEX ROBINSON

这个项目是四川省米易县新区规划的一部分，位于安宁河沿岸，将成为北面濒临沼泽地的新区和南面休闲耕作区之间的过渡。米易县以阳光明媚、气候温和而著称，所以整个建筑有一半是封闭的。建筑内部包括一个礼堂、若干展示区和餐厅（餐厅以当地美食为特色）；室外则有露天的公共活动空间、花园和一个观望台。整座大厦覆盖了通透而又连续的外表面，赋予不同的功能用房统一的外观形式。建筑师没有循规蹈矩地采用穿孔技术，而是选择了在轻盈的建筑框架上打造空间图案。这种理念上的倒置使建筑外表面具有一种超凡脱俗的外观效果，跟下面波光粼粼的河面相映成趣。更重要的是，这样一来护墙板可以装上光电池。

Como parte del plan director de la nueva ciudad del Condado de Miyi en la provincia de Sichuan, en China, la torre que se asienta en el borde del río Anning marcará la transición entre el nuevo desarrollo hacia el norte y los nuevos humedales, lugares de ocio y distritos agrícolas del sur. La ciudad se conoce por su abundancia en luz y clima moderado, por lo que sólo la mitad de los elementos del programa están cerrados. En el interior se pueden encontrar un auditorio, espacios expositivos y restaurantes de cocina local mientras que las plantas al aire libre se utilizan como espacios para eventos, jardines y mirador. La torre se envuelve en una piel muy porosa pero continua que unifica los distintos programas. En vez de utilizar una técnica de perforación, los arquitectos han creado un patrón de objetos en el espacio montados sobre un marco ligero. Este concepto inverso permite que la piel tenga un efecto etéreo y evoque la brillante superficie del río de más abajo. Sin embargo parece más importante que los paneles pueden alinearse con Células fotovoltaicas.

As part of the master plan of the new town of Miyi County in Sichuan Province, in China, the tower sitting at the edge of the Anning River will mark the transition between the new development to the north and the new wetlands, leisure and agricultural districts to the south. The town is known for its abundance of sunshine and temperate climate, so only half of the building's program elements are enclosed. An auditorium, exhibition spaces and restaurants featuring local cuisine can be found on the interior while open-air floors are used as event spaces, gardens and an observation deck. The tower is sheathed in a very porous yet continuous skin that gives the various programs their unified form. Rather than defaulting to a technique of perforation, the architects have created a pattern of objects in space mounted to a light frame. This conceptual inversion allows the skin to take on a rather ethereal effect and evokes the shimmering surface of the river below. More important however, the panels can also now be lined with photovoltaic cells.

四层平面图 PLANTA NIVEL 4 FLOOR PLAN LEVEL 4

1. 展厅，楼顶花园 EXPOSICIÓN, JARDIN DE CUBIERTA EXHIBITION, ROOF GARDEN

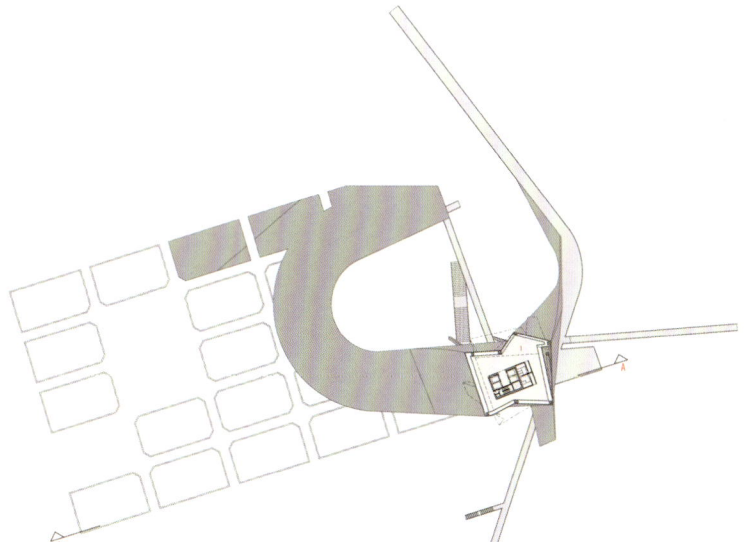

1. 广场 PLAZA PLAZA
2. 商业区及餐饮 COMERCIO Y COMEDOR RETAIL AND DINING
3. 门厅入口 ENTRADA DEL VESTIBULO LOBBY ENTRY
4. 露天剧场 ANFITEATRO AMPHITHEATER

底层平面图 PLANTA BAJA GROUND FLOOR PLAN

1. 楼梯入口 ACCÉSO DE ESCALERAS STAIR ENTRY
2. 斜坡入口 ENTRADA DE RAMPA RAMP ENTRY
3. 桥 PUENTE BRIDGE
4. 通向商业区 A LAS TIENDAS TO RETAIL

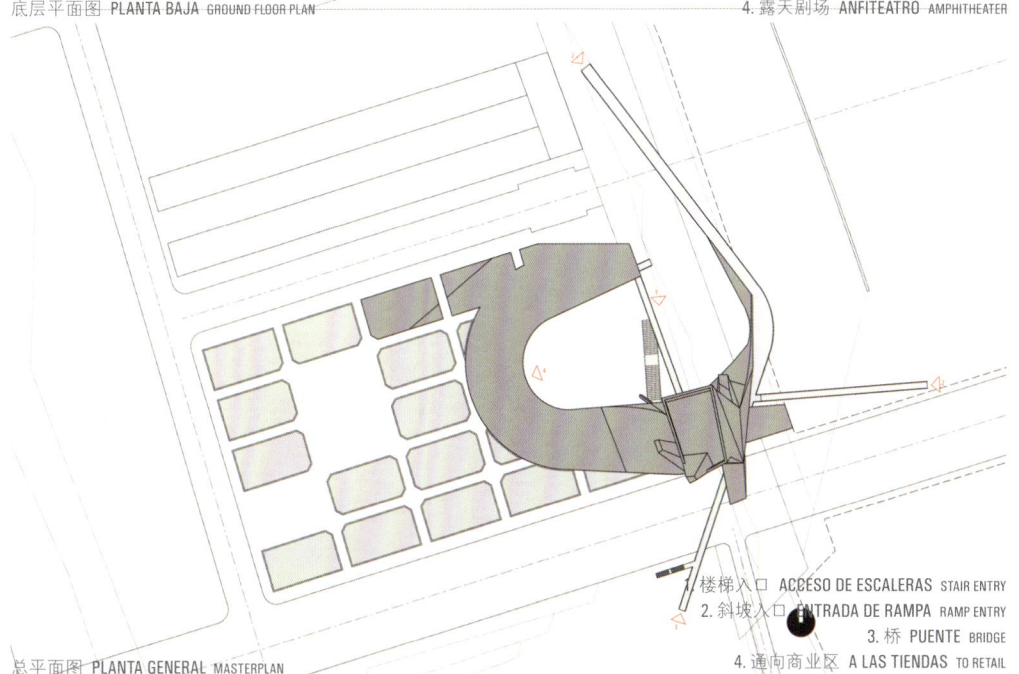

总平面图 PLANTA GENERAL MASTERPLAN

通向度假岛的人行桥
PUENTE PEATONAL A LA ISLA RESORT
PEDESTRIAN BRIDGE TO RESORT ISLAND

通向长廊的商业走廊
PASILLO COMERCIAL HACIA EL PASEO
RETAIL CORRIDOR TO PROMENADE

通向河东岸的人行桥
PUENTE PEATONAL A LA ORILLA ESTE DEL RÍO
PEDESTRIAN BRIDGE TO EAST BANK OF RIVER

通向长廊的斜坡
RAMPA HACIA EL PASEO
RAMP TO PROMENADE

■ 垂直流动系统
SISTEMAS DEL MOVIMIENTO VERTICAL
VERTICAL MOVEMENT SYSTEMS

■ 道路循环示意
SITIO DE LA CIRCULACIÓN DE CAMINOS
SITE CIRCULATION PATHS

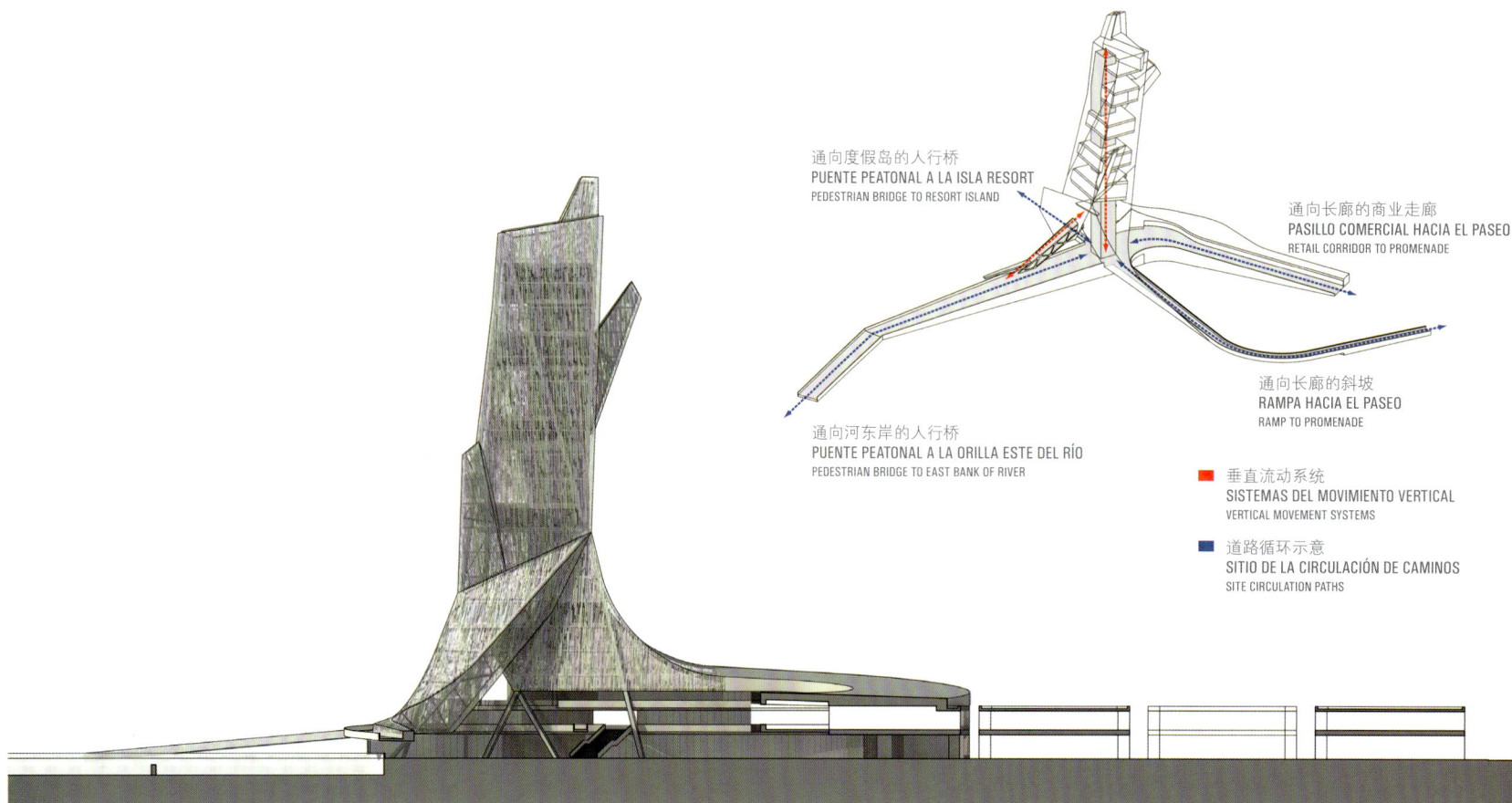

北立面图 ALZADO NORTE NORTH ELEVATION

1. 露天剧场 ANFITEATRO AMPHITHEATER
2. 商业走廊 PASILLO COMERCIAL RETAIL CORRIDOR
3. 到达站台 PLATAFORMA DE LLEGADA ARRIVAL PLATFROM
4. 咖啡吧 CAFÉ COFFEE
5. 活动空间 ESPACIO DE EVENTO EVENT SPACE
6. 餐厅 RESTAURANTE RESTAURANT
7. 露天餐厅及娱乐 ENTRETENIMENTO Y COMEDOR EXTERNO OUTDOOR DINING AND ENTERTAINMENT
8. 礼堂 AUDITORIO AUDITORIUM
9. 花园 JARDÍN GARDEN
10. 展会空间 ESPACIO DE EXPOSICIÓN EXHIBITION SPACE
11. 露天展厅 EXPOSICIÓN AL AIRE LIBRE OUTDOOR EXHIBITION
12. 观景阳台 CUBIERTA DE OBSERVACIÓN OBSERVATION DECK

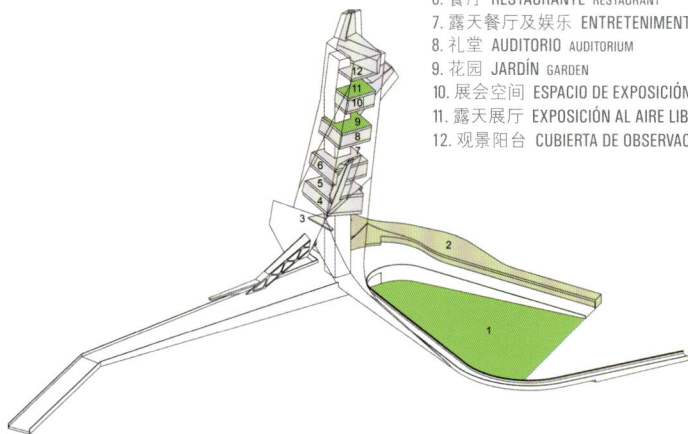

露天展厅及花园空间
EXPOSICIÓN AL AIRE LIBRE Y ESPACIO DE JARDÍN
OUTDOOR EXHIBITION AND GARDEN SPACE

露天展厅及花园空间
EXPOSICIÓN AL AIRE LIBRE Y ESPACIO DE JARDÍN
OUTDOOR EXHIBITION AND GARDEN SPACE

露天展厅及花园空间
EXPOSICIÓN AL AIRE LIBRE Y ESPACIO DEL JARDÍN
OUTDOOR EXHIBITION AND GARDEN SPACE

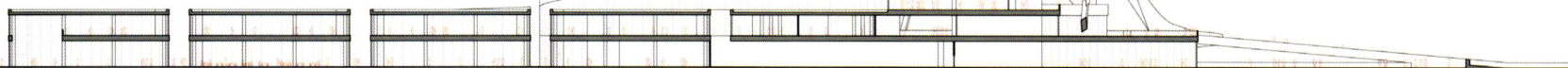

剖面图 A-A SECCIÓN A-A SECTION A-A

杭州市民中心
Centro Cívico de Hangzhou
Hangzhou Civic Centre

杭州, 中国 Hangzhou, China

ATELIER L+ 建筑师事务所
ARCHITECTURAL DESIGN & RESEARCH
INSTITUTE OF TONGJI UNIVERSITY
(GROUP) CO.,LTD.
同济大学建筑设计研究院（集团）有限公司

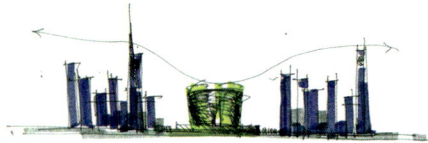

这个项目是一个巨大的市政中心，以此刺激新城区的发展，这是中国典型的城市扩建方式。新城沿钱塘江分布，距西湖几公里远。其实这是现代中国在这种历史背景下的典型发展策略。这个大型结构包含6座100米高的大厦和4座平台式建筑。项目包含复杂多变的功能，包括行政管理、商务办公、会议中心、公共图书馆、公共青年中心、城市规划博物馆、行政商务中心、公共服务中心以及一些复合型服务设施，如餐厅、健身房、超市、停车场和大型机房。

Más allá de considerarlo como un caso típico de la explosión urbana en China, este mega centro cívico se considera como un "motivador" para estimular esta nueva ciudad, situada a lo largo del Río Qiantang y lejos del Lago Oeste. Precisamente, es una estrategia típica del pasado de la moderna China. Es una mega estructura compuesta de seis rascacielos de 100 metros y 4 edificios-podio. El proyecto alberga complejas y cambiantes funciones, que incluyen oficinas administrativas y comerciales, centro de conferencias, biblioteca municipal, centro para jóvenes, museo de planeamiento urbano, centro de negocios y un centro de servicios sociales y también algunas dotaciones como restaurantes, gimnasio, supermercado, aparcamiento y salas de máquinas.

So far as a typical case of China's urban explosion is concerned, this mega civic center is considered as a "motivator" to stimulate this new town, which is arranged alongside Qiantang River and miles away from the West Lake. Actually, it is a typical strategy in this certain historical background of modern China. It is a mega structure composed of six 100-meter high-rises and four podium buildings. The project consists of complex and changing functions, including administrative and commercial offices, conference center, civil library, civil youth center, urban planning museum, administrative business center and civil service center, and also some synthesis service facilities such as restaurants, gymnasiums, supermarkets, parking lots and huge machine rooms.

100 m

阶段 estado state
CONSTRUIDO BUILT 已建成

建筑师 arquitectos architects
李麟学 LI LINXUE, 任力之 REN LIZHI, 吴杰 WU JIE,
陈剑秋 CHEN JIANQIU, 张丽萍 ZHANG LIPING,
李伟 LI WEI

摄影 fotógrafo photographer
SS建筑写真株式会社 SS CO.,LTD.

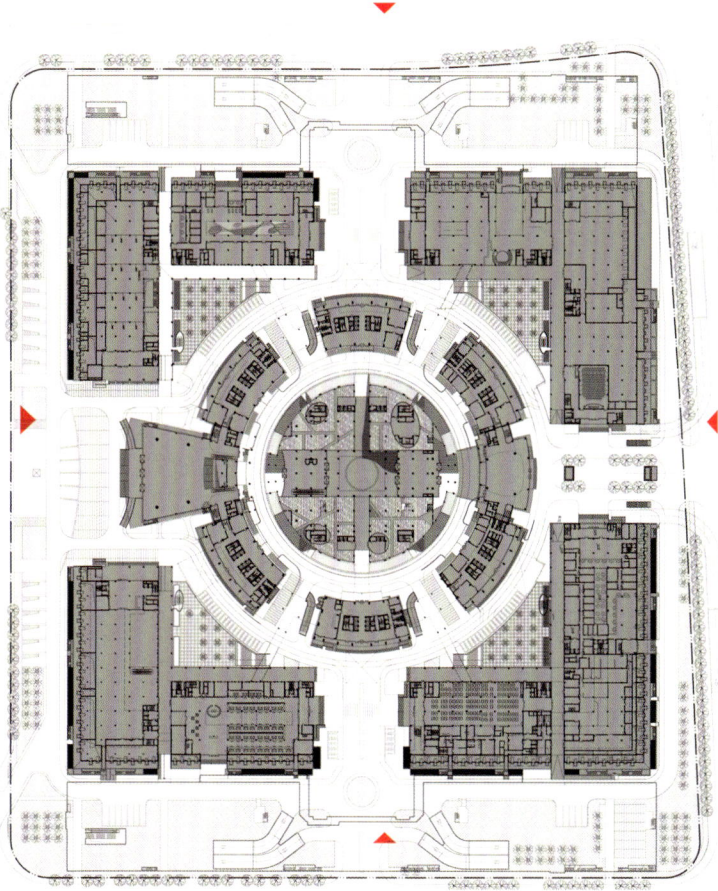

底层平面图 PLANTA BAJA GROUND FLOOR PLAN

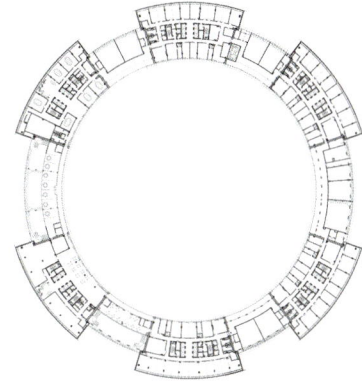

主楼拼接平面图 PLANTA DE CONEXIÓN CONNECTION FLOOR PLAN

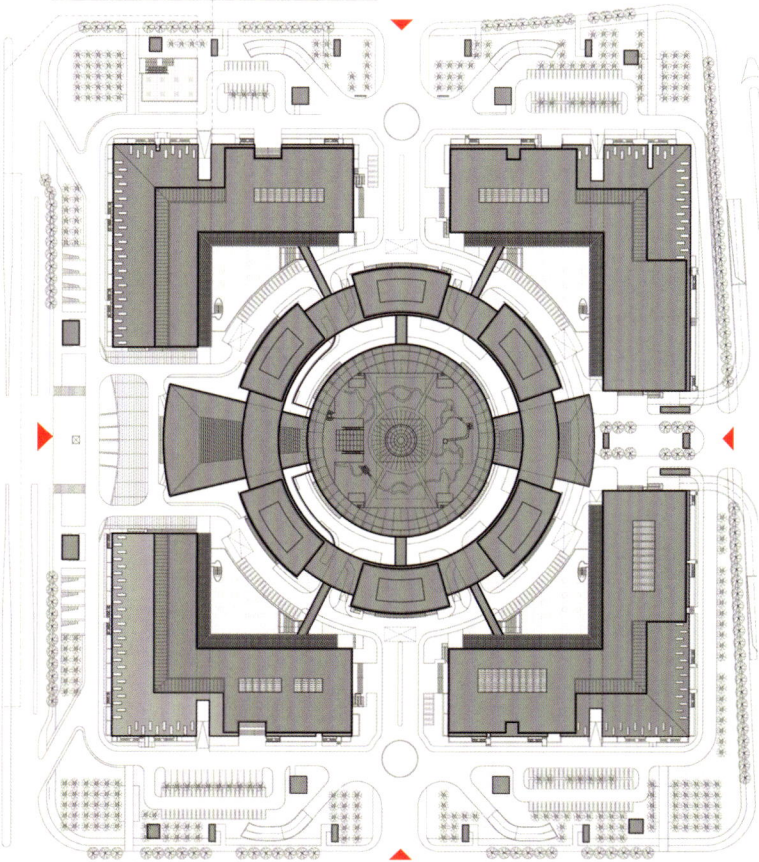

总平面图 PLANO GENERAL OVERALL PLAN

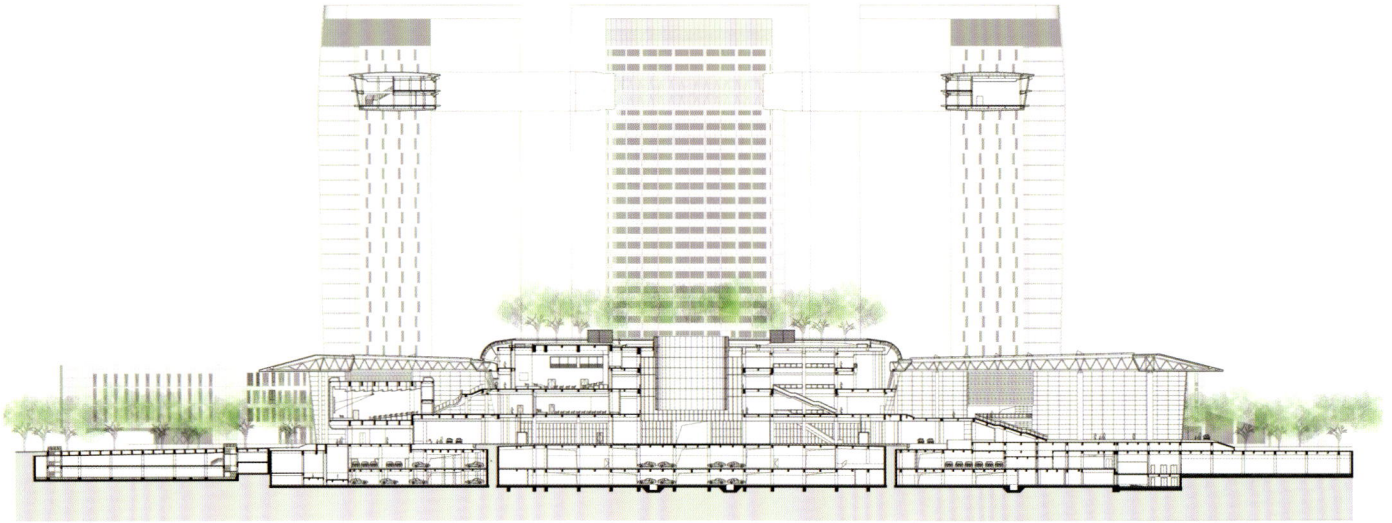

剖立面图 SECCIÓN ALZADO SECTION ELEVATION

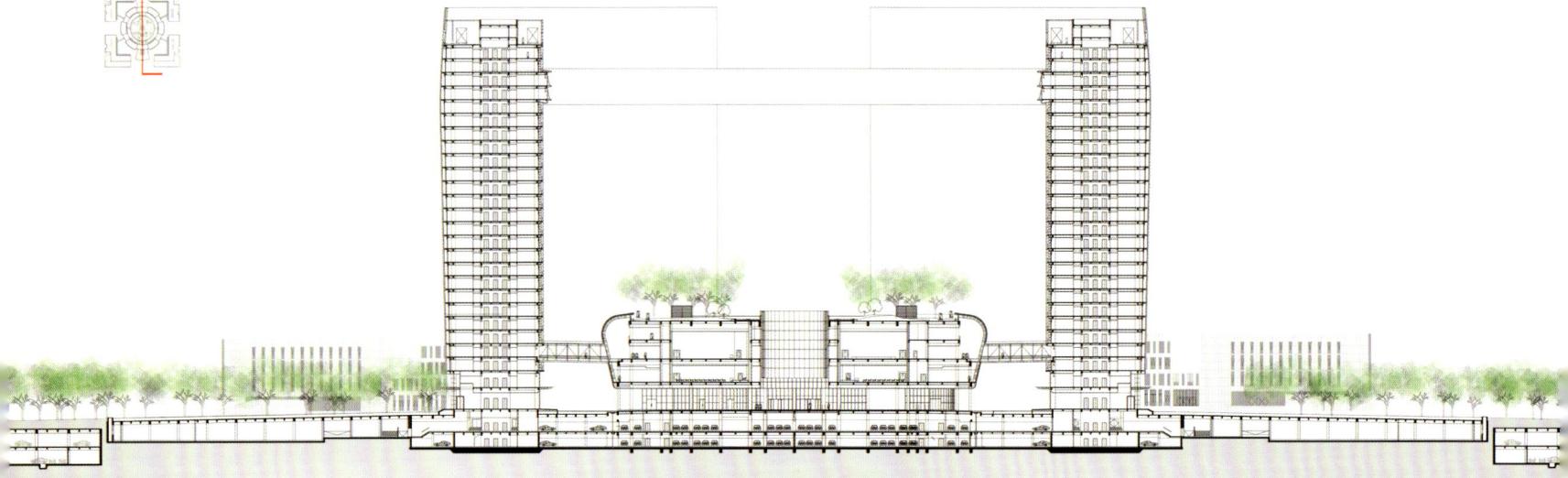

剖面图 SECCIÓN SECTION

南立面图 **ALZADO SUR** SOUTH ELEVATION

上海中心
Centro de Shanghai
Shanghai Centre

上海, 中国 Shanghai, China

China United·Cheng Tai Ning Architectural Design&Research Institute
中联·程泰宁建筑设计研究院

北京市建筑设计研究院 BIAD

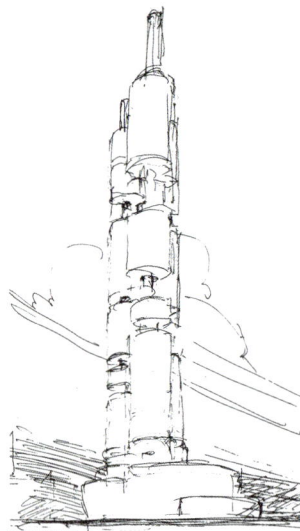

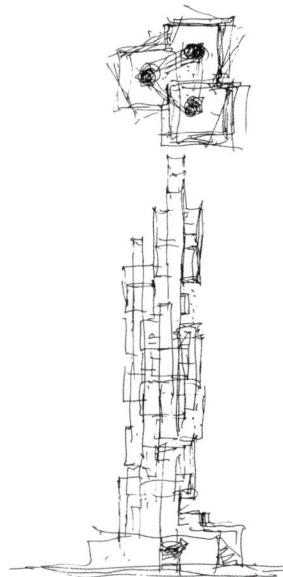

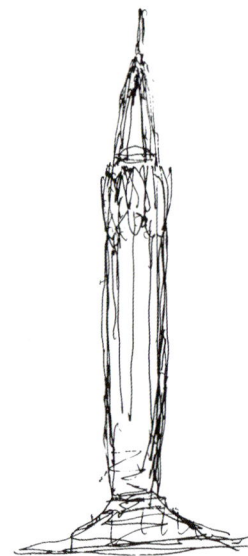

这座摩天大楼坐落在浦东陆家嘴地区。礼文化是中国传统文化的核心，璧与琮，正是传统礼文化的物质载体。《周礼》"以苍璧礼天，以黄琮礼地"。璧与琮包涵了整个宇宙天地，寓意天地的和谐统一。以玉璧、玉琮为原形，以"礼"为文化内涵的造型设计，挺拔秀丽，大气典雅，同时也突破了一般超高层建筑的造型规律，在形式上有所创新，并突出它的文化品位。同时它如同一座"竖直城市"。

La torre se ubica es el distrito de Lujiazui, Pudong. El protocolo está relacionado con la cultura tradicional china. Bi y Cong (dos tipos de jade) son el símbolo del protocolo tradicional, como está escrito en Zhouli (uno de los tres textos rituales ancestrales entre los clásicos del Confucianismo) "Ofrece Bi verde al cielo y Cong amarillo a la tierra como sacrificios". Bi y Cong contienen el universo entero, y simbolizan la armonía entre el Cielo y la Tierra. Usando Bi y Cong como prototipos, y el "protocolo" como connotación cultural, el proyecto se convierte en un elemento elegante, innovando en su estilo. También es una "torre vertical".

The tower is located in the district of Lujiazui, Pudong. Etiquette is related to the traditional Chinese culture. Bi and Cong (two kinds of jades) are the symbols of traditional etiquette, as recorded in Zhouli (one of three ancient ritual texts listed among the classics of Confucianism) "Offer green Bi to the Sky, and yellow Cong to the Ground as sacrifices". Bi and Cong contain the entire universe, and symbolize the harmony between the Sky and the Ground. Using Bi and Cong as the prototype, and "etiquette" as the cultural connotation, the design turns into an elegant element, innovating in its style. It is also a "vertical city".

618 m

阶段 estado state
PROPUESTA CONCURSO COMPETITION PROPOSAL 参标方案

项目负责人 dirección de proyecto project managers
CHENG TAINING, ZHANG YU, SHAO WEIPING, ZHOU XUHONG

设计 diseño design
ZHENG QINGFENG, MA LIANG, XIE LIJIE, CHENG YUEWEN

地下一层平面图 NIVEL ·1 LEVEL ·1

底层平面图 PLANTA BAJA GROUND FLOOR PLAN

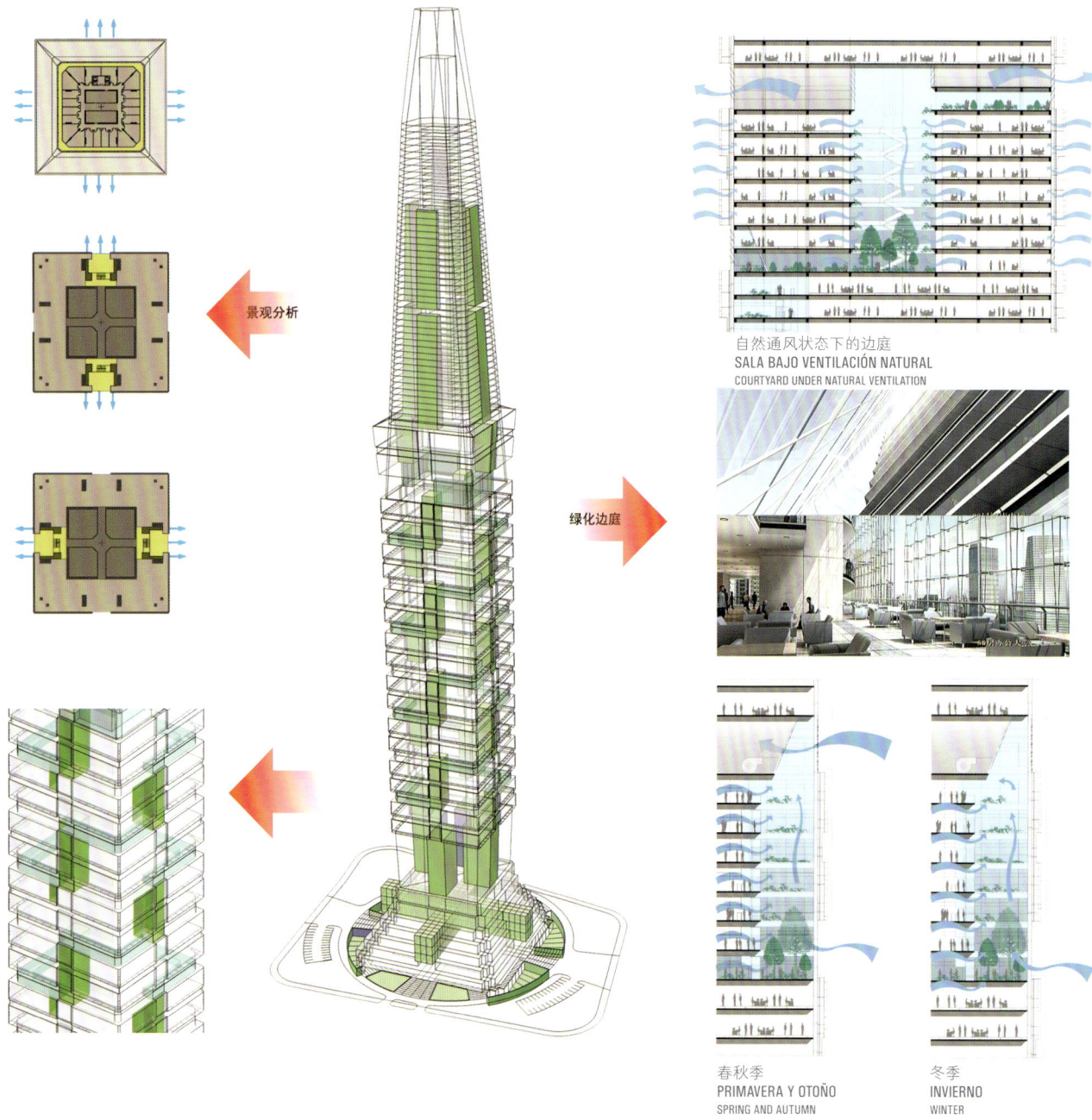

景观分析

绿化边庭

自然通风状态下的边庭
SALA BAJO VENTILACIÓN NATURAL
COURTYARD UNDER NATURAL VENTILATION

春秋季
PRIMAVERA Y OTOÑO
SPRING AND AUTUMN

冬季
INVIERNO
WINTER

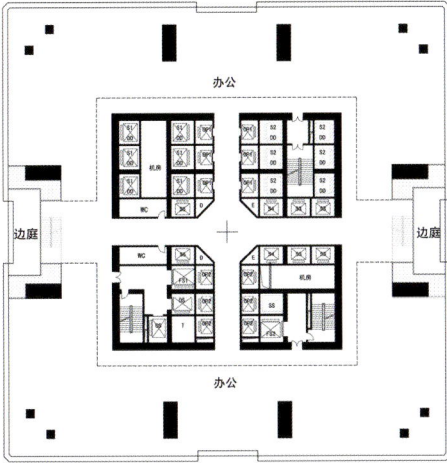

办公标准层A平面图
PLANTA TIPO A OFICINA
OFFICE TYPICAL FLOOR PLAN A

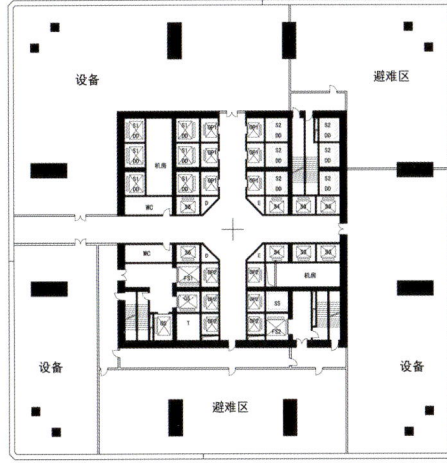

避难/设备平面图
PLANTA REFUGIO · INSTALACIONES
REFUGE · AMENETIES FLOOR PLAN

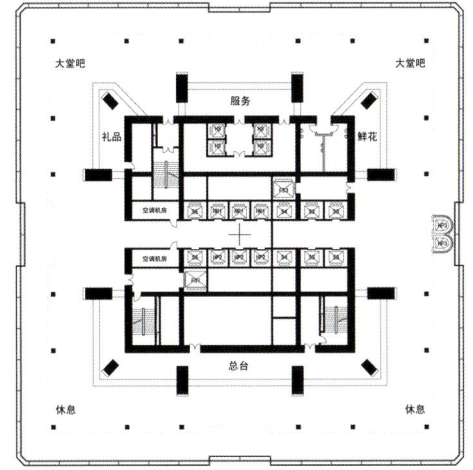

酒店空中大厅一层平面图
PLANTA DE LUCERNARIO DE HOTEL
HOTEL SKYLOBBY FLOOR PLAN 1

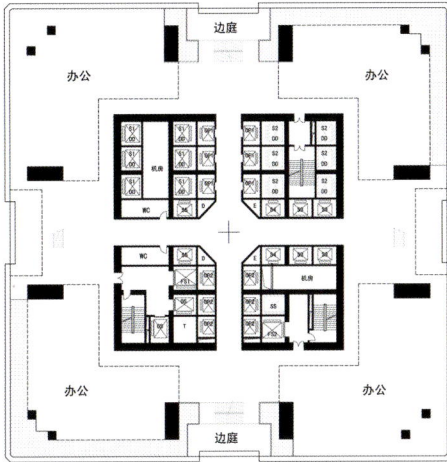

办公标准层B平面图
PLANTA TIPO B OFICINA
OFFICE TYPICAL FLOOR PLAN B

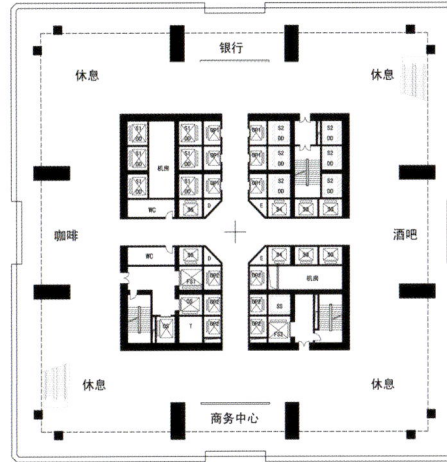

办公第一空中大厅平面图
PLANTA DE SALA 1 DE LUCERNARIO DE OFICINAS
OFFICES SKYLOBBY 1 FLOOR PLAN

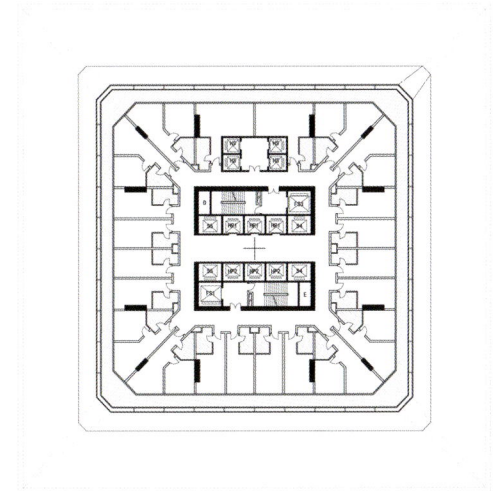

酒店客房区标准层平面图
PLANTA TIPO DE HABITACIONES DE HOTEL
HOTEL TYPICAL ROOMS FLOOR PLAN

142

观光大厅 MIRADOR VIEWPOINT

商务酒店空中大厅 SALA DE LUERNARIO DE HOTEL BUSINESS HOTEL SKYLOBBY

酒店公共服务区 SERVICIO PÚBLICO DE HOTEL HOTEL PUBLIC SERVICE

办公第二空中大厅 SALA DE LUERNARIO 2 DE OFICINAS OFFICE SKYLOBBY 2

办公第一空中大厅 SALA DE LUERNARIO 1 DE OFICINAS OFFICE SKYLOBBY 1

城市商业区 COMERCIO RETAIL

观光 MIRADOR VIEWPOINT

商务酒店 HOTEL DE NEGOCIOS BUSINESS HOTEL

酒店 HOTEL HOTEL

办公 C OFICINA C OFFICE C

办公 B OFICINA B OFFICE B

办公 A OFICINA A OFFICE A

商业 COMERCIO RETAIL

628M
580M
500M
400M
300M
200M
100M
0M

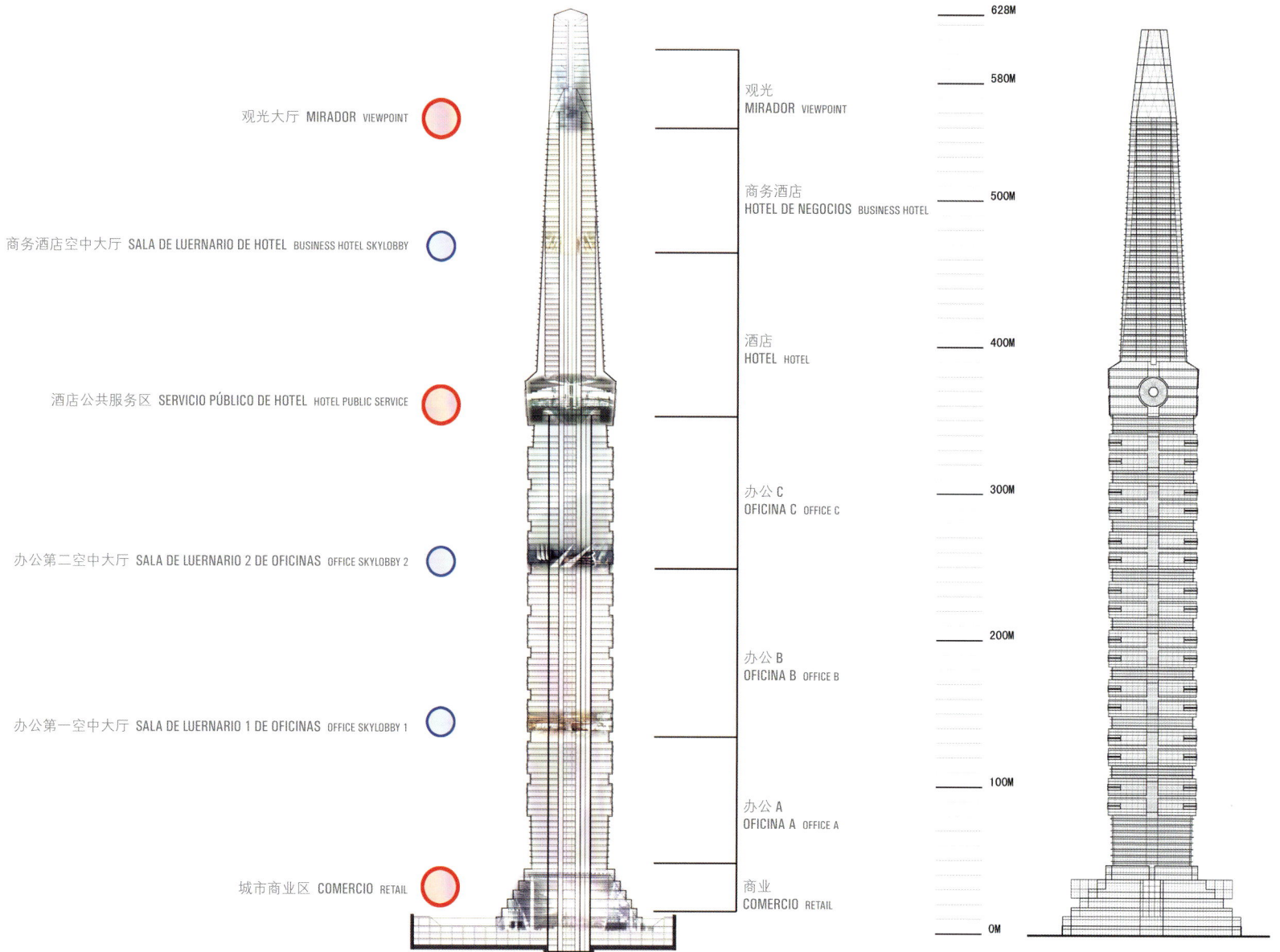

立面图 ALZADO ELEVATION

世界可持续发展中心
Centro de Sostenibilidad Mundial
World Sustainability Centre

阿夫鲁戴克, 荷兰 Afsluitdijk, Netherlands

Studio Shift 建筑师事务所

1 教育港 **MUELLES EDUCATIVOS** EDUCATIONAL PIERS
2 餐厅 **RESTAURANTE** RESTAURANT
3 露天剧场 **ANFITEATRO EXTERIOR** OUTDOOR AMPHITHEATRE
4 跑步道 **CAMINO PARA CORRER** RUNNING PATH
5 农田 **CAMPOS AGRÍCOLAS** AGRICULTURAL FIELDS
6 研发实验室 **INVESTIGACIÓN, LABORATORIOS** RESEARCH, LABORATORIES
7 港口 **MARINA** MARINA
8 酒店 **HOTEL** HOTEL
9 展览桥 **PUENTE EXPOSITIVO** EXHIBITION BRIDGE

区位图 PLANO DE SITUACIÓN SITE PLAN

世界可持续发展中心以教育功能为主，也包括多种多样的活动。一系列的结构确保这些功能和活动构成一体的校园环境，利于科研和丰富的旅游活动。这座科研建筑及其周围的酒店、圆形剧场、餐厅以及教育展馆（在原高速公路的对面）以一种水平方式构成，发展中心在一端，另一端是一座观望塔。教育展馆建在一系列平台上，跟沃登海的自然地貌、生态景观融为一体；展馆都是临时结构，用于举办主题展览，关注当今科技及能源生产和资源节约方面的潮流。

Las diversas actividades y objetivos educativos del centro se configuran en una serie de estructuras creando un campus cohesivo adecuado para la investigación y un intenso turismo. El centro se desarrolla en una torre de observación icónica y se complementa con las instalaciones horizontalmente dispuestas, un hotel, anfiteatro, restaurante y pabellones educativos ubicados en frente de la autopista existente. Los pabellones se construyen sobre una serie de muelles dentro de la topografía natural y la ecología del Mar de Frisia con estructuras temporales y exposiciones temáticas centradas en las tecnologías y tendencias actuales en producción de energía y conservación de los recursos.

The World Sustainability Centre in Afsluitdijk is an example The highly diverse activities and educational objectives of the center are facilitated in a series of structures creating a cohesive campus suitable for progressive research and intense tourism. An iconic observation tower anchors the Centre and complements the horizontally composed research facility, on-site hotel, amphitheatre, restaurant and educational pavilions located opposite the existing highway. The pavilions are constructed on a series of piers within the natural topography and ecology of the Wadden Sea with temporary structures and themed exhibitions focused on current technologies and trends in energy production and resource conservation.

80 m

阶段 **estado** state
PROPUESTA CONCURSO COMPETITION ENTRY 参标方案

建筑师 **director** principal architect
MARIO CIPRESSO

团队 **equipo** team
IRINA KRUSTEVA, RYAN RAMIREZ, GARRETT HELM
TANYA RETHERFORD, BRYAN CHAVAC, KEN MATSUI

大楼垂直流通 CIRCULACIÓN VERTICAL DE TORRE TOWER VERTICAL CIRCULATION   大楼桥梁连接 CONEXIÓN TORRE-PUENTE TOWER-BRIDGE CONNECCTION   大楼功能布局 PROGRAMA DE TORRE TOWER PROGRAM

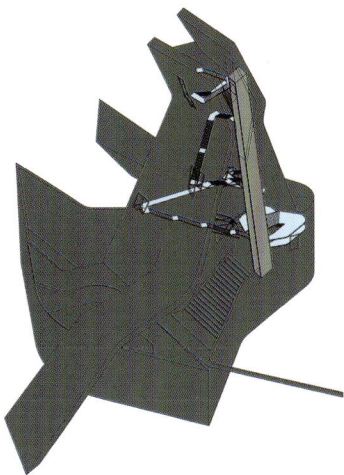

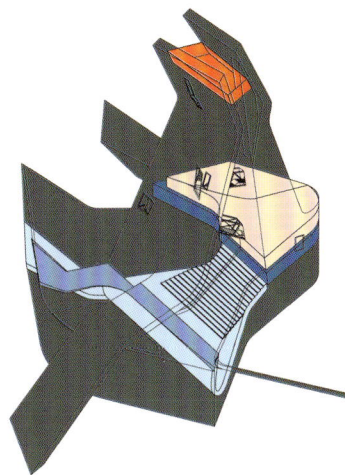

入口 ENTRADA ENTRY
主要游客大厅 VESTÍBULO PRINCIPAL DE VISITANTES MIAN VISITOR LOBBY
报告厅接待处 ANTESALA DE CONFERENCIAS LECTURE ANTEROOM
主报告厅 SALA DE CONFERENCIAS PRINCIPAL MAIN LECTURE HALL
观景台 OBSERVATORIO OBSERVATION

146

底层平面图 PLANTA BAJA GROUND FLOOR PLAN底层平面图 PLANTA BAJA GROUND FLOOR PLAN

二层平面图 PLANTA PRIMERA FIRST FLOOR PLAN

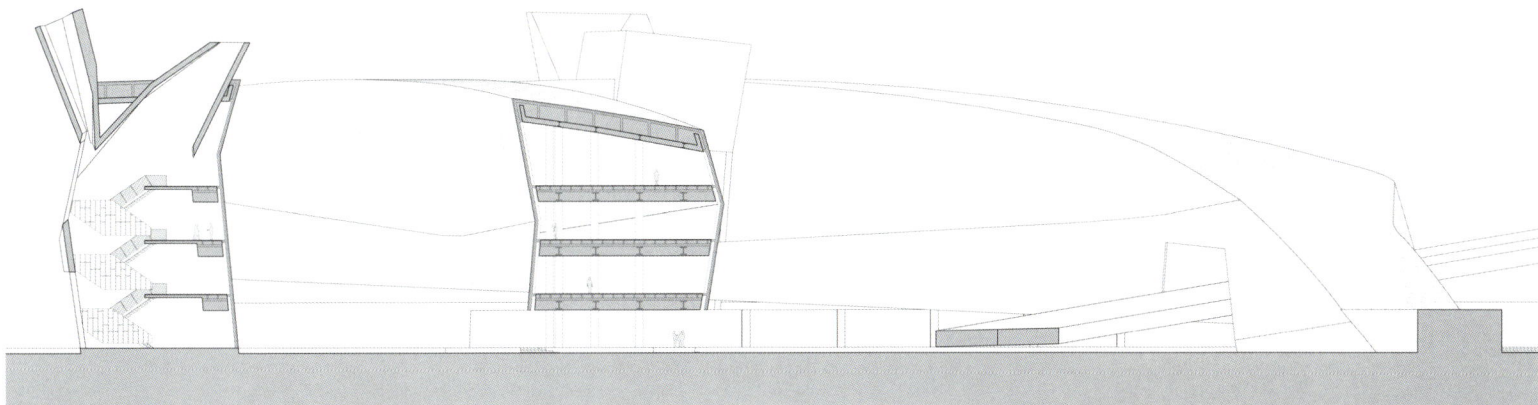

剖面图 SECCIONES sections

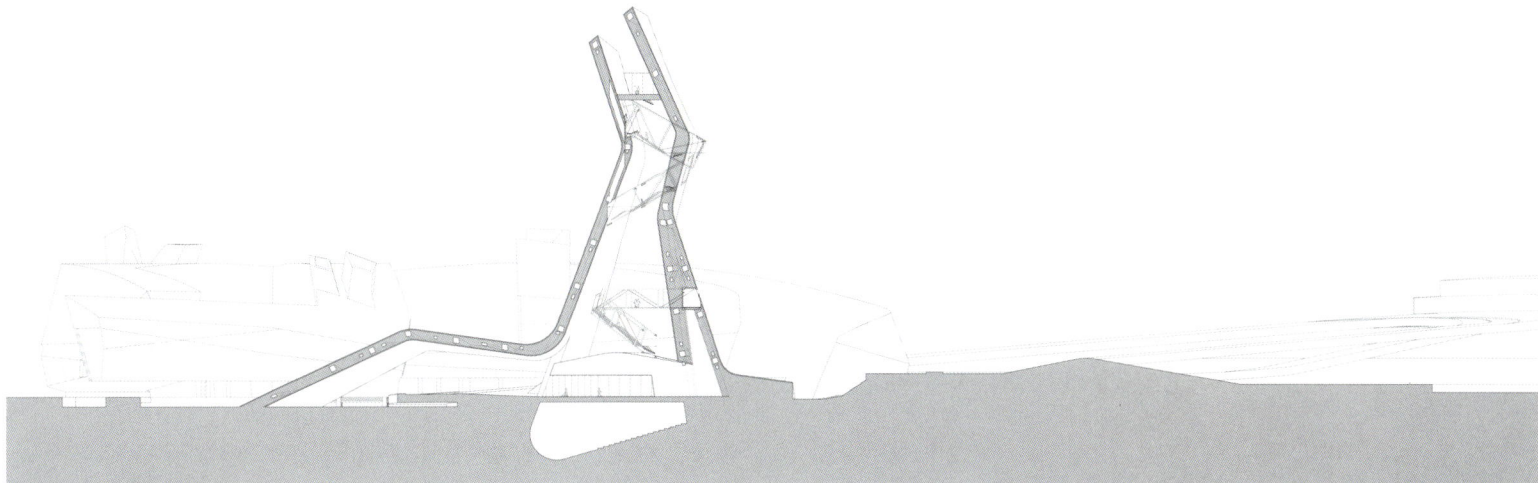

剖面图 SECCIONES sections

咖啡和图书馆 CAFÉ Y BIBLIOTECA CAFE AND LIBRARY

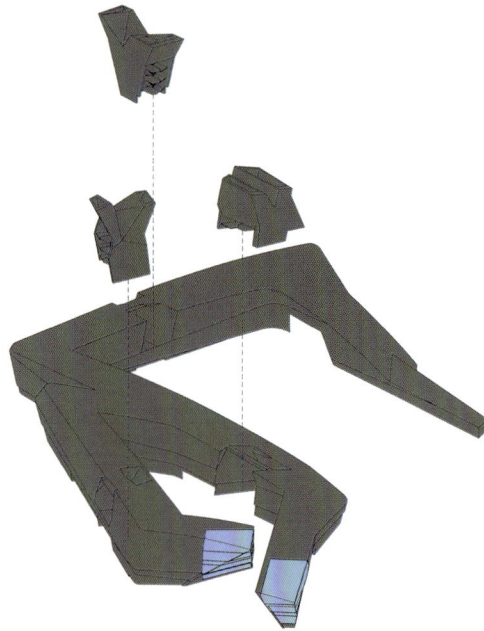

会议厅 SALA DE CONFERENCIAS CONFERENCE ROOM

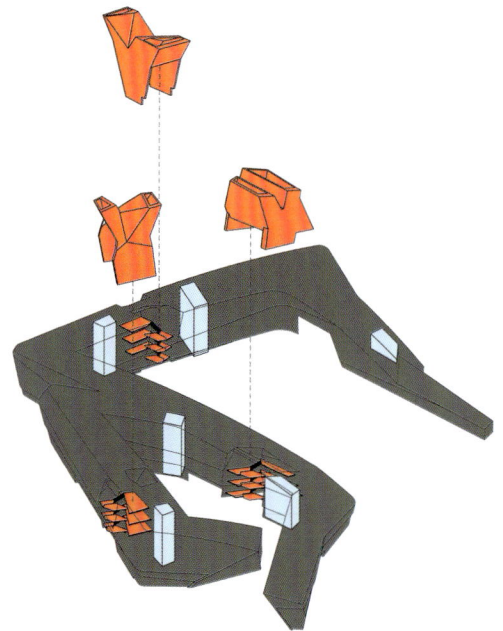

核心及花园 NÚCLEO Y JARDÍN CORE AND GARDEN

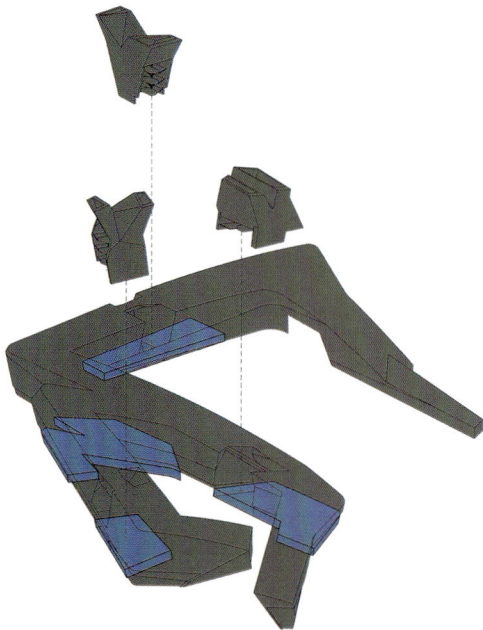

展览厅 VESTIBULOS DE EXPOSICIÓN LOBBY EXHIBITION

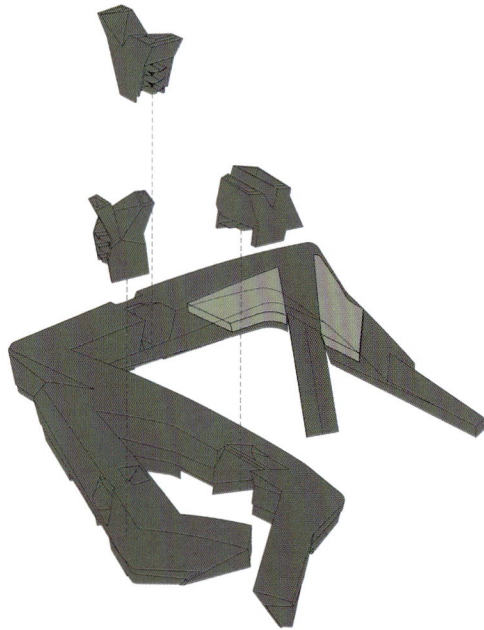

装卸服务 ZONA DE CARGA SERVICE LOADING

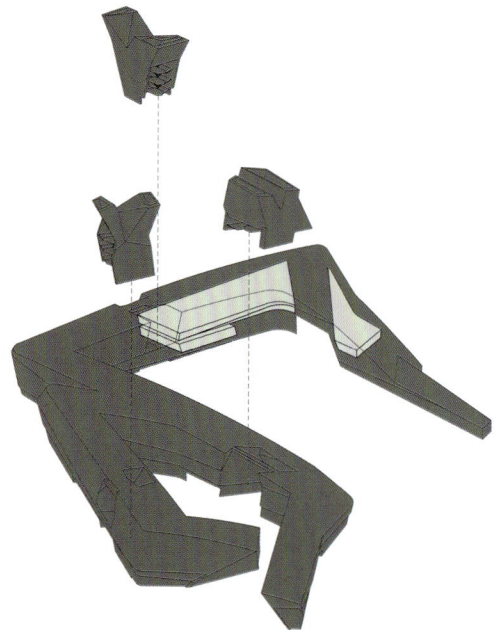

仓储 ALMACENAMIENTO STORAGE

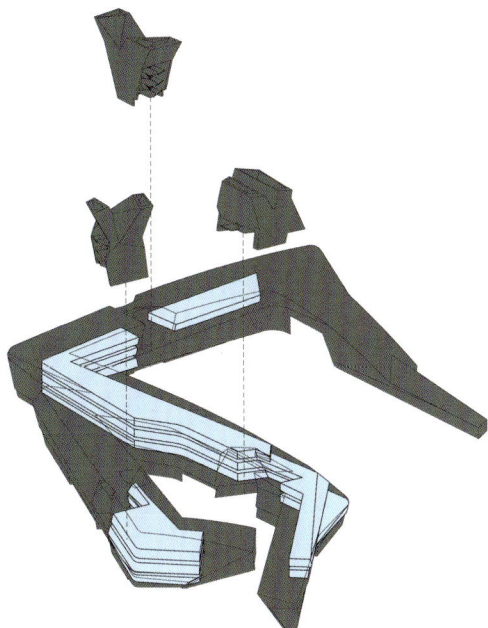

公共办公室 OFICINAS ABIERTAS OPEN OFFICES

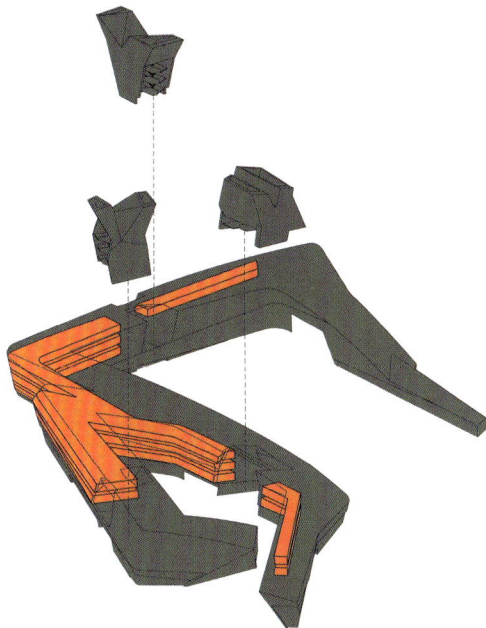

办公室及维护 OFICINAS · SOPORTE OFFICES · SUPPORT

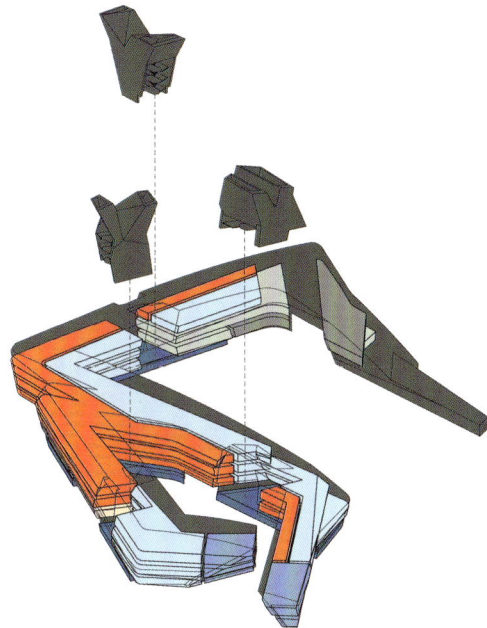

办公室功能 PROGRAMA DE OFICINA OFFICE PROGRAM

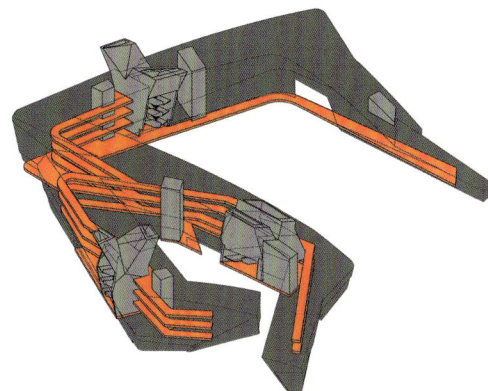

总体流通 CIRCULACIÓN GENERAL GENERAL CIRCULATION

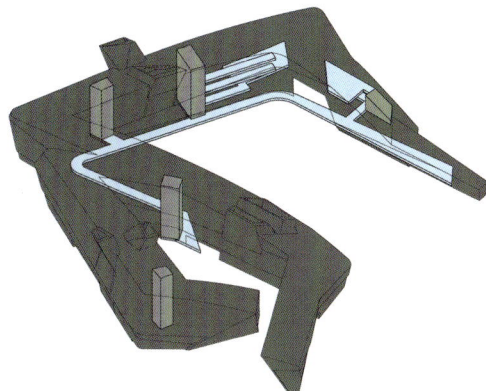

后勤流通 CIRCULACIÓN DE LOGÍSTICA LOGISTICS CIRCULATION

办公室及维护 OFICINA/SOPORTE OFFICE/SUPPORT

公共办公室 OFICINAS ABIERTAS OPEN OFFICES

展会厅 VESTIBULO/EXPOSICIÓN LOBBY/EXHIBITION

报告厅 SALAS DE CONFERENCIAS CONFERENCE ROOMS

咖啡及图书馆 CAFÉ/BIBLIOTECA CAFE/LIBRARY

装卸服务 SERVICIO/CARGA SERVICE/LOADING

仓储 ALMACENAMIENTO STORAGE

常春藤大厦
The Ivy

蒙特瑞, 墨西哥 Monterrey, México

TEN ARQUITECTOS 建筑师事务所
TALLER DE ENRIQUE NORTEN

这个项目地处两座雄伟的山脊之间，是东部的一个新开发区，沿东西向轴线连接旧城和新城区。该地区特殊的地形条件影响了处理建筑构成、分层和功能用房布局的策略。设计师在研究了多种几何形态之后，最终采用了分块构成的造型，跟周围众多的山峦相呼应。这座建筑需要一种符号化的结构，既要满足城市发展的需要，又要满足建筑自身复杂的功能，包括一家五星级酒店、公寓、办公空间、购物中心、停车场以及广阔的绿地。

Asentada entre dos espectaculares cordilleras montañosas, el emplazamiento está situado en Valle Oriente, un nuevo desarrollo hacia el este que recorre un eje este-oeste conectando la vieja ciudad con las nuevas áreas urbanizadas. Las particulares condiciones topográficas del área han guiado una estrategia en la concentración, estratificación y distribución del programa. El resultado de los distintos estudios geométricos produjo una forma tipo mosaico que evoca las colinas y montañas de los alrededores. El proyecto busca una estructura icónica que no sólo conforme una organización urbana, sino que albergue un complejo programa de hotel de 5 estrellas, viviendas, oficinas, centro comercial, aparcamiento y extensas áreas verdes.

Nested between two spectacular mountain ranges, the site is located in Valle Oriente, a new development to the east which runs on an east-west axis connecting the old town to the new urbanized areas. The particular topographic conditions of the area influenced a strategy for the massing, stratification and distribution of the program. The result of the various geometric studies is a tessellated form that evokes the hills and mountains surrounding the site. The project called for an iconic structure that not only addressed an urban arrangement, but a complex program comprised of a 5 star hotel, apartments, offices, shopping center, parking and extensive green areas.

250 m

阶段 estado state
DISEÑO CONCEPTUAL CONCEPTUAL DESIGN 概念设计中

建筑师 arquitecto architect
ENRIQUE NORTEN

团队 equipo team
SALVADOR ARROYO, VICTORIA GROSSI, HUMBERTO ARREOLA, ORLANDO ARGUELLES, CÉSAR CRESPO, MARCOS HAGERMAN, JESUS HIDALGO, SUSAN ARMSBY, ADRIANA CHAVEZ, MIGUEL RIOS

商铺2-3层
COMERCIO 2-3 NIVELES
RETAIL 2-3 LEVELS

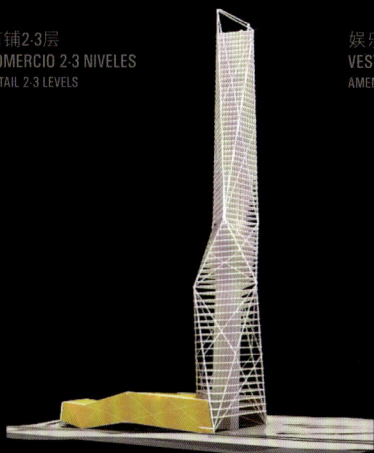

娱乐区门厅
VESTÍBULOS DE ENTRETENIMIENTO
AMENITIES LOBBIES

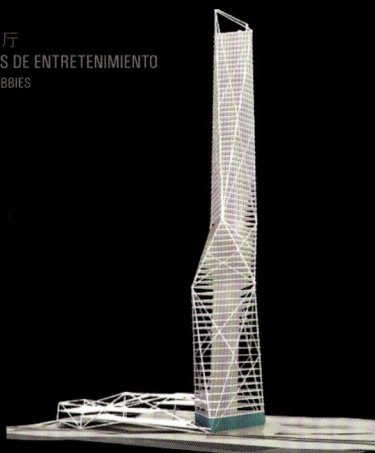

办公区18层
OFICINAS 18 NIVELES
OFFICES 18 LEVELS

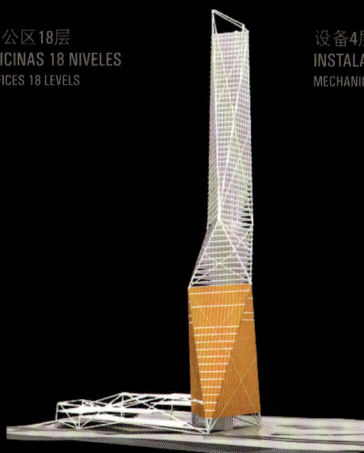

设备4层
INSTALACIONES 4 NIVELES
MECHANICAL 4 LEVELS

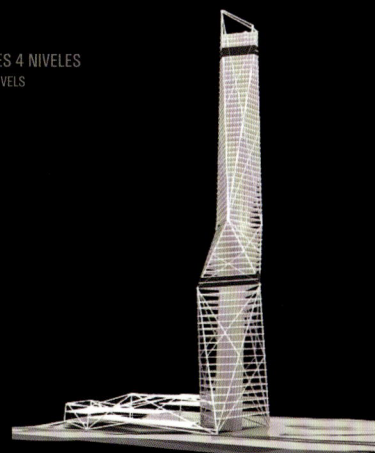

酒店6层
HOTEL 6 NIVELES
HOTEL 6 LEVELS

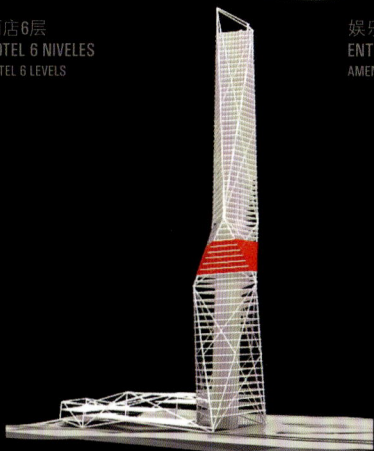

娱乐4层
ENTRETENIMIENTO 4 NIVELES
AMENITIES 4 LEVELS

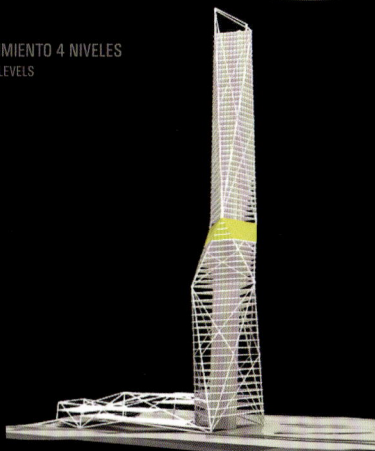

公寓38层
APARTAMENTOS 38 NIVELES
CONDOS 38 LEVELS

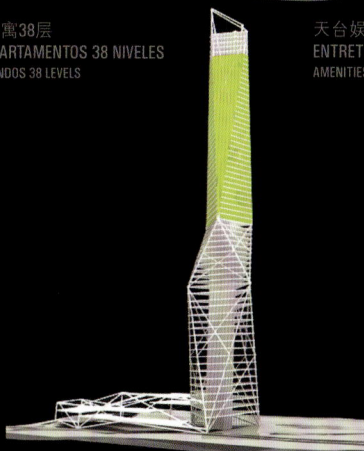

天台娱乐区
ENTRETENIMIENTO EN TERRAZA-LUCERNARIO
AMENITIES SKY TERRACE

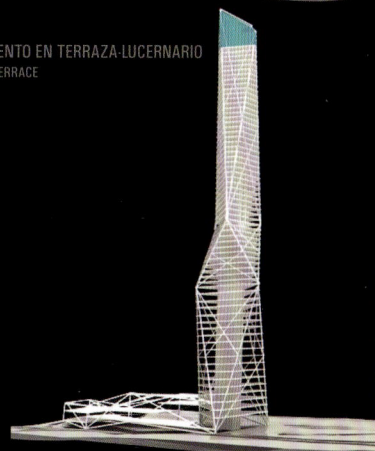

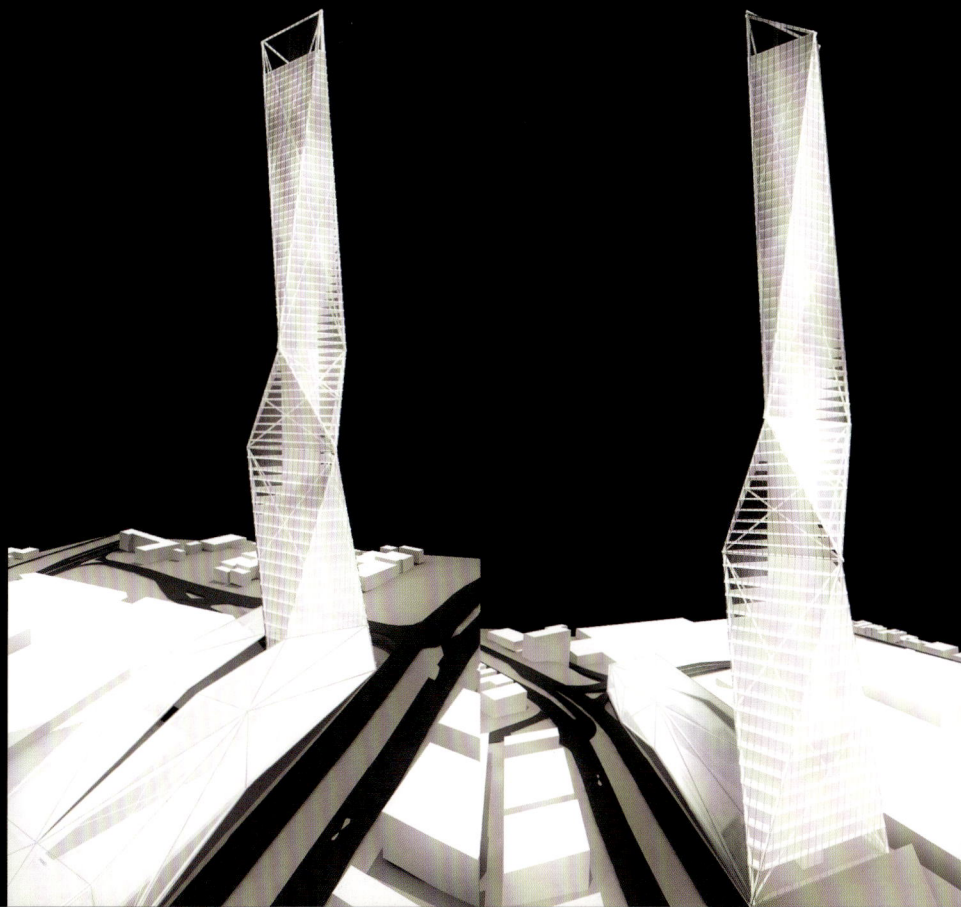

公寓 RESIDENCIAL RESIDENTIAL

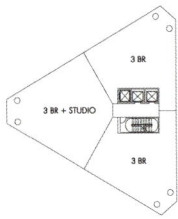

平面37 NIVEL 37 LEVEL 37 平面47 NIVEL 47 LEVEL 47 平面57 NIVEL 57 LEVEL 57 平面67 NIVEL 67 LEVEL 67

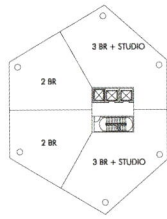

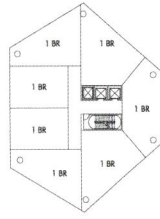

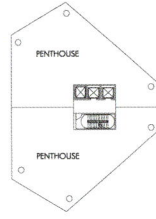

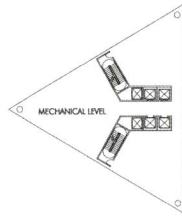

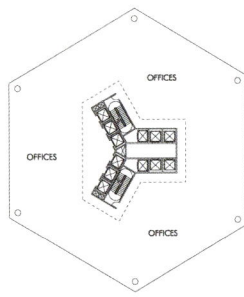

酒店 HOTEL HOTEL

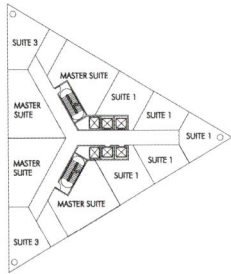

平面20 NIVEL 20 LEVEL 20 平面26 NIVEL 26 LEVEL 26 平面32 NIVEL 32 LEVEL 32

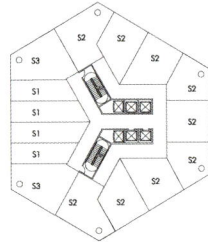

办公区 OFICINAS OFFICES

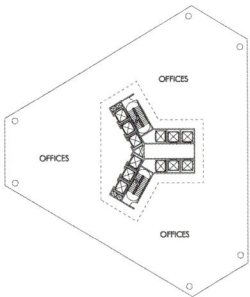

平面6 NIVEL 6 LEVEL 6 平面11 NIVEL 11 LEVEL 11 平面16 NIVEL 16 LEVEL 16

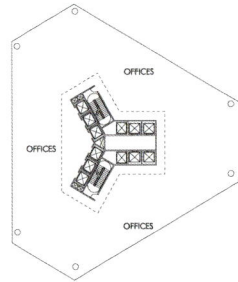

门厅 VESTÍBULOS LOBBYS

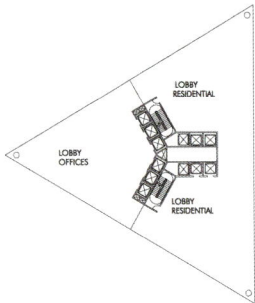

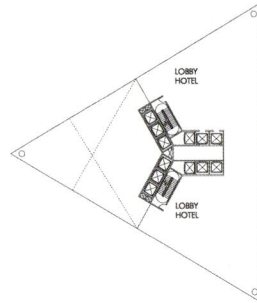

商铺 COMERCIO RETAIL

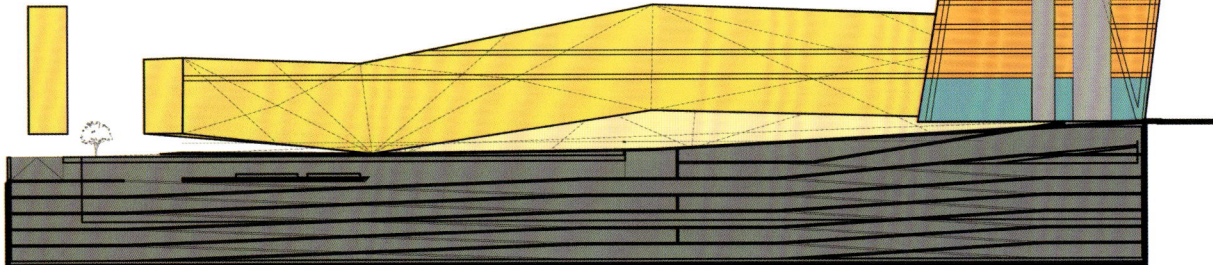

娱乐区 ENTRETENIMIENTO AMENITIE

设备 INSTALACIONES MECHANICAL

公寓 APARTAMENTOS CONDOS

娱乐区 ENTRETENIMIENTO AMENITI

酒店 HOTEL HOTEL

设备 INSTALACIONES MECHANICAL
娱乐区 ENTRETENIMIENTOS AMENI

办公区 OFICINAS OFFICES

娱乐区 ENTRETENIMIENTOS AMENI

停车场 APARCAMIENTO PARKING

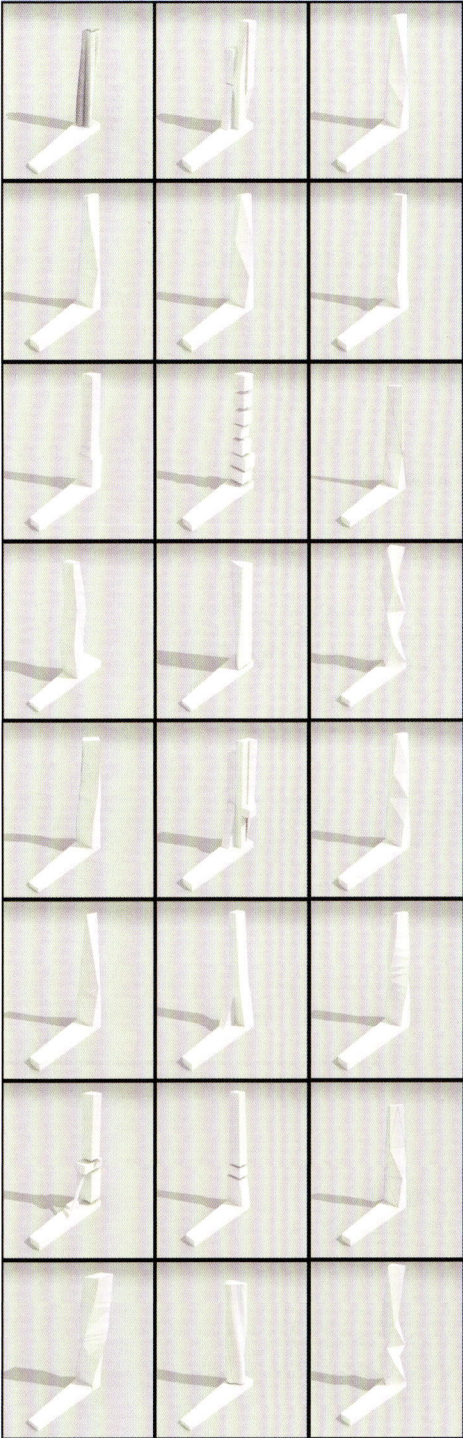

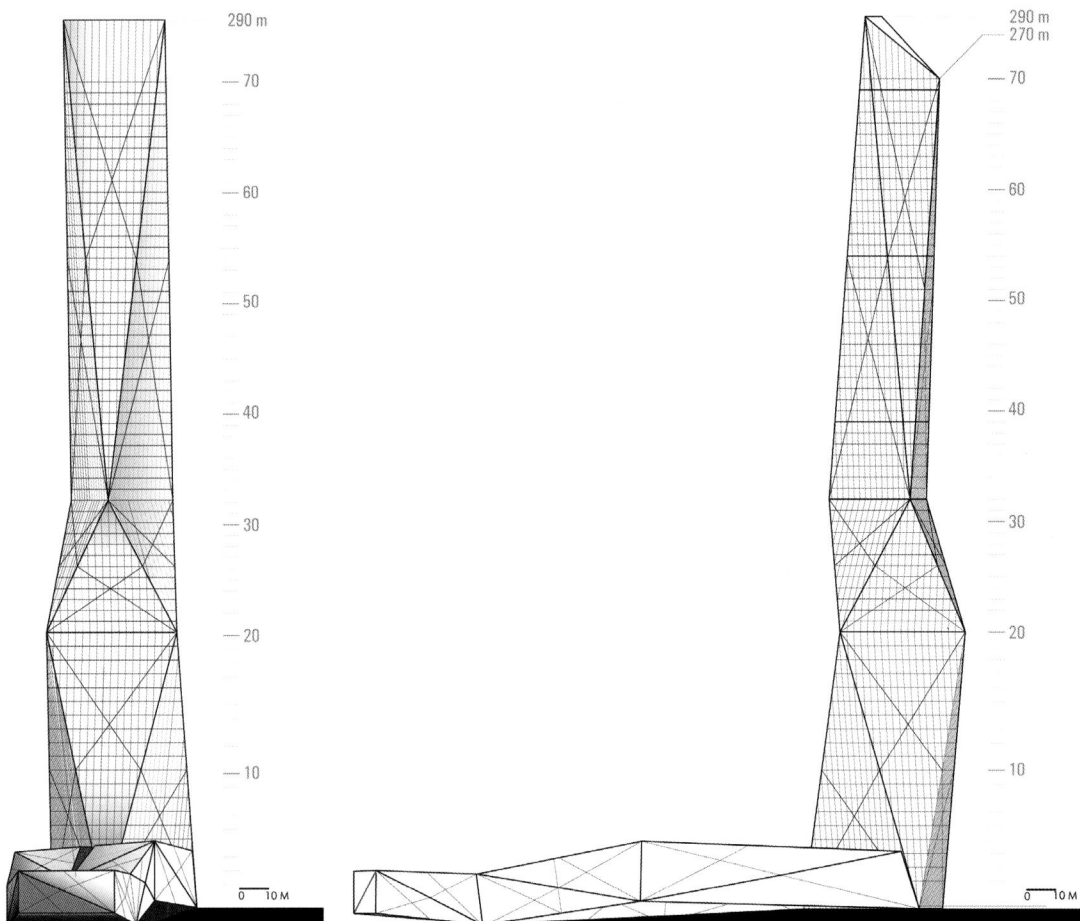

290 m
— 70
— 60
— 50
— 40
— 30
— 20
— 10
0 10 M

290 m
270 m
— 70
— 60
— 50
— 40
— 30
— 20
— 10
0 10 M

立面图 ALZADOS ELEVATIONS

"灯塔" 摩天楼
Phare Tower

巴黎, 法国 Paris, France

Morphosis 建筑师事务所

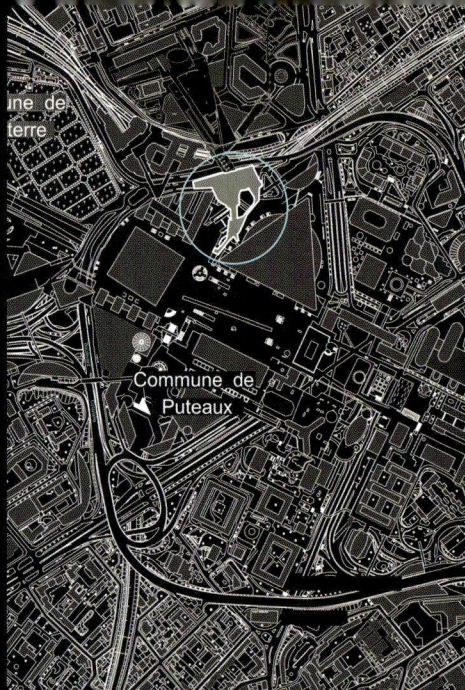

Commune de Puteaux

灯塔摩天楼（Phare是法语词，意为"灯塔"）是巴黎拉德芳斯区复兴计划的一项主要内容。这座摩天楼从一块不规则的场地上拔地而起，旁边是一条高速公路和一条铁轨，中间由一条人行道一分为 二。这不是一座孤立、单一的大楼，而是一个杂交混合结构，呈三角架状横跨在场地之上。整座建筑包含一条张开的"腿"、两条中空的"腿"（呈梯形，西面、东面各一条）以及一座公共展馆（在广场上创造出一个公共空间）。两条中空的"腿"在摩天楼的基座中限定出一个宽24米、高28米的空间，成为象征着城市形象的一扇大门。建筑中融入了高科技，能够利用风力发电，并且能选择性地尽量少吸收阳光，同时又让日光尽量多地照射进来（防炫目）。摩天楼的顶部是一簇簇天线和许多接收能源的风力涡轮机，在天空中成为一座花园的隐喻。

300 m

阶段 estado state
EN PROCESO IN PROCESS 设计中

项目负责人 socio director project principal
TIM CHRIST, CHARLES LAMY

项目经理 director de proyecto project manager
MATT GRADY

主案建筑师 arquitecto de proyecto project architect
DAVID RINDLAUB, CHANDLER AHRENS

设计团队 equipo de proyecto project team
IRENA BEDENIKOVIC, PATRICK DUNN-BAKER,
ANNA CRITTENDEN, MARTY DOSCHER,
GRAHAM FERRIER, KERENZA HARRIS, BROCK HINZE,
YASUSHI ISHIDA, HUNTER KNIGHT, SUNNIE LAU,
DEBBIE LIN, ANDREA MANNING,
RICHARD MCNAMARA, AARON RAGAN,
STEPHANIE RIGOLOT, SCOTT SEVERSON,
BENJAMIN SMITH, SATORU SUGIHARA,
MARTIN SUMMERS, ALEKSANDER TAMM-SEITZ,
SUZANNE TANASCAUX, BEN TOAM, SHANNA YATES

项目助理 asistente de proyecto project assistant
HUGO MARTINEZ, KYLE COBURN,
GUIOMAR CONTRERAS, MAURICIO GOMEZ,
JOE JUSTUS, JENNIFER KASICK, DULY LEE,
MICHELLE SIU LEE, BARBRA MOSS, GREG NEUDORF,
NUTTHAWUT PIRIYAPRAKOB, MICHAEL SARGENT,
CHRISTIN TO, JOSE VARGAS, DANA VIQUEZ, SCOTT

现场指挥 director de construcción construction manager
OGER INTERNATIONAL

建筑顾问 consultor de arquitectura consulting architect
RA ARCHITECTES

幕墙顾问 consultor de fachada façade consultant
RFR ELEMENTS

能源模型 maqueta de energia energy modeling
RFR ELEMENTS

暖通环境工程 ingeniería HVAC&ambiental HVAC&environmental engineering
SETEC BATIMENT, IBE CONSULTING ENGINEERS

结构工程 ingeniería de estructuras structural engineering
SETEC TPI

声学工程 ingeniería acustical acoustical engineering
AVLS

工程预算 estimación de cost cost estimator
DAVIS LANGDON, AEI
STERLING QUEST ASSOCIATES

垂直流通 transportación vertical vertical transportation
LERCH BATES OF NORTH AMERICA

La Torre Phare (phare es icono o faro en francés) marca la primera fase de un macro redesarrollo en el distrito de La Défense. La torre emerge desde el irregular emplazamiento, definido por una autopista de barrio y un sistema ferroviario, y está diseccionada por un paseo peatonal. En lugar de tener una torre aislada y autónoma, el edificio es una estructura híbrida. La torre se extiende por el lugar para encontrarse con el suelo como un trípode. Tiene una pata estructural extendida y dos patas ocupadas (el Trapezium, al oeste, y el edificio Este), además de un pabellón que transforma el espacio público de la plaza. Las dos piernas ocupadas enmarcan vacíos de 24 metros de anchura por 28 metros de altura en la base de la torre, creando una monumental puerta urbana. La tecnología integrada en la torre aprovecha el viento para la producción de energía y minimiza de forma selectiva el aumento de la incidencia solar mientras maximiza la luz. La torre se corona con un núcleo de antenas y una granja de turbinas de viento que recogen energía – un jardín metafórico en el cielo.

The Phare Tower (phare being French for beacon or light-house) marks the first stage of a major redevelopment of the district of La Défense. The tower emerges from its irregular site, defined by a neighboring motorway and a rail link, and bisected by an existing pedestrian walkway. Rather than an isolated and autonomous tower, the building is a hybrid structure. The tower straddles the site to meet the ground as a tripod. It comprises one splayed structural leg, two occupiable legs (the Trapezium, to the west, and the East Building), as well as a pavilion that transforms the public space of the plaza. The two occupiable legs frame a 24-meter-wide by-28-meter-tall void in the tower's base, creating a monumental urban gateway. Technologies integrated into the tower harness the wind for the production of energy and selectively minimize solar gain while maximizing glare-free daylight. The tower is crowned with a cluster of antennas and a wind farm of turbines that harvest energy - a metaphorical garden in the sky.

+359m NGF
+349m NGF
+286m from Parvis
+296m from Ground
+63m NGF
+53m NGF
Parvis Ground

+325m from Ground
+34m NGF
Ground

2007 March 2007 May 2007 June 2007 June 2007 July 2008 March 2008 May

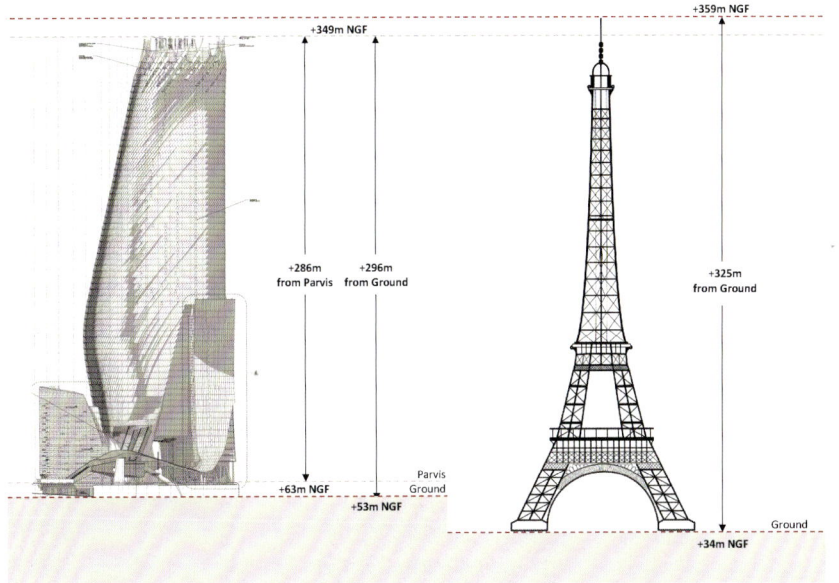

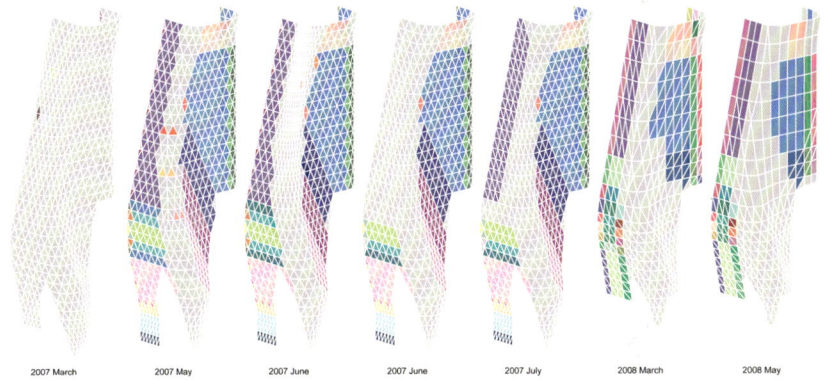

结构演变图 EVOLUCIÓN DE LA ESTRUCTURA EVOLUTION OF STRUCTURE

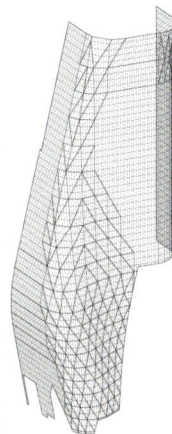

三角形小面
FACETACIÓN TRIANGULADA TRIANGULAR FACETING

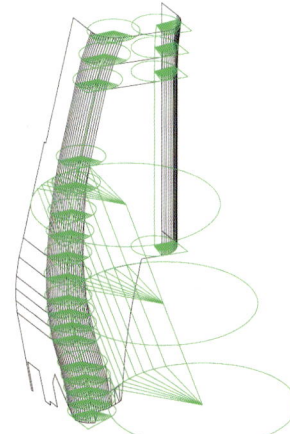

辐射状小面
FACETACIÓN RADIAL RADIAL FACETING

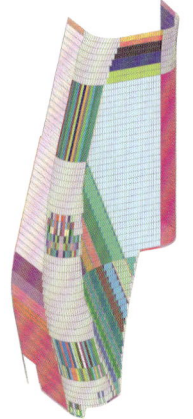

玻璃面板
PANELES DE VIDRIO GLAZING PANELS

二十七层平面图 PLANTA +27 FLOOR PLAN +27

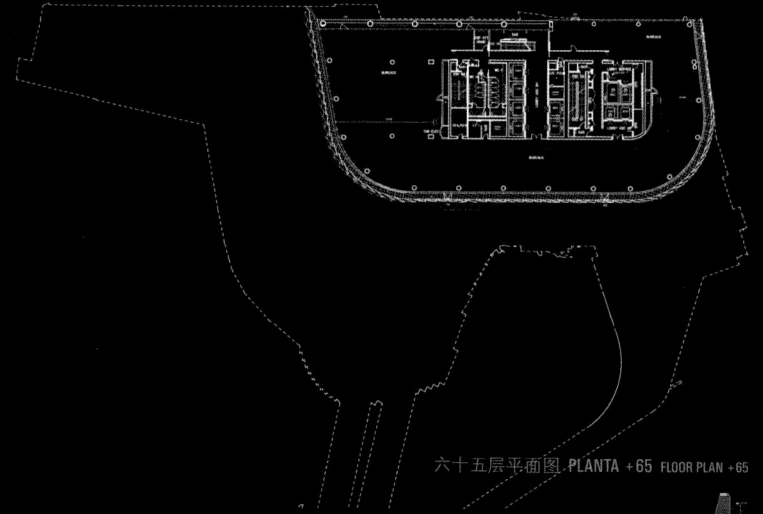

六十五层平面图 PLANTA +65 FLOOR PLAN +65

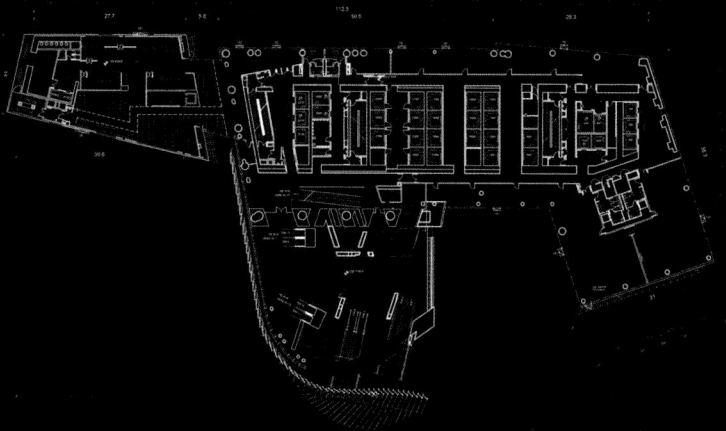

九层平面图 PLANTA +9 FLOOR PLAN +9

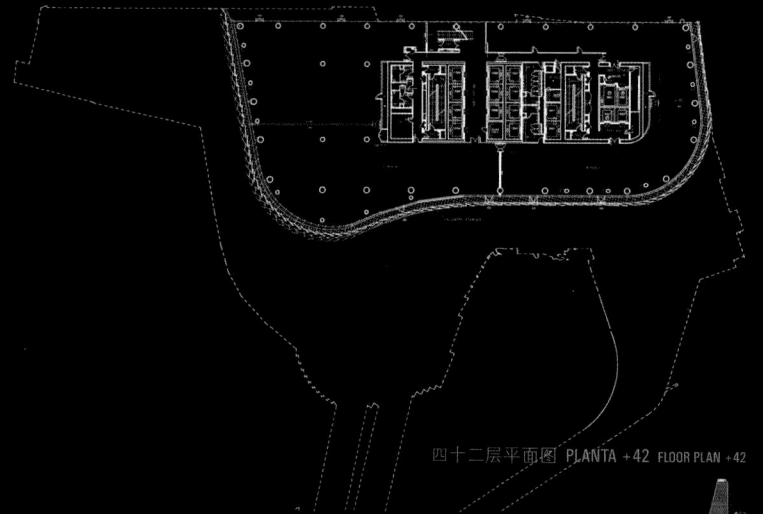

四十二层平面图 PLANTA +42 FLOOR PLAN +42

底层平面图 PLANTA BAJA GROUND FLOOR PLAN

东西剖面图 BB SECCIÓN ESTE OESTE BB EAST WEST SECTION BB

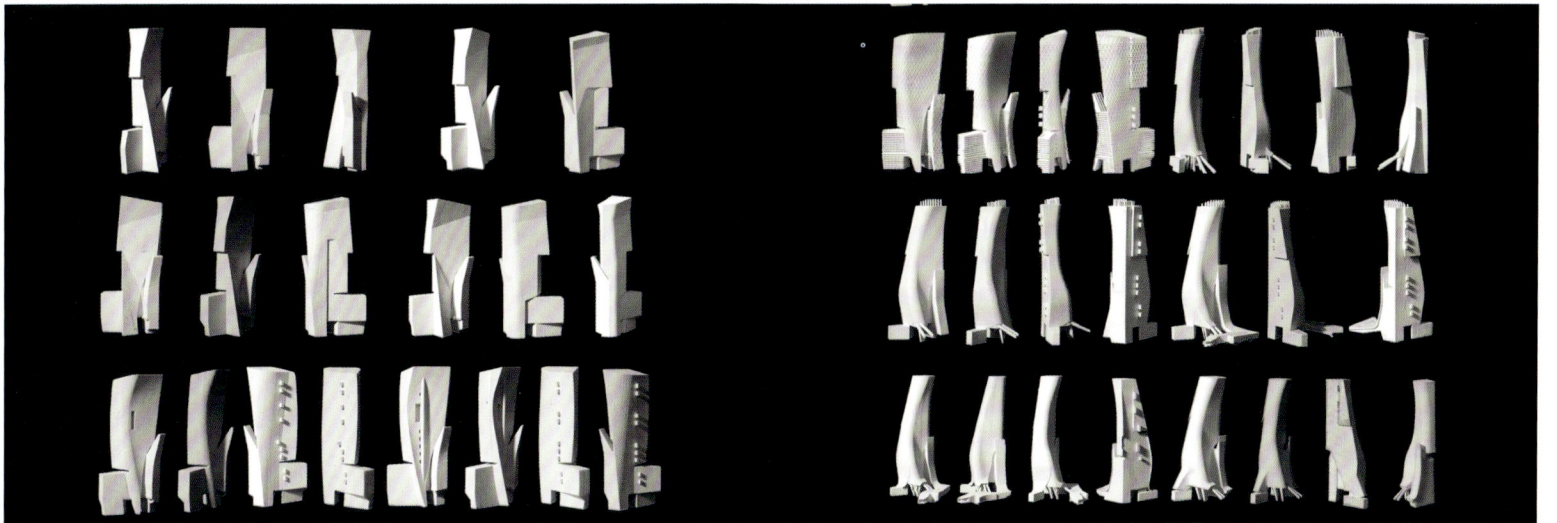

水平体量的叠加
la combinación de volúmenes horizontales
the combination of horizontal volumes

我不想在泛泛的环境下设计泛泛的建筑。我要设计独一无二的建筑，使之与环境有着深层、有意义的联系。

"I don't want to work in generic conditions and create generic buildings. I want to create very unique buildings with very profound and meaningful connections with the environment"

隈研吾 Kengo Kuma
东京大学建筑学院教授 Professor Faculty of Architecture of the Tokyo University

城市模型
Modulo Urbano
Urban Modulo

索非亚, 保加利亚 Sofia, Bulgaria

AEDES STUDIO 建筑师事务所

这座建筑由以下部分组成：带停车场的两层地下室、一楼的购物中心和咖啡厅以及上面14层的办公空间。沿中轴线计算，该建筑将是第二高的垂直结构。这就是设计师选用跟国家社会安全局大楼相似的浅色石料的原因。各个楼层面积相同，区别在于它的布展。

El edificio consiste en un basamento de dos niveles con espacios de aparcamiento, planta baja con tiendas y un café y 14 plantas de oficinas. El edificio está destinado a ser la segunda estructura vertical más alta a lo largo del eje. Por ello elegimos la piedra de color claro similar a la utilizada en el edificio del Instituto Nacional de la Seguridad Social. Las plantas ocupan el mismo perímetro; la diferencia está en la disposición.

The building consists of a two-level basement with parking spaces, ground floor with shops and café and 14 floors with offices. The building is determined to be the second tallest vertical structure along the axis. That is why the designers chose light-colour stone similar to that used in the National Social Security Institute building. The floor plans occupy the same perimeter; the difference is in their disposition.

48 m

阶段 estado state
EN CONSTRUCCION UNDER CONSTRUCTION 建造中

建筑师 arquitectos architects
PLAMEN BRATKOV
ROSSITZA BRATKOVA
NEDKO NEDEV
BOYAN BELCHEV

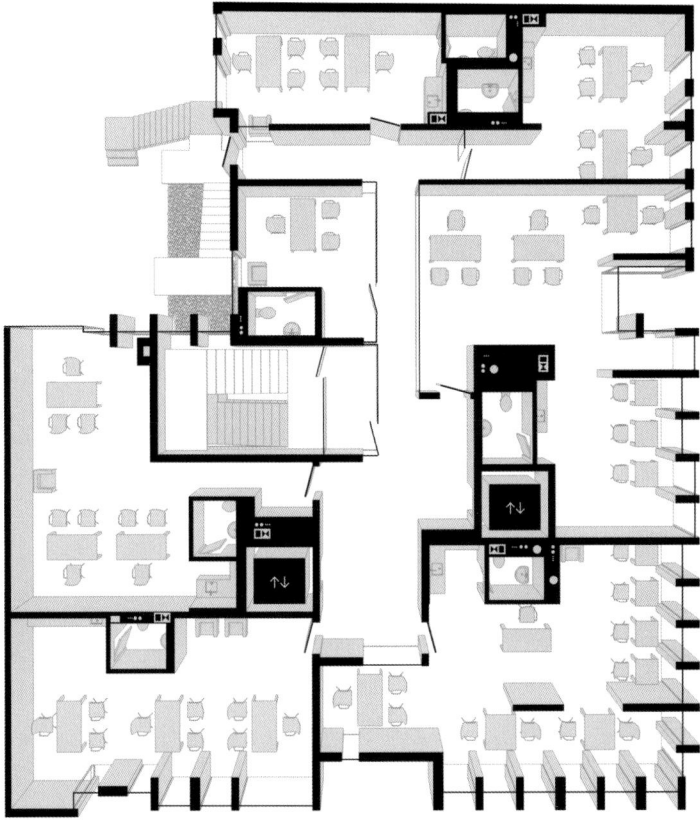

二层平面图 PLANTA NIVEL 1 FLOOR PLAN LEVEL 1

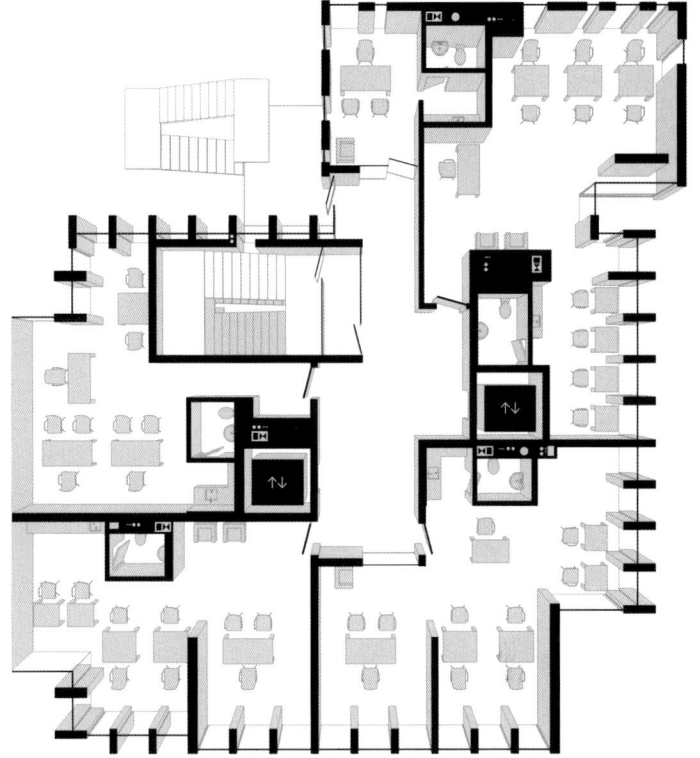

十层平面图 PLANTA NIVEL 9 FLOOR PLAN LEVEL 9

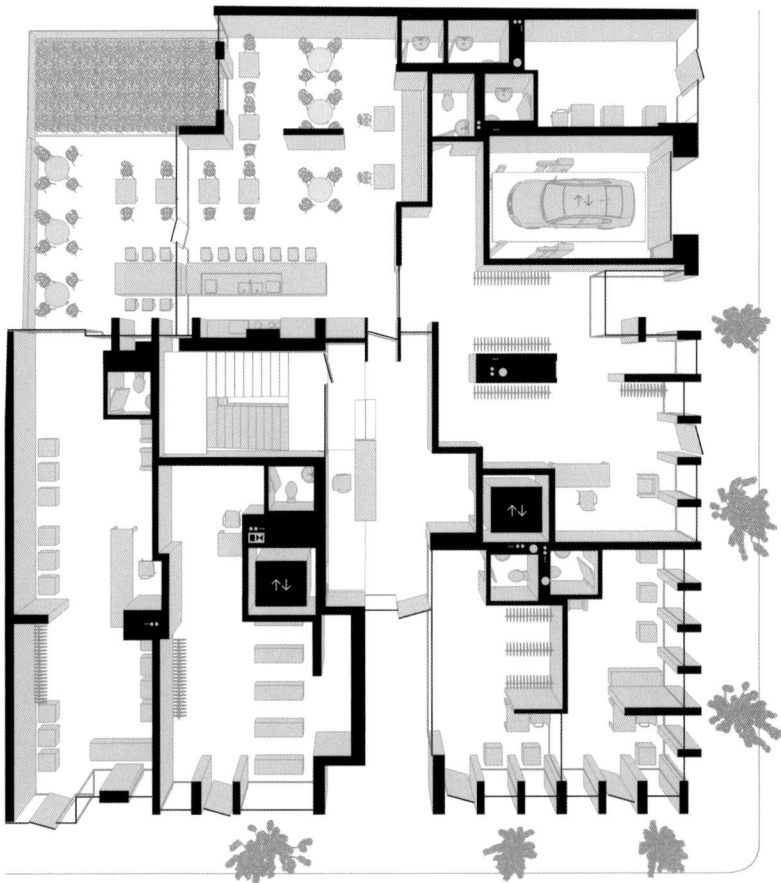

底层平面图 PLANTA BAJA GROUND FLOOR PLAN

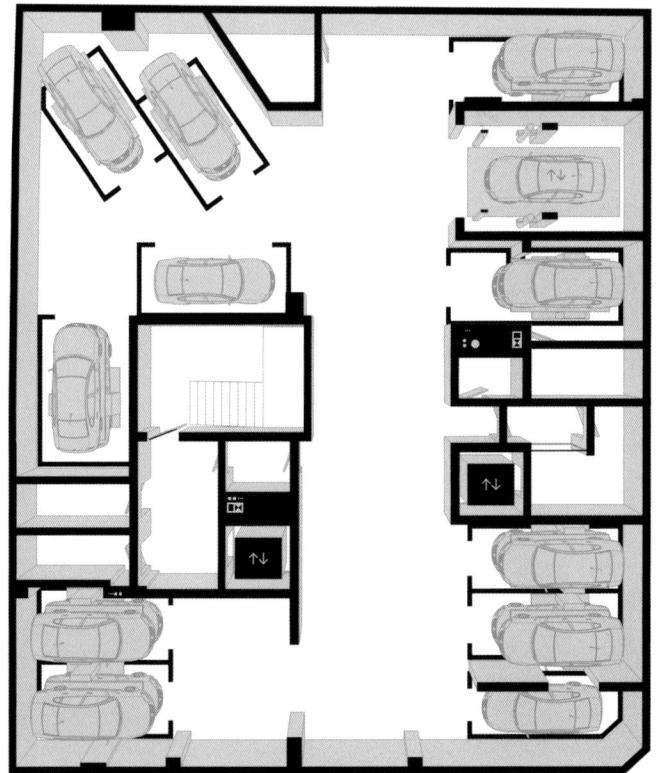

停车场地下一层平面图 PLANTA APARCAMIENTO -2 PARKING FLOOR PLAN -2

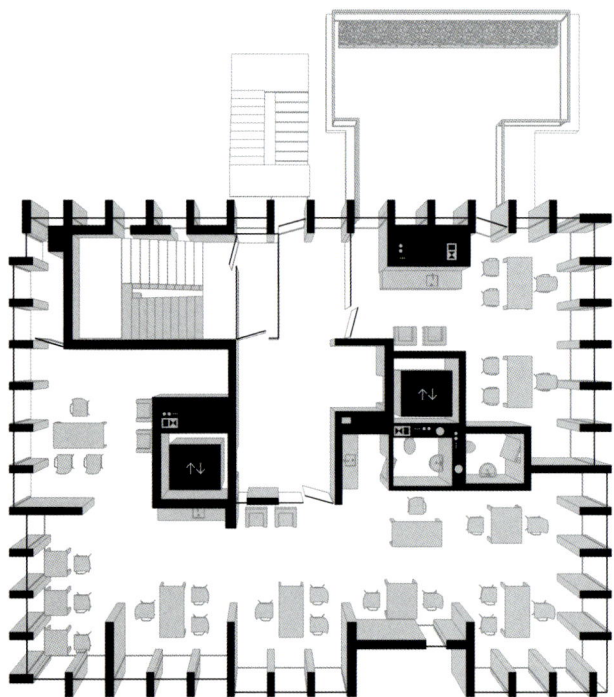

十四层平面图 PLANTA NIVEL 13 FLOOR PLAN LEVEL 13

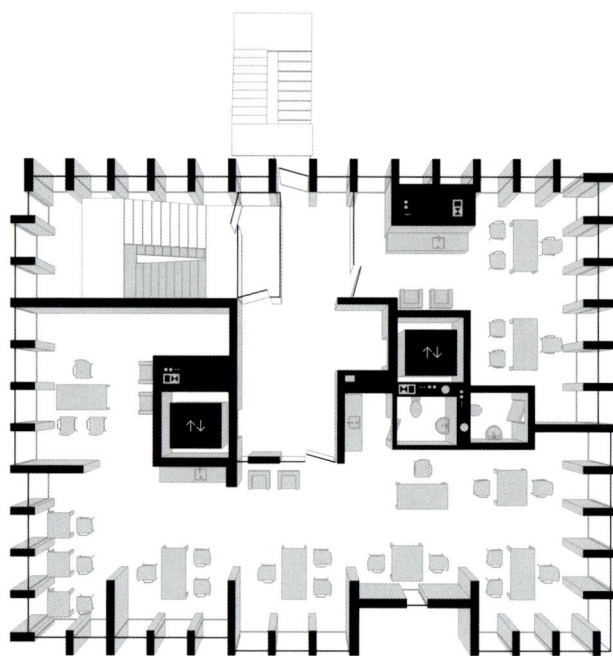

十五层平面图 PLANTA NIVEL 14 FLOOR PLAN LEVEL 14

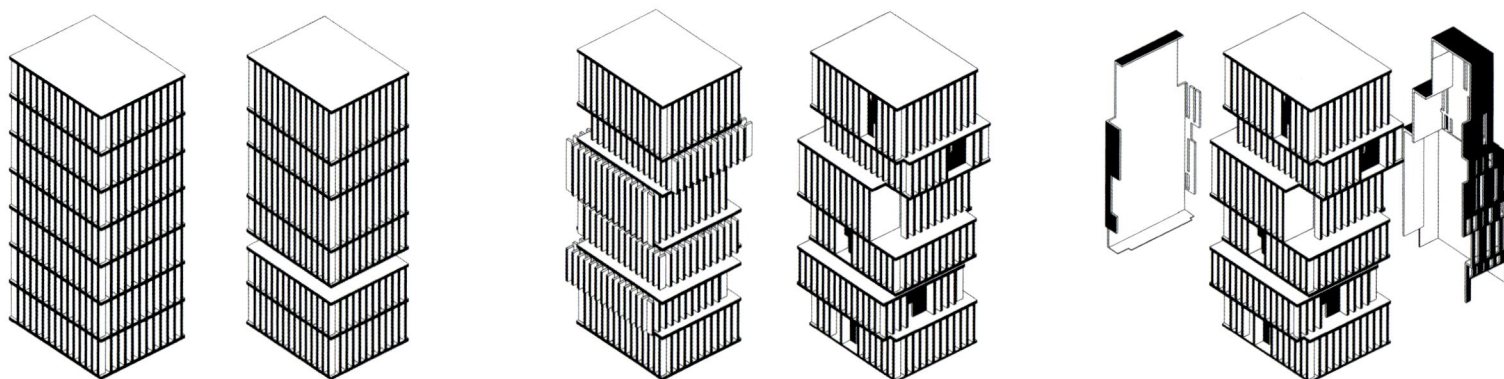

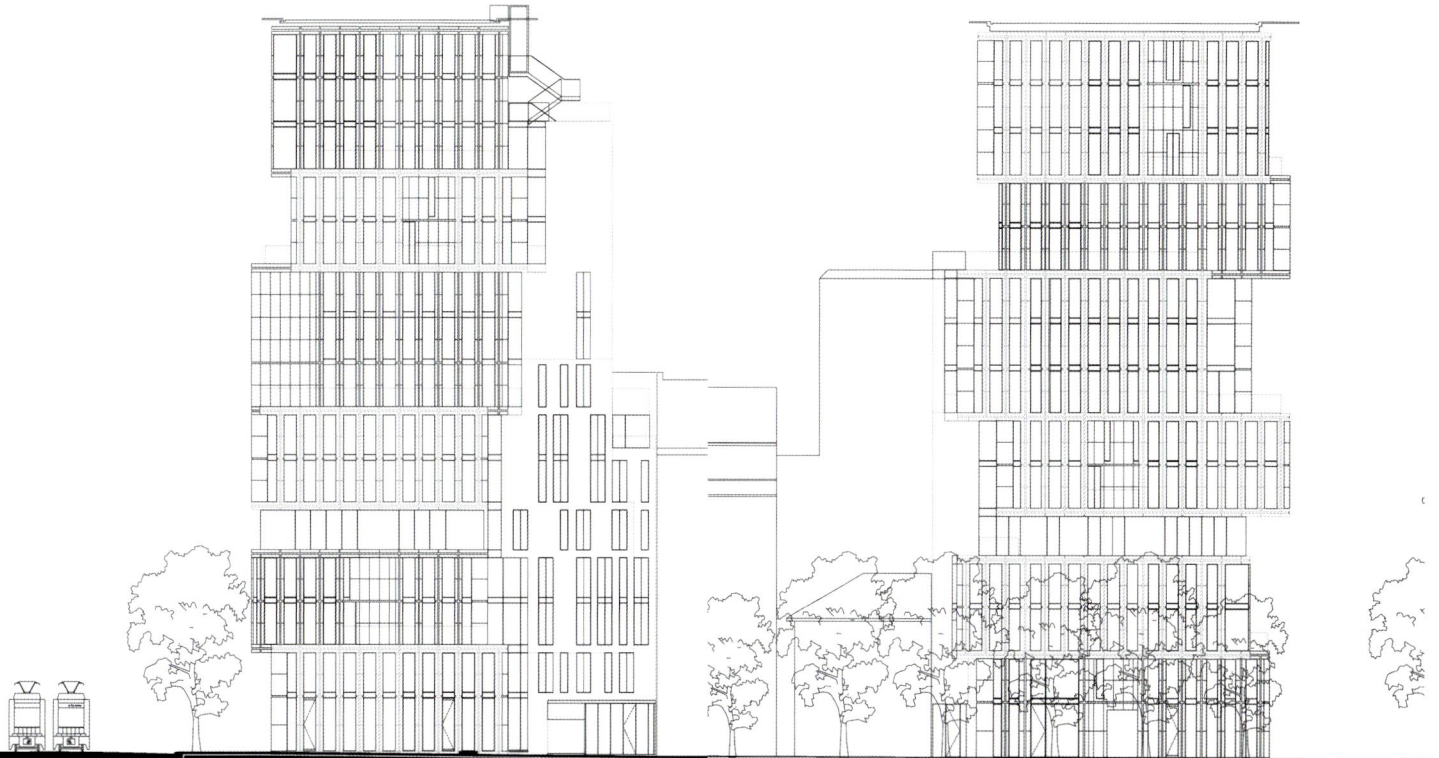

东立面图 ALZADO ESTE EAST ELEVATION

南立面图 ALZADO SUR SOUTH ELEVATION

凯悦酒店
Hotel Grand Hyatt
Grand Hyatt Hotel

法兰克福, 德国 Frankfurt, Germany

UNStudio 建筑师事务所

　　这个项目的设计旨在突出法兰克福作为国际大都市的特点及其多元性。这座全新的大厦里将有一家超五星级酒店，酒店拥有405间客房和套房、一个舞厅、水疗、众多餐厅、一个大堂酒吧以及顶层的公共"空中休息厅"。此外，旁边还有个会议中心。这家新酒店将坐落在185号高层办公大厦的对面。

El proyecto celebra y ensalza el carácter cosmopolita y la diversidad de Frankfurt. La nueva torre albergará un hotel de 5 estrellas lujo con 405 habitaciones y suites, un salón de baile, spa, varios restaurantes, un bar y un restaurante en la planta superior, y la posibilidad de tener un centro de congresos adyacente. El nuevo hotel se localizará en frente de la oficina en altura Torre 185.

The design celebrates and highlights the cosmopolitan character and diversity of Frankfurt. The new tower will house a 5-star-plus hotel with 405 rooms and suites, a ballroom, spa, various restaurants, a lobby bar and a public Sky Lounge on the top floor, and the possibility of an adjacent congress center. The new hotel will be located opposite the high-rise office Tower 185.

项目所在视野 VISTAS Y SITUACIÓN VIEWS WITH SITE

113,30 m

阶段 estado state
EN PROCESO IN PROCESS 设计中

建筑师 arquitectos architects
BEN VAN BERKEL, CAROLINE BOS, ASTRID PIBER,
ARJAN DINGSTÉ, MARC HERSCHEL,
MARIANTHI TATARI, STEFFEN RIEGAS,
JOERG LONKWITZ, JESPER CHRISTENSEN,
JUNSEUNG WOO, PETER IRMSCHER, BEATRIZ ZORZO,
LEON BLOEMENDAAL, PATRIK NOOME

结构工程 ingeniería estructural stuctural engineering
KLAUS BOLLINGER, MANFRED GROHMANN,
MARINA LEIFELS, OLIVER TESSMANN,
PHILIPP EISENBACH, ALEXANDER BERGER, SIMON RUPPERT

安装、墙面、防火 mep, fachada, contra incendios mep, façade, fire safety
RUDI SCHEUERMANN, CHAD MCCARTHY,
OLIVER SCHWABE

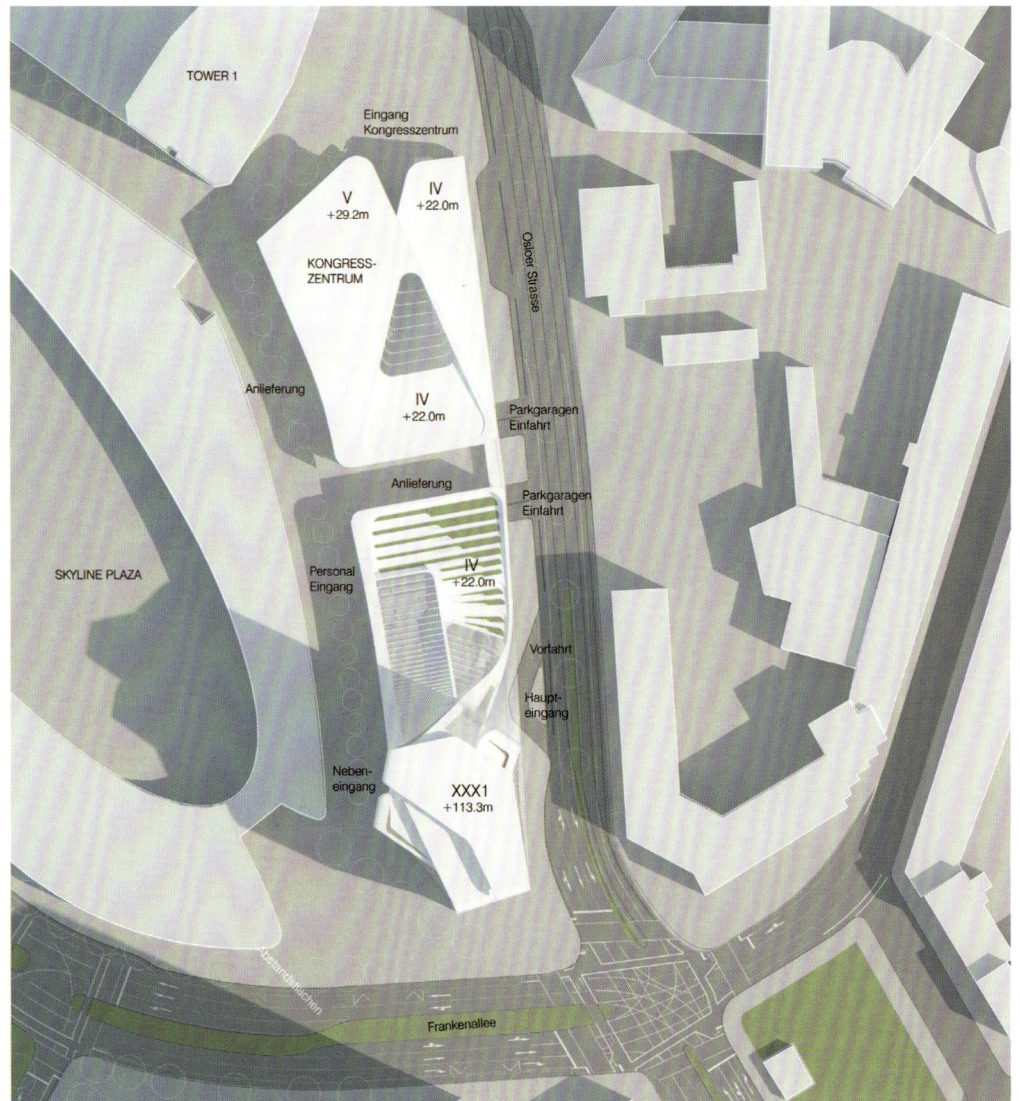

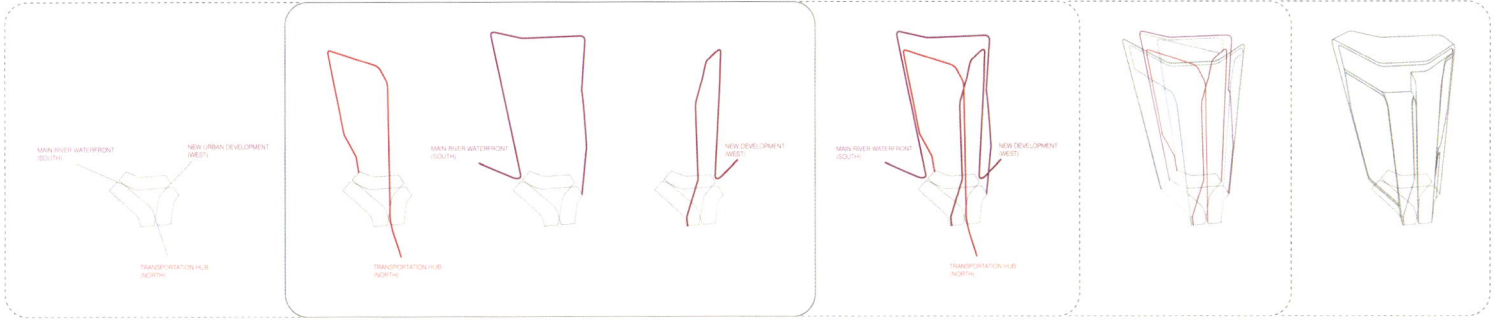

都市环境及主轴参考
CONTEXTO URBANO & EJES DE REFERENCIA
URBAN CONTEXT & REFERENCE AXES

参考主轴的线性组织
TEJIDO LINEAL DE EJES DE REFERENCIA
LINEAR WEAVING OF REFERENCE AXES

几何转型
TRANSFORMACIÓN DE GEOMETRIA
TRANSFORMATION IN GEOMETRY

边框原则
PRINCIPIO DE LAS BANDAS
PRINCIPLE OF THE BANDS

典型层平面图 PLANTA TIPO TYPICAL FLOOR PLAN

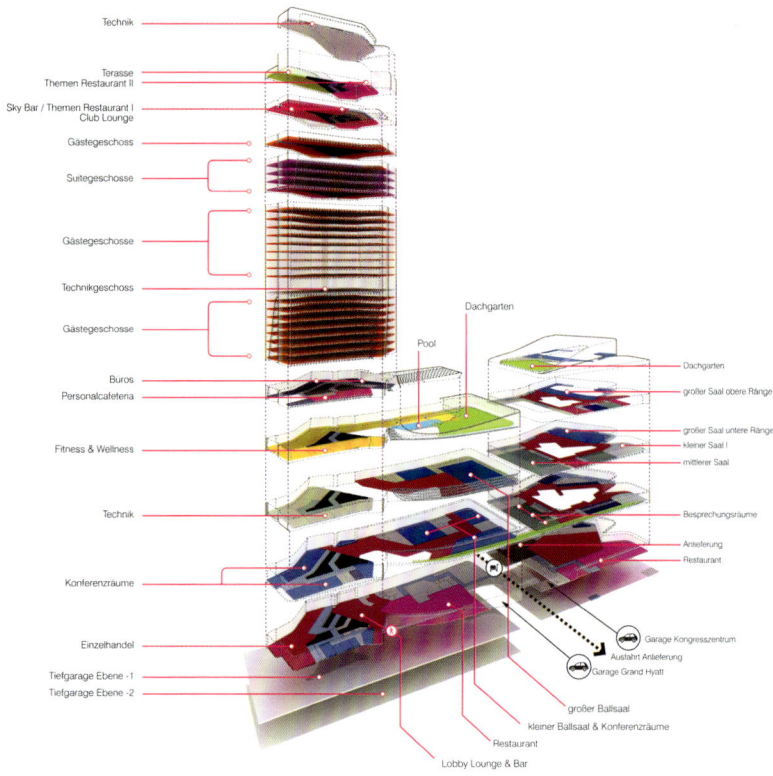

Technik
Terasse
Themen Restaurant II
Sky Bar / Themen Restaurant I
Club Lounge
Gästegeschoss
Suitegeschosse
Gästegeschosse
Technikgeschoss
Gästegeschosse
Buros
Personalcafeteria
Fitness & Wellness
Technik
Konferenzräume
Einzelhandel
Tiefgarage Ebene -1
Tiefgarage Ebene -2
Lobby Lounge & Bar

Dachgarten
Pool
Dachgarten
großer Saal obere Ränge
großer Saal untere Ränge
kleiner Saal I
mittlerer Saal
Besprechungsräume
Anlieferung
Restaurant
Garage Kongresszentrum
Ausfahrt Anlieferung
Garage Grand Hyatt
großer Ballsaal
kleiner Ballsaal & Konferenzräume
Restaurant

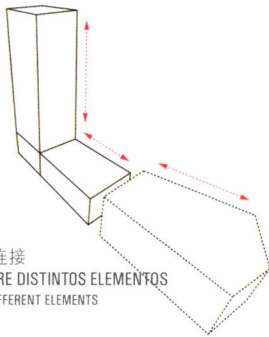

不同元素之间没有连接
NO HAY CONEXIÓN ENTRE DISTINTOS ELEMENTOS
NO CONNECTION BETWEEN DIFFERENT ELEMENTS

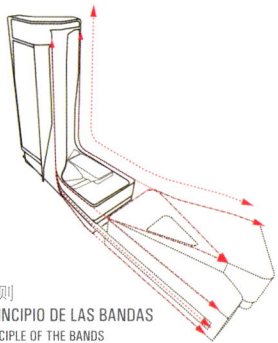

整合集合 – 边框原则
MASA INTEGRADA · PRINCIPIO DE LAS BANDAS
INTEGRATED MASSING · PRINCIPLE OF THE BANDS

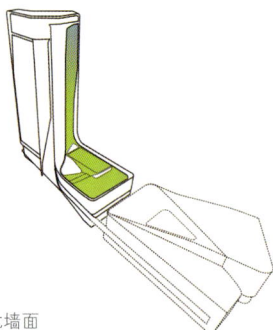

绿地垂直延伸至西北墙面
EL VERDE CONTINUA VERTICALMENTE HACIA FACHADA NOROESTE
GREEN CONTINUES VERTICALLY TO THE NORTH-WEST FAÇADE

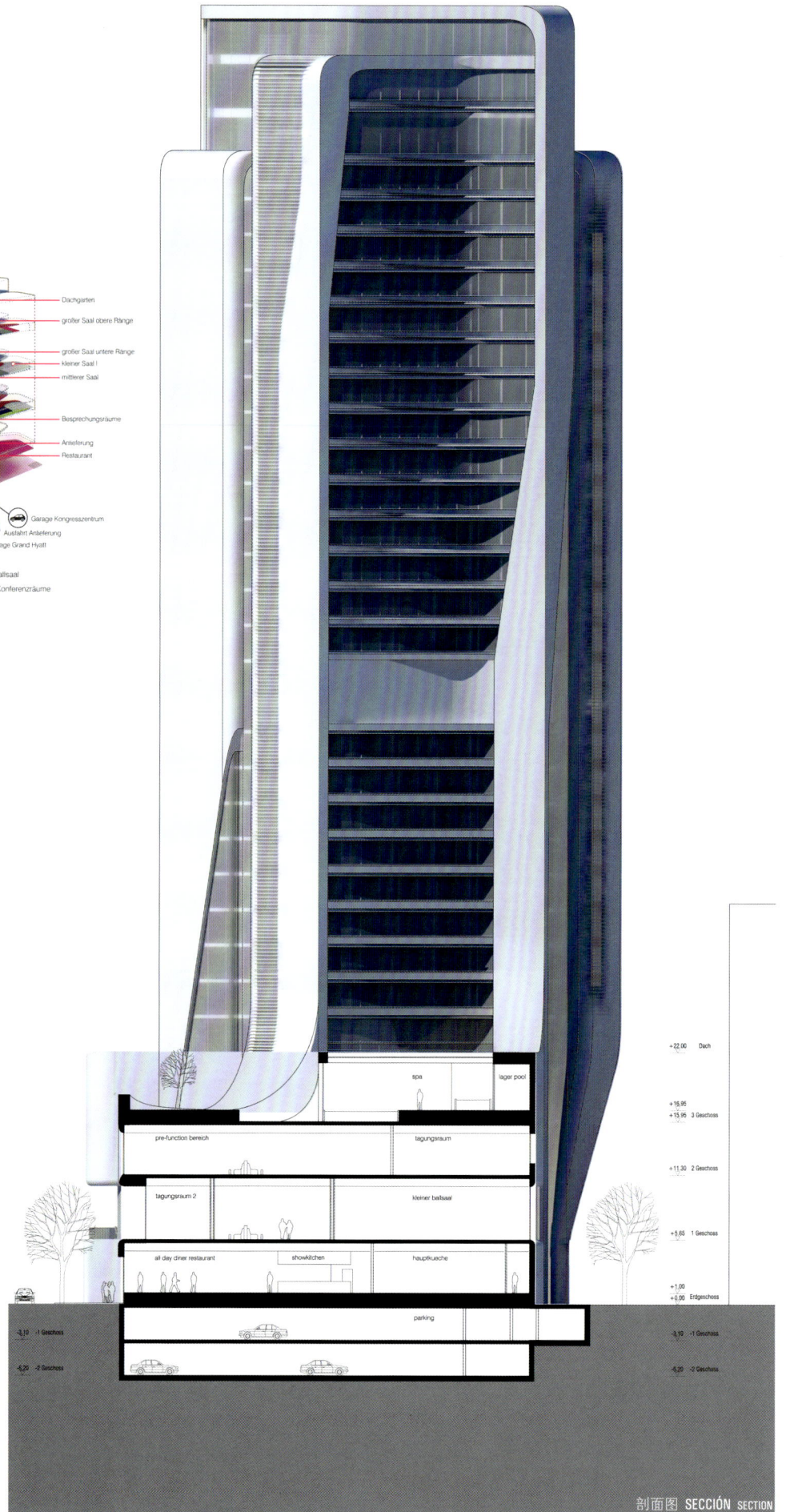

spa
lager pool
+22,00 Dach
+16,95
+15,95 3 Geschoss
pre-function bereich
tagungsraum
+11,30 2 Geschoss
tagungsraum 2
kleiner ballsaal
+5,65 1 Geschoss
all day diner restaurant
showkitchen
hauptkueche
+1,00
+0,00 Erdgeschoss
parking
-3,10 -1 Geschoss
-3,10 -1 Geschoss
-6,20 -2 Geschoss
-6,20 -2 Geschoss

剖面图 SECCIÓN SECTION

"唯一" 商场
Uno
The One

香港, 中国 Hongkong, China

Tange Associates 丹下都市建筑师事务所

弥敦道是香港九龙的一条主要街道。设计师为这条大道边的一座24层多功能摩天大楼设计了全新的外立面。这座建筑主要包含零售、餐饮和影院。外立面的独特设计是对香港生机勃勃、兼收并蓄的街道生活的一种"垂直表达"。夜晚，这座建筑会呈现出完全不同的一面——室内的灯光会让外立面上各个醒目的组成部分都充满了活力。

En la calle Nathan, la mayor vía pública de Kowloon, Hong Kong, los arquitectos han diseñado una nueva fachada de 24 plantas para un complejo de usos mixtos que incorpora comercio, restaurantes y cines. El planteamiento de la fachada es una expresión vertical de la energética y ecléctica vida urbana de Hong Kong. Esta fachada ofrece un aspecto diferente del edificio por la noche cuando la vibrante composición de su fachada se "anima" mediante la iluminación de su interior.

Along Nathan Road, the main thoroughfare in Kowloon, Hong Kong, the architects have designed a new façade for a 24-storey high-rise mixed-use complex incorporating retail, restaurants and cinemas. The façade's unique layout is a vertical expression of Hong Kong's energetic and eclectic street life. This façade offers a different aspect of the building at night when the vibrant composition of the facade is animated by the illumination of the interior lights.

213.45 m

阶段 estado state
EN CONSTRUCCION UNDER CONSTRUCTION 建造中

建筑师 arquitectos architects
PAUL NORITAKA TANGE

团队 equipo team
SHIGEKAZU MIYAKAWA, TOMO OSAKI

东西立面图 ALZADO ESTE Y OESTE EAST AND WEST ELEVATION   南立面图 ALZADO SUR SOUTH ELEVATION

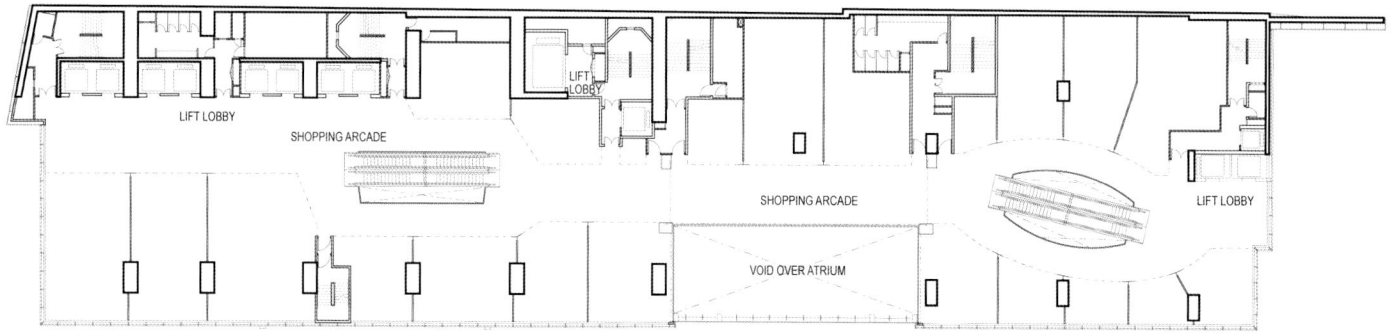

三层平面图 PLANTA 2 FLOOR PLAN 2

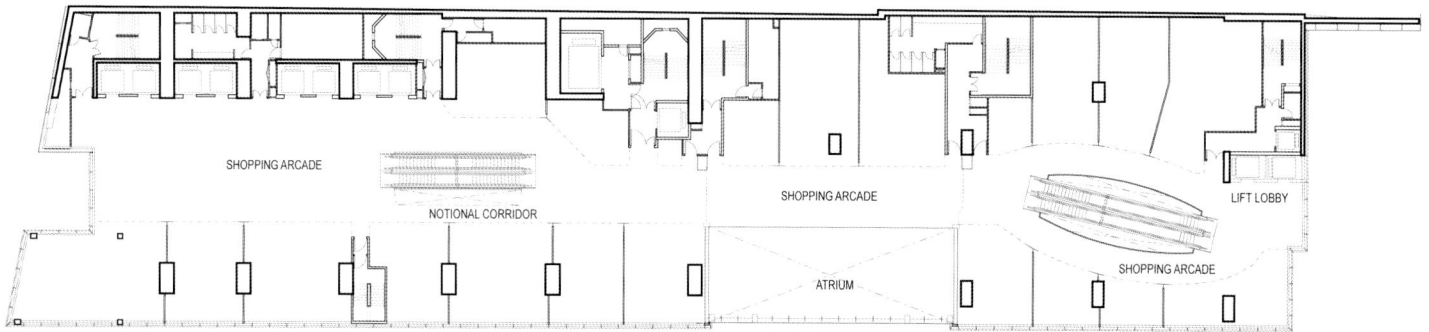

LIFT LOBBY

SHOPPING ARCADE

SHOPPING ARCADE

LIFT LOBBY

VOID OVER ATRIUM

夹层上层平面图 ENTREPLANTA SUPERIOR UPPER MEZZANINE

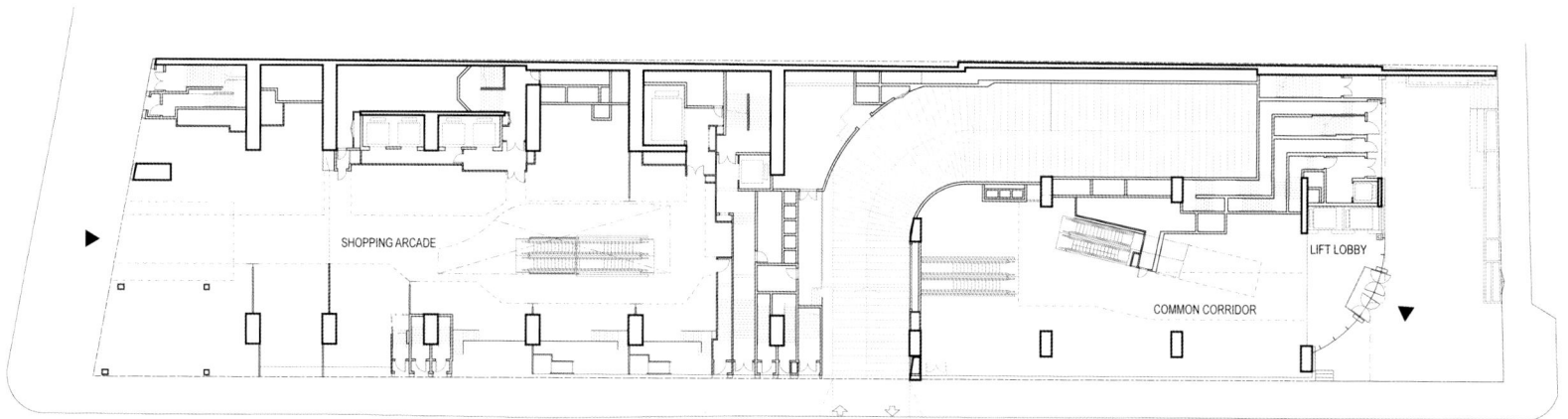

SHOPPING ARCADE

NOTIONAL CORRIDOR

SHOPPING ARCADE

LIFT LOBBY

SHOPPING ARCADE

ATRIUM

底层平面图 PLANTA BAJA GROUND FLOOR PLAN

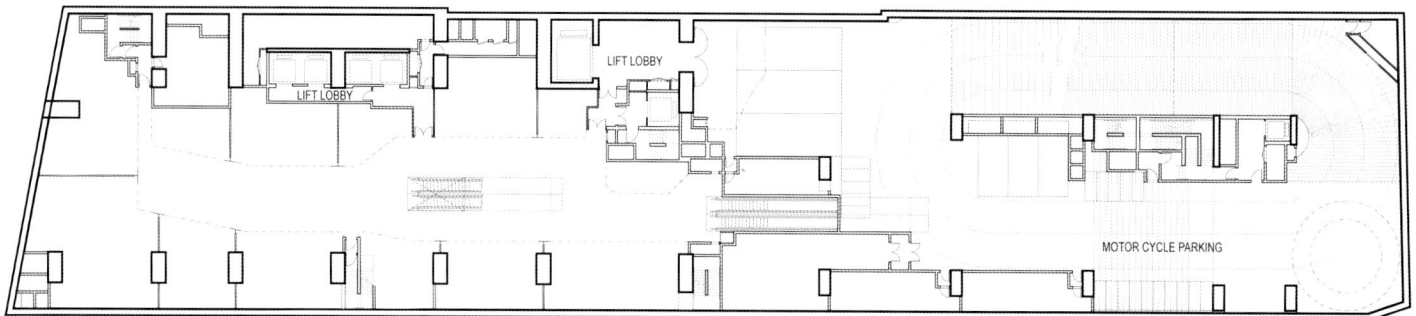

SHOPPING ARCADE

LIFT LOBBY

COMMON CORRIDOR

夹层下层平面图 ENTREPLANTA INFERIOR LOWER MEZZANINE

LIFT LOBBY

LIFT LOBBY

MOTOR CYCLE PARKING

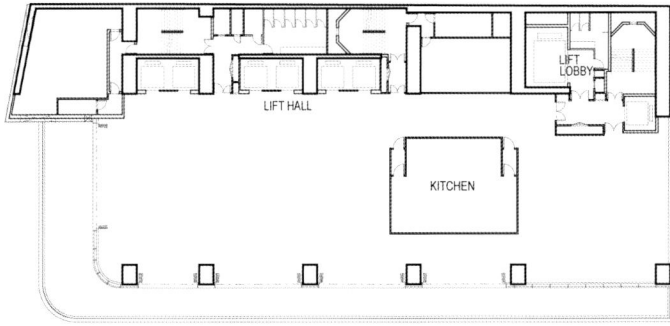

十九层平面图餐厅 PLANTA 18 RESTAURANTE FLOOR PLAN 8 RESTAURANT

十四层平面图餐厅 PLANTA 13 RESTAURANTE FLOOR PLAN 13 RESTAURANT

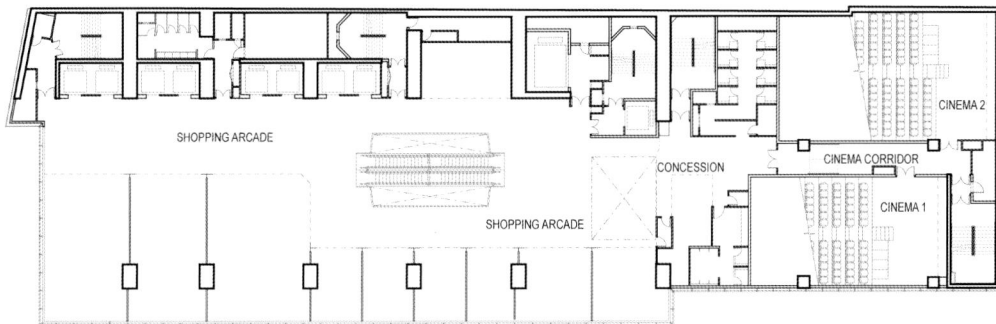

九层平面图 PLANTA 8 FLOOR PLAN 8

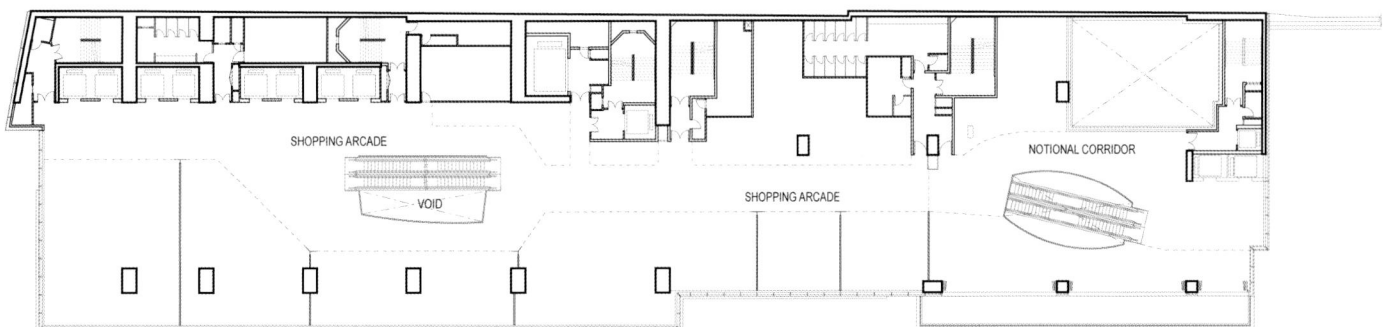

五层平面图 PLANTA 4 FLOOR PLAN 4

改革296号
Reforma 296

墨西哥城, 墨西哥 México City, México

TEN ARQUITECTOS 建筑师事务所
TALLER DE ENRIQUE NORTEN

"改革296号"地处最著名的"经济走廊"之一, 是一座多功能建筑, 包含住宅和办公空间。矩形的底座连接着室内外空间, 整座建筑就在这一底座上伸展开来, 让我们得以对传统的摩天大楼概念进行重新诠释。随着高度的上升, 建筑不断发生着变化。地面标高之上大约150米处突现一个悬臂, 颇为引人注目。这个空间中包含空中休息室, 因为离主体建筑很远, 看起来仿佛漂浮在空中。这座伸展的大厦延伸至顶层, 顶部是个直升机停机坪。白色的玻璃和大厦的支撑结构相结合, 赋予了建筑大胆的透明性, 吸收自然光线的同时, 成为当地的一个地标。

Ubicada en uno de los más importantes corredores económicos, Reforma 296 es un edificio de usos mixtos que incluye áreas residenciales y de oficina. Conformado por un podio rectangular que actúa como conexión en las áreas exteriores e interiores, la torre se despliega, para reinterpretar el esquema tradicional de los rascacielos. A medida que crece la altura, el proyecto continúa mutando. Casi a 150 metros sobre el nivel del suelo, aparece un impresionante vuelo; conteniendo un vestíbulo en forma de mirador, este espacio parece flotar a medida que se aleja del núcleo principal. La torre se sigue desplegando hasta su altura final con un helipuerto. La combinación de vidrio blanco y la estructura que la soporta, concede al edificio una transparencia que captura la luz y la convierte en un icono..

Located in one of the most prominent economic corridors, Reforma 296 is a mixed use building that includes residential and office areas. Conformed by a rectangular podium that acts as the connection between the exterior and the interior areas, the tower unfolds, allowing to reinterpret the traditional scheme of skyscrapers. As the height keeps increasing, the project keeps mutating. Almost 150 meters above from ground level, an impressive cantilever appears; containing the sky lounge, this space seems to float as it tries to get away from the main core. The unfolding tower continues as it reaches its final height with a heliport. The combination of white glass and the structure holding the tower, gives the building a fearless transparency, capturing the light and standing as an icon.

204 m

阶段 estado state
DISEÑO CONCEPTUAL CONCEPTUAL DESIGN 概念设计中

建筑师 arquitecto architect
ENRIQUE NORTEN

团队 equipo team
SALVADOR ARROYO, FERNANDO ALANIS,
VALERIA MORENO, NICHOLAS PAMPHILON,
ALEJANDRO SOLIS, CARLOS SALAS,
MARISOL MORENO, MIGUEL RIOS

核心 NÚCLEO CORE
楼梯 ESCALERAS STAIRS
流通 CIRCULACIÓN CIRCULATION
洗手间 BAÑOS RESTROOMS
设备 INSTALACIÓN MECHANICAL
办公室 OFICINA OFFICE

办公室层平面图 PLANTA DE OFICINA OFFICE LEVEL PLAN

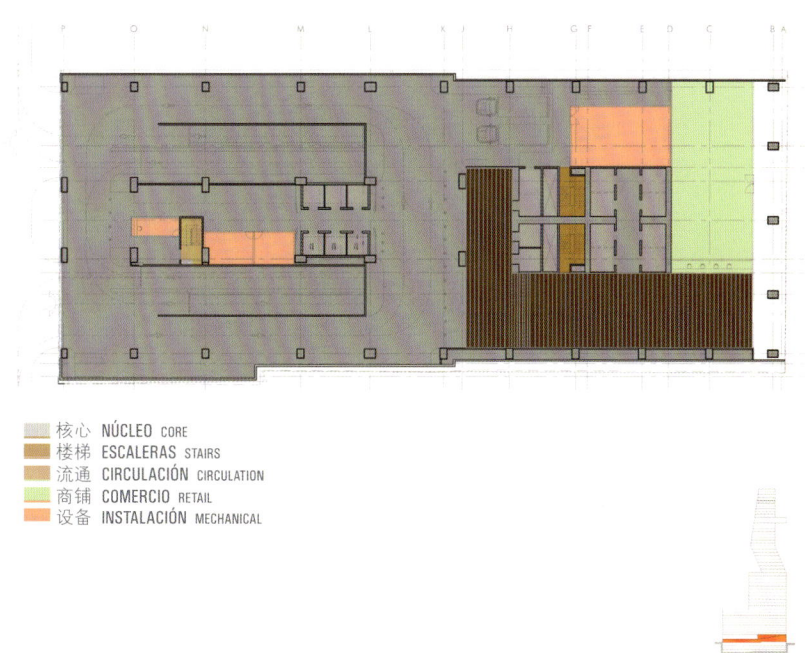

核心 NÚCLEO CORE
楼梯 ESCALERAS STAIRS
流通 CIRCULACIÓN CIRCULATION
商铺 COMERCIO RETAIL
设备 INSTALACIÓN MECHANICAL

入口层平面图 PLANTA DE ACCESO ACCESS LEVEL PLAN

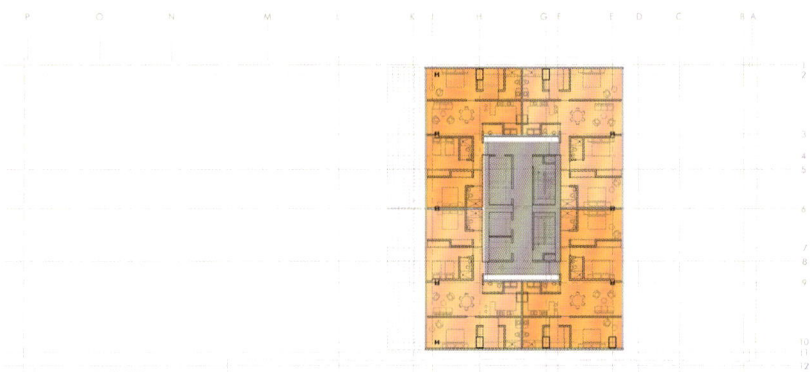

流通及服务区 CIRCULACIONES Y ERVICIOS CIRCULATION AND SERVICES
公寓 APARTAMENTOS CONDOS

办公室层平面图 PLANTA DE OFICINA OFFICE LEVEL PLAN

核心 NÚCLEO CORE
楼梯 ESCALERAS STAIRS
流通 CIRCULACIÓN CIRCULATION
洗手间 BAÑOS RESTROOMS
设备 INSTALACIÓN MECHANICAL
办公室 OFICINA OFFICE

办公室层平面图 2 PLANTA DE OFICINA 2 OFFICE LEVEL PLAN 2

公寓 APARTAMENTOS CONDOS

天厅 SALA-LUCERNARIO SKY LOBBY

设备 INSTALACIONES MECHANICAL

公寓 APARTAMENTOS CONDOS

办公区 OFICINAS OFFICES

停车场 APARCAMIENTO PARKING

门厅 VESTÍBULO LOBBY

停车场 APARCAMIENTO PARKING

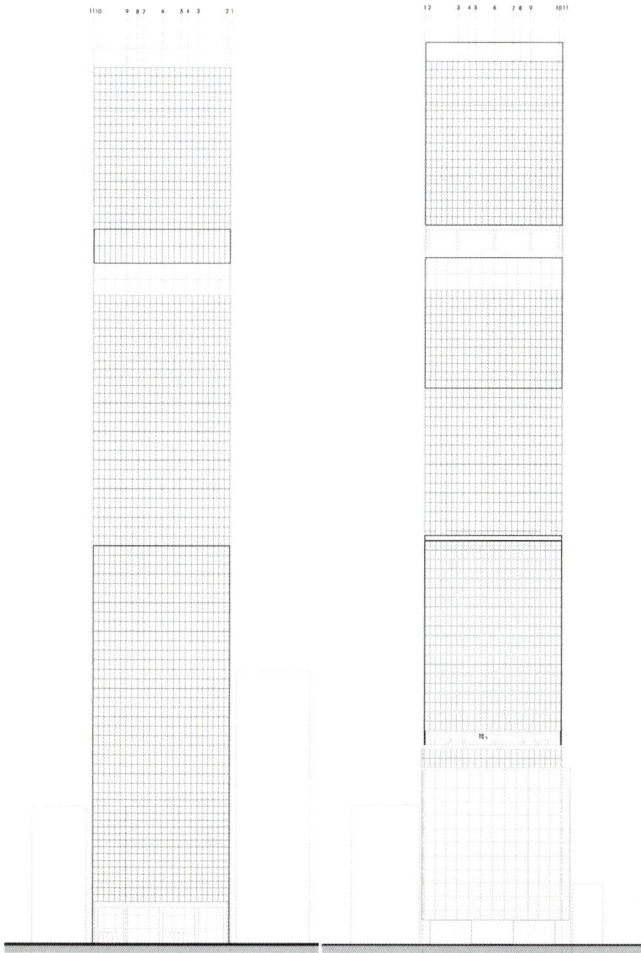

南北立面图 FACHADA SUR Y NORTE SOUTH AND NORTH FAÇADES

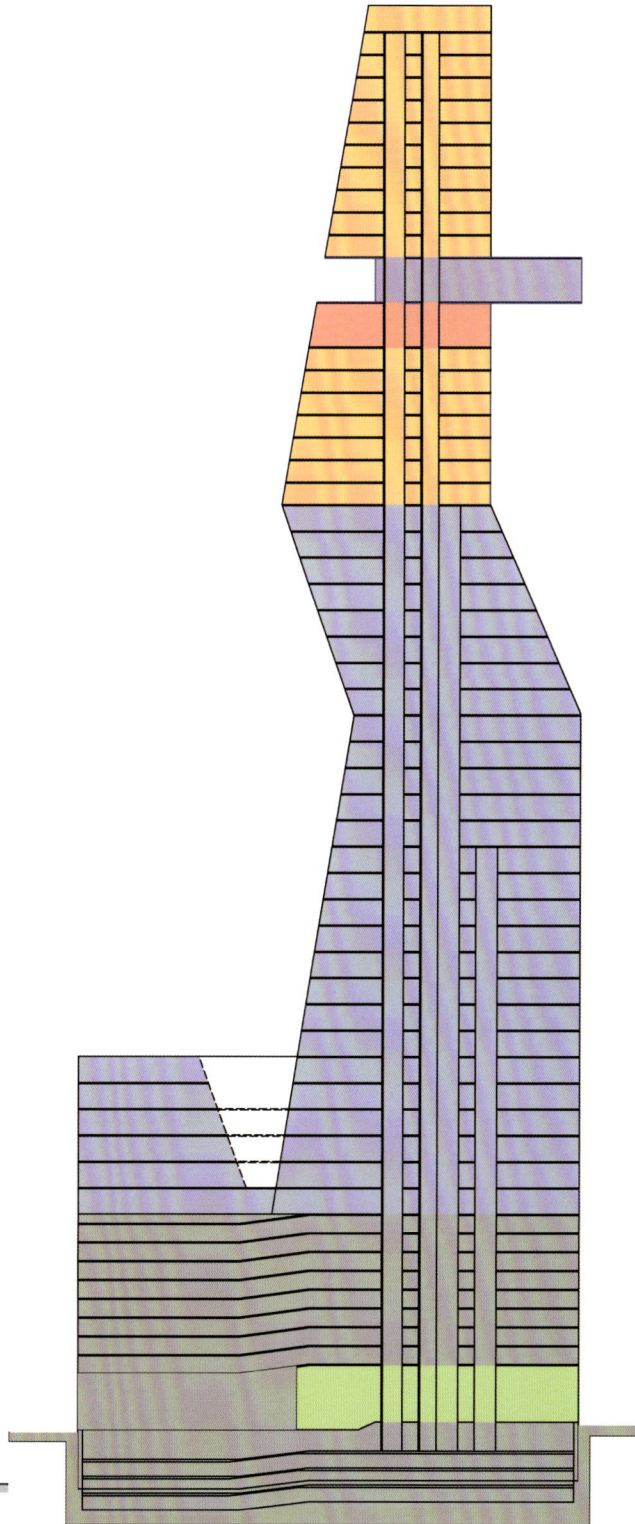

布局剖面图 SECCIÓN ESQUEMATICA SCHEMATIC SECTION

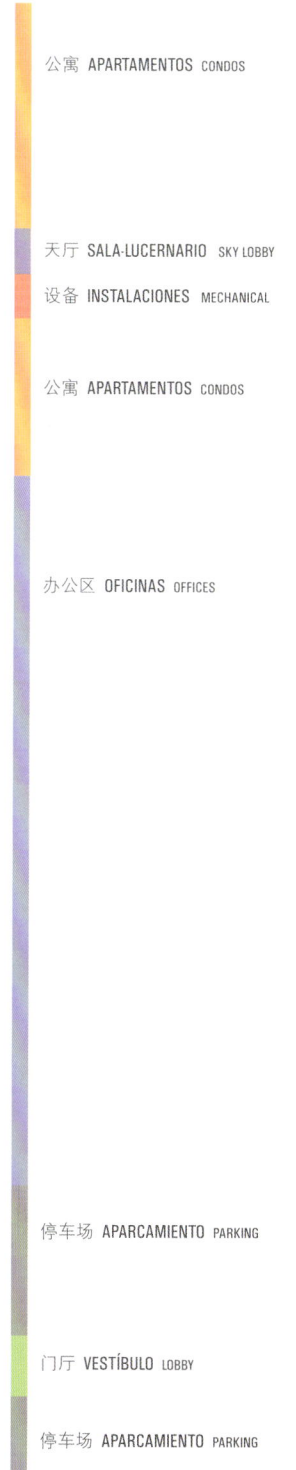

维也纳大厦
Vienna Tower

维也纳, 奥地利 Vienna, Austria

扎哈 哈迪德及帕特里克 斯楚马切
ZAHA HADID
WITH PATRIK SCHUMACHER

这座摩天大楼位于机场和维也纳市中心的中间。倾斜角度的改变使大楼从各个方向看起来变化各异。尽管大楼的几何构成很复杂，但都遵照简单的几何形状。外立面采用了立体浮雕。浮雕基于数学法则设计，通过封闭的悬臂阳台产生。

La torre está a mitad de camino entre el aeropuerto y el centro de la ciudad de Viena. Mediante el cambio de la inclinación de la torre, el edificio aparece diferenciado desde todas las perspectivas. A pesar de la compleja geometría, el edificio sigue simples parámetros geométricos. Un relieve de tres dimensiones estructura la fachada. El relieve se basa en reglas matemáticas y se produce mediante balcones en vuelo (cápsulas).

The tower is halfway between the airport and the city centre of Vienna. By changing the inclination of the tower, the building appears from all perspectives differentiated. Despite the complex geometry, the building follows simple geometric parameters. A three-dimensional relief structures the facade. The relief is based on mathematical rules and is produced by means of cantilevered balconies (capsules).

250 m

阶段 estado state
DISEÑO CONCEPTUAL CONCEPTUAL DESIGN 概念设计

建筑师 arquitecto architect
MARKUS PLANTEU

团队 equipo team
DENNIS BREZINA, NAOMI FRITZ, SUSANNE LETTAU,
SOPHIA RAZZAQUE, GOSWIN ROTHENTHAL,
ROOSHAD SHROFF, SEDA ZIREK

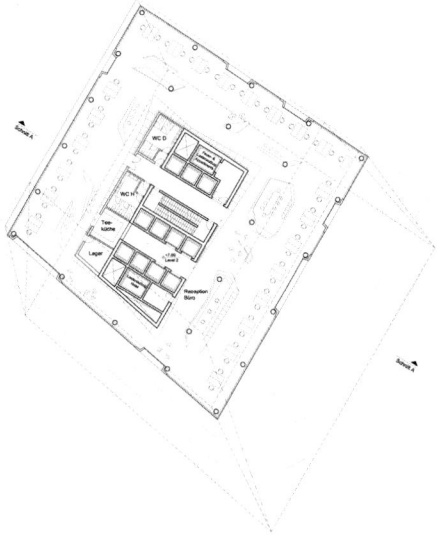

平面图 +7.60 商铺 PLANTA +7.60 COMERCIO FLOOR PLAN +7.60 COMMERCIAL

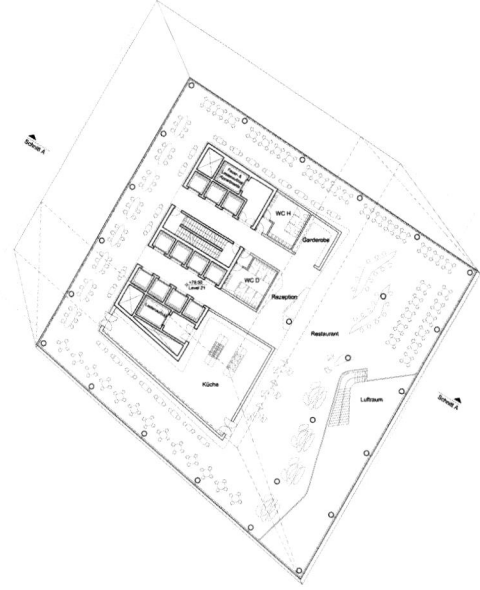

平面图 +79.80 餐厅 PLANTA +79.80 RESTAURANTE FLOOR PLAN +79.80 RESTAURANT

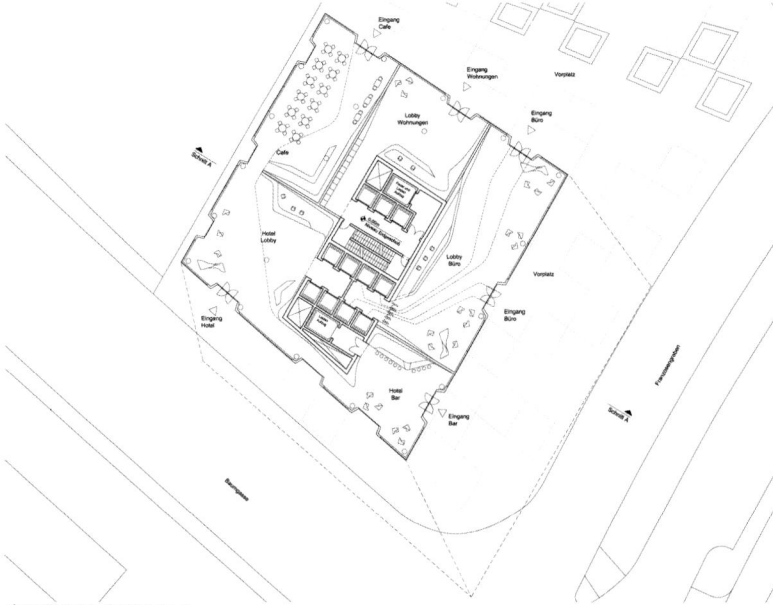

底层平面图 PLANTA BAJA GROUND FLOOR PLAN

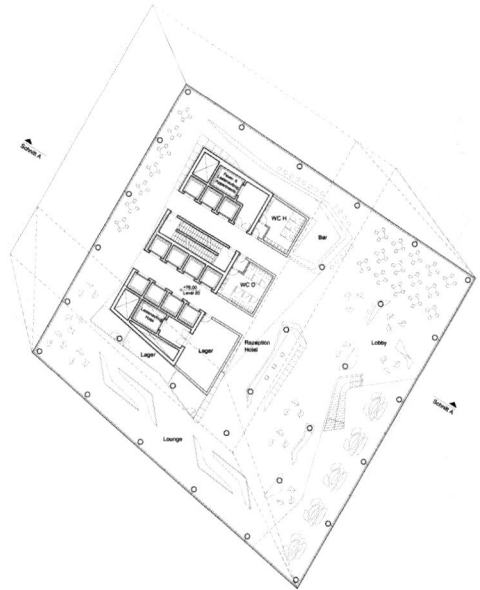

平面图 +76.00 天台 PLANTA +76.00 VESTÍBULO LUCERNARIO FLOOR PLAN +76.00 SKYLOBBY

区位 PLANO DE SITUACIÓN SITE PLAN

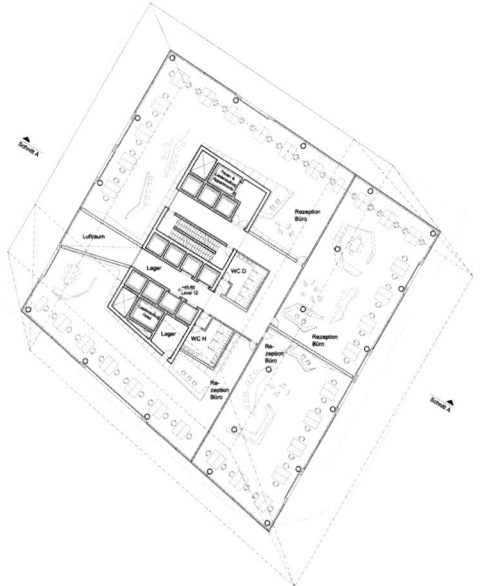

平面图 +45.60 商铺 PLANTA +45.60 COMERCIO FLOOR PLAN +45.60 COMMERCIAL

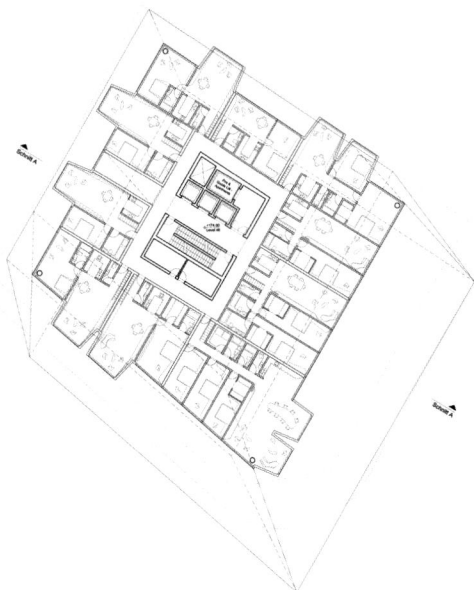

平面图 +174.95 公寓 PLANTA +174.95 RESIDENCIAL FLOOR PLAN +174.95 RESIDENTIAL

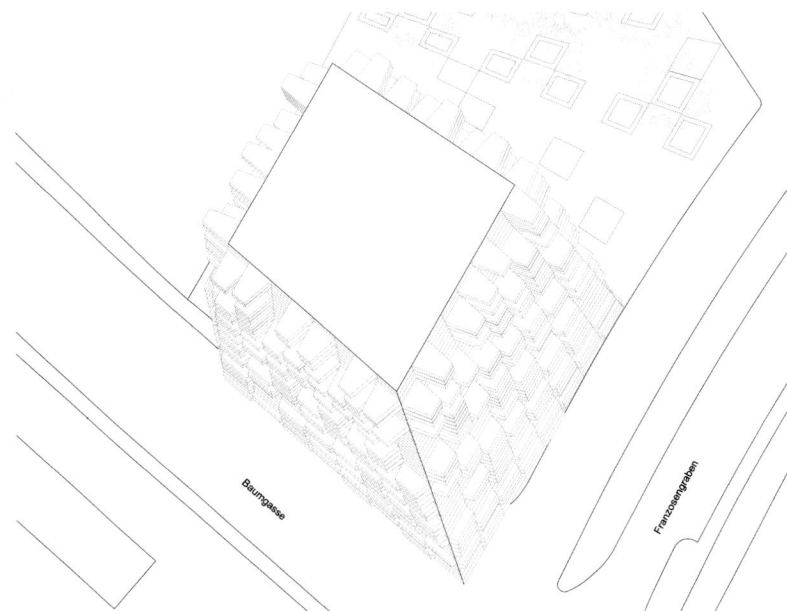

平面图 +250.00 观景台 PLANTA +250.00 MIRADOR FLOOR PLAN +250.00 TOP VIEW

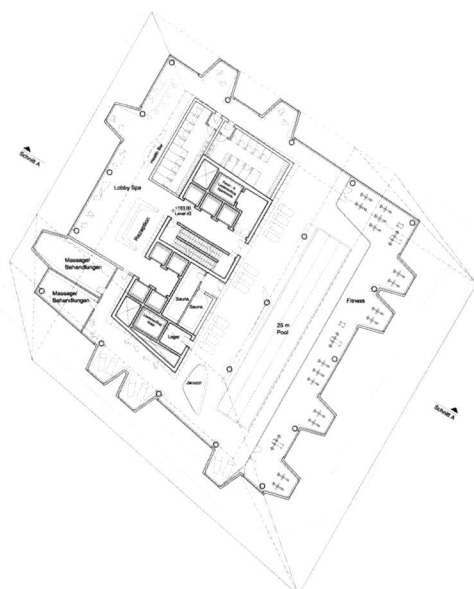

平面图 +136.00 水疗 PLANTA +136.00 SPA FLOOR PLAN +136.00 SPA

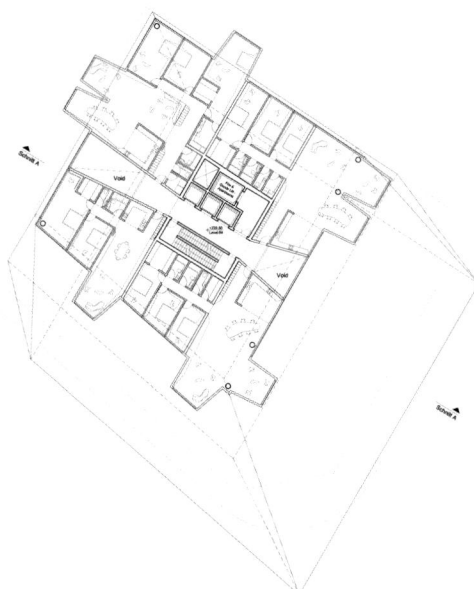

平面图 +236.70 阁楼 PLANTA +236.70 ÁTICO FLOOR PLAN +236.70 PENTHOUSE

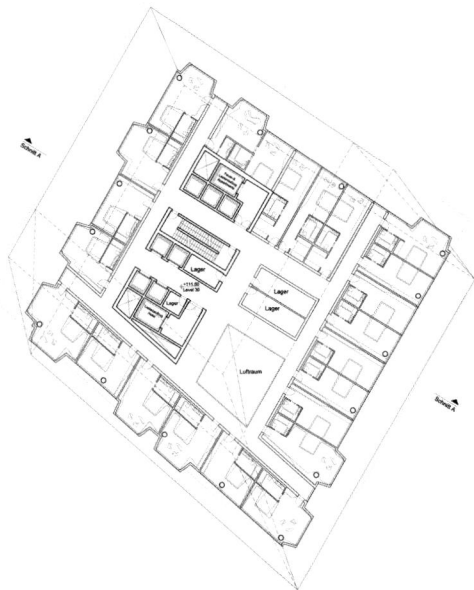

平面图 +111.00 酒店 PLANTA +111.00 HOTEL FLOOR PLAN +111.00 HOTEL

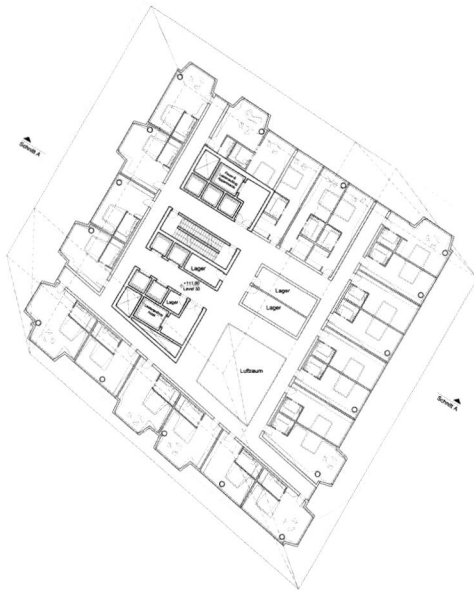

平面图 +233.50 套间 PLANTA +233.50 APARTAMENTOS FLOOR PLAN +233.50 FLATS

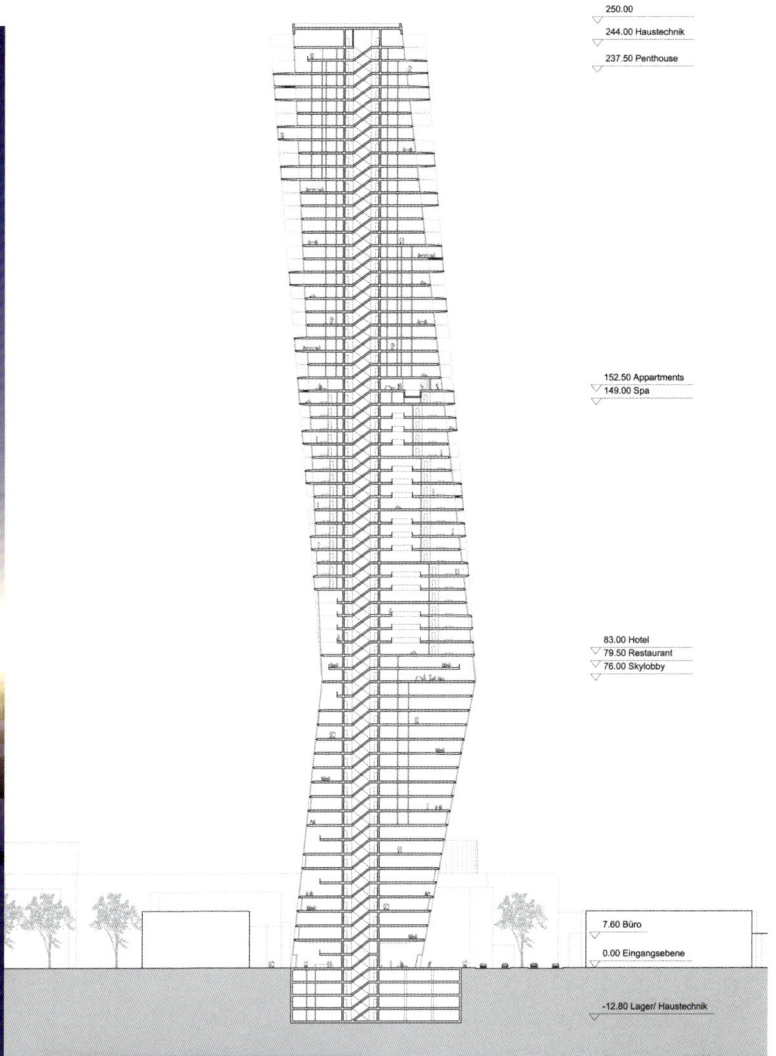

250.00

244.00 Haustechnik

237.50 Penthouse

152.50 Appartments
149.00 Spa

83.00 Hotel
79.50 Restaurant
76.00 Skylobby

7.60 Büro

0.00 Eingangsebene

-12.80 Lager/ Haustechnik

河上博物馆
Museo de Aan Stroom
Museum Aan Stroom

安特卫普, 比利时 Antwerp, Belgium

Neutelings Riedijk 建筑师事务所

这个项目位于**Het Eilandje**区中心的老旧码头群里，这个区域是安特卫普城市中心重建计划的一个重要项目。整座建筑由**10块**巨型天然石材像盒子一样叠放在一起，象征了庄严的历史，充满了我们的祖先留下的历史物件。这个盘旋上升的空间四周是波纹玻璃墙，这里是城市的公共艺术馆。

Está en el corazón de "Het Eilandje". Esta vieja área portuaria está sufriendo la mayor renovación urbana en el centro de Antwerp. Diez cajas naturales de piedra se apilan como demostración física de la gravedad de la historia, llena de objetos históricos que nuestros ancestros han dejado atrás. Este espacio, que está rodeado por un muro de vidrio corrugado, es una galería urbana pública.

It is in the heart of "Het Eilandje". This old port area is the major urban renewal project in the center of Antwerp. Ten gigant natural stone boxes are piled up as a physical demonstration of the gravity of history, full of historical objects that our ancestors left behind. This spiral space, which is bordered by a wall of corrugated glass, is a public city gallery.

60 m

阶段 **estado** state
CONSTRUIDO BUILT 已建成
建筑设计 **arquitectura** architectural design
NEUTELINGS RIEDIJK ARCHITECTS
结构设计 **diseño estructural** structural design
BUREAU BOUWTECHNIEK
建造设计 **diseño constructivo** constructive design
ABT BELGIE
建筑物理 **física del edificio** building physics
PEUTZ BV INGENIEUZE ADVISEURS
安装设计 **diseño de instalación** installation design
MARCQ & ROBA
防火 **contra incendios** fire safety
IFSET INTERNATIONAL FIRE SAFETY ENGINEERING TECHNOLOGY
艺术奖章 **medallones artísticos** art medallion
TOM LANOYE (TEXT) AND TOM HAUTEKIET (DESIGN)
马赛克广场 **plaza mosaico** plaza mosaic
LUC TUYMANS
摄影师 **fotógrafo** photographer
SARAH BLEE, SCAGLIOLA/BRAKKEE

185

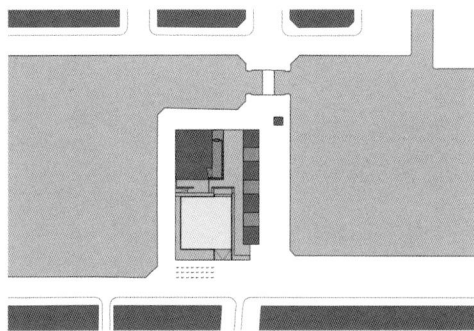

区位图 PLANO DE SITUACIÓN SITE PLAN

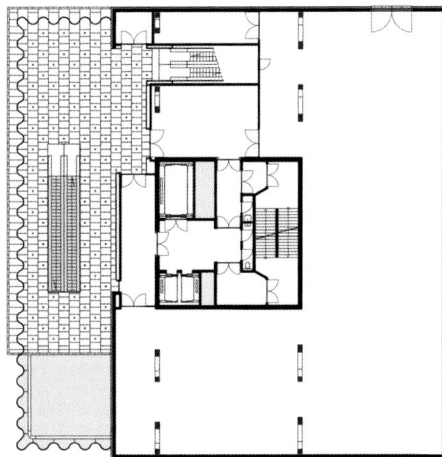

三层平面图 PLANTA SEGUNDA SECOND FLOOR PLAN

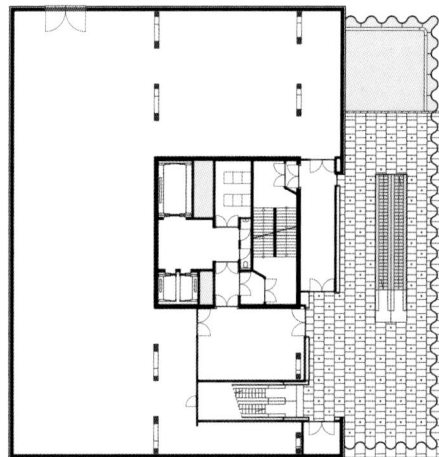

五层平面图 PLANTA CUARTA FOURTH FLOOR PLAN

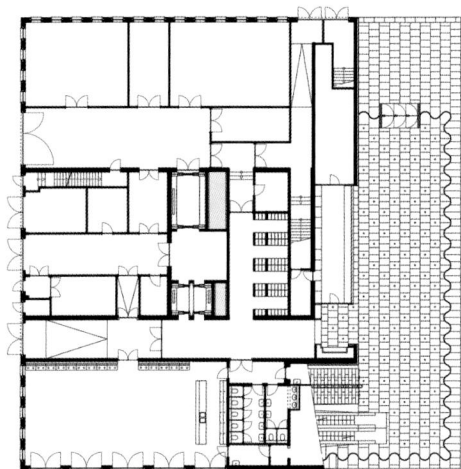

底层平面图 PLANTA BAJA GROUND FLOOR PLAN

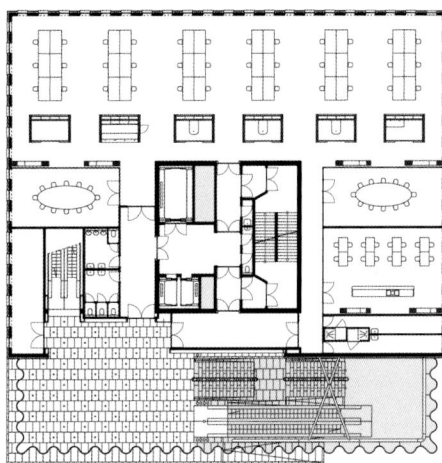

二层平面图 PLANTA PRIMERA FIRST FLOOR PLAN

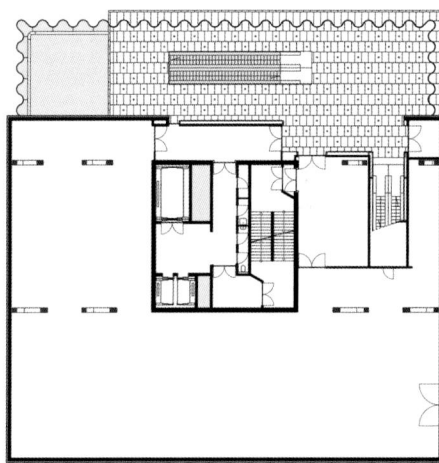

四层平面图 PLANTA TERCERA THIRD FLOOR PLAN

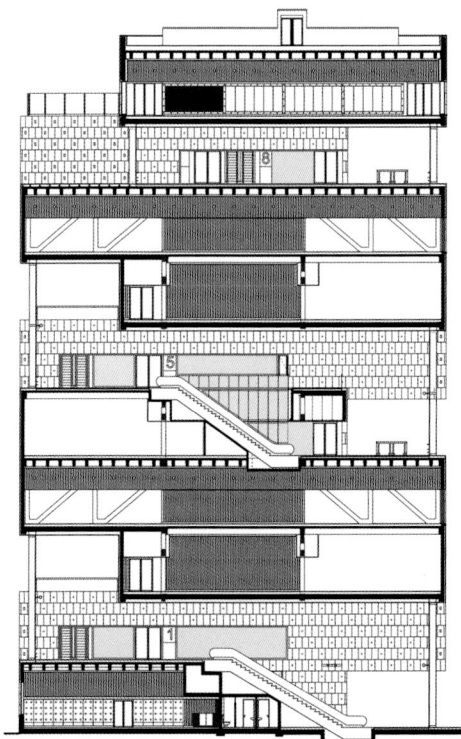

横向剖面图 SECCIONES TRANSVERSALES CROSS SECTIONS

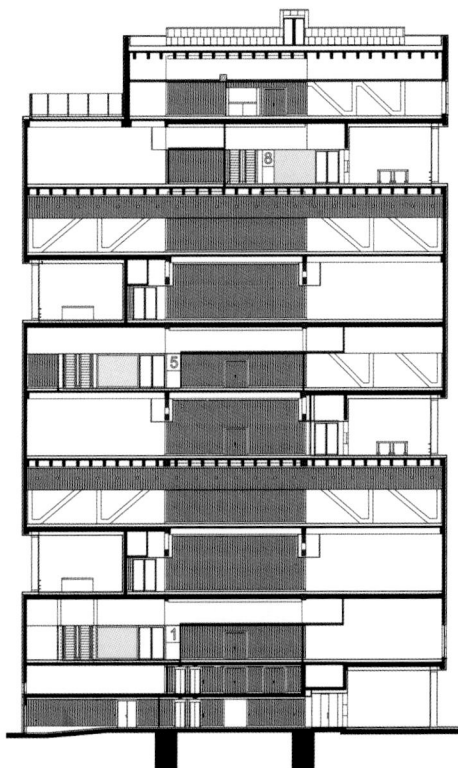

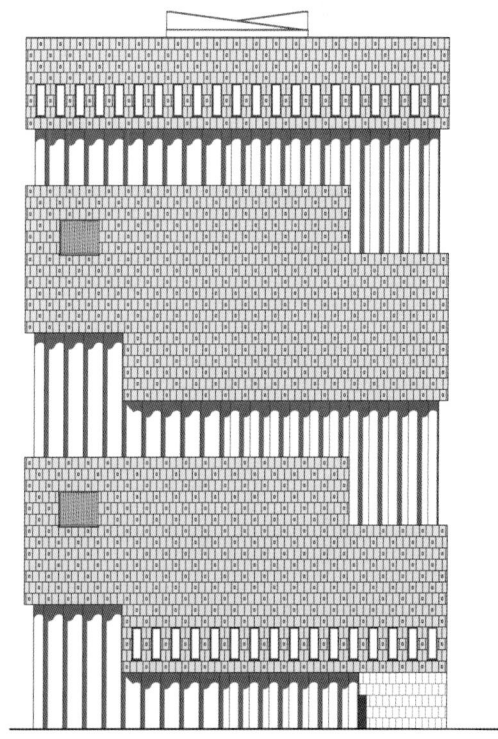

东立面图 FACHADA ESTE EAST FAÇADE

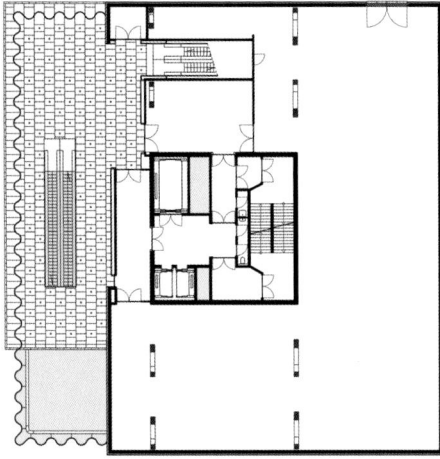
七层平面图 PLANTA SEXTA SIXTH FLOOR PLAN

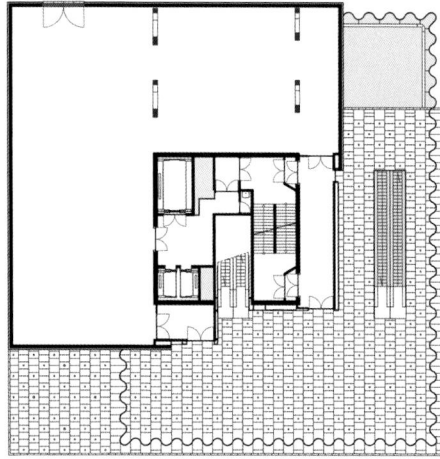
九层平面图 PLANTA OCTAVA EIGHTH FLOOR PLAN

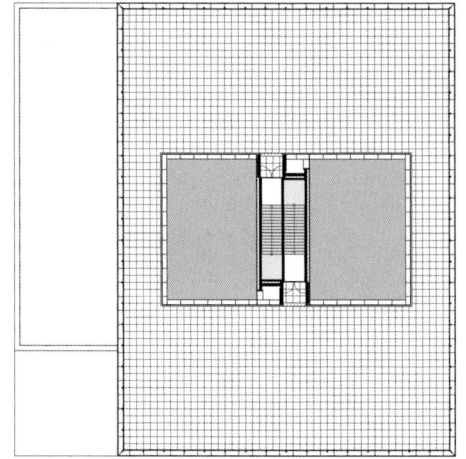
顶层平面图 PLANTA DE CUBIERTA ROOF PLAN

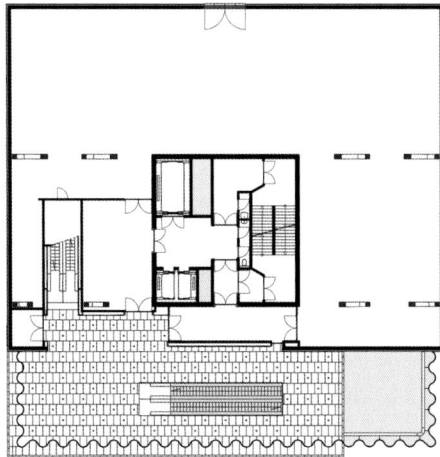
六层平面图 PLANTA QUINTA FIFTH FLOOR PLAN

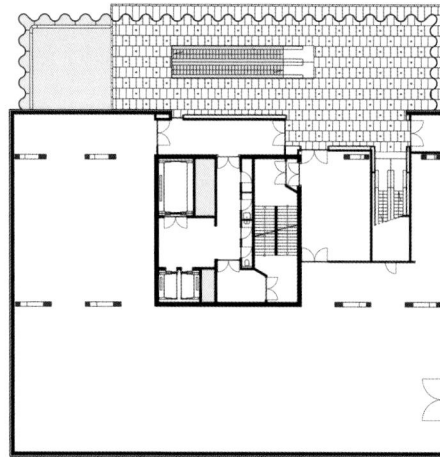
八层平面图 PLANTA SEPTIMA SEVENTH FLOOR PLAN

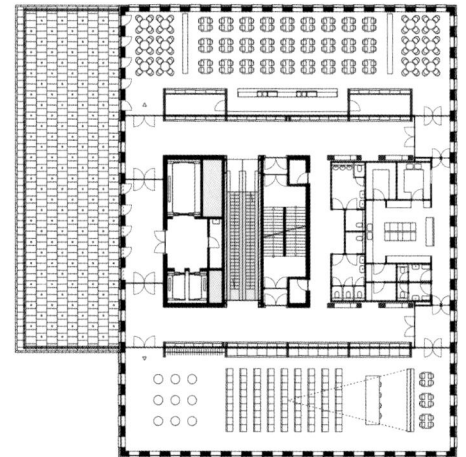
十层平面图 PLANTA NOVENA NINTH FLOOR PLAN

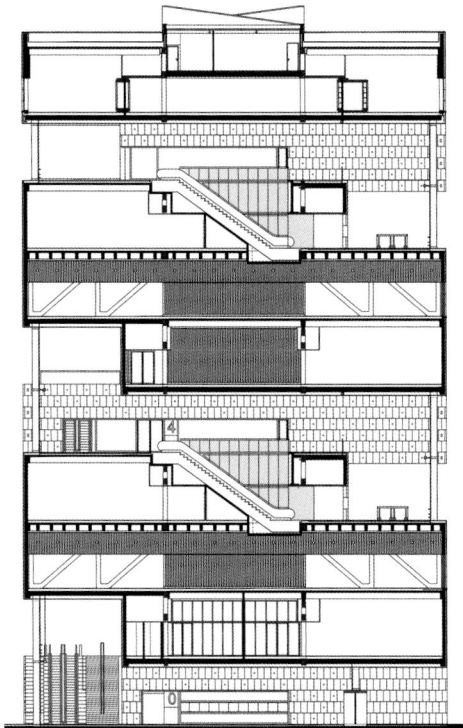
横向剖面图 SECCIONES TRANSVERSALES CROSS SECTIONS

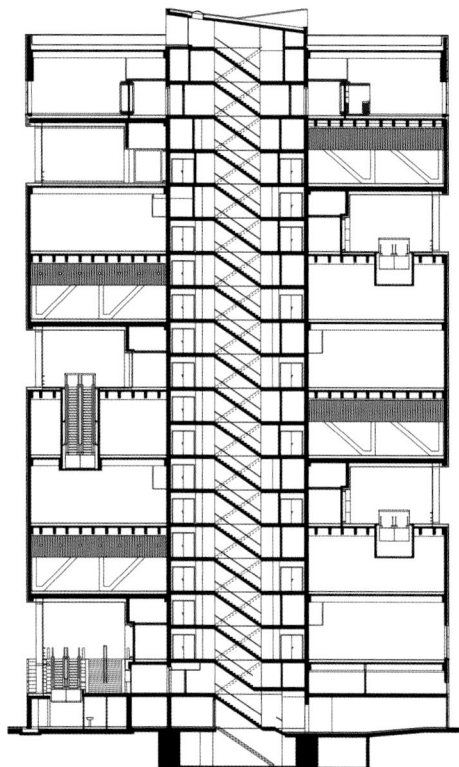

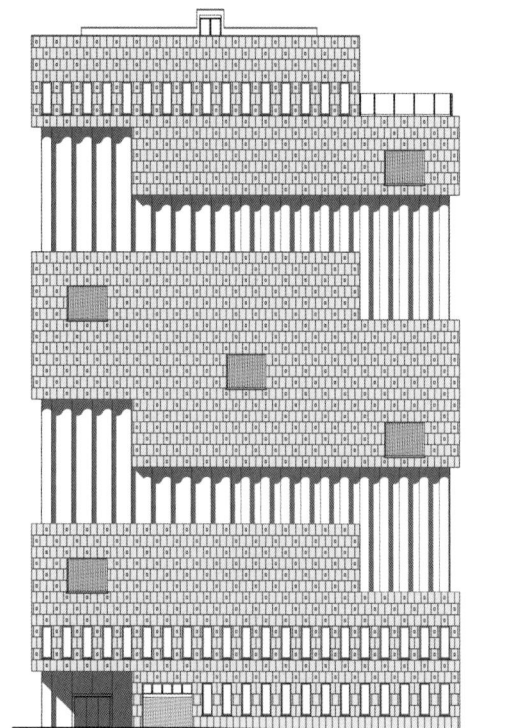
北立面图 FACHADA NORTE NORTH FAÇADE

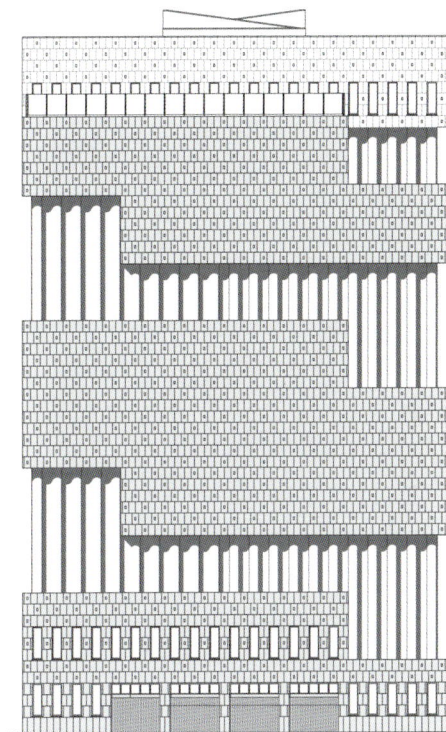

西立面图　FACHADA OESTE　WEST FAÇADE

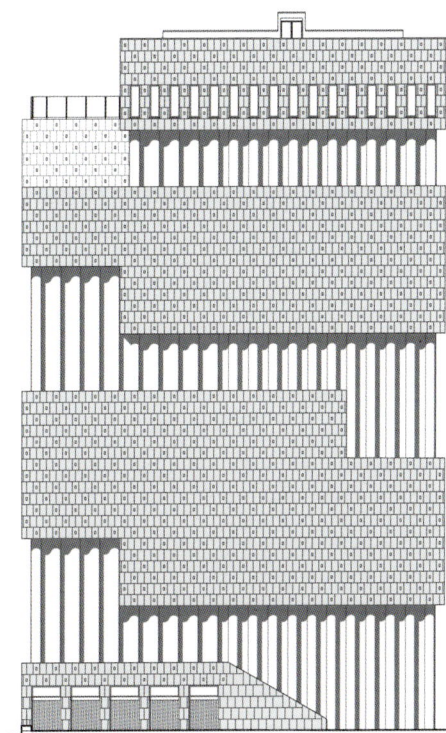

南立面图　FACHADA SUR　SOUTH FAÇADE

多孔薄片大厦
Bloque Porosidad Cortada
Sliced Porosity Block

成都, 中国 Chengdu, China

STEVEN HOLL ARCHITECTS 建筑师事务所

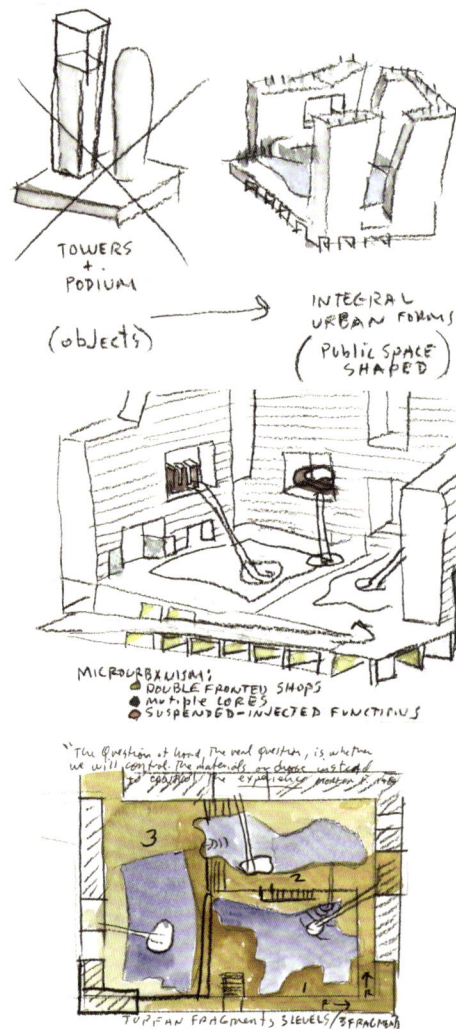

地铁 METRO SUBWAY
公车 BUS BUS

这座建筑群将建在成都一环路和人民南路的交叉路口以南。建筑四面都通透宜人，分布着五个垂直入口，通过一段微型城市购物区，来到架高的三峡广场。建筑群中央的这个宽敞的城市广场，有石阶、坡道、树木、池塘。广场上三个巨大的池塘的设计灵感来自于杜甫的诗句 "三峡楼台淹日月"。这三个池塘成了底下6层的购物中心的天窗。在楼体的空洞处是三座亭台，分别是斯蒂芬·霍尔设计的历史亭、利伯乌斯·伍兹设计的高科技亭和艾未未设计的杜甫亭。

El bloque se localizará al sur de la intersección del Primer Anillo y la calle Ren Min Nan. Porosos y abiertos desde cualquier lado, cinco entradas verticales cortan una zona de tiendas micro-urbanas hasta que llegan hasta la plaza pública elevada 'Tres Valles'. Una gran terraza urbana en el centro del complejo se esculpe con peldaños de piedra, rampas, árboles y estanques. Los tres generosos estanques de la plaza están inspirados en un poema de Du Fu, donde describe como 'El Tiempo ha quedado olvidado en los Tres Valles'. (Du Fu fue uno de los poetas más importantes de la antigua China). Estos tres estanques funcionan como lucernarios del recinto comercial de seis plantas de más abajo. En los vacíos de las fachadas de los bloques se diseñan tres pabellones de Steve Holl (pabellón de la historia), Lebbeus Woods (pabellón de alta tecnología) y Ai Wei Wei (Pabellón de Du Fu).

The block will be located south of the intersection of the First Ring Road and Ren Min Nan Road. Porous and inviting from every side, five vertical entrances cut through a layer of micro-urban shopping before leading to the elevated public 'Three Valley' plaza. A great urban terrace in the center of the complex is sculpted by stone steps, ramps, trees and ponds. The three generous ponds on the plaza are inspired by a poem by Du Fu, in which he describes how 'Time has left stranded in Three Valleys'. (Du Fu was one of ancient China's most important poets). These three ponds function as skylights to the six-story shopping precinct below. Residing on voids in the facades of the blocks three pavilions are designed by Steven Holl (history pavilion), Lebbeus Woods (high tech pavilion), and Ai Wei Wei (Du Fu pavilion).

123 m

阶段 estado state
EN CONSTRUCCION UNDER CONSTRUCTION 建造中

设计建筑师 arquitecto de diseño design architects
STEVEN HOLL, LI HU

联合负责人 encargado asociado associate in charge
ROBERTO BANNURA

主案建筑师 arquitectos de proyecto project architects
LAN WU, HAIKO CORNELISSEN,
PETER ENGLAENDER, JONGSEO LEE

主案设计师 diseñadores de proyecto project designers
CHRISTIANE DEPTOLLA, INGE GOUDSMIT,
MAKI MATSUBAYASHI, SARAH NICHOLS,
MARTIN ZIMMERLI

设计团队 equipo group
JUSTIN ALLEN, JASON ANDERSON,
FRANCESCO BARTOLOZZI, GUANLAN CAO, YIMEI
CHAN, SOFIE HOLM CHRISTENSEN, ESIN EREZ, AYAT
FADAIFARD, MINGCHENG FU, FORREST FULTON,
RUNAR HALLDORSSON, M. EMRAN HOSSAIN,
JOSEPH KAN, SUPING LI, TZLI LIN, YAN LIU,
JACKIE LUK, DAIJIRO NAKAYAMA, PIETRO PEYRON,
ROBERTO REQUEJO, ELENA ROJAS-DANIELSEN,
MICHAEL RUSCH, IDA SZE, FILIPE TABOADA,
MANTA WEIHERMANN, EBBIE WISECARVER,
HUMAN TIELIU WU, JINLING YU

合作建筑师 arquitectos asociados associate architects
CHINA ACADEMY OF BUILDING RESEARCH
HONG JIN, WANG ZHENMING, LU YAN

安装防火工程师 ingenieria de instalaciones MEP + fire engineering
OVE ARUP&PARTNERS

可持续性发展顾问 consultores LEED LEED consultant
OVE ARUP&PARTNERS

结构工程 ingenieria estructuras structure engineering
CHINA ACADEMY OF BUILDING RESEARCH
LIU JUNJIN, ZHU HUOSHENG

监理 aparejador quantity surveyor
DAVIS LANGDON&SEAH (DLS)
HU PING, SUN YING

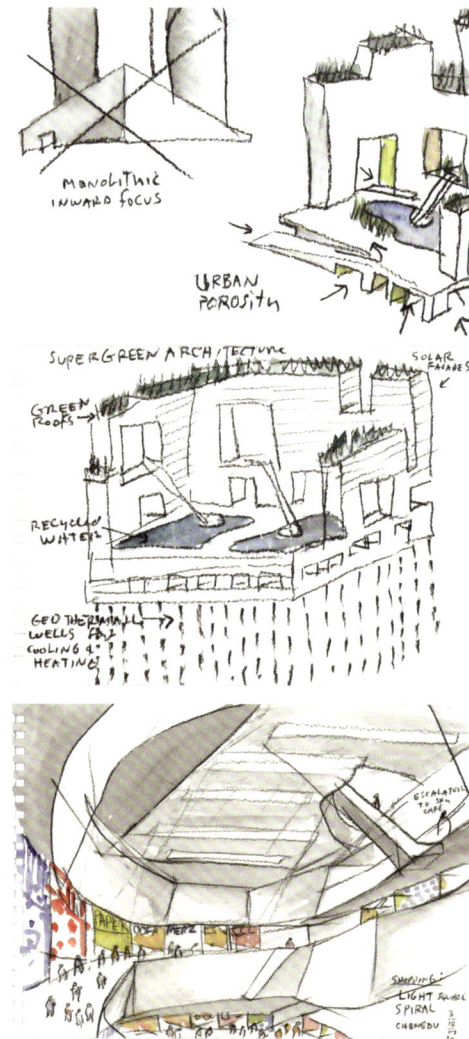

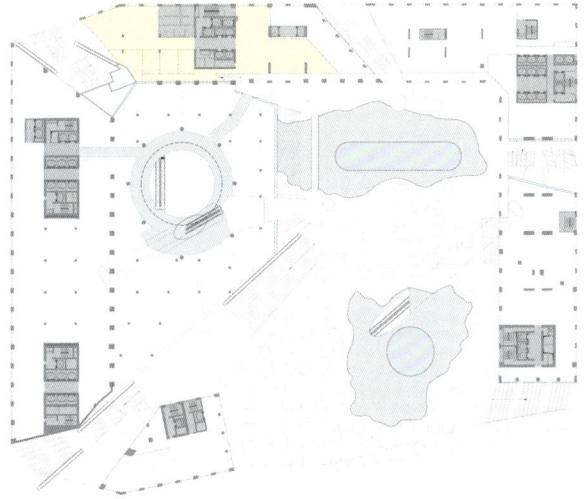

三层平面图 PLANTA NIVEL 3 FLOOR PLAN LEVEL 3

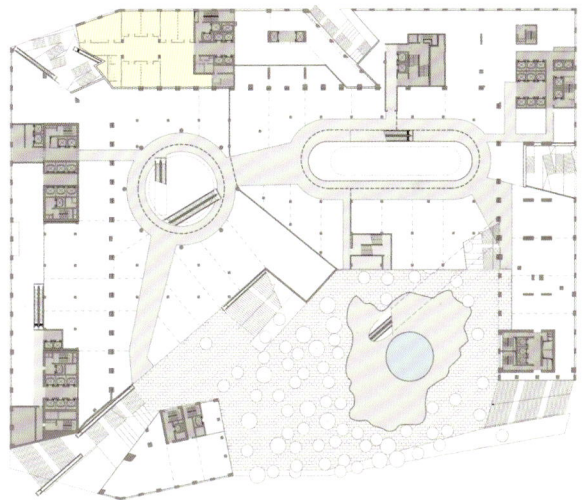

二层平面图 PLANTA NIVEL 2 FLOOR PLAN LEVEL 2

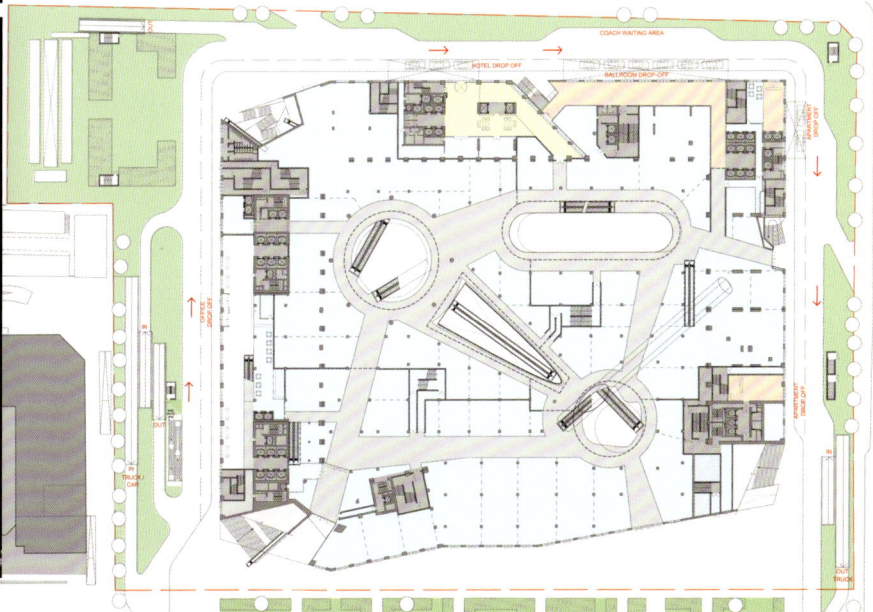

底层平面图 PLANTA NIVEL 1 FLOOR PLAN LEVEL 1

十一层平面图 PLANTA NIVEL 11 FLOOR PLAN LEVEL 11

七、八层平面图 PLANTA NIVEL 7-8 FLOOR PLAN LEVEL 7-8

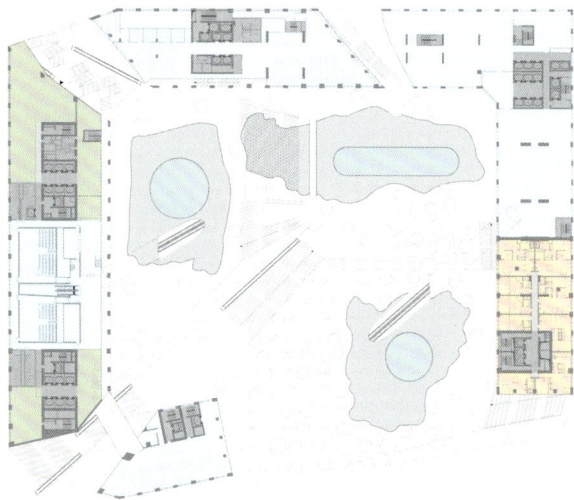

四层平面图 PLANTA NIVEL 4 FLOOR PLAN LEVEL 4

T4 - APARTMENT   T3 - HOTEL   T2 - OFFICE

东立面图 ALZADO ESTE EAST ELEVATION

191

剖面图 AA SECCIÓN AA SECTION AA

剖面图 CC SECCIÓN CC SECTION CC

总平面图 PLANTA GENERAL OVERALL PLAN

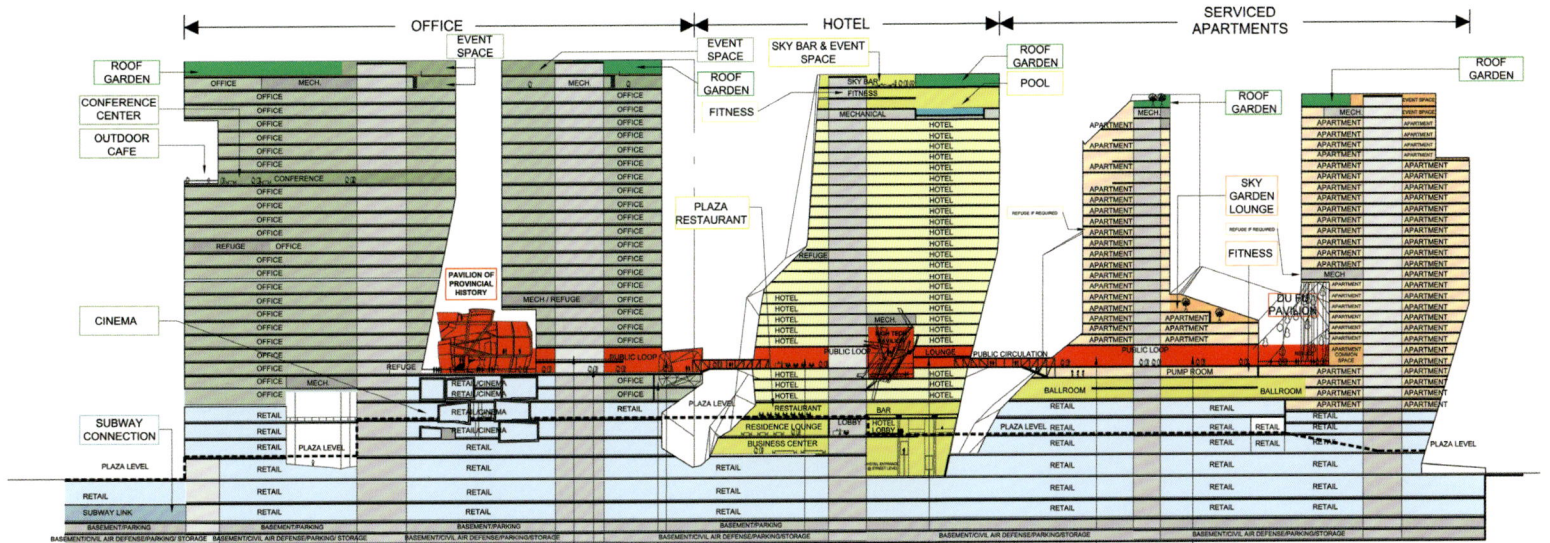

1ST RING ROAD

OFFICE　　HOTEL　　SERVICED APARTMENTS

ROOF GARDEN
CONFERENCE CENTER
OUTDOOR CAFE
CINEMA
SUBWAY CONNECTION
PLAZA LEVEL

EVENT SPACE
ROOF GARDEN
FITNESS
PLAZA RESTAURANT
PAVILION OF PROVINCIAL HISTORY

SKY BAR & EVENT SPACE
ROOF GARDEN
POOL
FITNESS

ROOF GARDEN
SKY GARDEN LOUNGE
FITNESS
DU FU PAVILION

ROOF GARDEN

OFFICE / MECH. / CONFERENCE / REFUGE / RETAIL / PLAZA LEVEL / BASEMENT/CIVIL AIR DEFENSE/PARKING/STORAGE

HOTEL / MECHANICAL / RESTAURANT / BAR / LOBBY / HOTEL LOBBY / RESIDENCE LOUNGE / BUSINESS CENTER / PUBLIC LOOP

APARTMENT / MECH. / BALLROOM / PUMP ROOM / RETAIL / LECTURE ROOM

SUBWAY LINK

展开剖面图 SECCIÓN DESPLEGADA UNFOLDED SECTION

RESTAURANT & LOUNGE (MEZZANINE)
GALLERY
AUDITORIUM
MULTI-FUNCTION/CEREMONIAL ROOM
INTERNET LOUNGE
RESTAURANT & BAR
INTERNET LOUNGE
RESTAURANT
LECTURE ROOM

192

标志性的几何
geometría icónica
iconic geometry

建筑不是绘画或雕塑⋯⋯建筑是关于空间与运动。它是四维的。

"Architecture is not painting or sculpture... Architecture is about space and movement. It's four-dimensional."

布鲁斯•J•格雷厄姆 Bruce J. Graham

格雷厄姆和结构工程师弗兹鲁尔•康共同设计了芝加哥的两座地标建筑——希尔斯大厦和约翰•汉考克中心。格雷厄姆于1989年从SOM事务所退休。

Two of Chicago's landmarks - the Sears Tower and the John Hancock Center - were designed by Graham in partnership with structural engineer Fazlur Khan. Graham retired from SOM in 1989

天际村
Un pueblo en el Cielo
Sky Village

哥本哈根, 丹麦 Copenhagen, Denmark

MVRDV 建筑师事务所
ADEPT 建筑师事务所

在哥本哈根近郊Rødovre的天际线之上应该添加怎样一座摩天大厦呢？球体、尖塔还是立方体？另外，关键的就只有形态吗？你能否想象一座不是仅重形式的大厦？设计师追求的是一种全新的理念，要求建筑具备灵活性，办公空间能够轻易转变为住宅，反之亦然；小单元能转变为大单元，反之亦然。这座大厦采用7.8x7.8米的网架结构，网格是极小的，组合成千姿百态的造型。网格围绕着一个中央核心安排布局，配有电梯、楼梯和升降机井。

¿Qué tipo de torre debería añadirse al horizonte de Rødovre, la periferia de Copenhague?. Debería ser una esfera, una espiral, un cubo?. ¿Y sólo cuenta la forma?. ¿Puede uno imaginar una torre que sólo está dirigida por su forma?. Demandamos un nuevo concepto que muestra la flexibilidad, donde las oficinas pueden fácilmente transformarse en viviendas y viceversa, donde unidades pequeñas pueden transformarse en otras más grandes y viceversa. La torre es una estructura mallada de 7.8x7.8m con una tamaño de pixel mínimo; se pueda imaginar cualquier configuración. La malla se organiza alrededor de un núcleo central con los ascensores, escaleras e instalaciones.

What kind of tower should be added to the skyline of Rødovre, the near periphery of Copenhagen? Should it be a sphere, a spire, a cube? And is it only form that counts? Can one imagine a tower that is more than merely form driven? The designers demand a new concept that shows flexibility, where offices can easily be transformed into housing and vice versa, where smaller units can be transformed into bigger ones and vice versa. The tower is a 7.8x7.8m grid structure with a minimal pixel size; any configuration can be imagined. The grid is organized around a central core with lifts, stairs and shafts.

116 m

阶段 estado state
DISEÑO CONCEPTUAL CONCEPTUAL DESIGN 概念设计

建筑师 arquitectos architects
WINY MAAS, JACOB VAN RIJS, NATHALIE DE VRIES, FOKKE MOEREL, JOANNA GASPARSKI, NOEMIE CRISTOBAL

联合建筑师 co-arquitectos co-architects
ANDERS LONKA, MARTIN KROGH, MARTIN LAURSEN, KURT ØHLENSLÆGER, MIA KRISTENSEN, STEFANIA SACCO, BRUNO DIAS, YANG, JUAN CARLOS

结构师 ingenieros engineers
SØREN JENSEN RÅDGIVENDE INGENIØRFIRMA
ANDERS PETER GALSGAARD · FRANK JENSEN
ABT BV · ROB NIJSSE

模型 maquetas models
MADE BY MISTAKE · DICK

总平面图 PLANO DE SITUACIÓN SITE PLAN

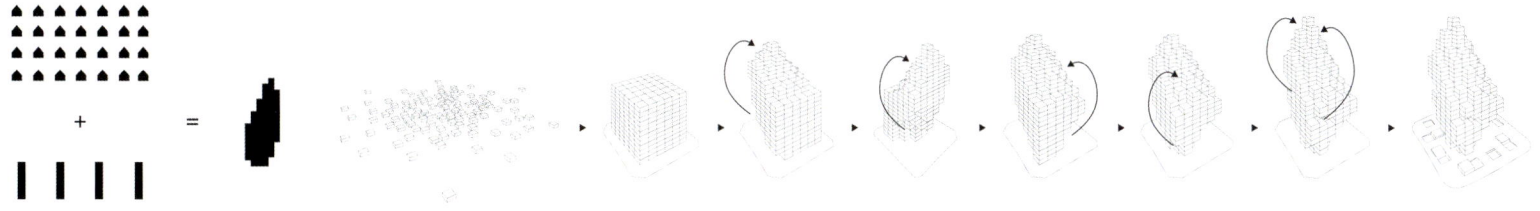

概念 CONCEPTO CONCEPTO

东立面图 FACHADA ESTE EAST FAÇADE

西立面图 FACHADA OESTE WEST FAÇADE

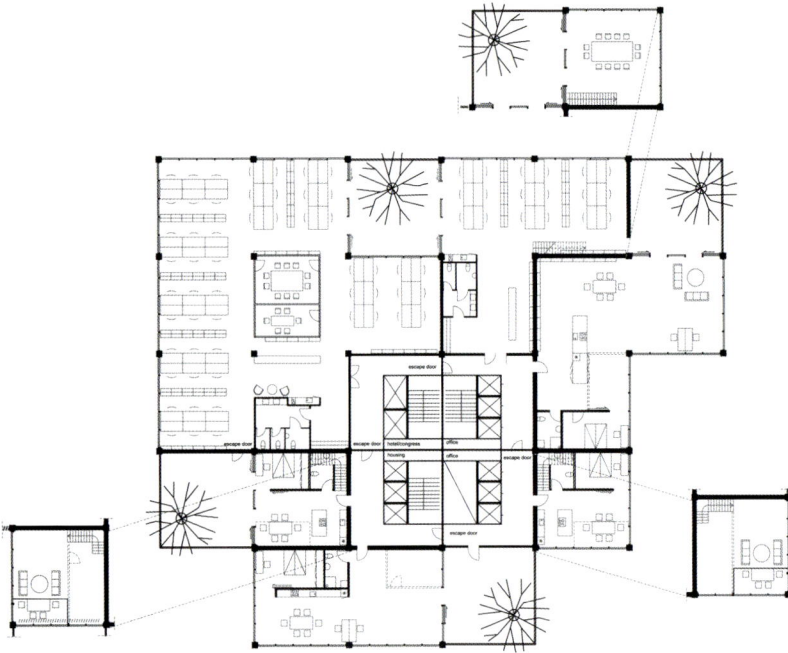

十五层平面图 NIVEL +15 LEVEL +15

十九层平面图 NIVEL +19 LEVEL +19

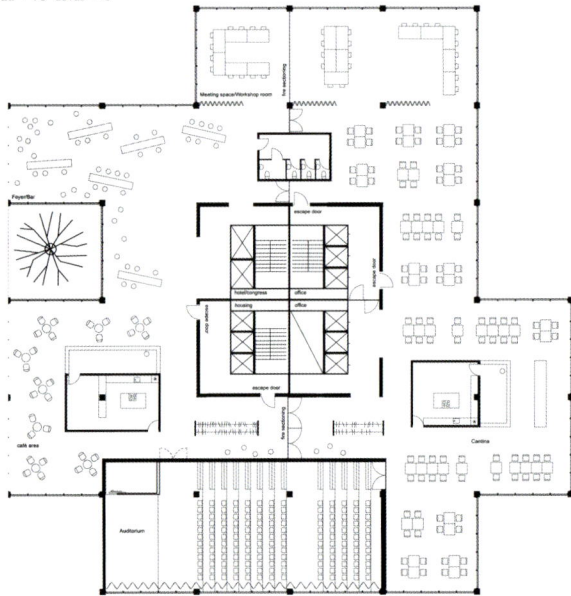

十层平面图 NIVEL +10 LEVEL +10

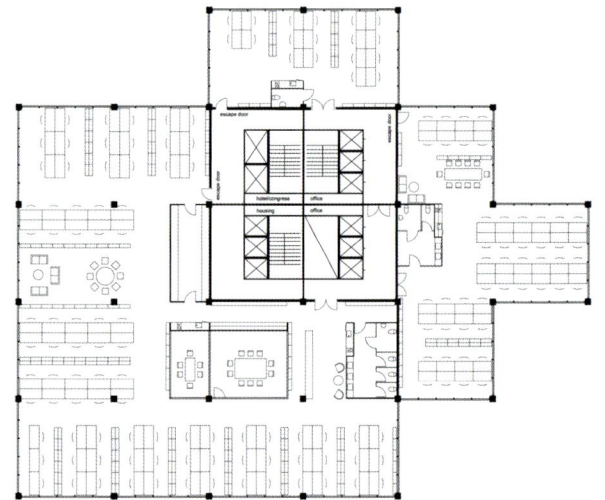

五层平面图 NIVEL +5 LEVEL +5

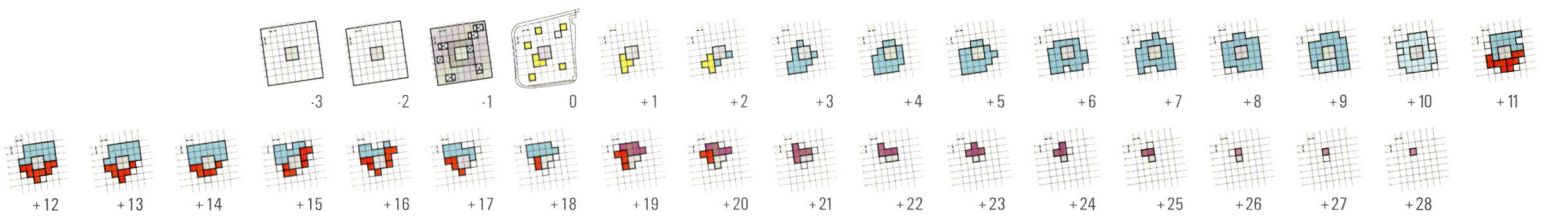

停车场 APARCAMIENTO PARKING
仓库 ALMACÉN STORAGE
植物房 SALA DE PLANTAS PLANT ROOM

核心主体 NÚCLEO CORE

商业区 COMERCIAL COMMERCIAL

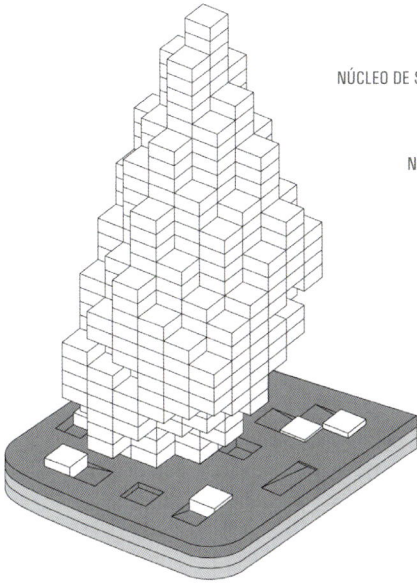

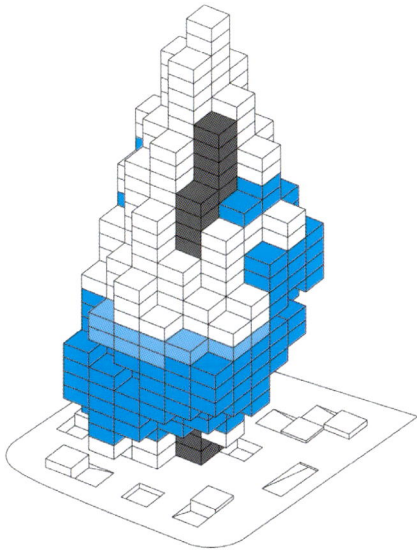

酒店及餐饮核心主体
NÚCLEO DE SERVICIO DE HOTEL Y RESTAURANTE
CORE SERVICING HOTEL AND RESTAURANT

住宅核心主体
NÚCLEO DE SERVICIO DE VIVIENDA
CORE SERVICING HOUSING

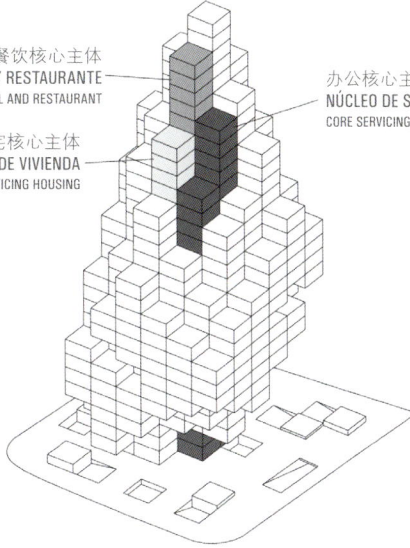

办公核心主体
NÚCLEO DE SERVICIO DE OFICINAS
CORE SERVICING OFFICES

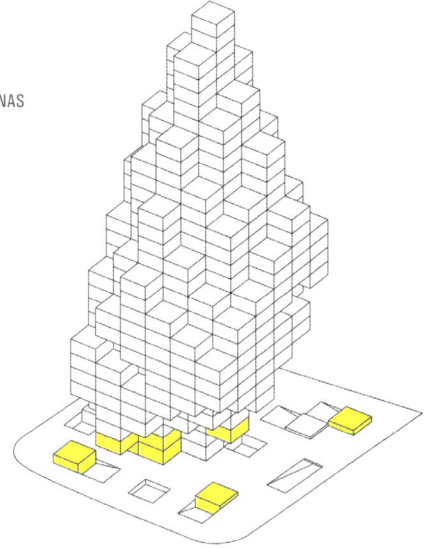

办公区 OFICINAS OFFICES

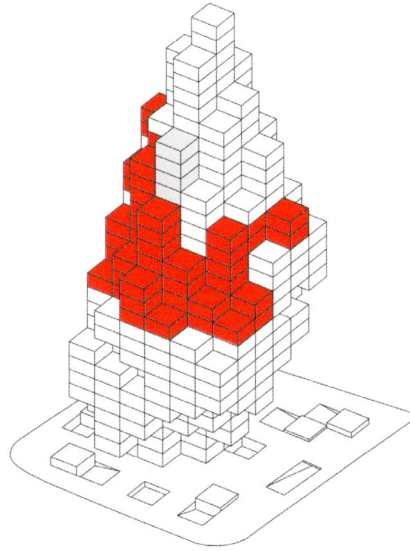

住宅区 VIVIENDA HOUSING

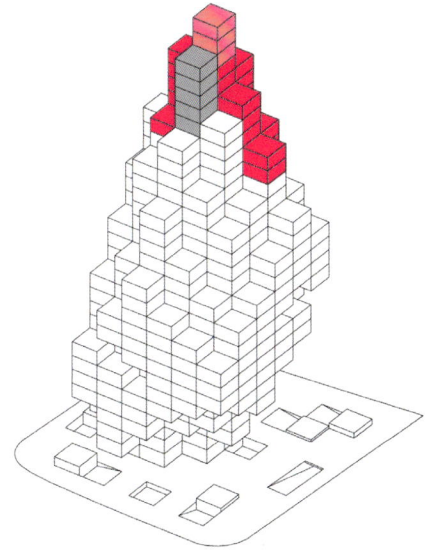

酒店及餐饮区 HOTEL Y RESTAURANTE HOTEL AND RESTAURANT

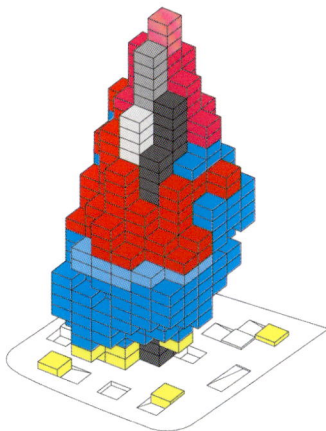

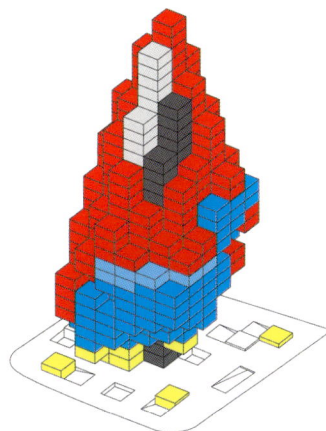

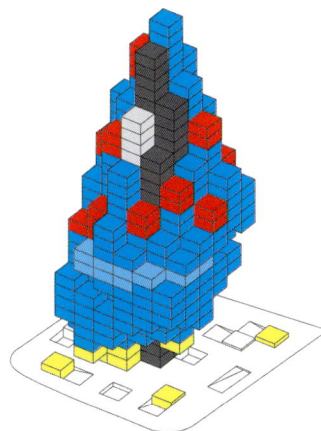

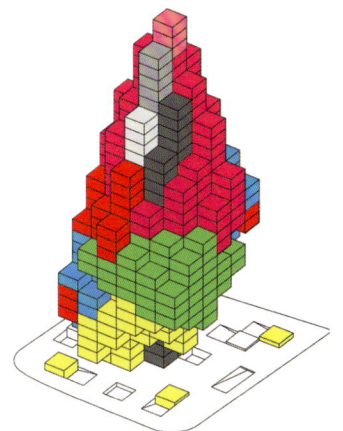

功能的灵活性 FLEXIBILIDAD DE LAS FUNCIONES FLEXIBILITY IN FUNCTION

阿布扎比投资公司大厦
Torre de la Compañía de Inversión Abu Dhabi
Abu Dhabi Investment Company Tower

阿布扎比, 阿联酋 Abu Dhabi, UAE

PTW 建筑师事务所

这个项目的地点位于阿布扎比国家展览中心（ADNEC）的A-08地段，在一个矩形街区的末端，周围环绕着三条路，大楼面向西面的主路，也就是"首都中心车道"。大楼南面的外立面凸显了建筑的核心——两部玻璃升降梯。东面和北面的外立面则向后移到一个距地面基准高度16.2米高的平台上。所有外立面（除了南面）都以栅格框架为特色，栅格后面采用一道幕墙。东面和西面的外立面栅格中安装了金属遮光栅格，以便增加些阴凉。大厦的楼板接近正方形，采用60毫米的方格单元，以实现设计的最高效率。

El emplazamiento del proyecto ocupa la parcela no A-08 del ADNEC (Centro Nacional de Exposiciones de Abu Dhabi). El emplazamiento está al final de una parcela rectangular rodeada por tres calles con el edificio mirando hacia el oeste hacia una vía principal conocida como Capital Centre Drive. La fachada sur está dominada por el núcleo del edificio con dos ascensores de vidrio. Las fachadas este y norte se retranquen respecto de un zócalo de 16.2 metros. Todas las fachadas excepto la sur tienen una estructura super-mallada con un muro cortina detrás. La malla de las fachadas este y oeste incorporan lamas metálicas para la protección solar. La forma de la planta de la torre está cerca del cuadrado y se basa en la trama del tartán (tela escocesa) de 600mm para maximizar su eficiencia.

The project site occupies Plot No A-08 of the ADNEC (Abu Dhabi National Exhibition Centre). The site is on the end of a rectangular block surrounded by three roads with the building fronting west onto the main road known as Capital Centre Drive. The south façade is dominated by the building core which features two glass lifts. The east and north façades are set back on top of a Podium rising 16.2 metres from the ground level. All façades except for the south façade feature a super-grid frame structure with a curtain-wall skin behind. The east and west façades' super-grid incorporate metal louvers for added sun shade. The tower floor plate is close to square and is based on a tartan grid module of 600mm to maximise planning efficiency.

125.14 m

阶段 estado state
EN CONSTRUCCION UNDER CONSTRUCTION 建造中

主案建筑师 arquitecto director principal architect
STEPHEN STINTON

安装工程 ingeniería de instalaciones mechanical engineering
GHALEB ISMAIL

项目经理 project manager project manager
SAMIR O.HAMMOUD

现场建筑师 arquitecto local local architect
ABBAD AL RADI

空中花园 JARDÍN-LUCERNARIO SKY GARDEN

网格护窗侧面 FACHADA CON CONTRAVENTANA MALLADA SUPER GRID LOUVRED FAÇADE

总裁办公室 OFICINA EJECUTIVA EXECUTIVE OFFICE

观景电梯核心 ASCENSOR DE CRISTAL/NÚCLEO GLASS LIFT/CORE

普通办公室 OFICINA GENERAL GENERAL OFFICE

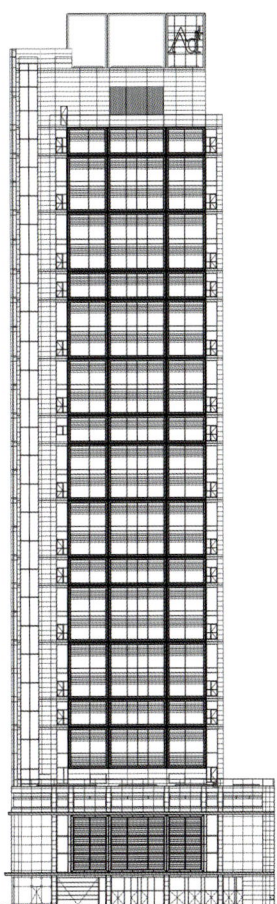

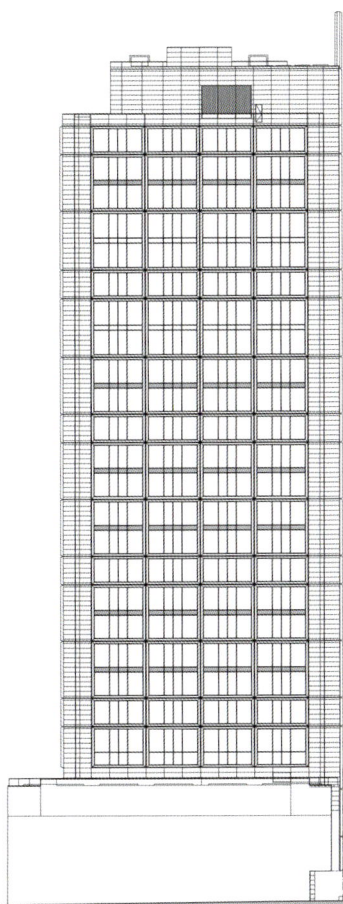

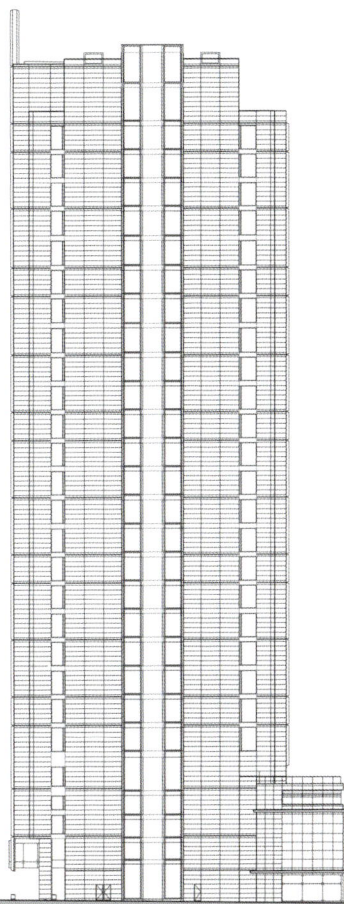

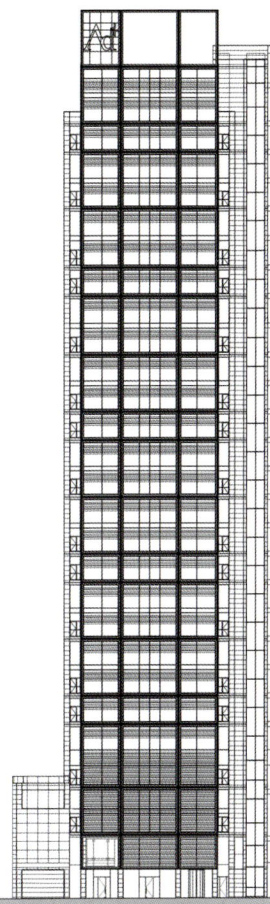

东立面图 ALZADO ESTE EAST ELEVATION　　北立面图 ALZADO NORTE NORTH ELEVATION　　南立面图 ALZADO SUR SOUTH ELEVATION　　西立面图 ALZADO OESTE WEST ELEVATION

大厅 VESTÍBULO LOBBY 1.
服务区 SERVICIO SERVICE 2.
办公室 OFICINA OFFICE 3.
总裁办公室 OFICINA EJECUTIVA EXECUTIVE OFFICE 4.
空中花园 JARDÍN·LUCERNARIO SKY GARDEN 5.

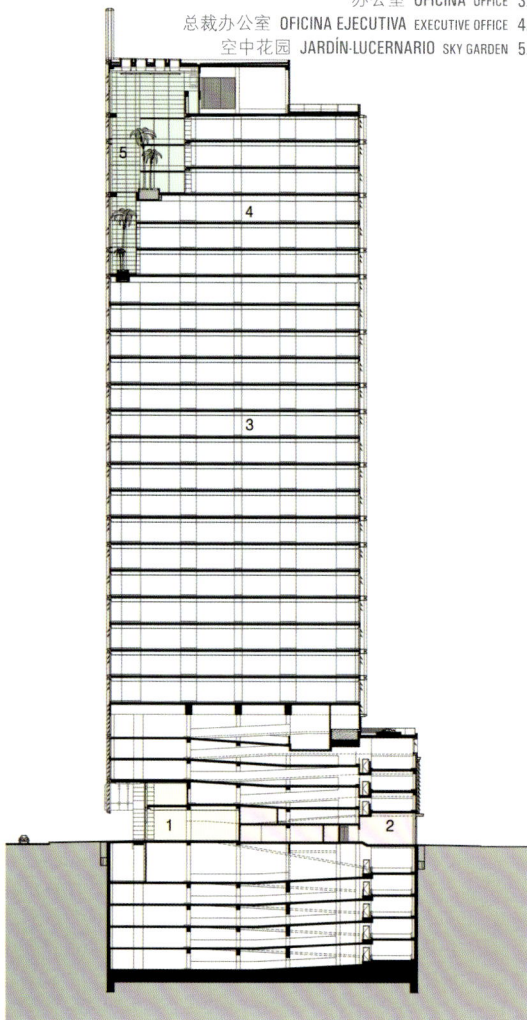

典型剖面图 SECCIÓN TIPO TYPICAL SECTION

前台 RECEPCIÓN RECEPTION 1.
大厅 VESTÍBULO LOBBY 2.
商铺 COMERCIO RETAIL 3.
服务区 SERVICIO SERVICE 4.
柱廊 CORREDOR COLLONADE 5.

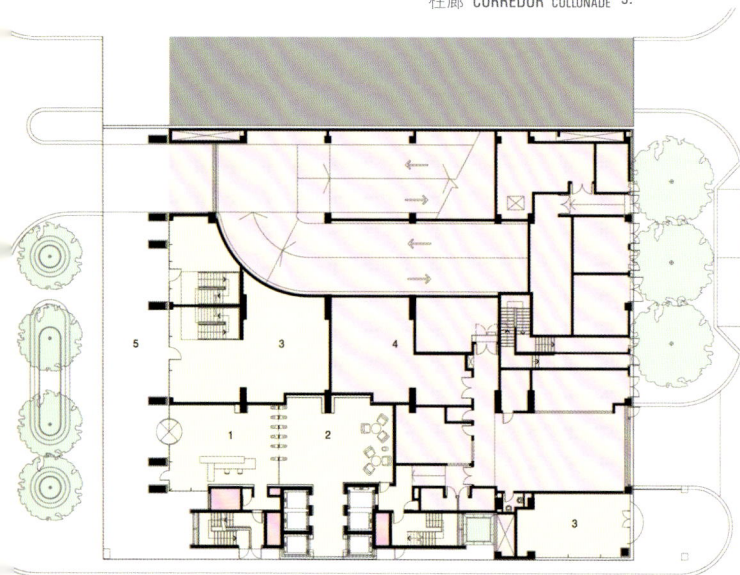

底层平面图 PLANTA BAJA GROUND FLOOR PLAN

1. 空中花园 JIARDÍN·LUCERNARIO SKY GARDEN
2. 总裁办公室 OFICINA EJECUTIVA EXECUTIVE OFFICE
3. 大厅 VESTÍBULO LOBBY

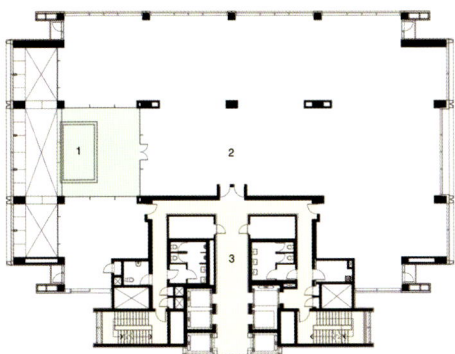

二十一层平面图 PLANTA NIVEL 20 FLOOR PLAN LEVEL 20

1. 空中花园 JIARDÍN·LUCERNARIO SKY GARDEN
2. 总裁办公室 OFICINA EJECUTIVA EXECUTIVE OFFICE
3. 大厅 VESTÍBULO LOBBY

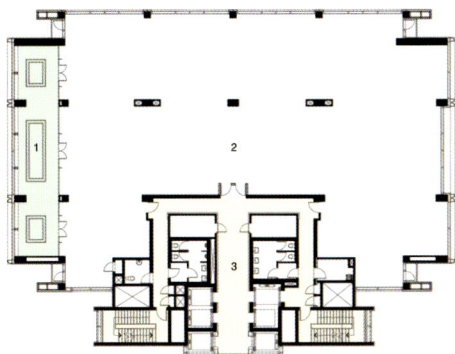

十八层平面图 PLANTA NIVEL 17 FLOOR PLAN LEVEL 17

1. 办公室 OFICINA OFFICE
2. 大厅 VESTÍBULO LOBBY

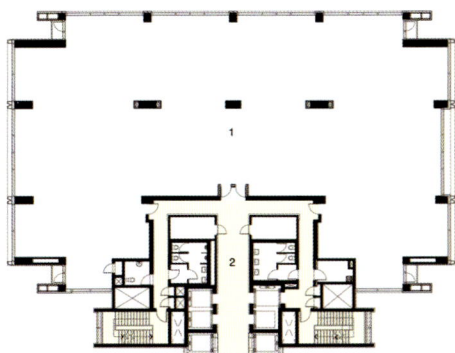

三层平面图 PLANTA NIVEL 2 FLOOR PLAN LEVEL 2

"蚕茧"摩天楼
Torre Cocoon Mode Gakuen
Mode Gakuen Cocoon Tower

东京, 日本 Tokyo, Japan

Tange Associates 丹下都市建筑师事务所

这个项目位于东京极具特色的西新宿高层建筑区，包含三所学校，共有大约10000名学生。创新的建筑造型和新潮的外立面设计蕴含了独特的"蚕茧"设计理念。场地有限的面积对设计师来说是个挑战，他们必须设计一种新型的教育大楼。挑高三层中庭休息厅分布于三个不同的方向：东、西南、西北，称为"学生休息厅"的一种新型的"操场"。

Ubicado en el distrito en altura de Nishi-Shinjuku de Tokyo, el proyecto contiene 3 escuelas con aproximadamente 10.000 estudiantes. La forma innovadora y su fachada vanguardista abraza nuestro concepto único de "capullo". La superficie limitada del lugar era un reto para desarrollar una nueva tipología para una arquitectura educativa. Tres vestíbulos de tres plantas en forma de atrios, localizados en tres direcciones distintas, este, suroeste y noroeste, es lo que denominamos el "Vestíbulo Estudiantil, un nuevo tipo de "jardín de recreo".

Located in Tokyo's distinctive Nishi-Shinjuku high-rise district, the project contains 3 schools with approximately 10,000 students. The innovative shape and cutting edge façade embodied the unique "cocoon" concept. The site's limited size challenged the designers to develop a new typology for educational architecture. Three-story-high atrium lounges, located in three different directions, east, southwest and northwest, are the "Student Lounge", a new type of "schoolyard".

203.65 m

阶段 estado state
CONSTRUIDO BUILT 已建成

项目负责人 arquitecto director principal architect
PAUL NORITAKA TANGE

建造 construcción construction
SHIMIZU CORPORATION

团队 equipo team
YOSHINORI TAKAHASHI, TOMOHIRO KIMURA, MASAKI NAKAYAMA, MASAYOSHI HONDA

摄影 fotógrafo photographer
KOJI HORIUCHI

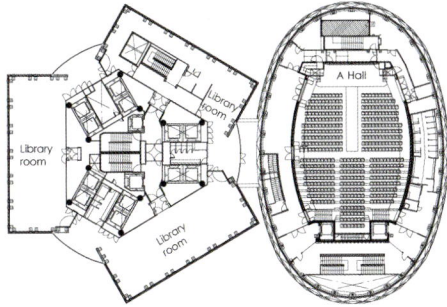

五层平面图 PLANTA NIVEL +5 FLOOR PLAN LEVEL +5

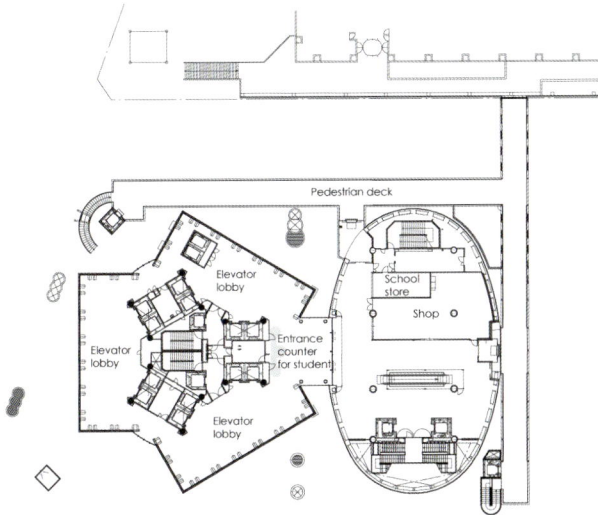

二层平面图 PLANTA NIVEL +2 FLOOR PLAN LEVEL +2

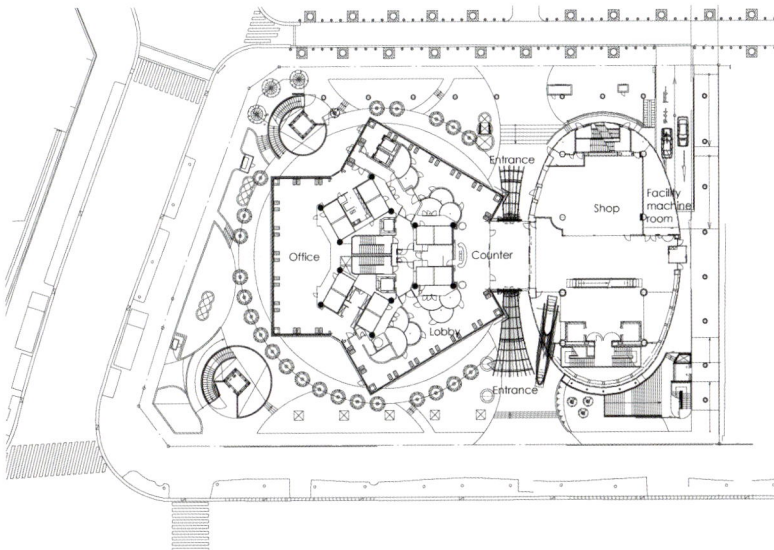

底层平面图 PLANTA NIVEL +1 FLOOR PLAN LEVEL +1

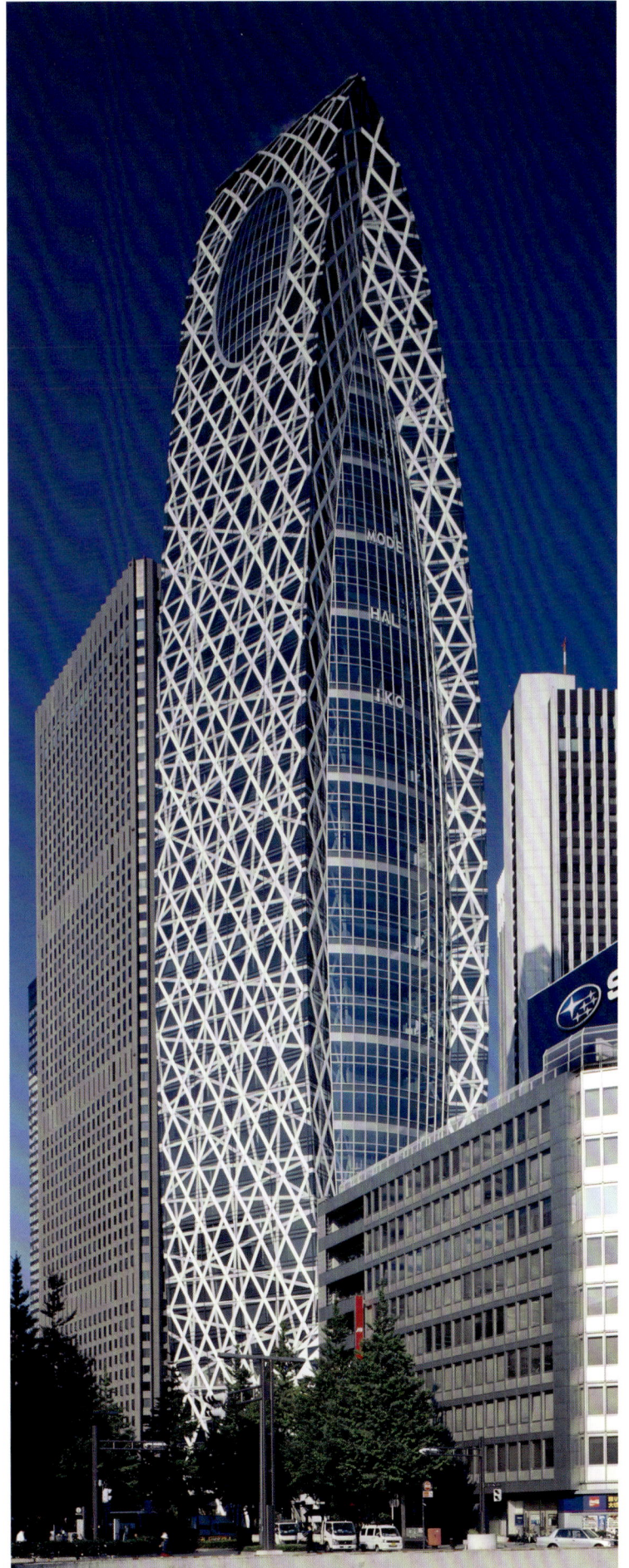

Cocoon-like bandraster: dotted frit

Spandrel:
Aluminum panel, float plate glass t=10, 12, 15 mm

Diagonal curtain wall section:
Extruded aluminum, baked fluorocarbon finish,
float plate glass t=10, 12, 15 mm

Gondola rail:
Extruded aluminum, baked fluorocarbon finish

FL

FL

1 Unit

W6,000 × H3,700

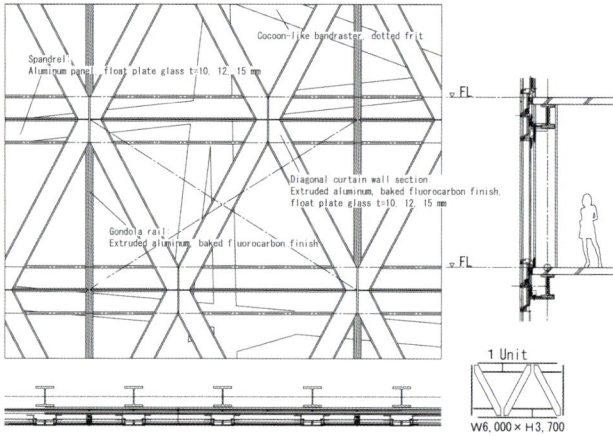

外部 EXTERIOR EXTERIOR

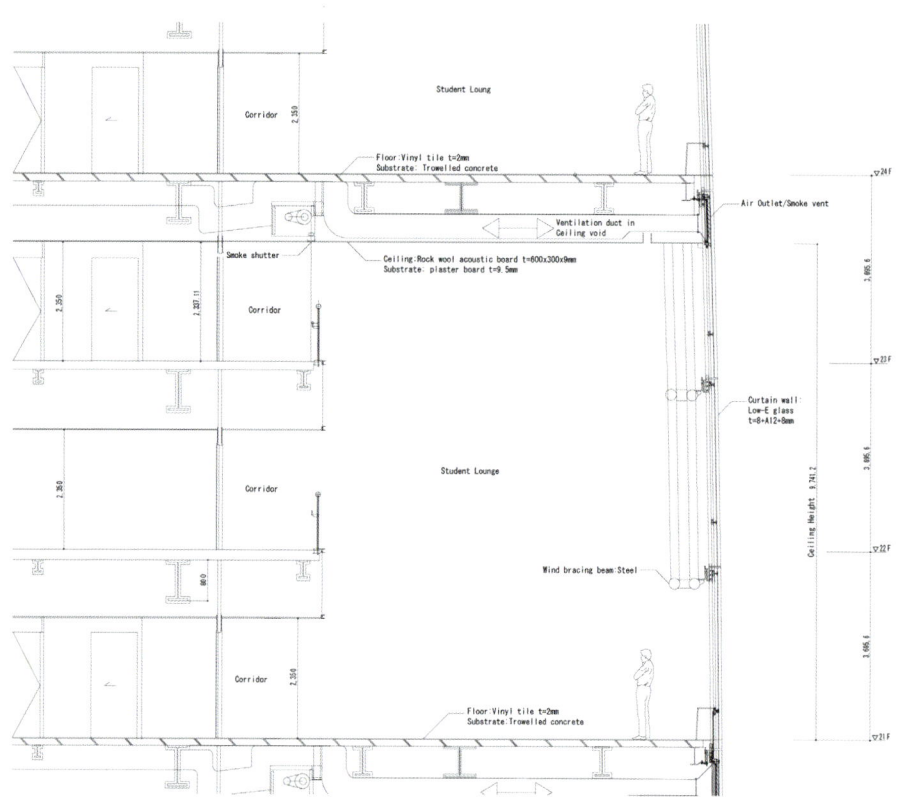

Student Loung

Corridor

Floor:Vinyl tile t=2mm
Substrate: Trowelled concrete

Ventilation duct in
Ceiling void

Air Outlet/Smoke vent

Smoke shutter

Ceiling:Rock wool acoustic board t=600x300x9mm
Substrate: plaster board t=9.5mm

Corridor

Curtain wall:
Low-E glass
t=8+A12+8mm

Student Lounge

Corridor

Wind bracing beam:Steel

Ceiling Height 9,741.2

Corridor

Floor:Vinyl tile t=2mm
Substrate:Trowelled concrete

细节剖面图 SECCIÓN DETALLE SECTION DETAIL

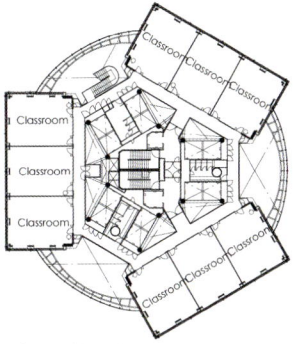

二十三层平面图 PLANTA NIVEL +23 FLOOR PLAN LEVEL +23

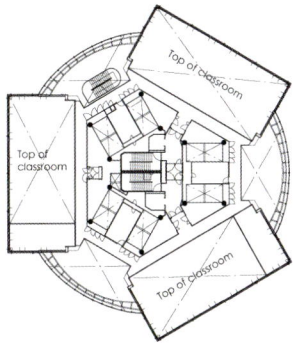

二十二层平面图 NIVEL +22 LEVEL +22

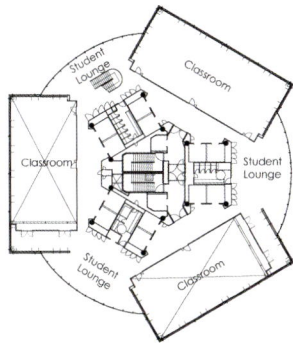

二十一层平面图 NIVEL +21 LEVEL +21

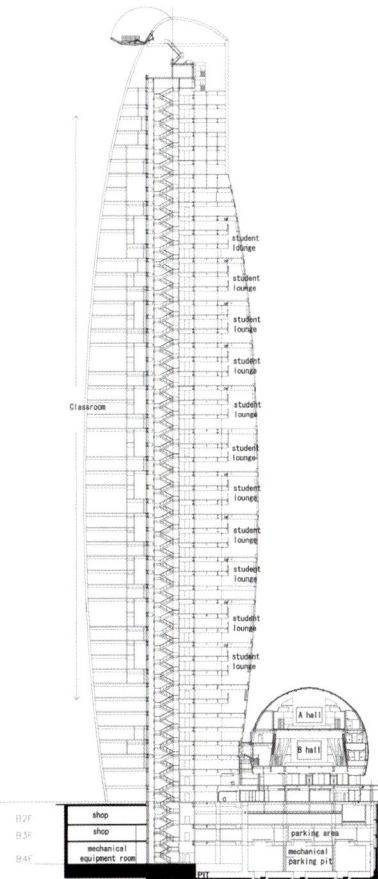

剖面图 SECCIÓN SECTION

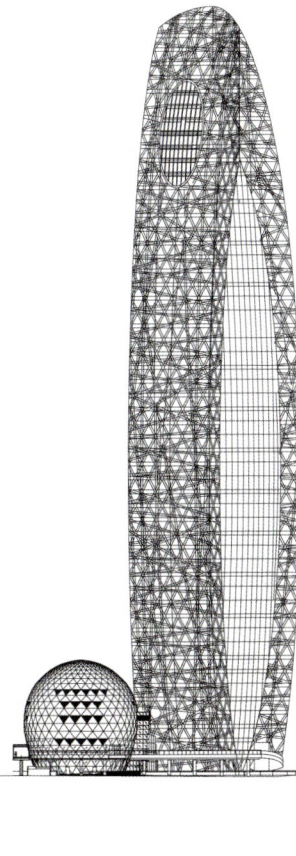

北立面图 ALZADO NORTE NORTH ELEVATION

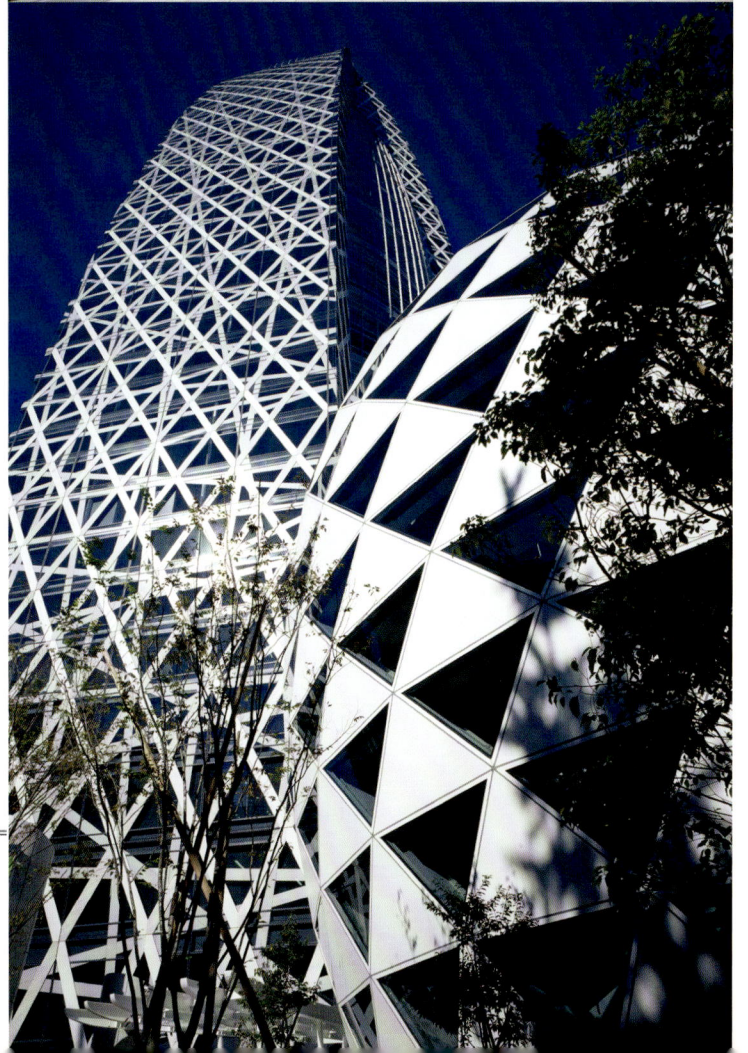

奥林匹亚季
Barrio de Olympia
Olympia Quarter

阿尔梅尔, 荷兰 Almere, The Netherlands

JDS/JULIEN DE SMEDT 建筑师事务所
in collaboration with MVRDV 建筑师事务所

这个项目的规划使设计师有机会在大厦顶层设置一个阁楼，但是这一特殊条件带来的优势却要以阁楼的专用为代价。于是设计师决定不这样设计，而是把阁楼设置在大厦中心，让每个人都能用，成为整座楼的一个大型空中花园。设计师要处理的既有分层次的城市环境，又有十分紧凑有限的空间，于是他们面临着两个相反的对策：两座建筑体，一座悬浮在另一座之上，或者是单一的一体式建筑，在正中间设置一个特色空间。设计师尽量让建筑结构同时拥有"连续性"与"非连续性"。一个高高的传统荷兰窗让充足的阳光能照射进来;典型的现代长窗让望向户外的视野尽可能的宽广。设计师将这二者巧妙结合。

El Plan Director concedía la posibilidad de tener un ático en lo alto de la torre pero el beneficio de esta condición especial sería sólo para un uso exclusivo. En cambio, decidimos traer el ático al corazón del edificio, accesible para todos, proporcionando un jardín elevado para todo el bloque. Considerando un entorno urbano estratificado, y un volumen muy compacto, tuvimos que afrontar consecuentemente 2 estrategias opuestas: dos volúmenes, uno flotando sobre el otro, o una masa única desvelando un momento especial en el corazón del edificio. Decidimos jugar tanto con la continuidad y la discontinuidad de las estructuras. Una ventana tradicional holandesa proporciona una eficiente penetración de la luz; la típica ventana alargada moderna proporciona la mayor visión posible: simplemente las hicimos coincidir.

The Masterplan gave the designers the possibility to have a penthouse* on top of the tower but the benefit of this very special condition would have come at the expense of an exclusive use. Instead, they decided to bring the penthouse at the heart of the building, accessible by everyone, providing the entire block with a large elevated garden. Having to deal with a layered urban setting, and a very compact volume, it was consequential for the designers to face 2 opposite strategies: two volumes, one floating over the other, or a unique mass unveiling a special moment in the very heart of the building. They tried to play both with continuity and discontinuity of structures. A traditional tall Dutch window provides efficient penetration of light; the typical modern long window provides the widest panorama vision possible: they simply made them meet.

42.85 m

阶段 estado state
EN PROGRESO IN PROGRESS 设计中

团队 equipo team
JULIEN DE SMEDT, BARBARA WOLFF, FEDERICO PEDRINI, MATYAS PAPP, PETER VANDE MAELE, RYAN NEIHEISER, RYOKO IKEDA, ROBERT HUSBER, SCOTT COREY

截断 CORTAR CUT · 抬起 LEVANTAR LIFT · 填入 OCUPAR OCCUPY · 中间阁楼 ÁTICO INTERMEDIO MIDDLE PENTHOUSE

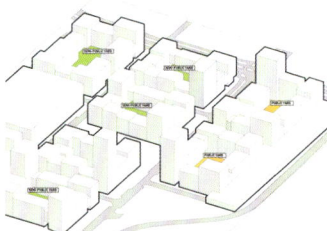

天井 PATIO YARD · 通道 PASAJE WALKWAY · 停车场 APARCAMIENTO PARKING
大楼 TORRE TOWER · 天井 PATIO YARD · 楼层 PLANTAS FLOORS
功能分布 PROGRAMA PROGRAM · 广告 PUBLICIDADES ADVERTISEMENTS · 外裹 ENVOLTORIO WRAP
窗户 VENTANAS WINDOWS · 屋顶 CUBIERTA ROOF

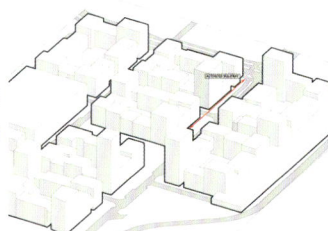

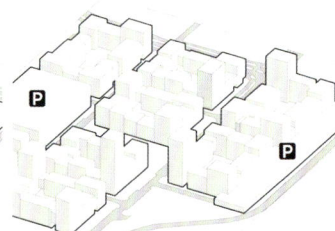

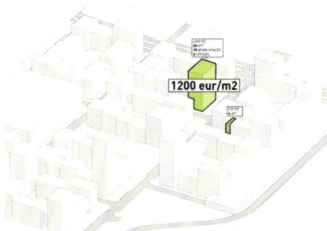

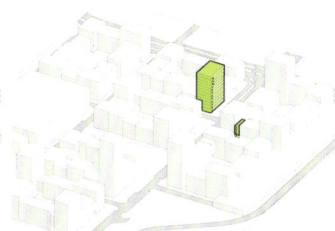

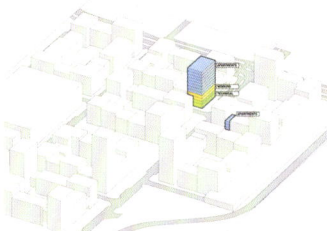

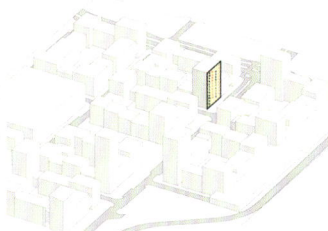

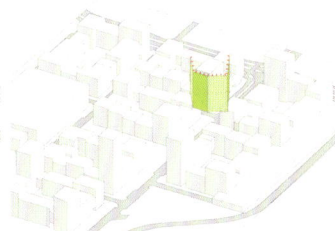

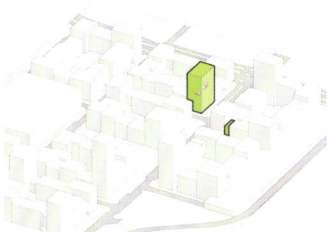

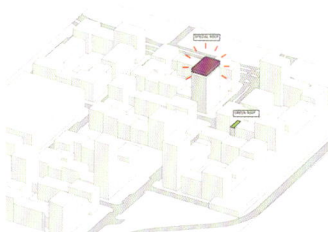

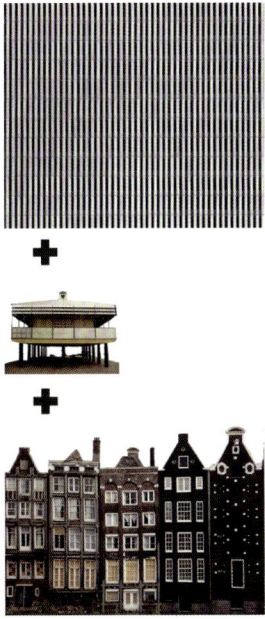

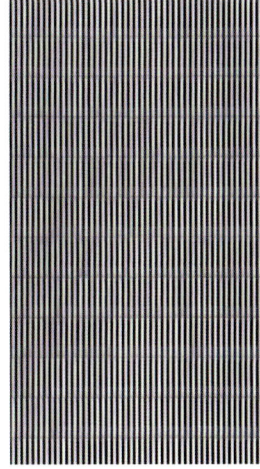

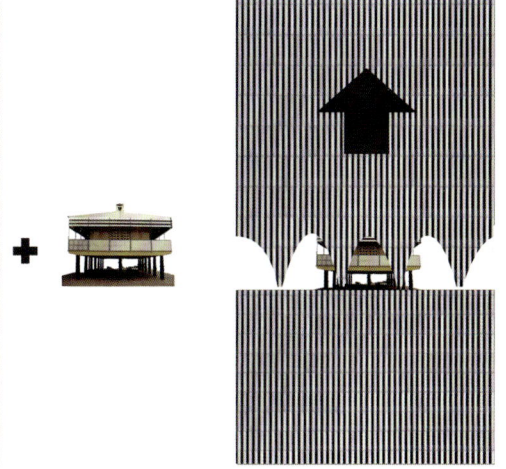

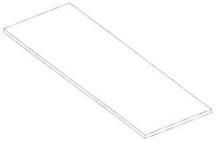

公寓
APARTAMENTO
APARTMENT

分布
PROGRAMA
PROGRAM

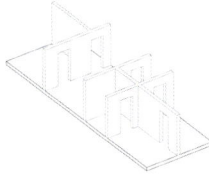

典型空间分布
DIVISIÓN ESPACIAL TIPO
TYPICAL SPATIAL DIVISION

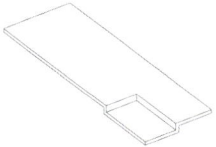

房间由阶梯状地面定义
HABITACIÓN DEFINIDA POR PASO DE PLANTA
ROOM DEFINED BY FLOOR STEP

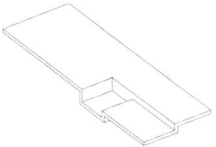

空间连续性
CONTINUIDAD ESPACIAL
SPATIAL CONTINUITY

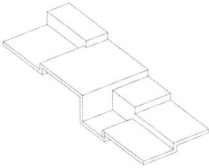

每个房间都在不同的标高上
CADA HABITACIÓN EN UN NIVEL DIFERENTE
EACH ROOM ON A DIFFERENT LEVEL

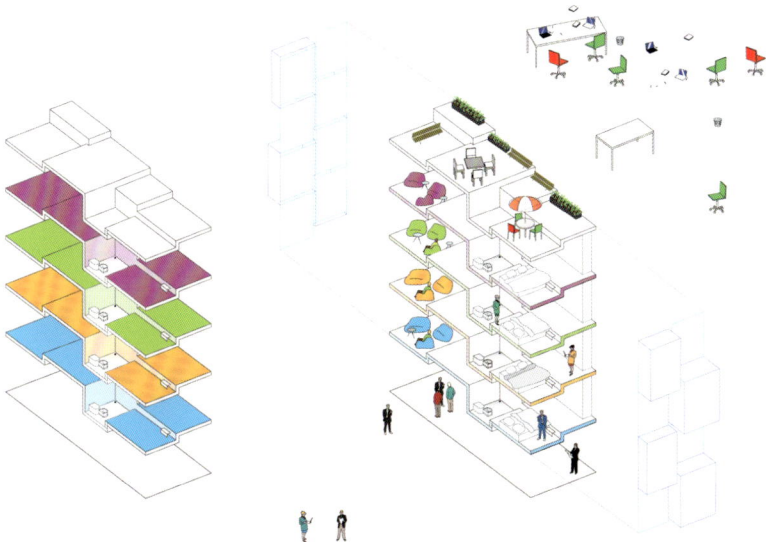

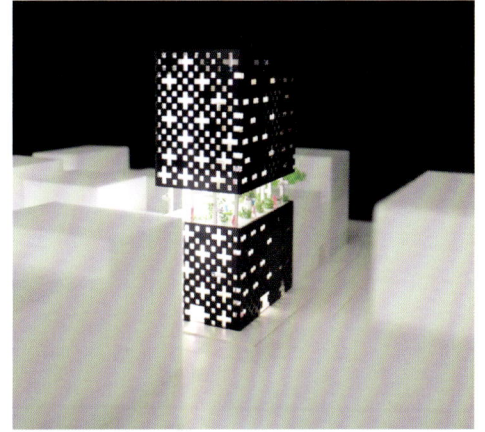

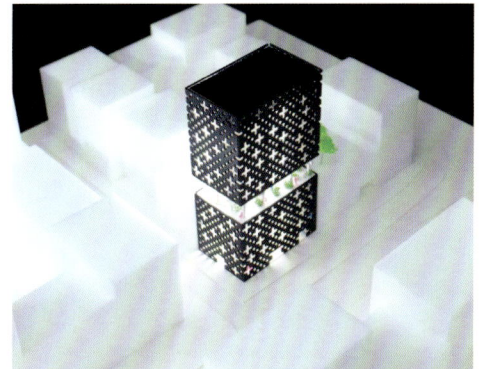

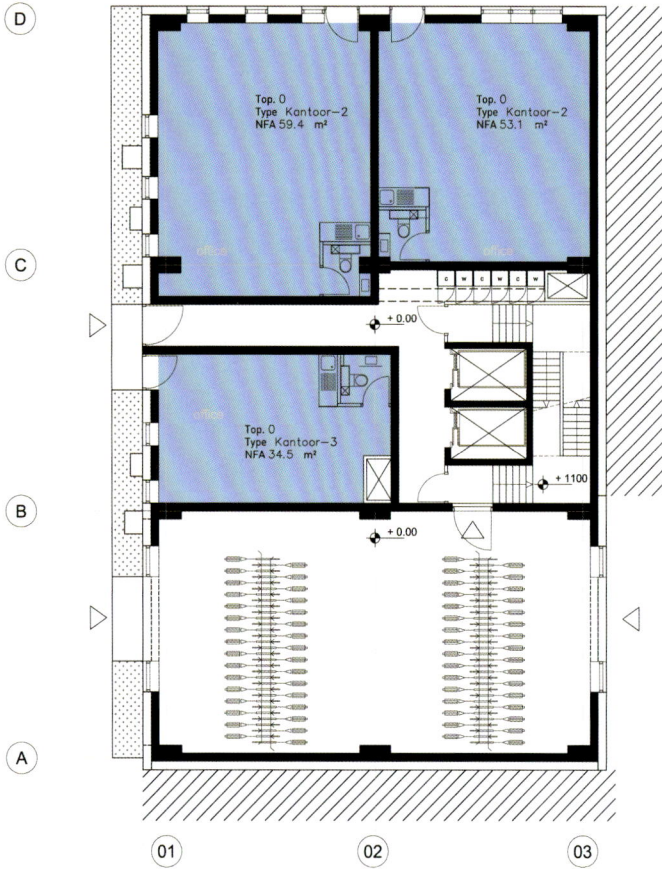

Top. 0
Type Kantoor-2
NFA 59.4 m²

Top. 0
Type Kantoor-2
NFA 53.1 m²

Top. 0
Type Kantoor-3
NFA 34.5 m²

+ 0.00

+ 1100

+ 0.00

D
C
B
A

01   02   03

底层平面图 PLANTA BAJA GROUND FLOOR PLAN

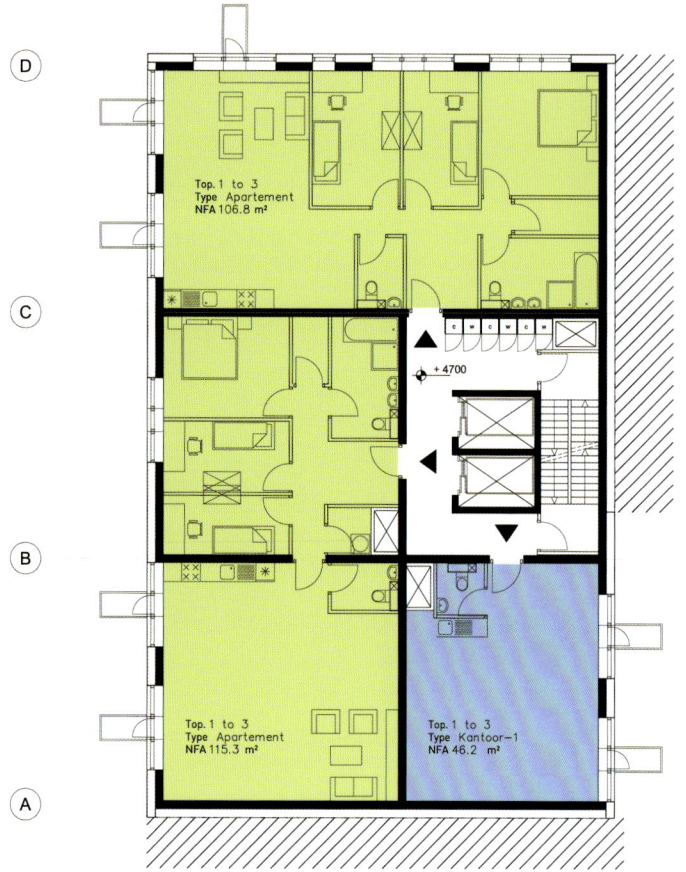

Top. 1 to 3
Type Apartement
NFA 106.8 m²

+ 4700

Top. 1 to 3
Type Apartement
NFA 115.3 m²

Top. 1 to 3
Type Kantoor-1
NFA 46.2 m²

D
C
B
A

1-3层平面图 PLANTA NIVEL 1-3 FLOOR PLAN LEVEL 1-3

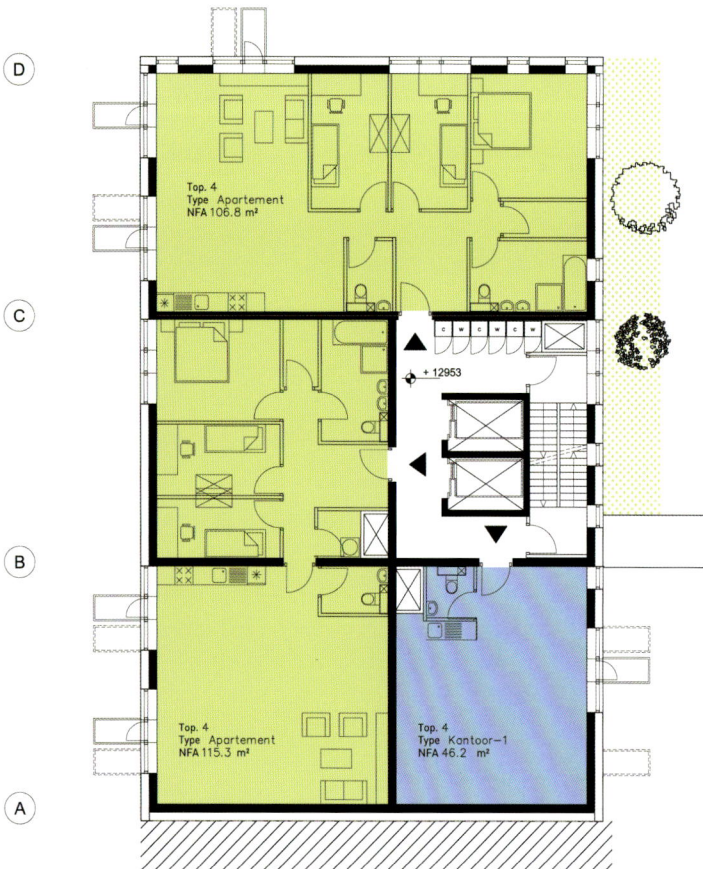

Top. 4
Type Apartement
NFA 106.8 m²

+ 12953

Top. 4
Type Apartement
NFA 115.3 m²

Top. 4
Type Kantoor-1
NFA 46.2 m²

D
C
B
A

4层平面图 PLANTA NIVEL 4 FLOOR PLAN NIVEL 4

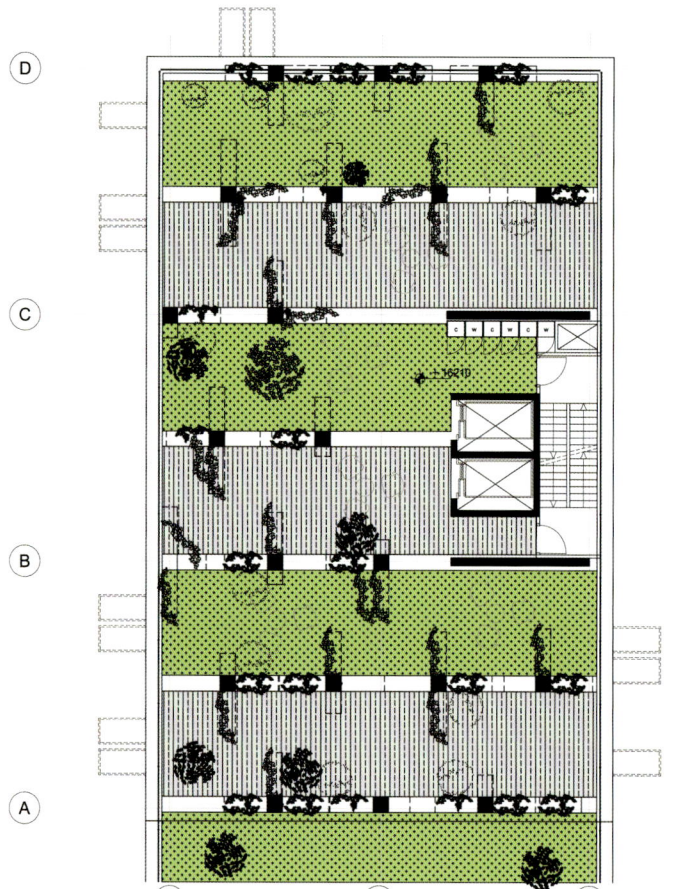

+ 16210

D
C
B
A

5层平面图 PLANTA NIVEL 5 FLOOR PLAN LEVEL 5

Top. 6 to 10
Type Apartement
NFA 114.6 m²

Top. 6 to 10
Type Kantoor
NFA 47.9 m²

+ 21833

Top. 6 to 10
Type Apartement
NFA 105.5 m²

6-10层平面图 PLANTA NIVEL 6-10 FLOOR PLAN LEVEL 6-10

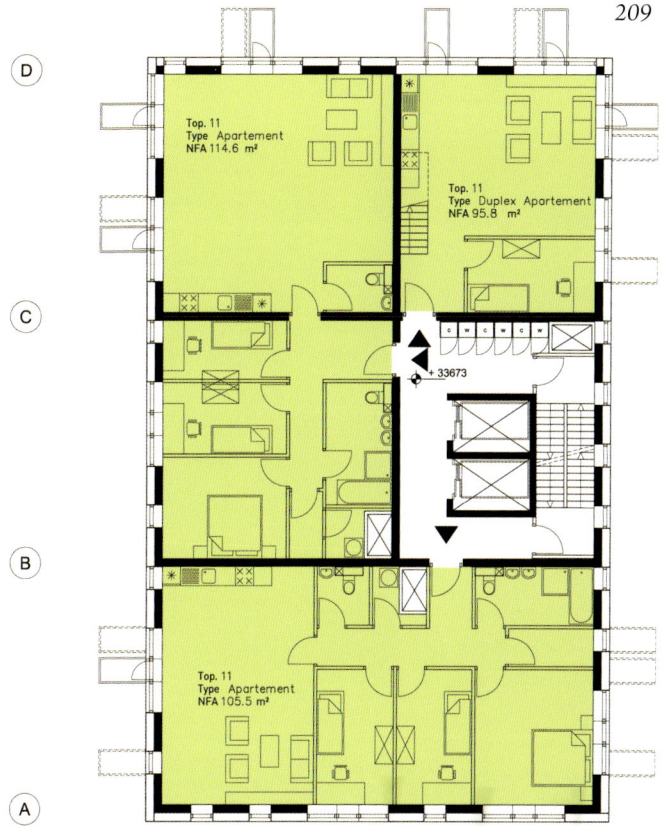

Top. 11
Type Apartement
NFA 114.6 m²

Top. 11
Type Duplex Apartement
NFA 95.8 m²

+ 33673

Top. 11
Type Apartement
NFA 105.5 m²

11层平面图 PLANTA NIVEL 11 FLOOR PLAN LEVEL 11

Top. 12
Type Apartement
NFA 114.6 m²

+ 36633

Top. 12
Type Apartement
NFA 105.5 m²

12层平面图 PLANTA NIVEL 12 FLOOR PLAN LEVEL 12

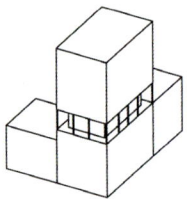

柱 PILAR COLUMN

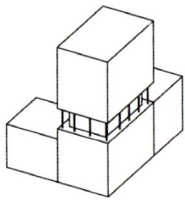

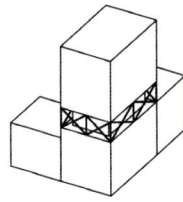

桁架 CERCHA TRUSS

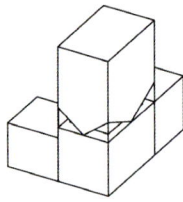

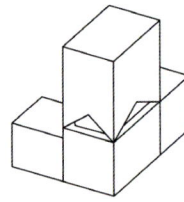

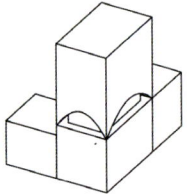

拱 ARCO ARCH

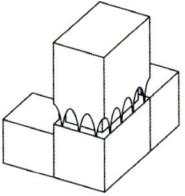

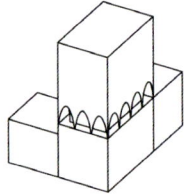

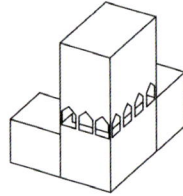

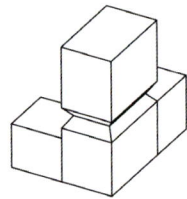

窄带 CINTURA ESTRECHA SLENDER WAIST

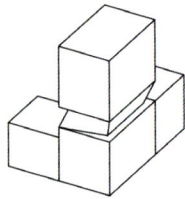

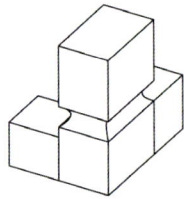

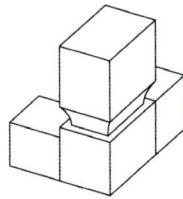

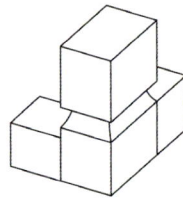

基本单元 MASA BÁSICA BASIC MASS

结构分析 ANÁLISIS ESTRUCTURAL STRUCTURAL ANALYSIS

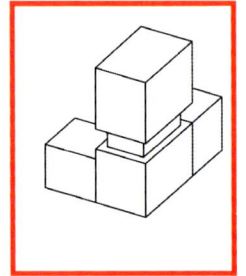

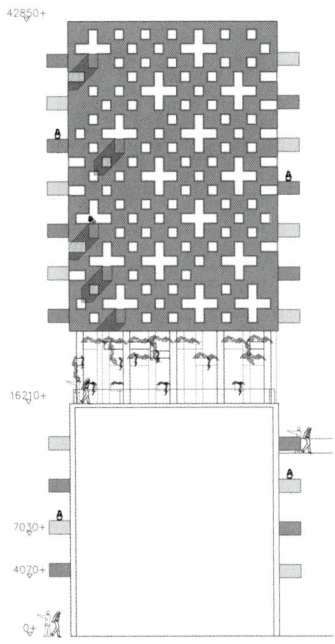

南面图 ALZADO SUR SOUTH ELEVATION　　　东面图 ALZADO ESTE EAST ELEVATION　　　北面图 ALZADO NORTE NORTH ELEVATION　　　西面图 ALZADO OESTE WEST ELEVATION

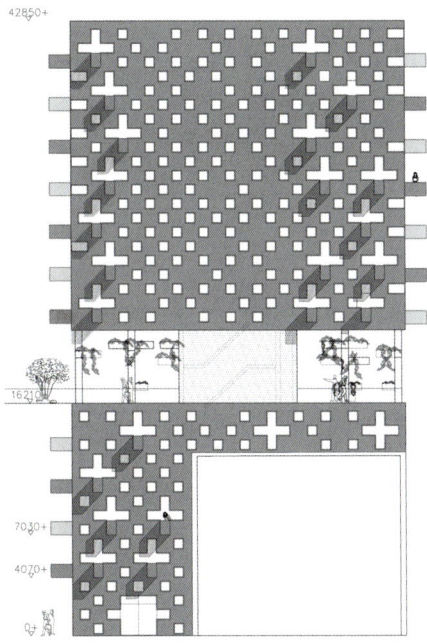

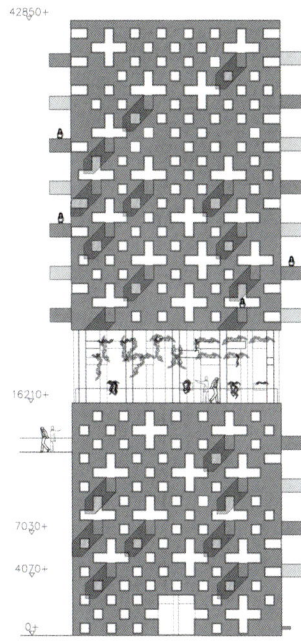

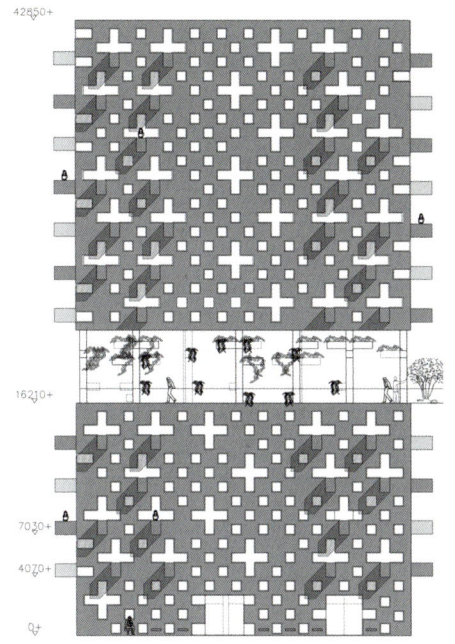

梅拉斯大楼
Torre Meraas
Meraas Tower

迪拜, 阿联酋 Dubai, UAE

Adrian Smith + Gordon Gill 建筑师事务所

500 m

阶段 **estado** state
DISEÑO CONCEPTUAL CONCEPTUAL DESIGN 概念设计

项目负责人 **directores** principal architects
ADRIAN SMITH, GORDON GILL

合伙经理人 **director asociado** management partner
ROBERT FOREST

高级建筑师 **arquitecto superior** senior desinger
FEI XU

团队 **equipo** team
ASHLEY BYERS, CHARLES COLLETTE,
BARBARA DI GREGORIO, MARK FARMER,
SHIHONG GUO, KIRA HO, ZHYA JACOBS, BRIAN JACK,
THOMAS LOVELESS, TYLER NOBLIN,
JONATHAN ORLOVE, JAMES PINT,
BEUMHYEUNG RHEE, KAREN RUTHERFORD,
BRENT SCHUETTPELZ, DAVID SCHWEIM,
DONALD STARK, LES VENTSCH, PETER WEISMANTLE,
NATHANIEL WOODS

顾问 **consultores** consultants
THORNTON TOMASETTI
ENVIRONMENT SYSTEMS DESIGN
ROLF JENSEN&ASSOCIATES
FORTUNE CONSULTANTS LTD.
ROWAN WILLIAMS DAVIS&IRWIN
WALKER PARKING ASSOCIATES

这个项目将简单的几何原理和最新科技结合在一起，为迪拜及其珠美拉花园规划区打造出一座现代的"光明之塔"。这座高500米的112层大厦仿佛一个巨型棱镜，有着一系列的小面积外表面，有助于光和空气从建筑中贯通。小表面的形状设计使能量能最大化地利用，平衡自然光线，并且提供了360度的视野，同时也在建筑较高层处创造出一些自然的中庭，这样就能够设计自然采光的空中花园，让大厦的形态更具活力。建筑中层外露会让人感觉整个结构是由四座小建筑堆叠构成，打造出一个自成一体的"垂直城市"。

El proyecto combina simples principios geométricos con nuevas y emergentes tecnologías para crear una moderna "torre de luz" para la ciudad de Dubai y el desarrollo de los jardines de Jumeirah. Como un prisma, la torre de 500 metros y 112 plantas tiene una serie de superficies facetadas que incrementan la luz y el aire que circula a través del edificio. Las formas facetadas maximizan la generación de energía, equilibran la luz natural y permiten vistas de 360 grados. También crean espacios-atrios naturales a medida que el edificio asciende, permitiendo la creación de jardines verticales de iluminación natural que activan la forma de la torre. Las plantas intermedias dan la sensación de que la estructura está compuesta de cuatro torres más pequeñas apiladas una sobre las otras, creando una ciudad vertical independiente.

The project combines simple geometric principles with new and emerging technologies to create a modern "tower of light" for the city of Dubai and its Jumeirah Gardens development. Like a prism, the 500-meter, 112-story tower has a series of faceted surfaces that increase light and air traveling through the building. The faceted shapes maximize energy generation, balance natural light and offer 360-degree views. They also create natural atrium spaces as the building ascends, allowing for the creation of naturally lit sky gardens that activate the tower's form. Exposing the intermediate floors gives the illusion that the structure is composed of four smaller towers stacked on top of one another, creating a vertical city all its own.

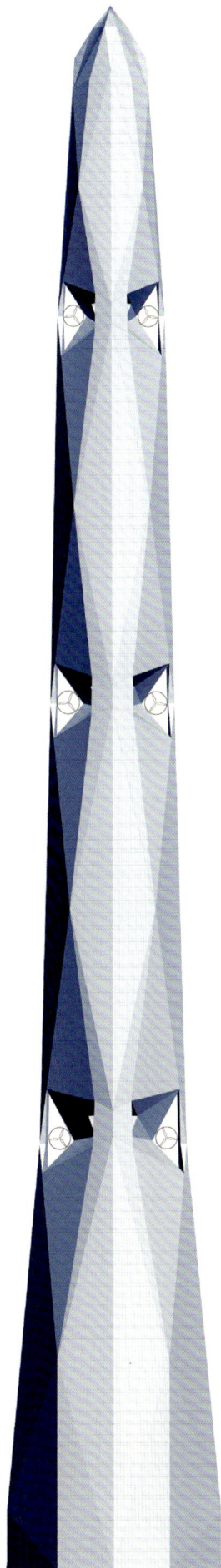

东立面图 ALZADO ESTE EAST ELEVATION

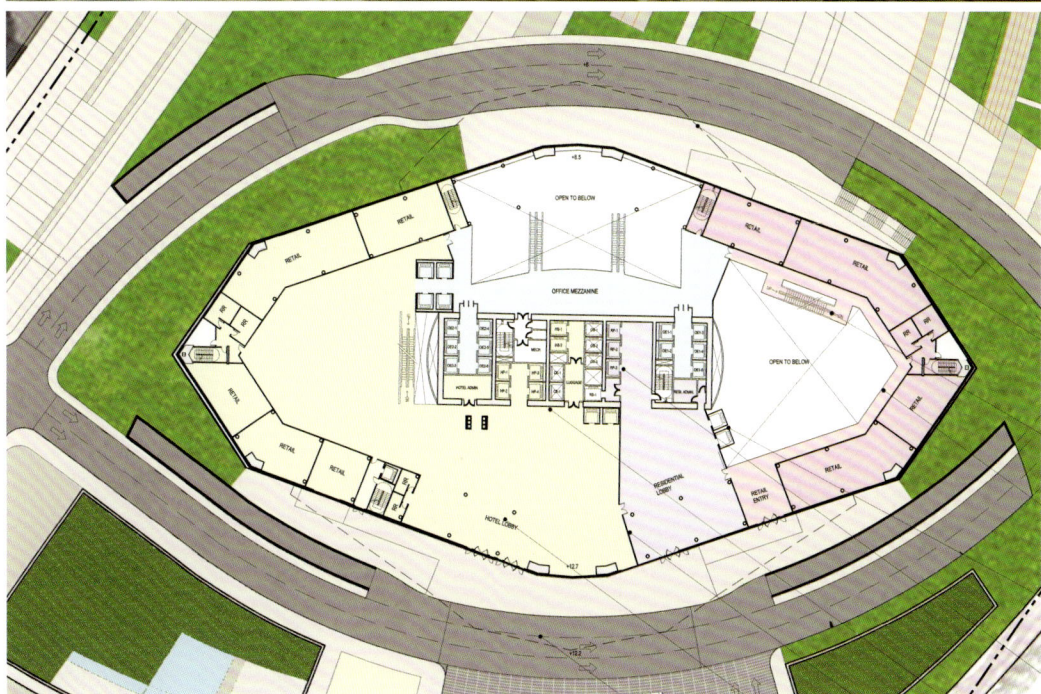

入口层平面图 PLANTA DE ACCESO ACCESS FLOOR PLAN

剖面图 SECCIÓN section

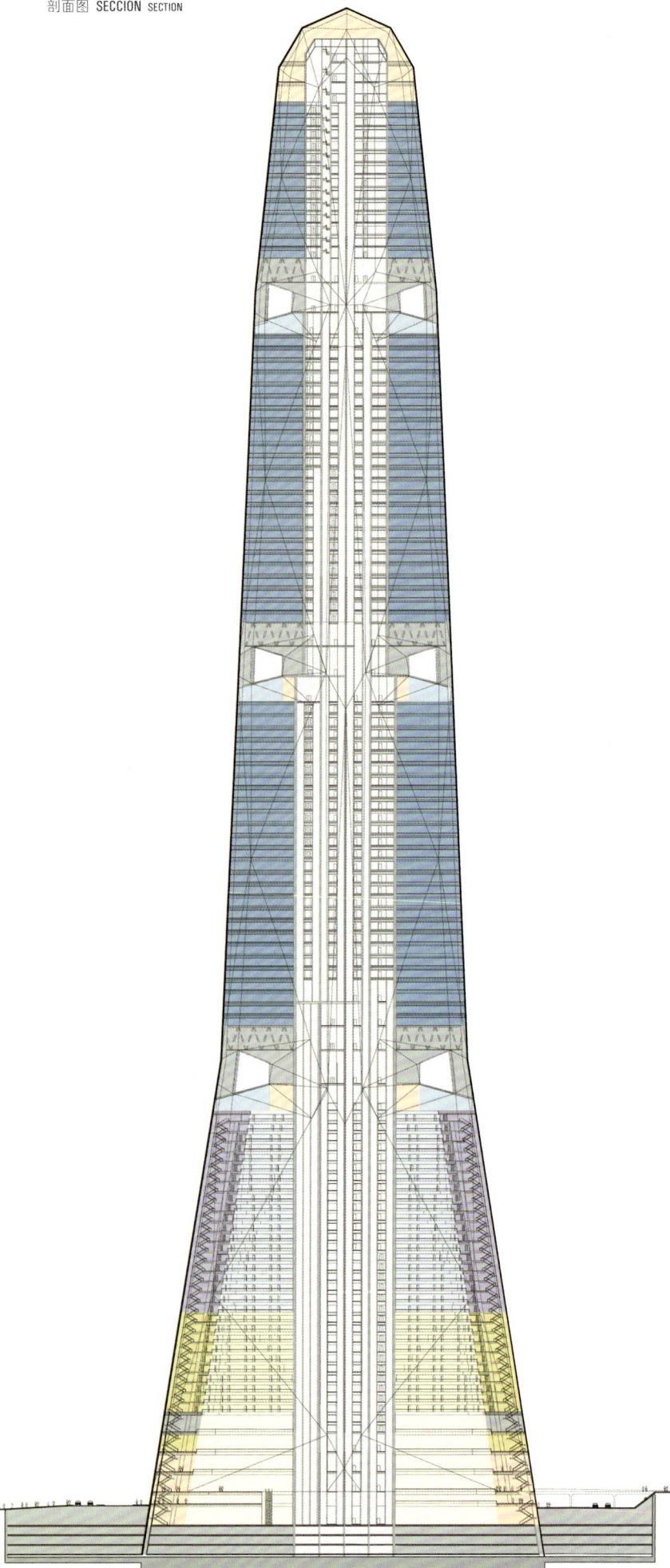

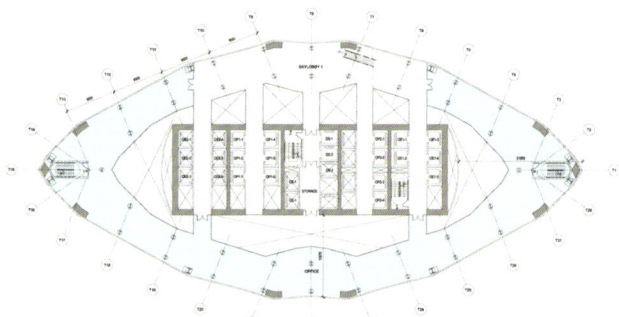

三十六层天台平面图 NIVEL 35 VESTÍBULO LUCERNARIO LEVEL 35 OFFICE SKYLOBBY

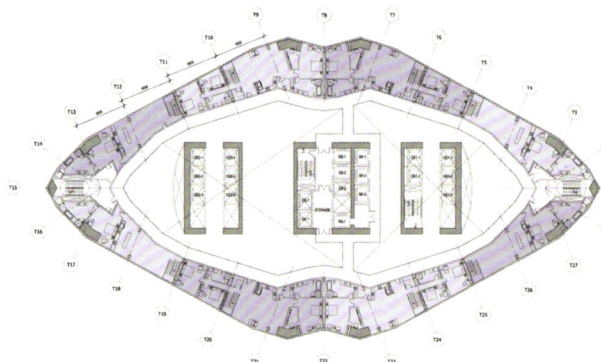

三十五层公寓平面图 NIVEL 34 RESIDENCIAL LEVEL 34 RESIDENTIAL

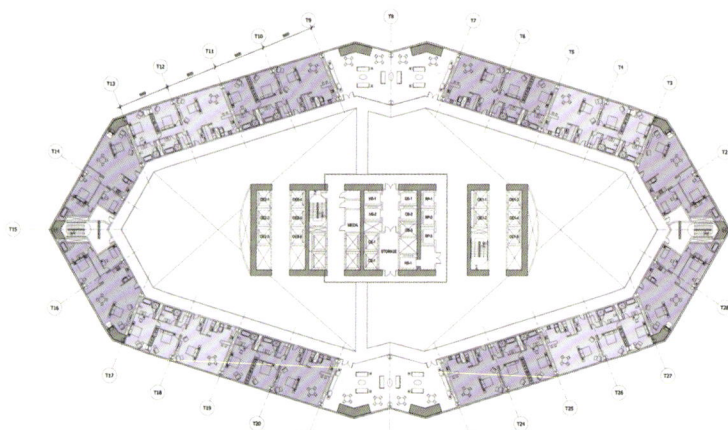

十六层公寓平面图 NIVEL 15 RESIDENCIAL LEVEL 15 RESIDENTIAL

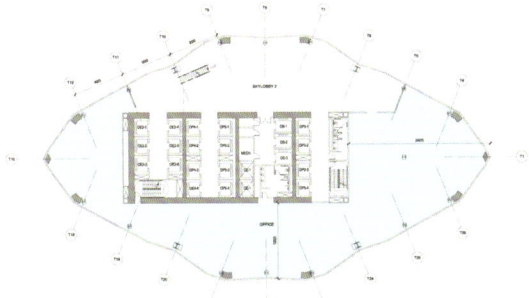

六十六层办公区天台平面图 NIVEL 65 VESTÍBULO LUCERNARIO DE OFICINA LEVEL 65 OFFICE SKYLOBBY

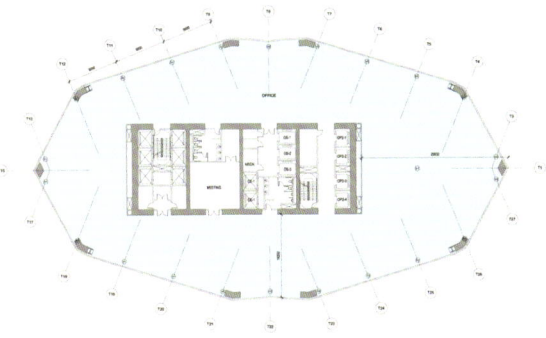

五十三层办公区平面图 NIVEL 52 ZONA DE OFICINA LEVEL 52 OFFICE ZONE

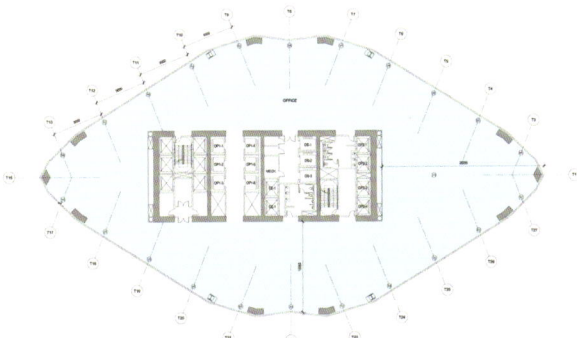

三十九层办公区平面图 NIVEL 38 ZONA DE OFICINA LEVEL 38 OFFICE ZONE

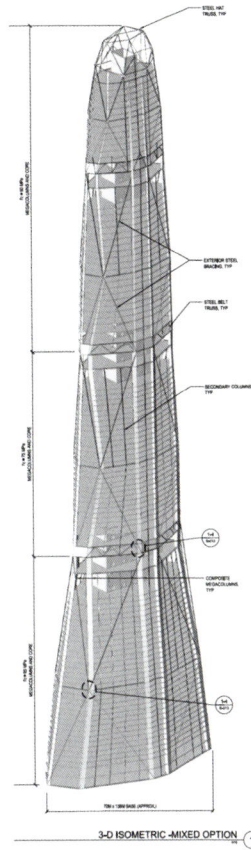

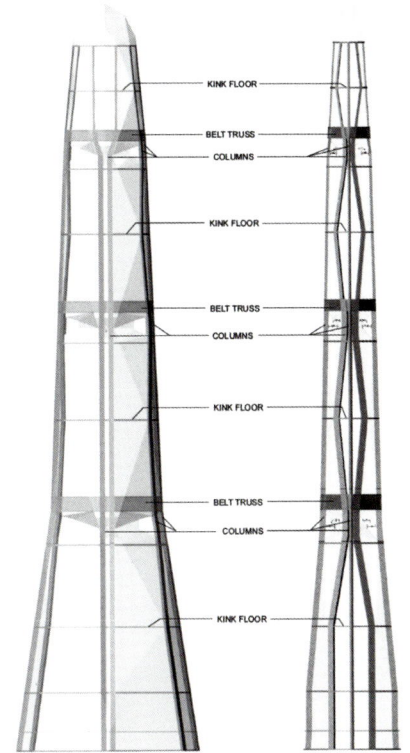

3-D ISOMETRIC -MIXED OPTION

南立面图 ALZADO SUR SOUTH ELEVATION

东立面图 ALZADO ESTE EAST ELEVATION

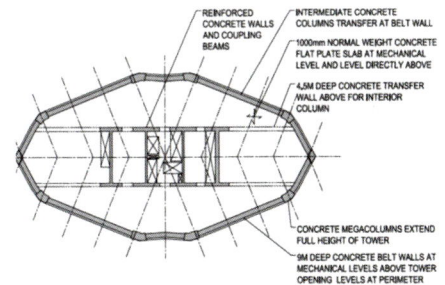

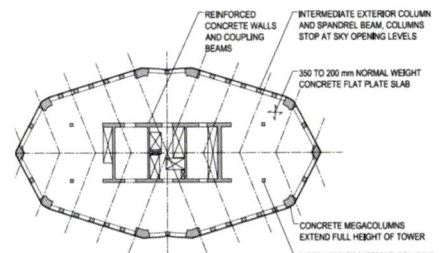

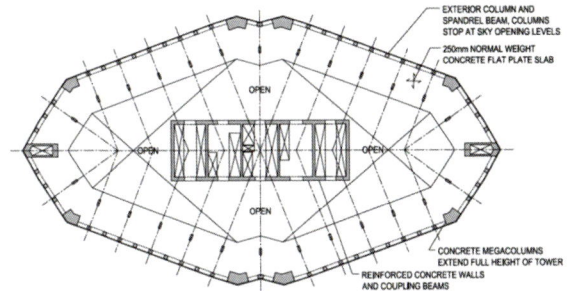

R432 大楼
R432

墨西哥城, 墨西哥 México City, México

ROJKIND ARQUITECTOS 建筑师事务所

自19世纪下半叶以来，"改革大道"一直是墨西哥城的一条主要街道，也因其代表了城市的品质和象征，而成为墨西哥城最重要的地标式街道之一。R432就坐落在"改革大道"上，是一个跟周围城市环境紧密融合的项目。这座建筑面向街道，街道充分保证了大楼的安全性、舒适性和私密性。这座摩天楼分为不同的区域，每个区域都有自己的主题，跟其他区域区分开来，或者用一种特定的空间氛围来区分，这种氛围是基于法国哲学家加斯东•巴什拉提出的"物质想象"学说，利用色彩、质地、气味和声音。主题从一楼开始，是土地与石头，顶层是火，中间经过金属、水晶、水、雨、种子和植物。根据这座摩天楼的结构，每个单元面积为70平方米，可以将两三个或者更多单元组合起来满足居住需求。

Paseo de la Reforma ha sido, desde su creación en la segunda mitad del siglo XIX, una de las principales avenidas de la ciudad de México, comparable a aquellas emblemáticas de otras ciudades debido a su peso simbólico y su calidad urbana. R432, sobre Paseo de la Reforma es un proyecto que abraza plenamente su condición urbana. El edificio se abre a la calle y la calle, garantizando plenamente seguridad, confort y privacidad, entra en el edificio. La torre se divide en bloques o zonas, que se identifican por un tema o, más bien, por un ambiente - Imágenes de la Materia - como quería Gaston Bachelard. Cada uno implica colores, texturas, olores y sonidos. Desde el suelo, de tierra y roca, hasta el fuego aéreo en la cima, pasando por metal, cristal, agua, semillas y plantas. A partir de la unidad básica de 70 metros cuadrados que genera la estructura de la torre, las viviendas se pueden componer mediante la combinación de dos, tres o más de estas unidades.

Reforma Avenue has been one of Mexico City's main avenues since the second half of the 19th century, and is one of the most important avenues and city hallmarks due to its symbolic value and urban quality. R432, on Reforma Avenue, is a project that fully embraces its urban condition. The building opens up to the street, and the street, fully guaranteeing safety, comfort and privacy enters into the building. The tower is divided into blocks or zones, that are identified by a theme or rather by an ambiance based on French philosopher Gaston Bachelard's Imagination of Matter; each of them implying colors, textures, smells and sounds. Starting from the ground floor, made up of earth and stone, up to fire on the top, passing through metal, crystal, water, rain, seeds and plants. Starting from the basic 70 square meter unit generated by the structure of the tower, the housing elements can be made by combining two, three or more of these units.

196m

阶段 estado state
EN CONSTRUCCION UNDER CONSTRUCTION 建造中

项目负责人 director design principal
MICHEL ROJKIND

主案建筑师 arquitecto principal principal architect
GERARDO SALINAS

团队 equipo team
AGUSTIN PEREYRA, BEATRIZ DIAZ,
OCTAVIO TRAVESERAS, ANDREA LEON, TERE LEVY,
JULIO ACOSTA, FANNY SOULARD , YASSER SALOMON,
CARLOS ALBERTO RIOS, ISAAC SMEKE,
RODRIGO GONZALEZ, MONIQUE ROJKIND

图形设计 diseño gráfico graphic design
ERNESTO MONCADA

三维制作顾问 consultor de 3d 3d massing consultant
DIEGUEZ FRIDMAN

结构工程 ingeniería estructural structural engineering
CTC INGENIEROS CIVILES SC

安装工程 ingeniería de instalaciones mechanical engineering
HONEYWELL

声学 acústica acoustics
SAAD ACUSTICA

景观设计 paisaje landscaping
ENTORNO TALLER DE PAISAJE

内容编辑 editor de contenido content editing
ALEJANDRO HERNANDEZ

摄影师 fotógrafo photographer
GUIDO TORRES

媒体联络 contacto de medios media contact
TERE LEVY

渲染 visualización rendering
© DBOX
© ROJKIND ARQUITECTOS

单体单元 UNIDAD SIMPLE SINGLE UNIT

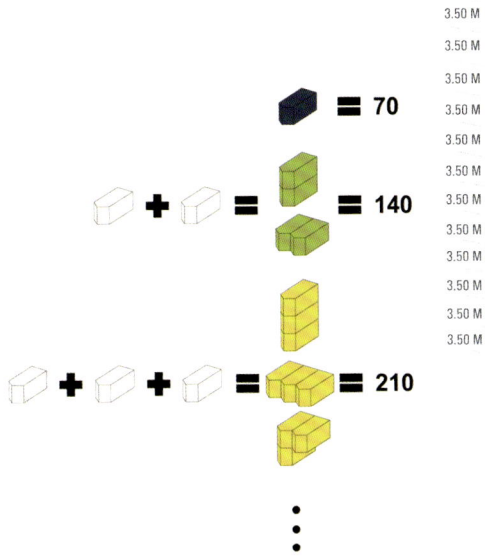

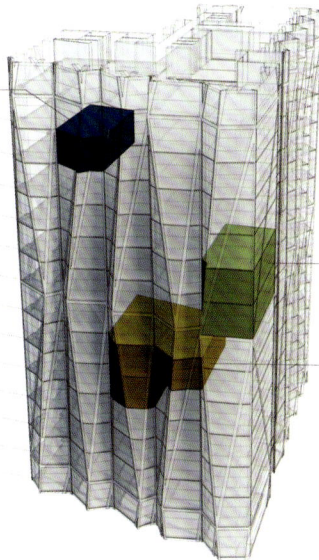

3.50 M
3.50 M
3.50 M
3.50 M
3.50 M
3.50 M
3.50 M
3.50 M
3.50 M
3.50 M
3.50 M
3.50 M

= 70

+ = = 140

+ + = = 210

⋮

双体 DÚPLEX DUPLEX

三体 TRIPLEX TRIPLEX

酒店 HOTEL HOTEL

公寓 RESIDENCIA RESIDENCE

停车场 APARCAMIENTO PARKING

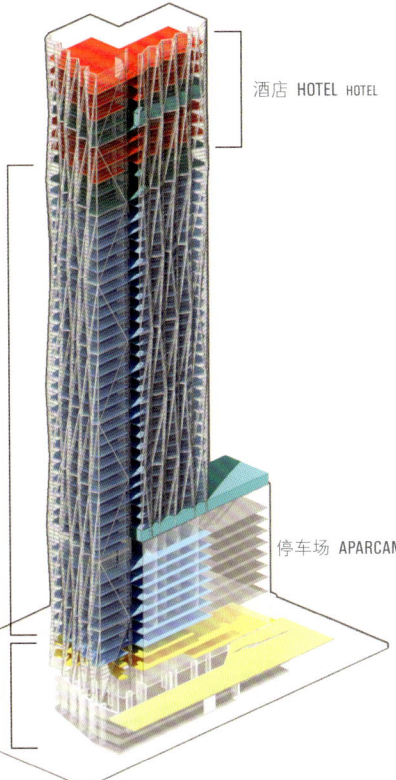

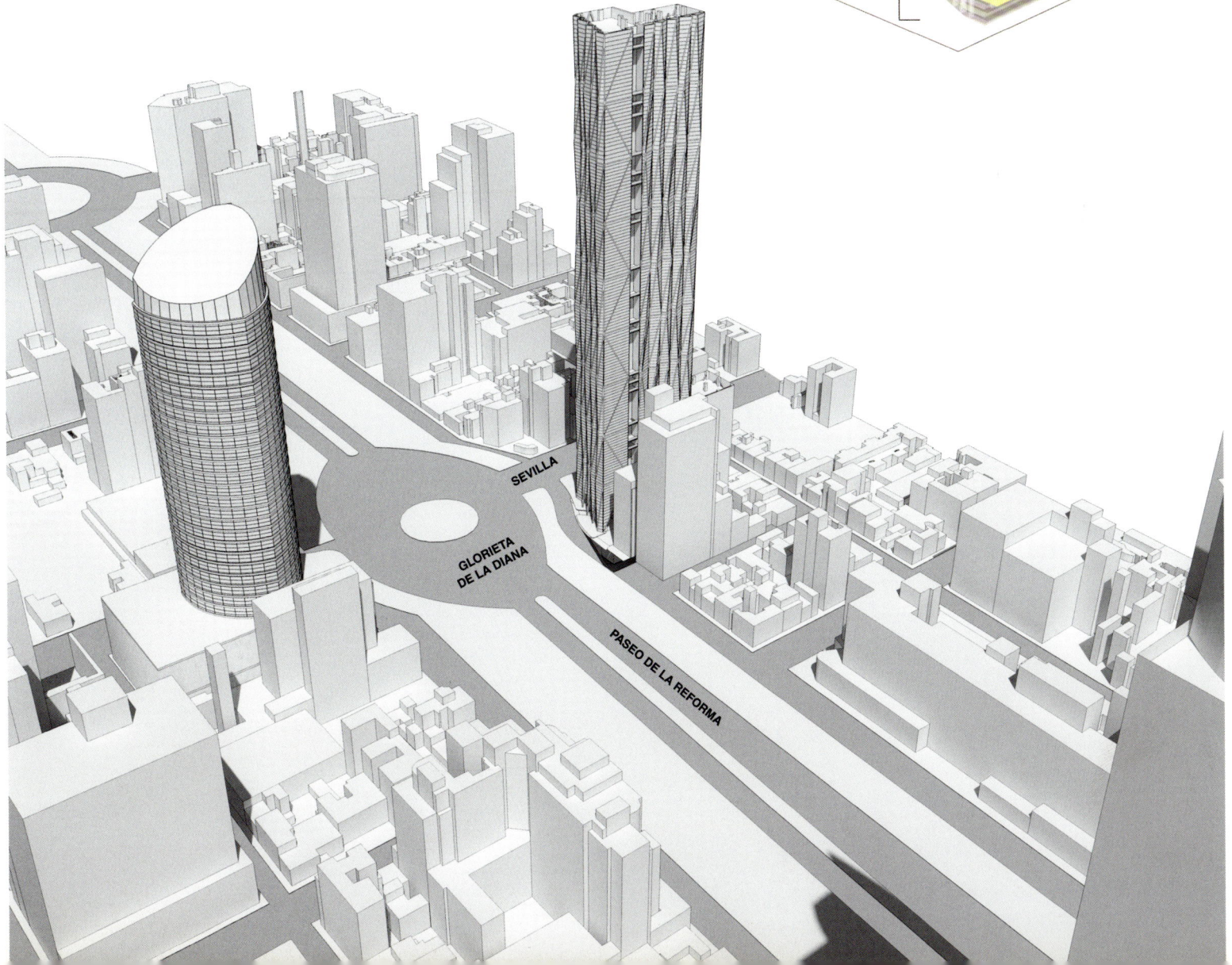

商铺 COMERCIO RETAIL

SEVILLA

GLORIETA DE LA DIANA

PASEO DE LA REFORMA

底层平面图 PLANTA BAJA GROUND FLOOR PLAN · · · 公寓层平面图 PLANTA TIPO RESIDENCIAL TYPICAL RESIDENCE FLOOR PLAN · · · 办公层平面图 PLANTA TIPO OFICINAS TYPICAL OFFICE FLOOR PLAN

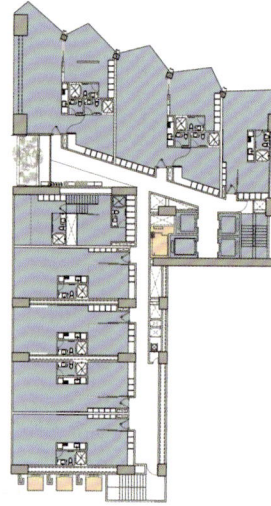

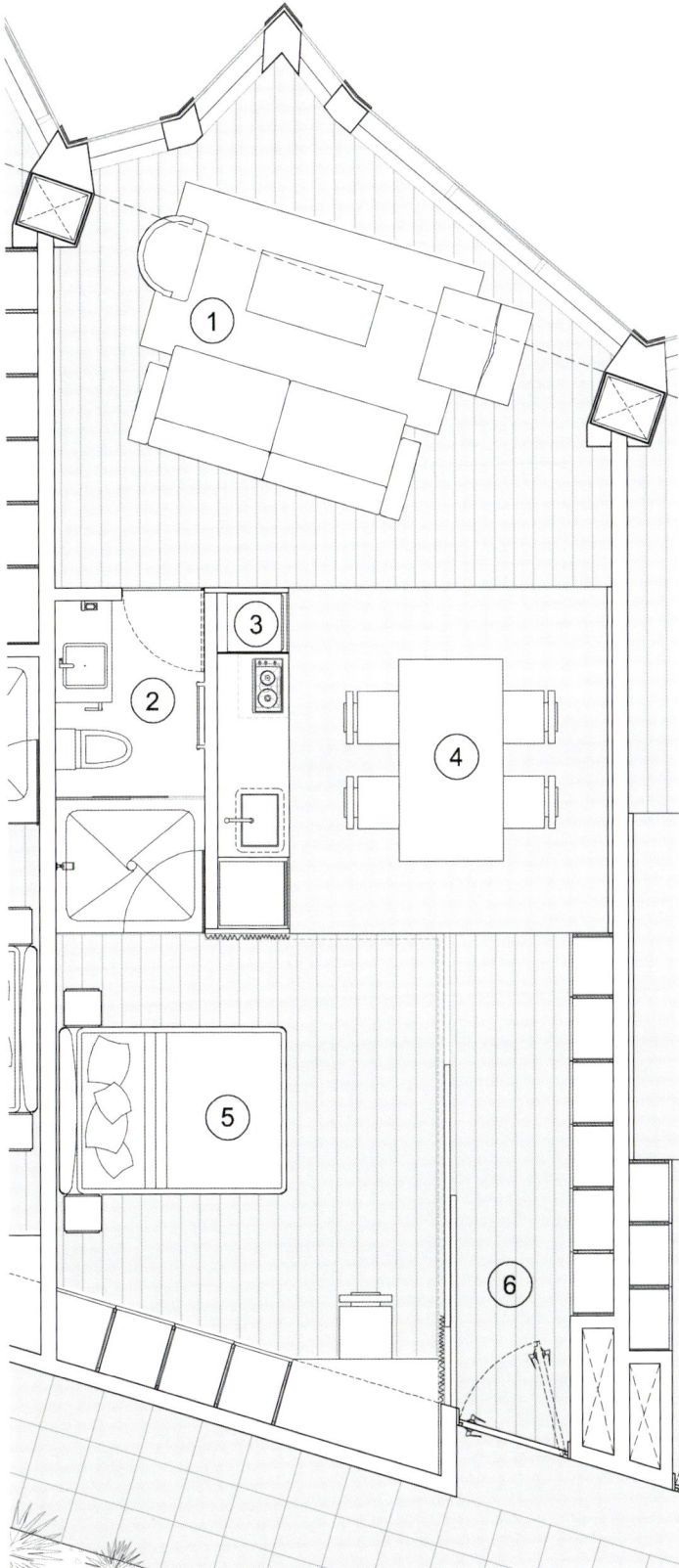

公寓样板平面图 PLANTA TIPO DE APARTAMENTO TYPICAL APARTMENT FLOORPLAN

1. 起居室 ESTAR LIVING ROOM
2. 卫浴 BAÑO BATHROOM
3. 厨房 COCINA KITCHEN
4. 餐厅 COMEDOR DINNING ROOM
5. 卧室 DORMITORIO BEDROOM
6. 入口 ENTRADA ENTRANCE

Town Town 办公大楼
Torre Town Town
Town Town Tower

维也纳, 奥地利 Vienna, Austria

COOP HIMMELB(L)AU 建筑师事务所

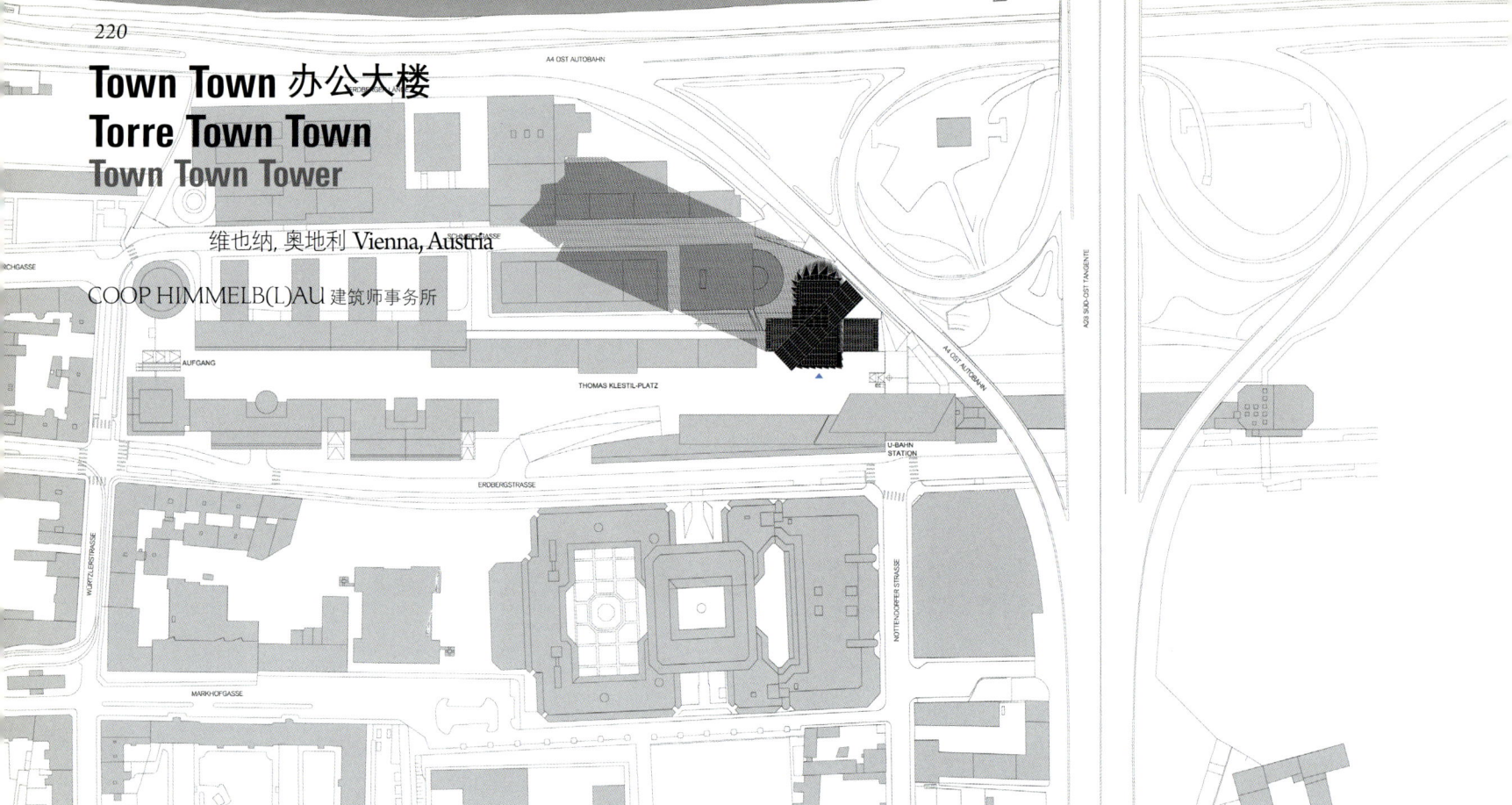

这座建筑将两种建筑类型结合在一起（高层板式建筑和圆柱体建筑），巧妙设置的中央流通空间成为连接二者的"铰链"，整座建筑达到了极高的效率。使用净面积占建筑毛面积的比例为86%，而一般建筑只有82%。建筑金属表面水晶般的造型设计考虑了强大的风力，以便能够兼容雷达，并在气候、声学和功能上都实现最优化。板式建筑和圆柱建筑都覆盖了金属表面，所以二者看上去融为一个独特的混合体造型。街道标高的大厅以及空中大厅和空中休息室都采用玻璃外立面，配以梁柱结构。

El edificio adquiere una alta eficiencia energética a través de la combinación de dos tipologías (forjados en altura y una torre cilíndrica) y con una posición inteligente de la circulación central y del núcleo de acceso como "bisagra". La proporción del área útil en comparación con el área total es del 86% que contrasta con el 82% de un edificio convencional. Las formas cristalinas de una piel metálica se desarrollaron en simulaciones de fuerzas dinámicas de viento para ser compatibles con radares y optimizadas climáticamente, acústicamente y funcionalmente. La piel envuelve tanto el forjado como la torre, y por tanto fusionándolas en una única forma híbrida. Las pieles exteriores del vestíbulo a nivel de calle así como el vestíbulo-mirador y el restaurante-mirador son de vidrio con una estructura auxiliar.

By combining two typologies (high rise slab and cylindrical tower) and with a smart position of the central circulation and access core as "hinge", the building achieves a very high efficiency. The proportion of net usable floor area to gross floor area is 86% in contrast to 82% in a conventional building. The crystalline forms of the metallic skin were developed in simulations of dynamic wind forces in order to be radar compatible and climatically, acoustically and functionally optimized. The skin envelopes both the slab and the tower, thus merging them into a single hybrid form. The outer skins of the lobby at street level as well as of the sky lobby and the sky lounge are glass façades with a post and beam structure.

128 m

阶段 estado state
EN PROCESO IN PROCESS 设计中

项目负责人 director design principal
WOLF D. PRIX

项目合伙 socio de proyecto project partner
HELMUT HOLLEIS

图形 imagenes images
COOP HIMMELB(L)AU

团队 equipo team
VOLKER KILIAN, LUZIE GIENCKE, ALEXANDER OTT,
MARCELO BERNARDI, CLAUDIA BUHMANN,
DANIEL KERBLER, MARKUS TRITTHART,
PENNY RUTTIMANN, MARKUS WIMMER,
HANNES WOHLGEMUTH, MATTHIAS ECKARDT,
QUIRIN KRUMBHOLZ, ROBIN HEATHER,
SERGIO GONZALEZ, WOLFGANG REICHT, NICO BOYER,
LUIS MUNIZ FLORES

结构工程 ingeniería estructural structural engineering
KOLLITSCH&STANEK ZIVILTECHNIKER GMBH

声学 acústica acoustics
DR. PFEILER GMBH

© Markus Pillhofer

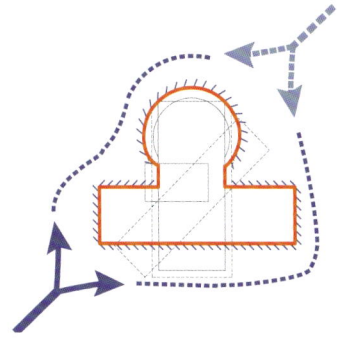

风进 风状 + 外墙几何形状
ABSORCIÓN VIENTO · FORMA DEL VIENTO + GEOMETRÍA DEL PANEL
WIND ABSORTION · WIND FORM + PANEL GEOMETRY

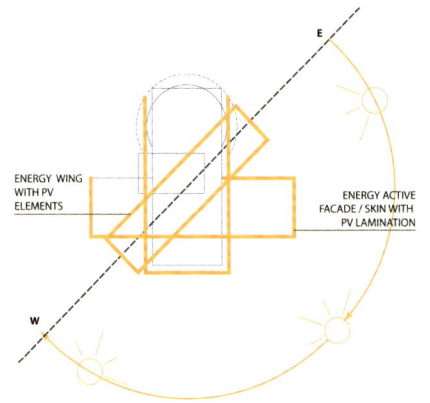

E

ENERGY WING
WITH PV
ELEMENTS

ENERGY ACTIVE
FACADE / SKIN WITH
PV LAMINATION

W

建筑朝向 激活太阳能外墙
ORIENTACIÓN DEL EDIFICIO · FACHADA SOLAR ACTIVA
BUILDING ORIENTATION · SOLAR ACTIVE FAÇADE

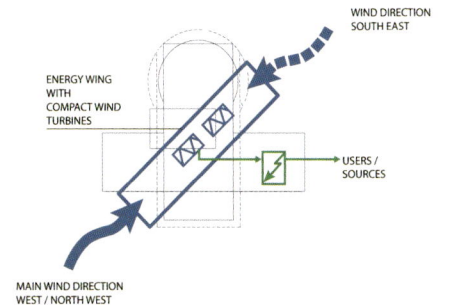

WIND DIRECTION
SOUTH EAST

ENERGY WING
WITH
COMPACT WIND
TURBINES

USERS /
SOURCES

MAIN WIND DIRECTION
WEST / NORTH WEST

建筑朝向 风能系统
ORIENTACIÓN DEL EDIFICIO · SISTEMA DE ENERGÍA EÓLICA
BUILDING ORIENTATION · WIND ENERGY SYSTEM

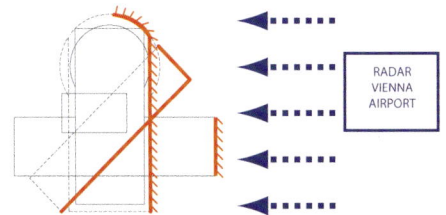

RADAR
VIENNA
AIRPORT

雷达吸收 挠度 表皮衬里
ABSORCIÓN DE RADAR · DEFLEXIÓN · RECUBRIMIENTO PIEL
RADAR ABSORTION · DEFLECTION · SKIN CLADDING

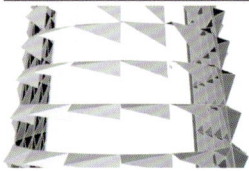

东北外墙面 可变太阳能防护 + 风挠度
FACHADA NORESTE · PROTECCIÓN SOLAR VARIABLE + DEFLEXIÓN DE VIENTO
NORTH-EAST FAÇADE · VARIABLE SUN PROTECTION + WIND DEFLECTION

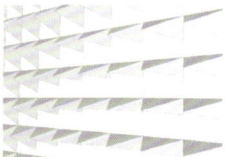

东北外墙面 半开太阳能防护 + 最大风挠度
FACHADA NOROESTE · PROTECCIÓN SOLAR MEDIO ABIERTA + MÁXIMA DEFLEXIÓN DE VIENTO
NORTH-WEST FAÇADE · SUN PROTECTION HALF OPEN + MAXIMUM WIND DEFLECTION

东南外墙面 关闭太阳能防护 + 最小风挠度
FACHADA SURESTE · PROTECCIÓN SOLAR CERRADA + MÍNIMA DEFLEXIÓN DE VIENTO
SOUTH-EAST FAÇADE · CLOSED SUN PROTECTION + MINIMAL WIND DEFLECTION

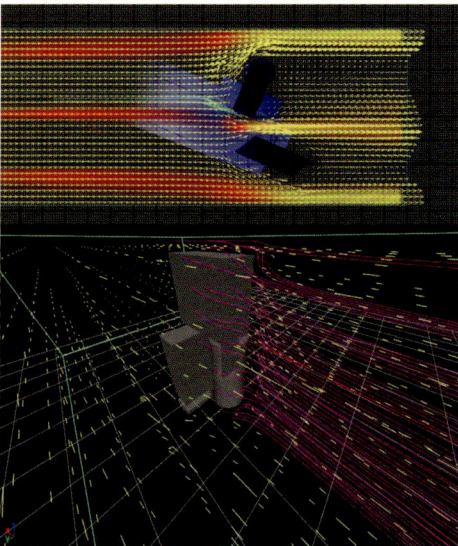

风力研究 ESTUDIOS DE FUERZA EÓLICA WIND FORCE STUDIES

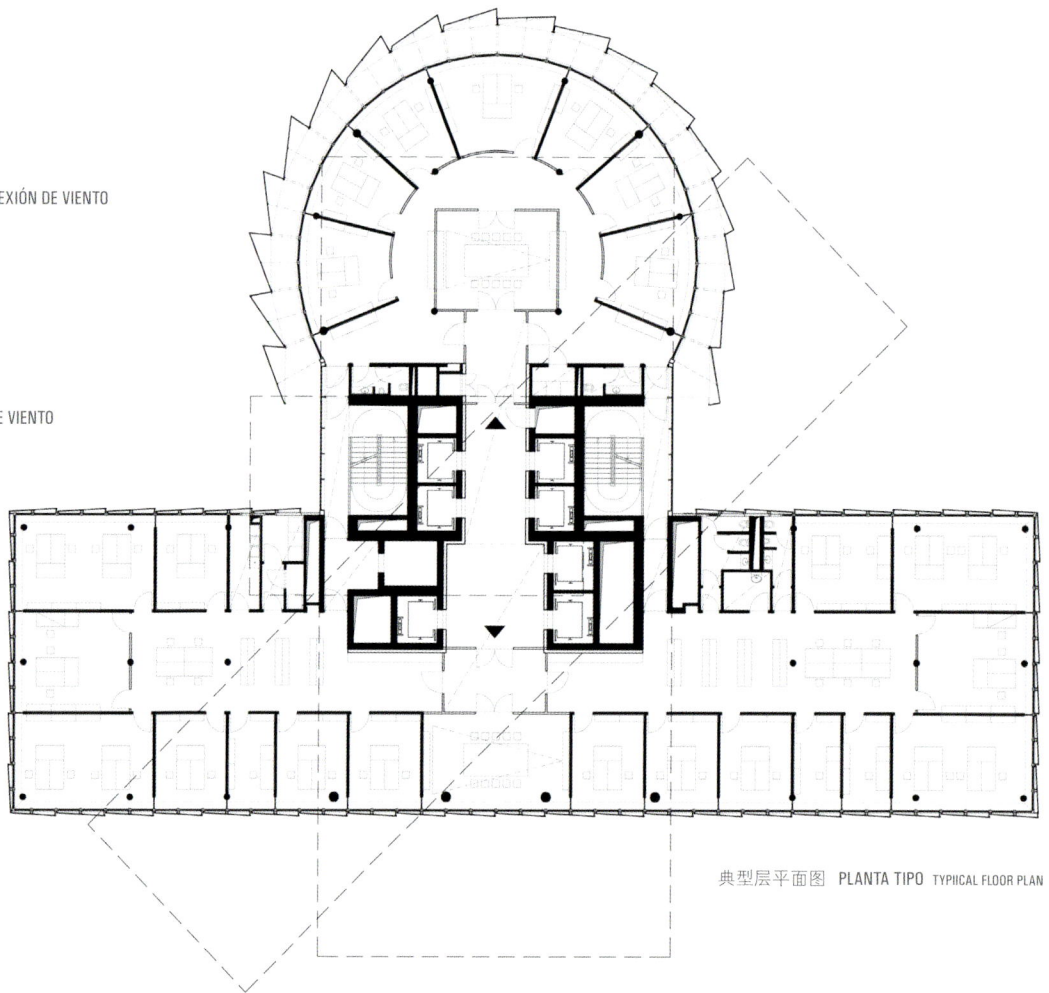

典型层平面图 PLANTA TIPO TYPIICAL FLOOR PLAN

能量悬板 光伏元素
ALA ENERGÉTICA · ELEMENTOS FOTOVOLTAICOS
ENERGY WING · PHOTOVOLTAIC ELEMENTS

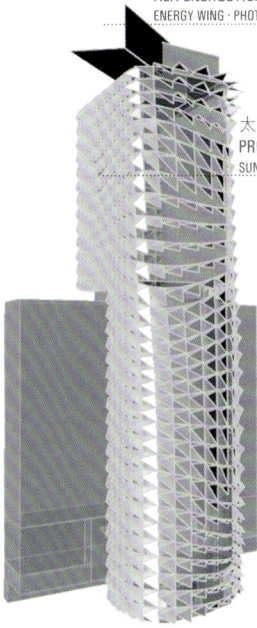

太阳 + 反光防护 雷达传播 + 吸收
PROTECCIÓN SOL + REFLEJO · RADARES DE DIFUSIÓN + ABSORCIÓN
SUN + GLARE PROTECTION · RADAR DIFFUSION + ABSORPTION · RADAR SCREENS

东面景观 VISTA ESTE EAST VIEW

媒体屏幕 露天大厅
PANATALLA MEDIÁTICA · VESTÍBULO LUCERNARIO
MEDIA SCREEN · SKY LOUNGE

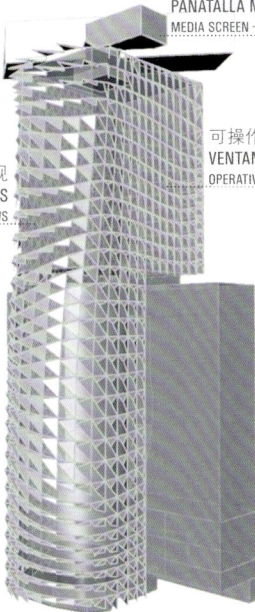

可操作窗户
VENTANAS OPERATIVAS
OPERATIVE WINDOWS

优化自然光 + 景观
OPTIMIZACIÓN LUZ NATURAL + VISTAS
OPTIMIZATION NATURAL LIGHTING + VIEWS

北面景观 VISTA NORTE NORTH VIEW

铝制遮光板
DESVIACIÓN DE LA LUZ MEDIANTE LAMAS METÁLICAS
LIGHT DEFLECTION WITH ALUMINIUM BLADES

金属穿孔太阳能防护板 + 光伏片
PANEL METÁLICO PERFORADO PROTECCIÓN SOLAR + PELÍCULA FOTOVOLTAICA
PERFORATED METAL PANEL FOR SUN PROTECTION + PHOTOVOLTAIC FILM
玻璃外墙元素
ELEMENTOS DE VIDRIO DE LA FACHADA
GLASS FAÇADE ELEMENTS

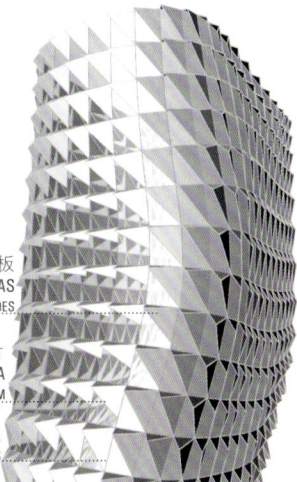

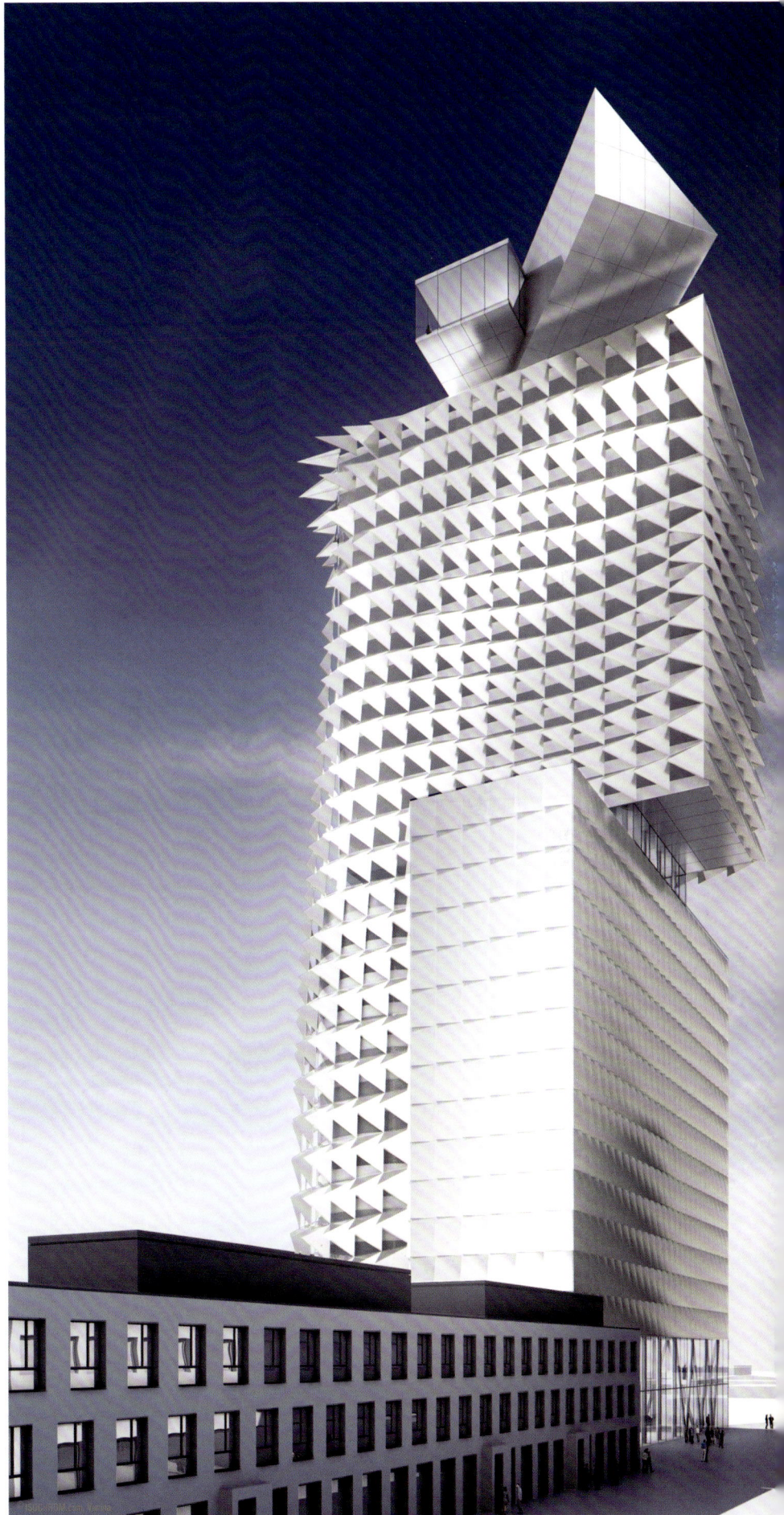

百合塔
Torre de Lirios
Lilium Tower

华沙, 波兰 Warsaw, Poland

扎哈 哈迪德及帕特里克 斯楚马切

ZAHA HADID
WITH PATRIK SCHUMACHER

这个项目的所在地毗邻万豪大厦，位于中央火车站的对面，耶路撒冷大道和沙路宾斯基耶戈大街的交汇处。这个设计方案将在华沙的天际线上增加一个轻盈、透明的结构。整个结构中间是一条主干。这种造型设计非常经济适用，从各个方向上都能毫无阻隔地眺望华沙。

El solar es adyacente a la Torre Marriot. Está en frente de la estación central en la confluencia de la Avenida Jerozolimskie y la calle Chalubinskiego. La adición propuesta para el perfil de Varsovia es una estructura ligera, transparente. Un núcleo central conforma la columna estructural, que además de ser económicamente eficiente ofrece vistas ininterrumpidas de Varsovia en todas las direcciones.

The site is adjacent to the Marriott Tower. It is opposite the central train station, at the junction of Jerozolimskie Avenue and Chalubinskiego Street. The proposed addition to the Warsaw skyline is a light, transparent structure. A central core forms the backbone of the structure. Whilst this arrangement is highly economical it offers uninterrupted views of Warsaw in all directions.

260 m

阶段 **estado** state
EN PROCESO IN PROCESS 设计中

建筑师 **arquitecto** architect
MARKUS PLANTEU

团队 **equipo** team
THOMAS MATHOY, SOPHIA RAZZAQUE, NAOMI FRITZ, DANIELWIDRIG, FULVIO WIRZ, MARIAGRAZIA LANZA, DENNIS BREZINA, SEDA ZIREK

结构服务顾问 **estructura e instalaciones** structure and services
ARUP

结构服务顾问 **feasibility estimate** estimación de viabilidad
DAVIS LANGDON

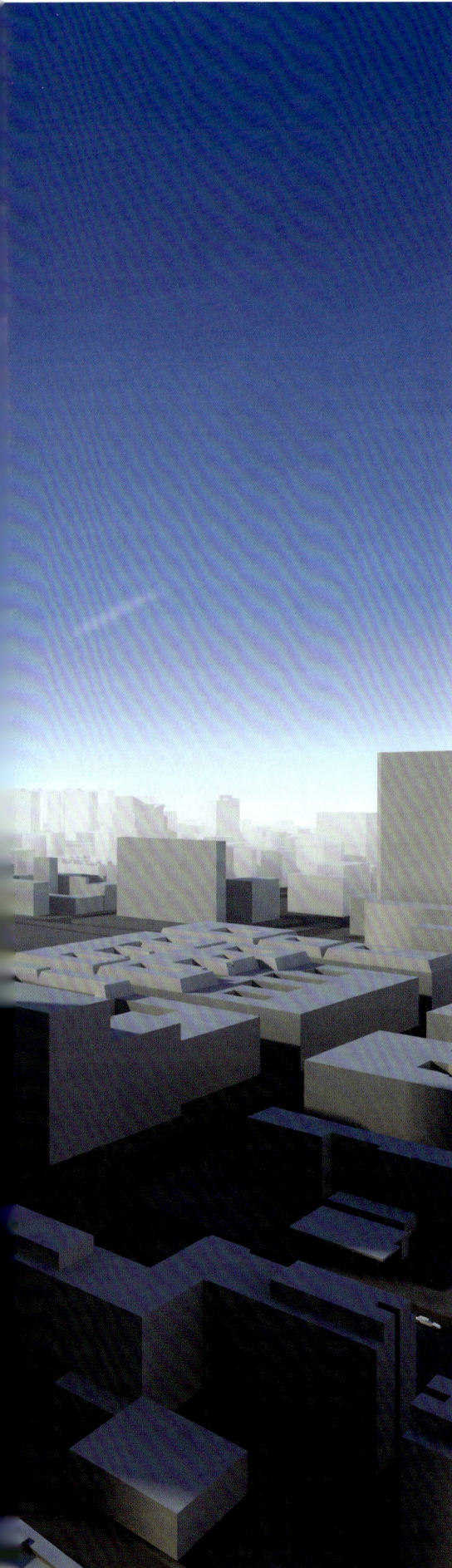

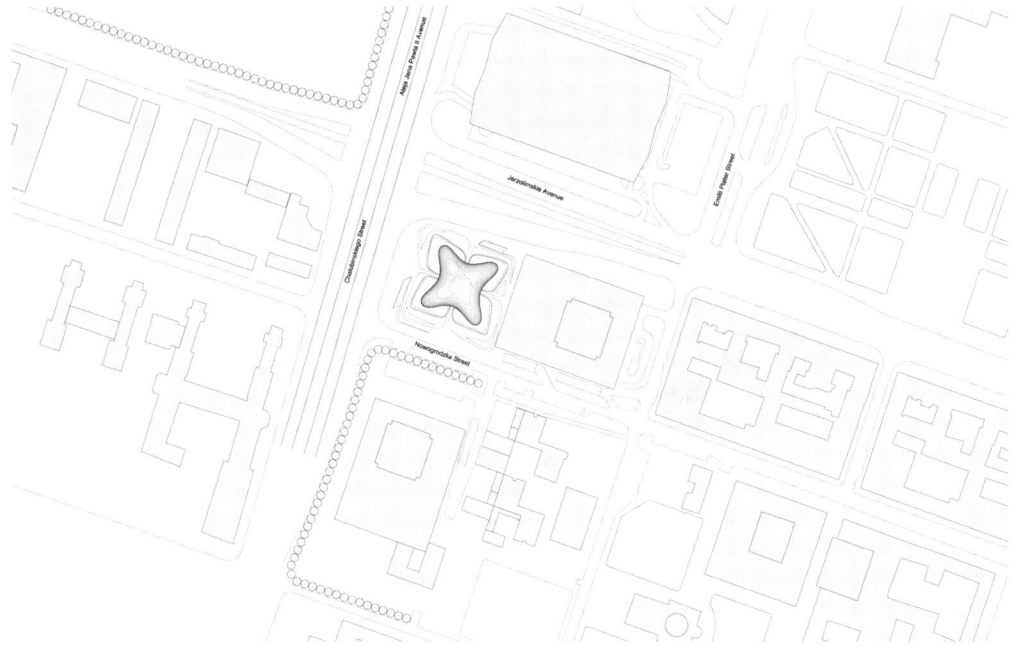

区位图 PLANO DE SITUACIÓN SITE PLAN

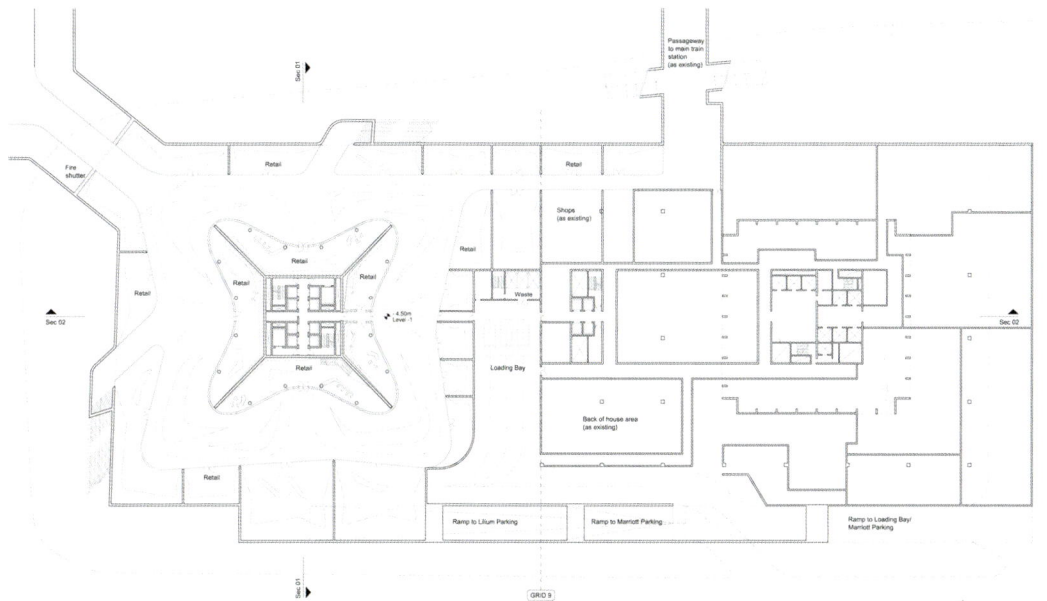

平面图 -1 PLANTA -1 FLOOR PLAN -1

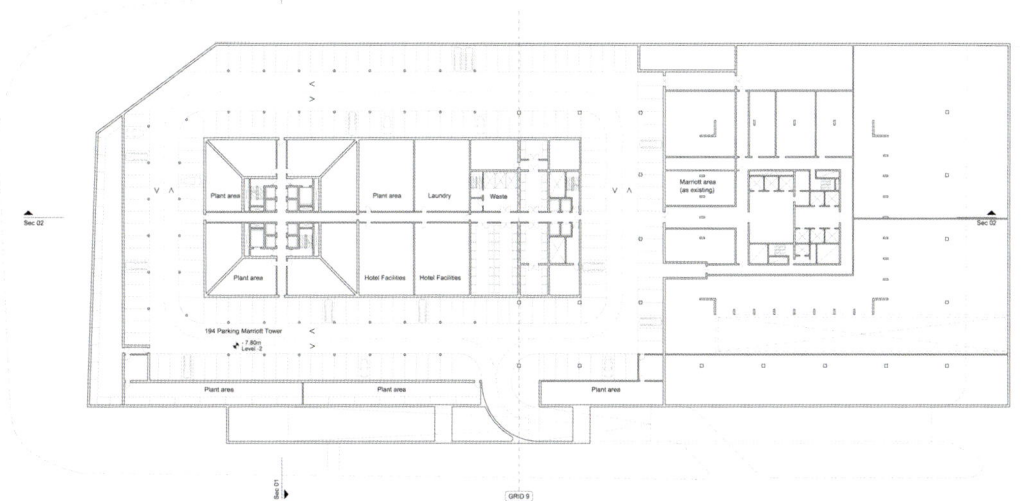

平面图 -2 PLANTA -2 FLOOR PLAN -2

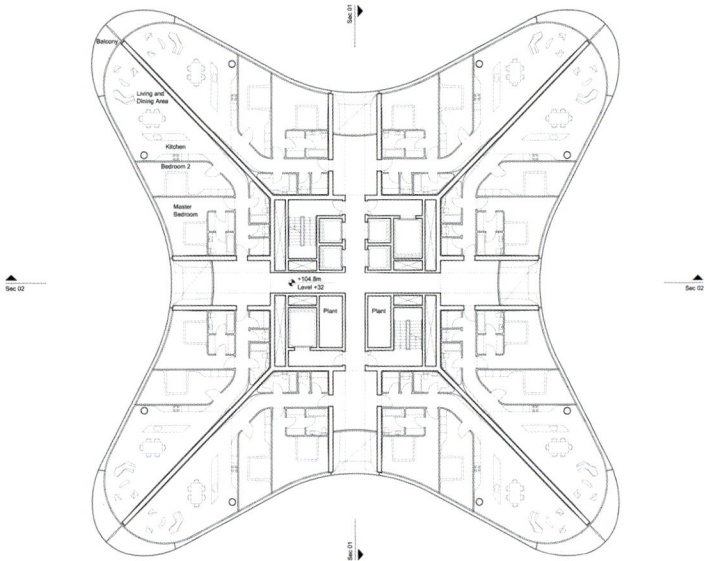

典型层九层平面图 PLANTA TIPO 8 TYPICAL FLOOR PLAN 8

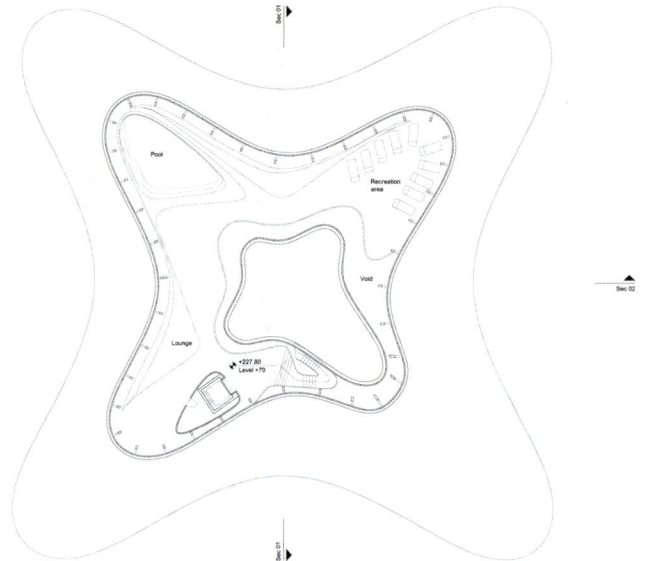

七十一层水疗层平面图 PLANTA SPA NIVEL 70 FLOOR PLAN SPA LEVEL 70

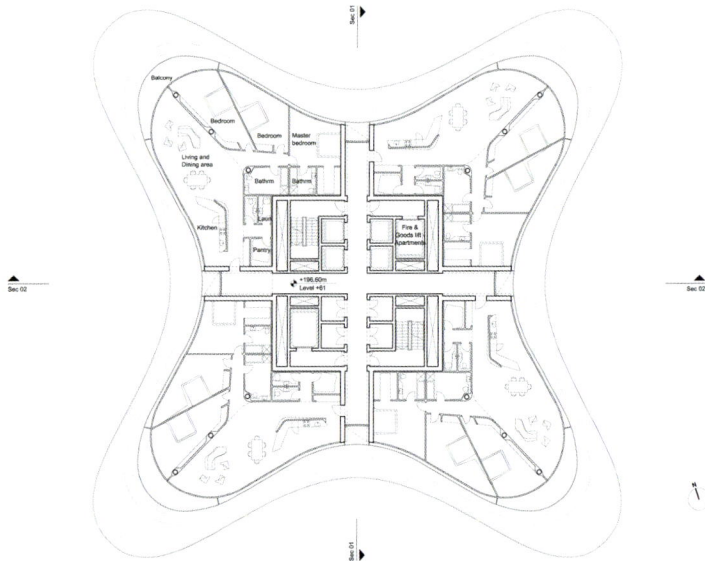

典型层五层平面图 PLANTA TIPO 4 TYPICAL FLOOR PLAN 4

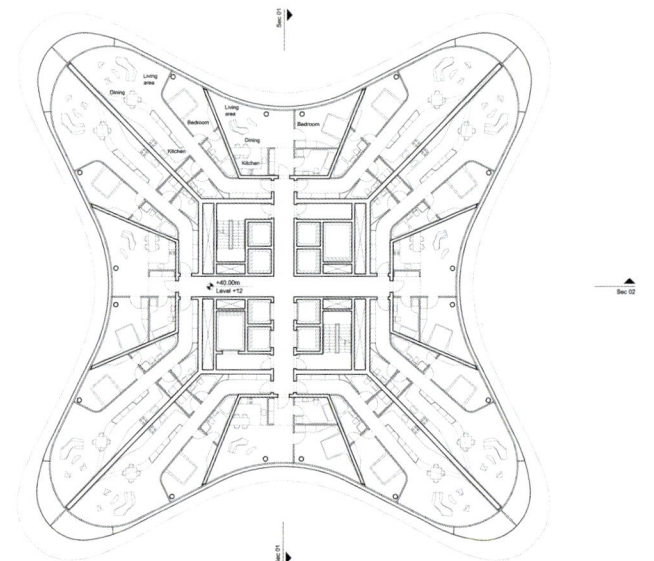

典型层十三层平面图 PLANTA TIPO 12 TYPICAL FLOOR PLAN 12

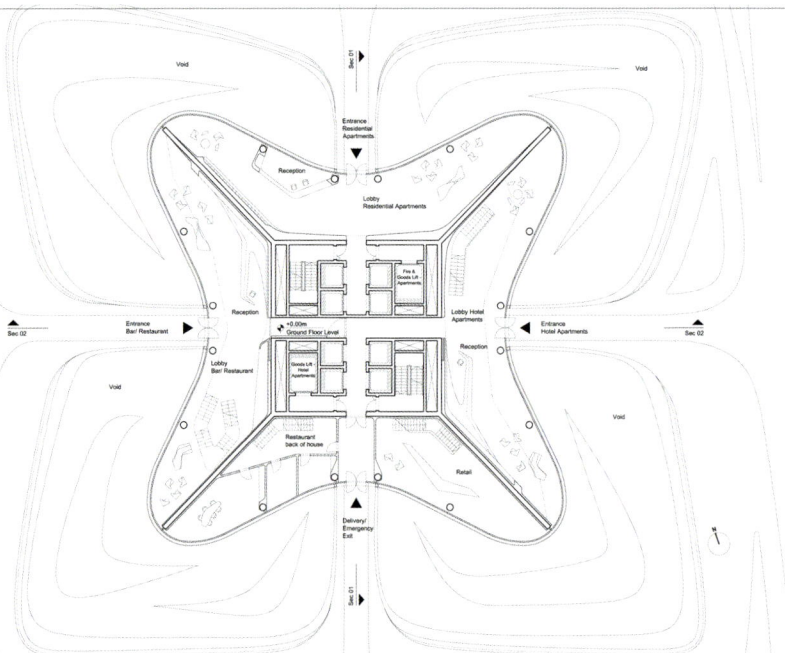

底层平面图 PLANTA BAJA GROUND FLOOR PLAN

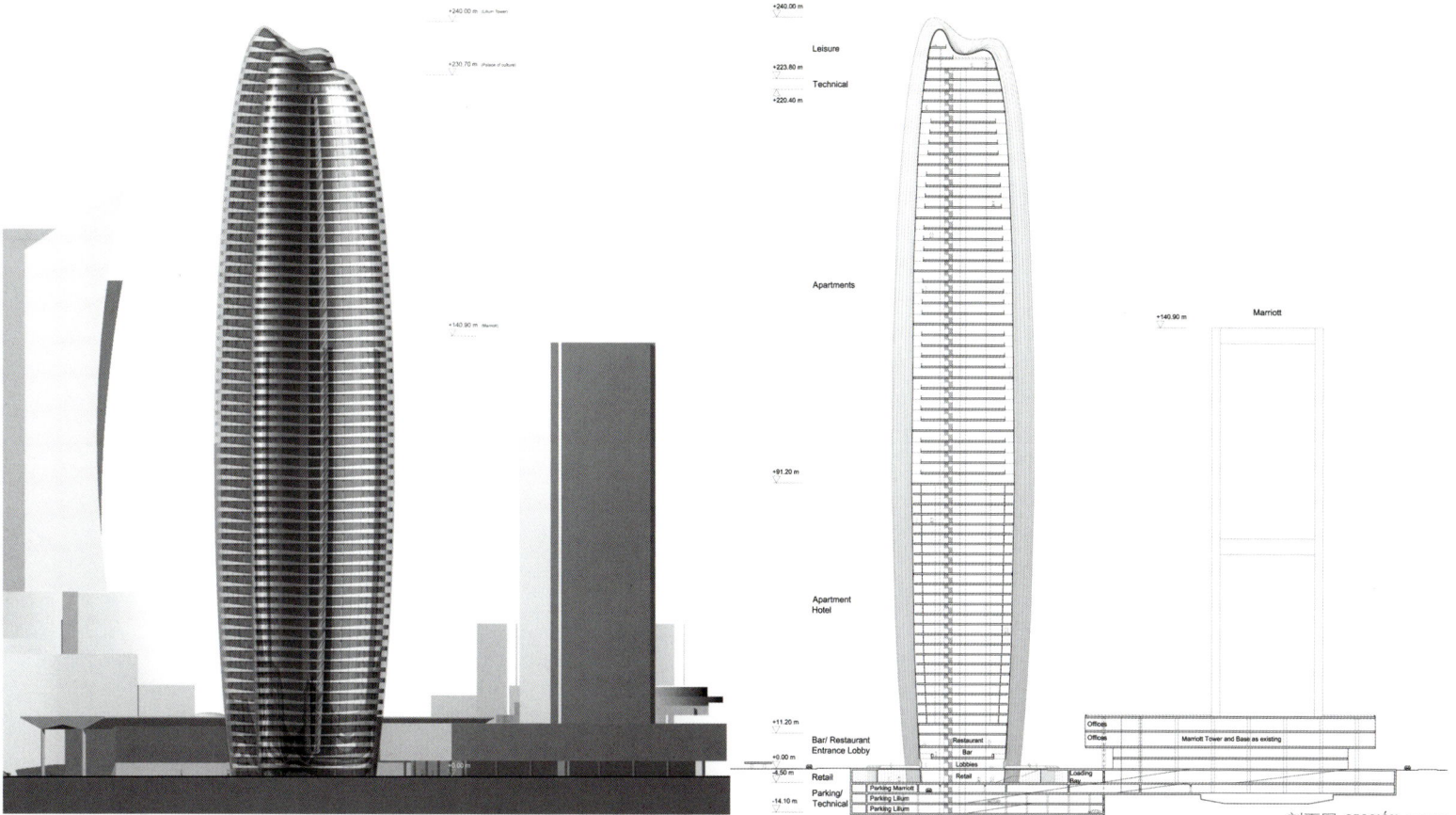

南立面图 ALZADO SUR SOUTH ELEVATION

剖面图 SECCIÓN SECTION

马德罗港大厦
Torre en Puerto Madero
Tower in Puerto Madero

布宜诺斯艾利斯, 阿根廷 Buenos Aires, Argentina

FRANCISCO JOSÉ MANGADO BELOQUI 建筑师事务所

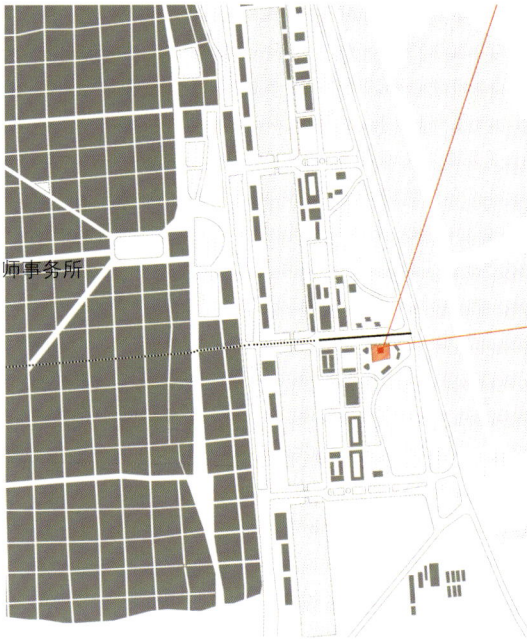

这个项目中有两点很有趣，看起来也似乎矛盾——建筑的功能和对建筑与地面连接的处理。建筑具体的功能包括公寓、酒店、娱乐场所以及服务场所，分布在这座高楼中，我们可以把大楼视作公共空间——林荫大道——的一种延续。酒店在大楼最高的几层，而低层各间公寓之间有一个公共门厅，里面有几家餐厅和其他服务设施。

Paradójicamente las dos cuestiones más interesantes son el programa y el tratamiento del suelo en su entronque con la pieza elevada. La concreción del programa propuesto, viviendas, hotel y espacios lúdicos y de servicios, permite entender la torre como una continuidad del espacio público: la calle-boulevard. Entre las viviendas ubicadas entre los primeros niveles y el hotel que ocupa los más elevados, se localiza el vestíbulo público con restaurantes y otros servicios.

Paradoxically, two interesting issues here are the program and the treatment of the ground plane in its connection with the building. The specification of the program · apartments, hotel, recreational spaces, and services · are such that we can consider the tower to be a continuation of the public space: the street-boulevard. In between the apartments, located in the lower floors and the hotel taking up the topmost levels, is a public foyer with restaurants and other services

198.75 m

阶段 estado state
EN PROCESO IN PROCESS 设计中

建筑师 arquitecto architect
FRANCISCO JOSÉ MANGADO BELOQUI

团队 equipo team
JOSÉ M. GASTALDO, LOLA MONTALVO,
DIOGO LACERDA, RICARDO VENTURA, ITZIAR ETAYO,
IVAN MARTIN ZABALEGUI, ARRATE ARIZAGA,
HUGO MIRANDA, ABRAHAM PIÑATE,
SEBASTIAN BUZZI, RICHARD KRALOVIC

联合建筑师 arquitectos asociados associate architects
ESTUDIO AISENSON
ROBERTO AISENSON, PABLO PSCHEPIURCA,
SUSANA FERNANDEZ, LUCIANO GASTALDO

项目经理 gerencia de proyecto project managment
STEFANO GAMBI

监理 arquitecto técnico surveyor
RAFAEL VEGAS

结构工程 ingeniería de estructuras structural engineering
NB 35 SL
JESUS JIMÉNEZ CAÑAS, ALBERTO LOPEZ
DARIO GALANTE, R. STESCOVICH

安装工程 ingeniería de instalaciones mechanical engineering
LUIS GRINNER, EDUARDO ROMANO, OCTAVIO GIARINI

墙面顾问 consultor en fachadas façades consultant
GUILLERMO MARSHALL

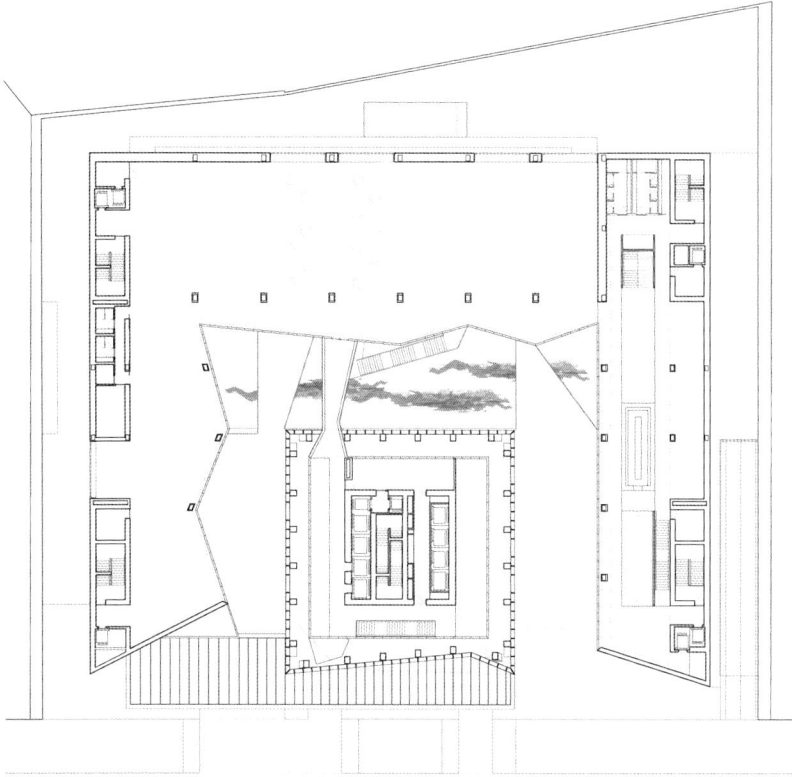

二层平面图 PLANTA 1 +4.10 FLOOR PLAN 1 +4.10

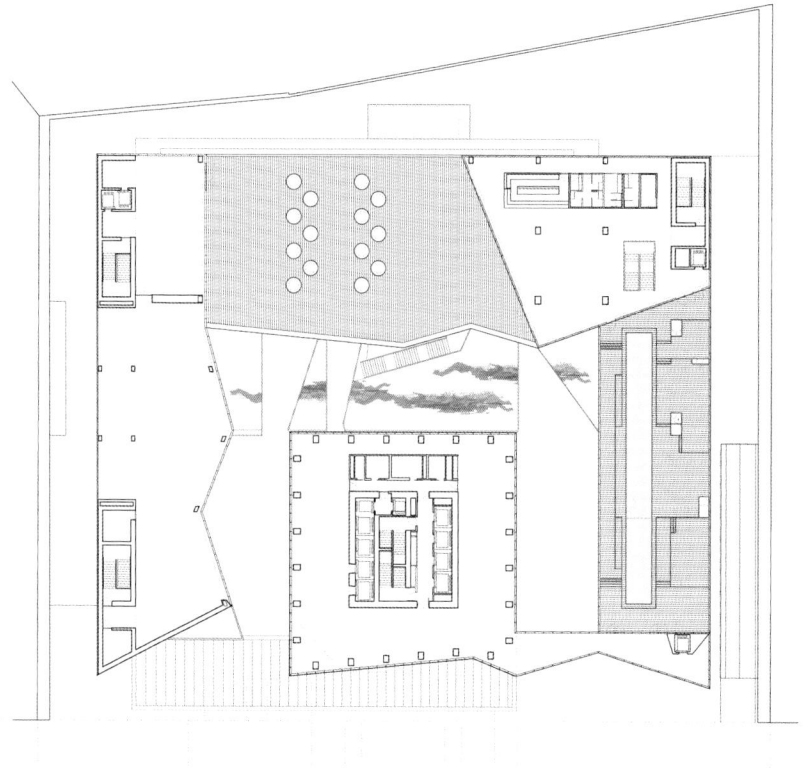

三层平面图 PLANTA 2 +8.40 FLOOR PLAN 2 +8.40

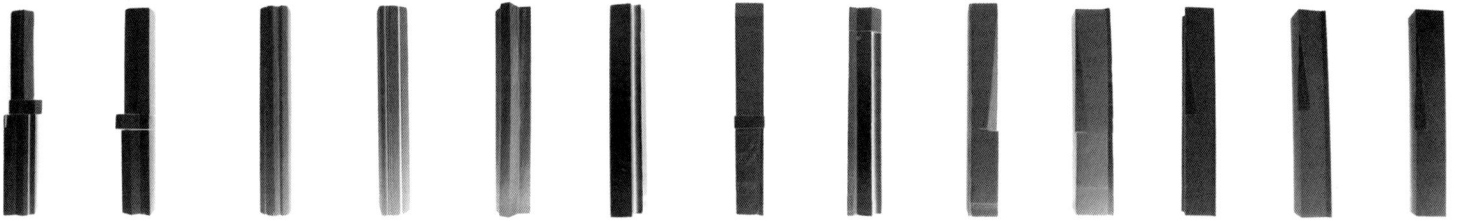

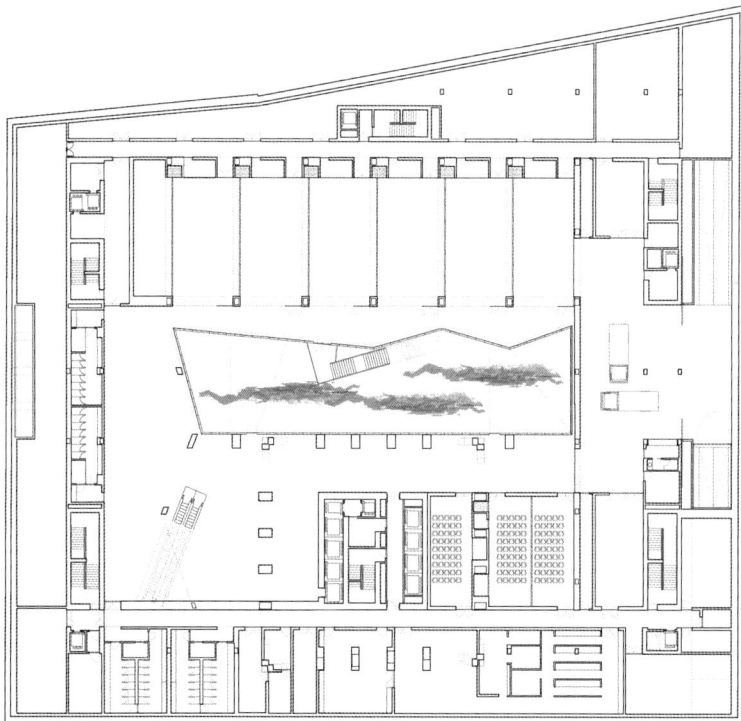

地下层平面图 PLANTA SÓTANO -5.70 BASEMENT PLAN -5.70

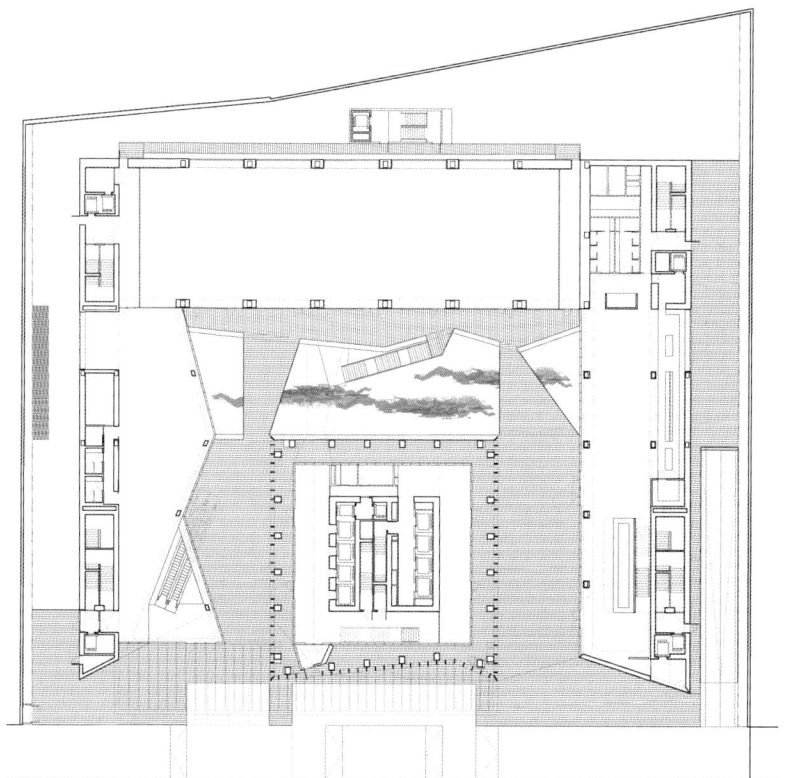

底层平面图 PLANTA BAJA +0.00 FIRST FLOOR PLAN +0.00

230

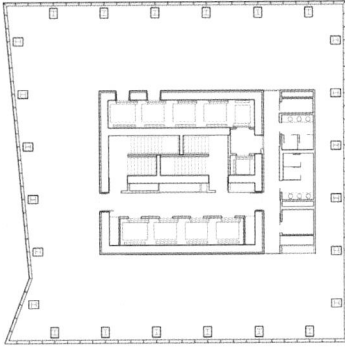
办公室层平面图 PLANTA DE OFICINAS +8.40 / +84.30 OFFICES FLOOR PLAN +8.40 / +84.30

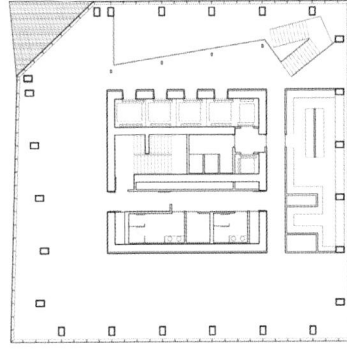
二十九层平面图 PLANTA 28 +100.20 FLOOR PLAN 28 +100.20

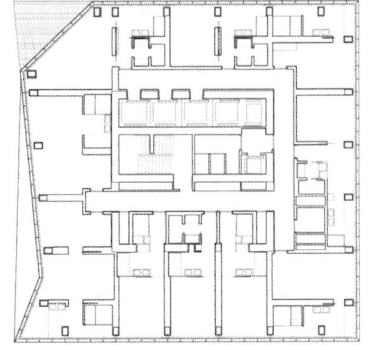
三十层平面图 PLANTA 29 +104.35 FLOOR PLAN 29 +104.35

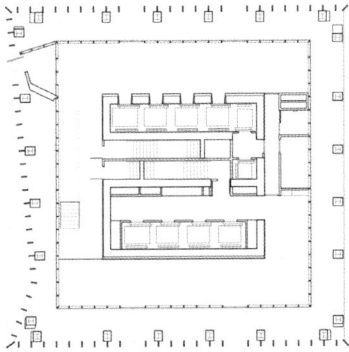
平面图 +17.10 PLANTA +17.10 FLOOR PLAN +17.10

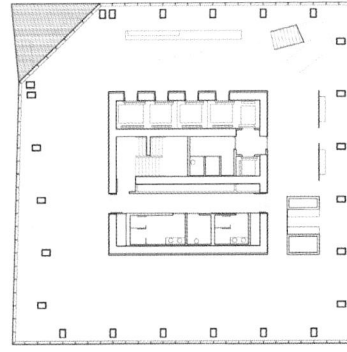
二十八层平面图 PLANTA 27 +96.05 FLOOR PLAN 27 +96.05

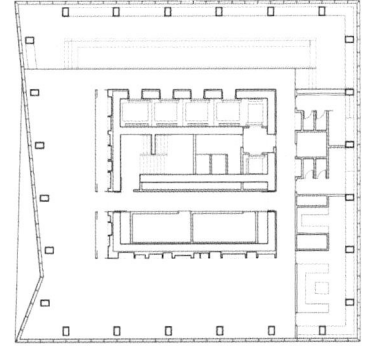
五十六层平面图 PLANTA 55 +191.40 FLOOR PLAN 55 +191.40

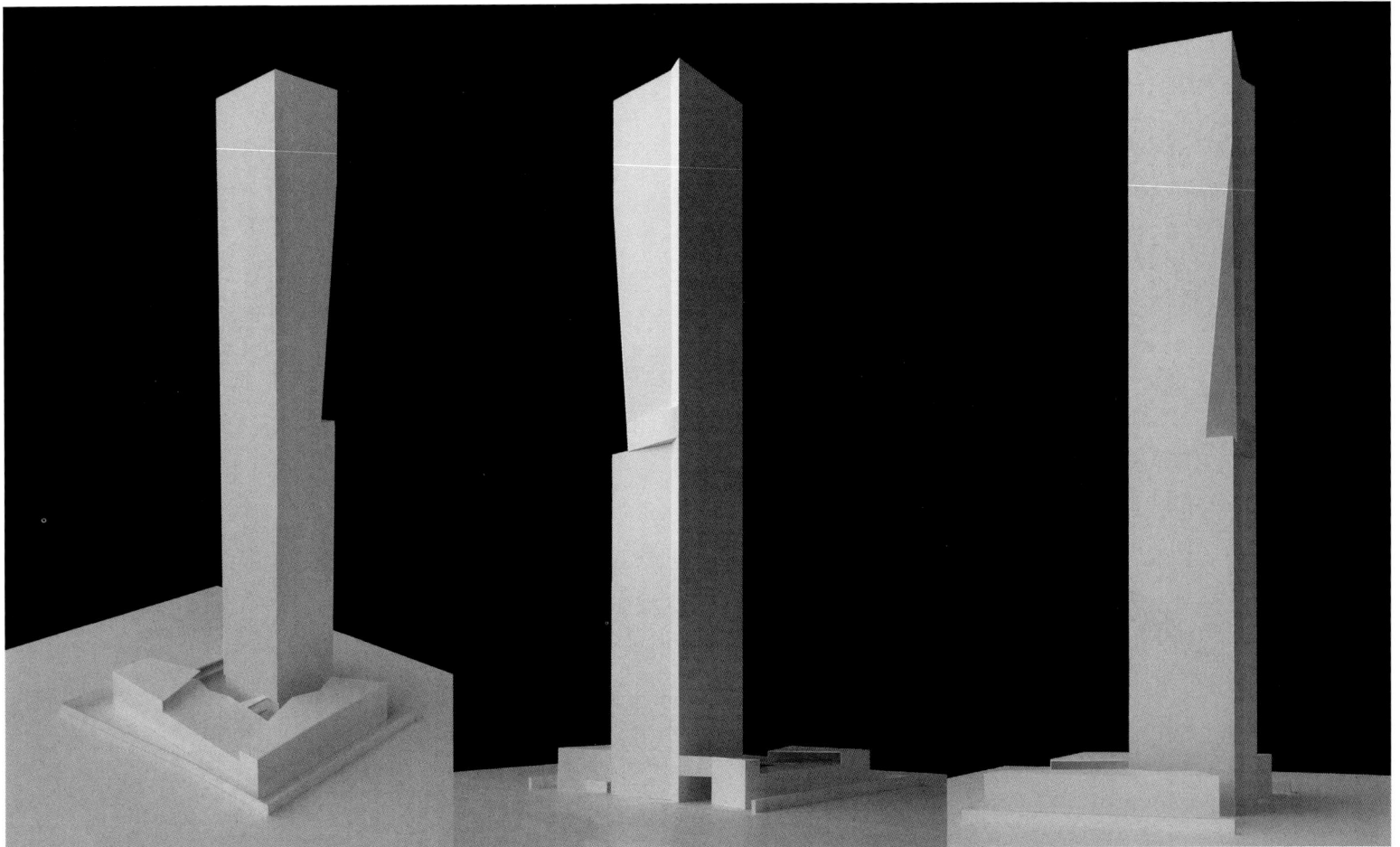

CUB +198.75m

N55 +191.40m

N27 +96.05m

N3 +11.85m

PB ±0.00m (+17.10)

S1 -5.70m

S3 -12.70m

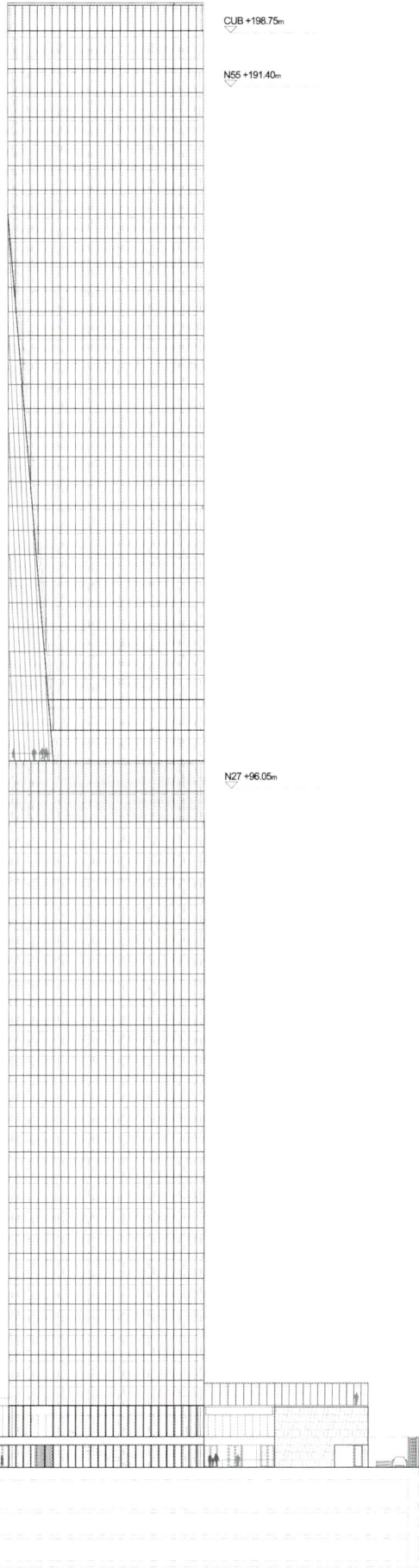

北立面图 ALZADO NORTE NORTH ELEVATION

经济适用房大楼
Torre de Viviendas Sociales
Social Housing Tower

马德里, 西班牙 Madrid, España

entresitio 建筑师事务所

这是个出租房项目，以小规模为特色。平面的设计运用了"双重对称"作为几何基础，这种平面设计或者说艺术形式，从不同的角度、方向上来看都是同样的效果。建筑外围基于差异化和模糊性。外表面覆盖了水平方向的镀锌板材。这样的设计，维护成本很低，循环通风，这样有利于外立面的蒸腾作用，保护建筑免受雨水侵袭，避免了缝隙渗水。

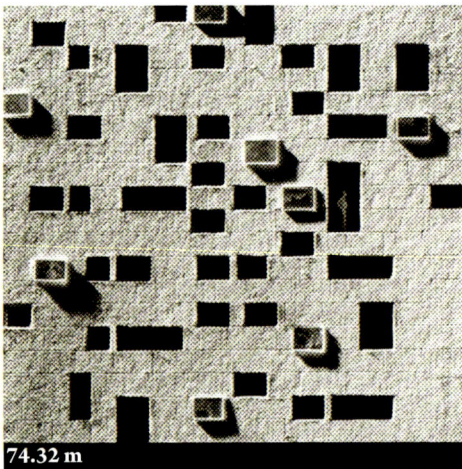

Se trata de viviendas en alquiler que se caracterizan por su reducida dimensión. La solución en planta tiene como base geométrica la "doble simetría", es como los ambigramas, que son las palabras o figuras que se leen igual al girarlas 180º. El cerramiento exterior recurre a los recursos de indiferenciación y ambigüedad escalar. Se trata de una piel de escamas de zinc en franjas horizontales. Se plantea una solución de mantenimiento mínimo, en posición trasventilada, que facilita la transpiración de la fachada, protege la edificación de la infiltración de agua de lluvia y evita la condensación intersticial.

74.32 m

阶段 estado state
CONSTRUIDO BUILT 已建成

建筑师 arquitectos architects
MARIA HURTADO DE MENDOZAWAHROLÉN,
CÉSAR JIMÉNEZ DE TEJADA BENAVIDES,
JOSÉ MARIA HURTADO DE MENDOZA WAHROLÉN

合作建筑师 arquitectos colaboradores architects team
CAROLINA LEVERONI, STEFAN VOGT,
JORGE MARTINEZ, LAURA FRUTOS, PABLO SACRISTAN,
FILIPE MINDERICO, ANNE-DOROTHÉE HERBORT,
IRENE DE LA CRUZ, MIGUEL CRESPO Y ALVAR RUIZ

监理师 arquitecto técnico quantity surveyor
JUAN CARLOS CORONA RUIZ, DAVID GIL CRESPO
SANTIAGO HERNAN MARTIN

结构工程 ingeniería de estructuras structural engineering
CYPE INGENIEROS ESTUDIOS Y PROYECTOS, S. A.

安装工程 ingeniería de instalaciones mechanical engineering
I+G. PRO, CLEMENT Y ASOCIADOS, C. B.

摄影师 fotógrafo photographer
JORGE LOPEZ CONDE

通讯工程 ingeniería de telecomunicaciones telecommunication engineering
INPROTEL COMUNICACIONES, S. L.

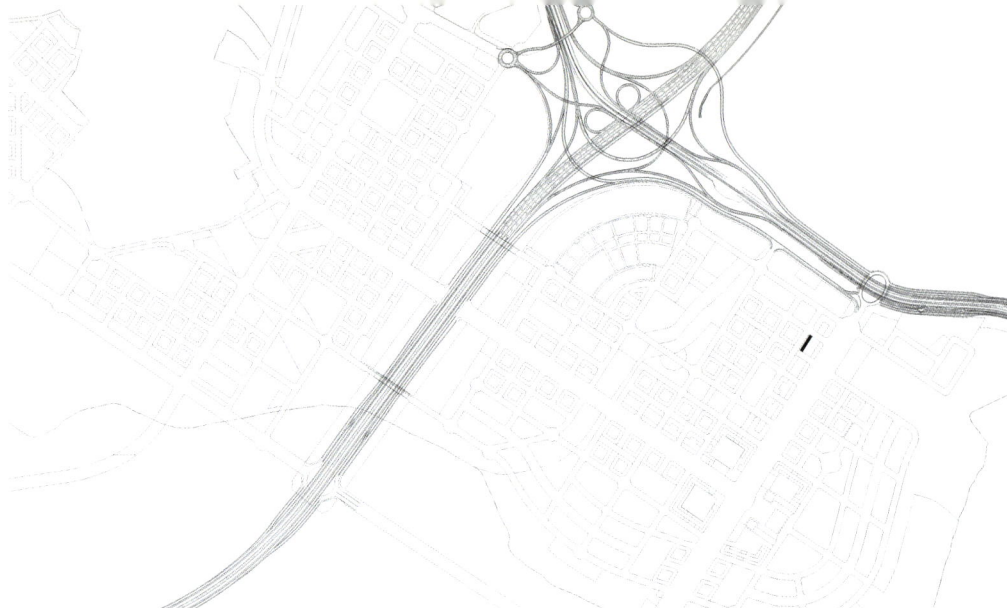

The project encloses housing for rent defined by their reduced dimensions. The plan design uses the "double symmetry" as geometrical basis, as ambigrams; they are a typographical design or art form that may be read equally from different viewpoints, directions, or orientations. The exterior enclosure is based on the scalar indifference and ambiguity. It is clad in a skin of horizontal strips of zinc scales. The design offers a low maintenance solution, back-ventilated, which facilitates the transpiration of the façade, protects the building from rainwater infiltration and prevents interstitial condensation.

二层平面图 PLANTA PRIMERA FIRST FLOOR PLAN

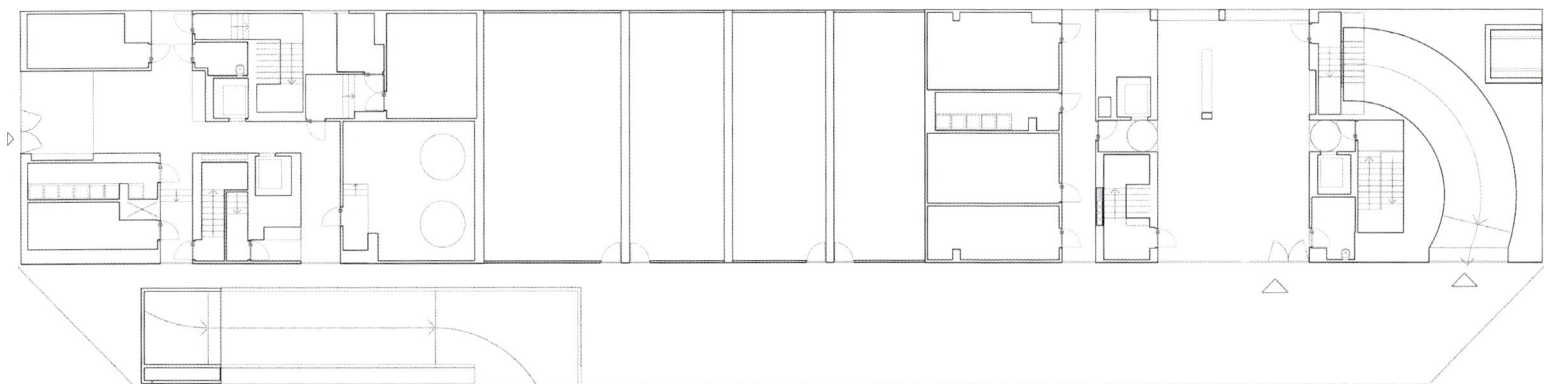

底层平面图 PLANTA BAJA GROUND FLOOR PLAN

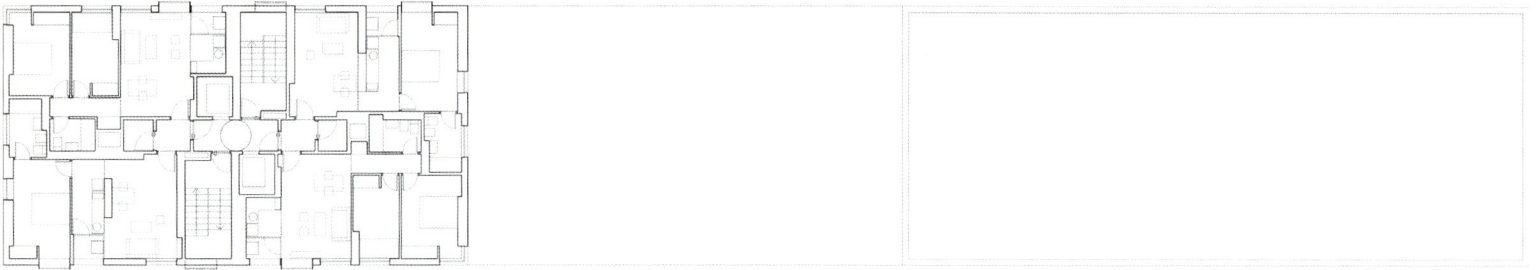

顶层平面图 **PLANTA CUBIERTA** ROOF PLAN

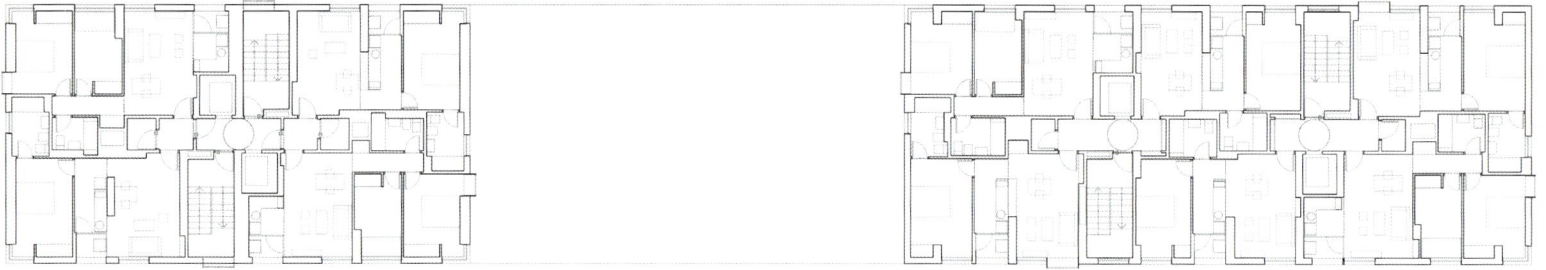

典型层平面图 **PLANTA TIPO** TYPICAL FLOOR PLAN

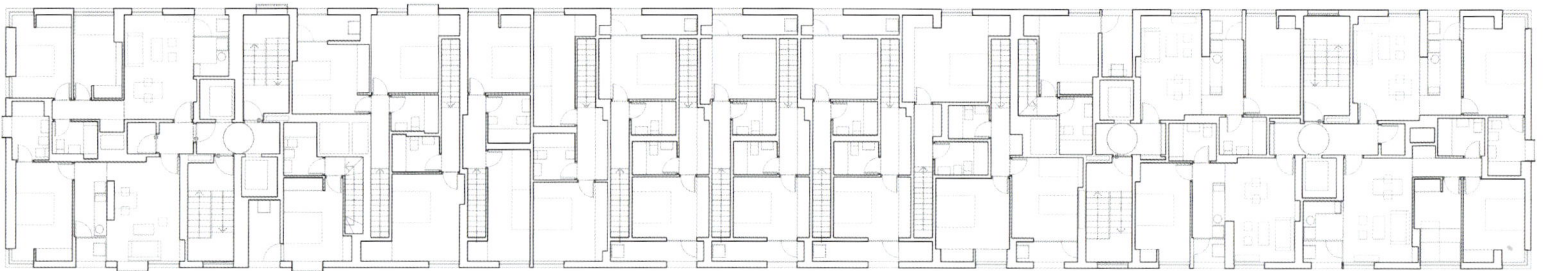

三层平面图 **PLANTA SEGUNDA** SECOND FLOOR PLAN

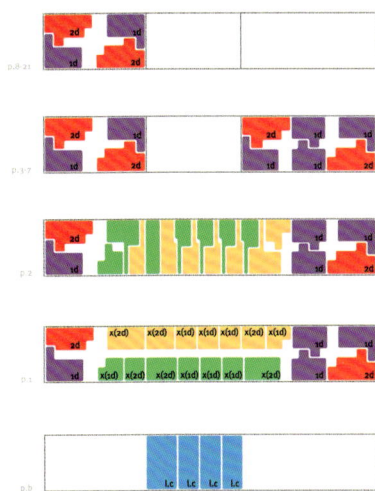

楼层布局图 **ESQUEMA DE PLANTAS** FLOOR PLAN SCHEME

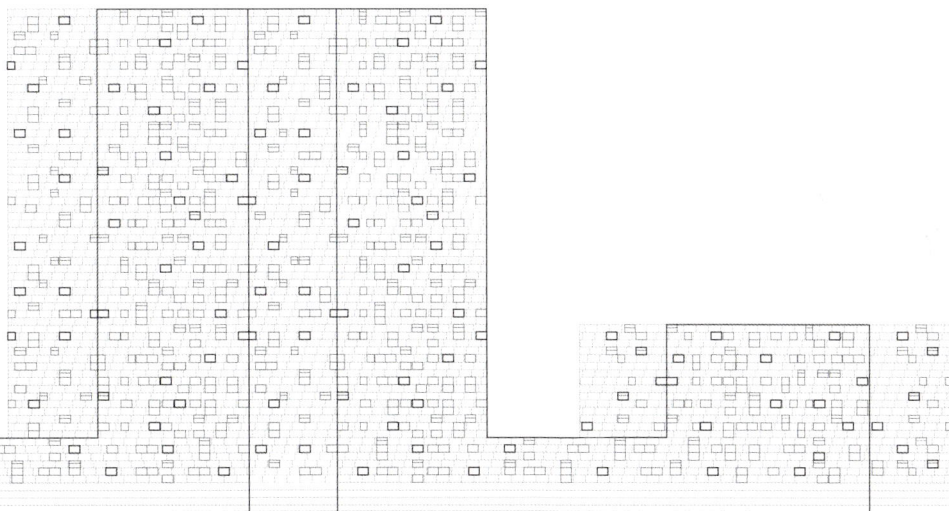

展开立面图 **FACHADA DESPLEGADA** UNFOLDED ELEVATION

东莞国际金融大厦
Torre Financiera Internacional de Dongguan
Dongguan International Financial Tower

东莞, 中国 Dongguan, China

Tange Associates 丹下都市建筑师事务所

　　广东省中心的东莞市位于省会广州和深圳之间，是珠江三角洲的一座重要工业城市。这座摩天大楼借助了周围绿色山脉的美丽风光。一般高层建筑都是顶部很窄，而这座大厦却不是，高层的楼板反而更大，视野也就更好、更宽，对建筑面积的利用效率也最高。大厦的楼板设计成中国传统图案"卍"形，寓意人与自然的和谐共存。

La ciudad de Dongguan en la provincia central de Guang-dong, China, se localiza entre la capital de provincia Guangz-hou y Shenzhen y está considerada como una importante ciudad industrial del delta del río Perla. La torre comparte la propiedad con hermosas colinas verdes. A diferencia de las típicas torres en altura que se estrecha en su parte más alta, el proyecto proporciona forjados más largos en las plan-tas superiores, donde las vistas son mejores y más extensi-vas, haciendo el uso más efectivo del área de cada planta. La planta de la torre se ha proyectado con la forma de un carácter chino "卍", que significa la coexistencia armoniosa entre la gente y la naturaleza.

Dongguan city in central Guangdong Province, China, is lo-cated between the provincial capital of Guangzhou and Shenzhen and considered an important industrial city loca-ted on the Pearl River Delta. The tower shares the property with beautiful green hills. Unlike typical high-rise towers that often narrow at the top, the design provides larger floor plates at the higher floors, where the views are better and most extensive, making the most effective use of floor area distribution. The floor plate of the tower is designed in the form of the Chinese character "卍", which means harmo-nious coexistence of people and nature.

288 m

阶段 estado state
EN PROCESO IN PROCESS 设计中

建筑师 arquitecto architect
PAUL NORITAKA TANGE

团队 equipo team
YASUHIRO ISHINO, SHINYA KANEKO,
KATSUYA TEZUKA, TSUYOSHI OSHIYAMA

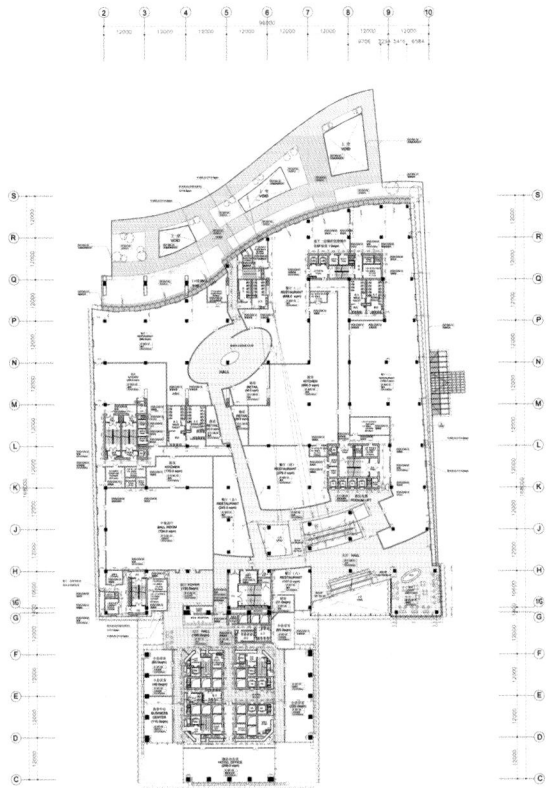
三层平面图 PLANTA 2 FLOOR PLAN 2

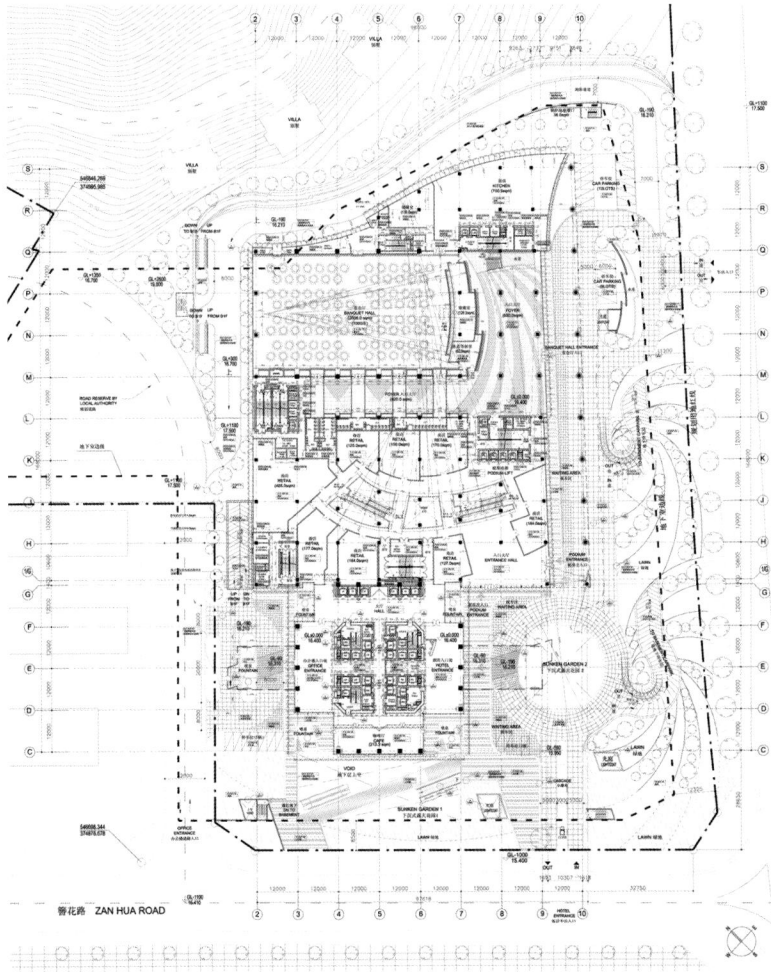
六层平面图 PLANTA 5 FLOOR PLAN 5

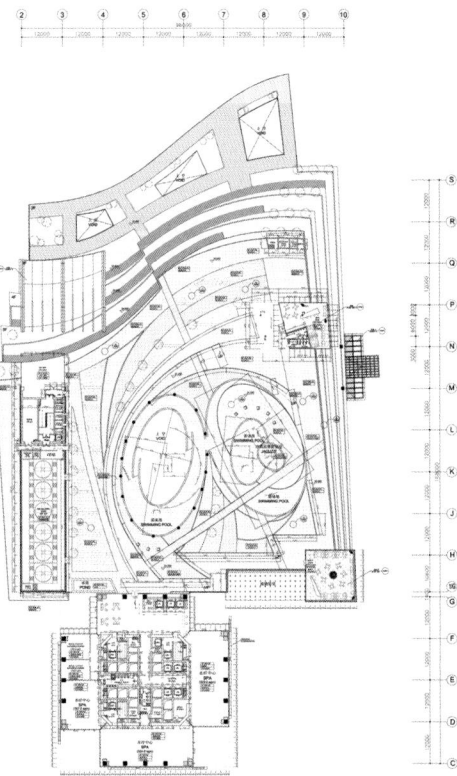
底层平面图 PLANTA BAJA GROUND FLOOR PLAN

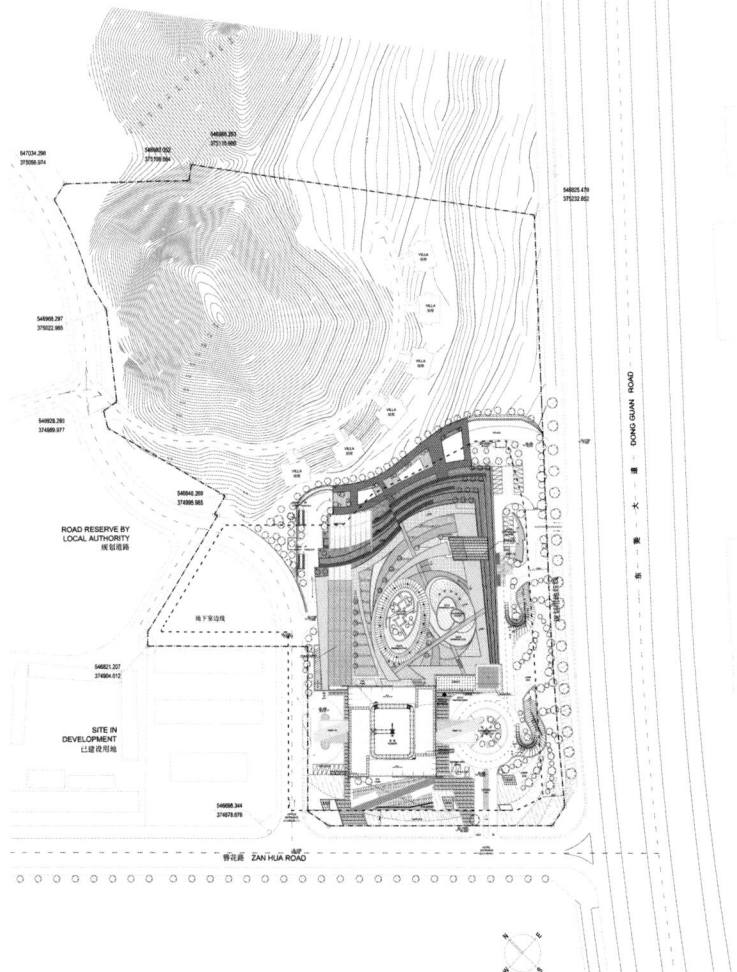
区位 PLANO DE SITUACIÓN SITE PLAN

238

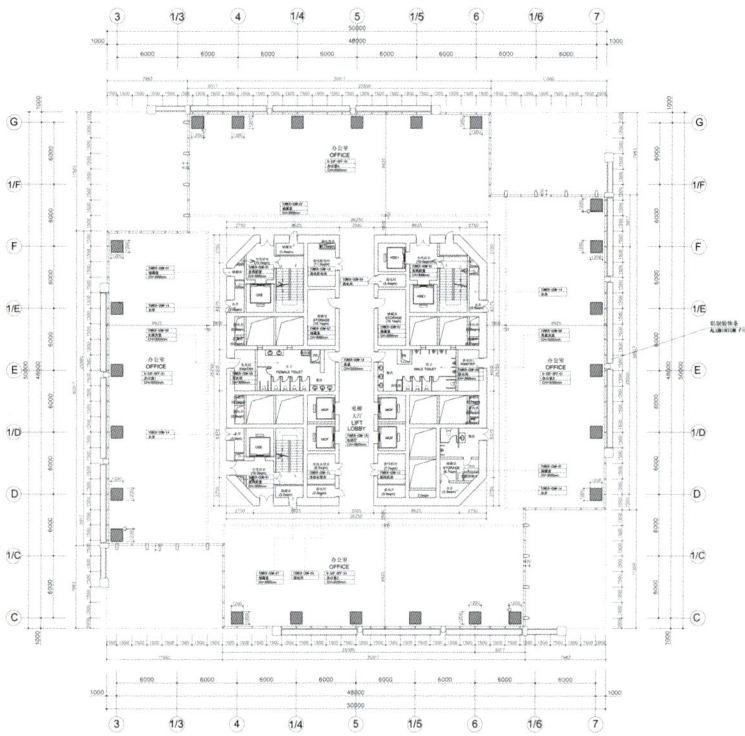

第二十层平面图 PLANTA 19 FLOOR PLAN 19

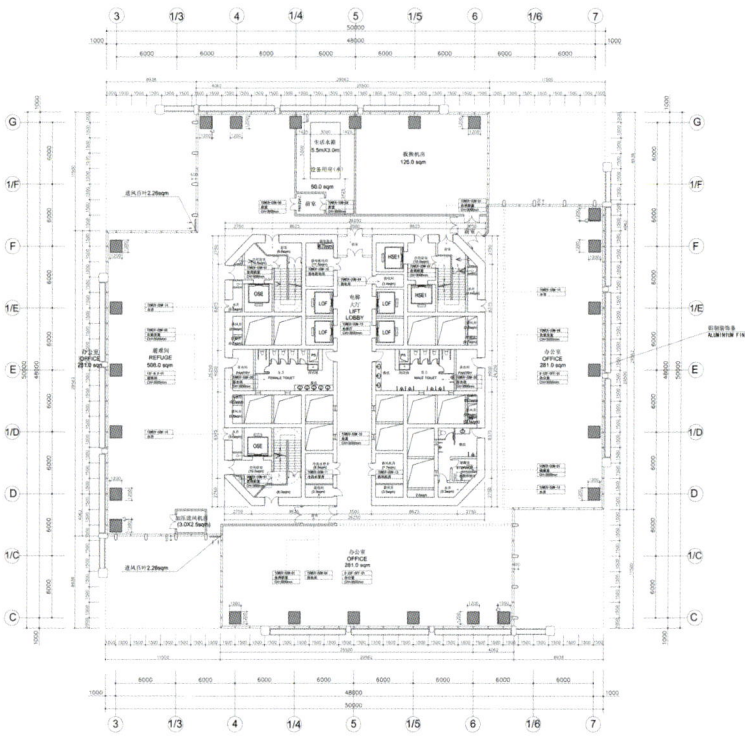

第十五层平面图 PLANTA 14 FLOOR PLAN 14

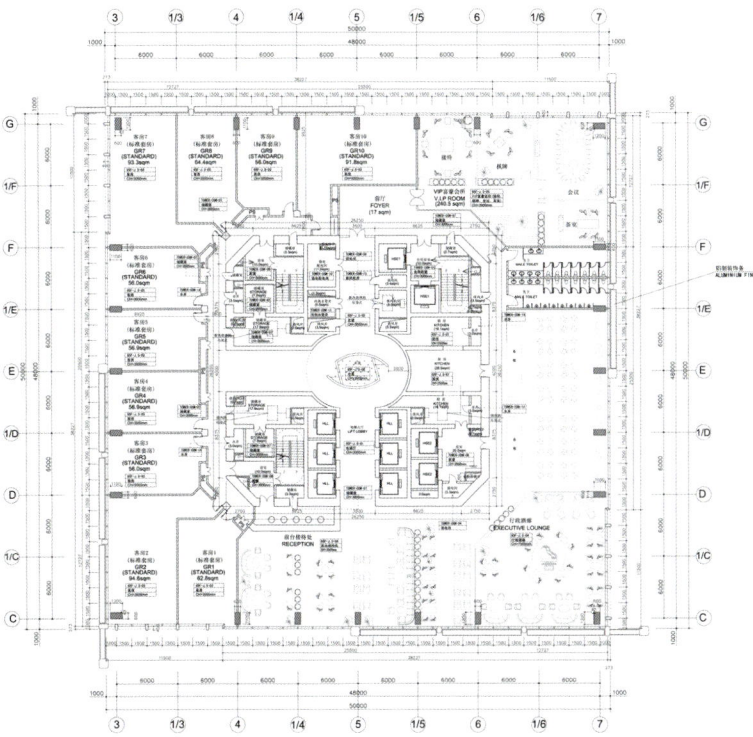

第六十五层平面图 PLANTA 64 FLOOR PLAN 64

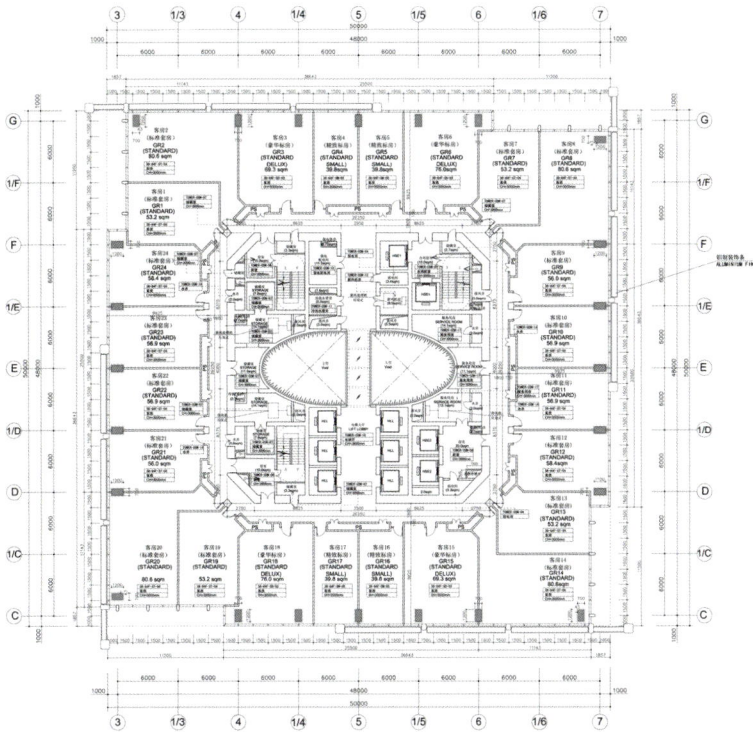

第五十五层平面图 PLANTA 54 FLOOR PLAN 54

图书在版编目（CIP）数据

垂直密度／（西）海拉尔德·明戈·比纳乔；海拉尔德·明戈·马丁内斯编；李婵译 . --沈阳：辽宁科学技术出版社，2010.9
ISBN 978-7-5381-6620-0

I．①垂… II．①比… ②李… III．①高层建筑－建筑设计 IV．①TU972

中国版本图书馆CIP数据核字（2010）第162650号

图书策划：赵　磊

出版发行：辽宁科学技术出版社
　　　　　（地址：沈阳市和平区十一纬路29号　邮编：110003）
印 刷 者：利丰雅高印刷（深圳）有限公司
经 销 者：各地新华书店
幅面尺寸：240mm×280mm
印　　张：15
插　　页：4
字　　数：100千字
印　　数：1~4000
出版时间：2010年9月第1版
印刷时间：2010年9月第1次印刷
责任编辑：陈慈良　　隋　敏
责任校对：周　文

书　　号：ISBN 978-7-5381-6620-0
定　　价：198.00元

联系电话：024-23284360
邮购热线：024-23284502
E-mail: lnkjc@126.com
http://www.lnkj.com.cn
本书网址：www.lnkj.cn/uri.sh/6620

我们对为此书的编辑提供宝贵的高质量的资料的所有专业建筑师及其团队致以诚挚谢意。

Nuestro agradecimiento a todos los arquitectos y equipos profesionales cuya información y documentación garantiza la calidad de cada proyecto.

Our acknowledgement to all professional architects and teams whose information guaranties the quality of each project.

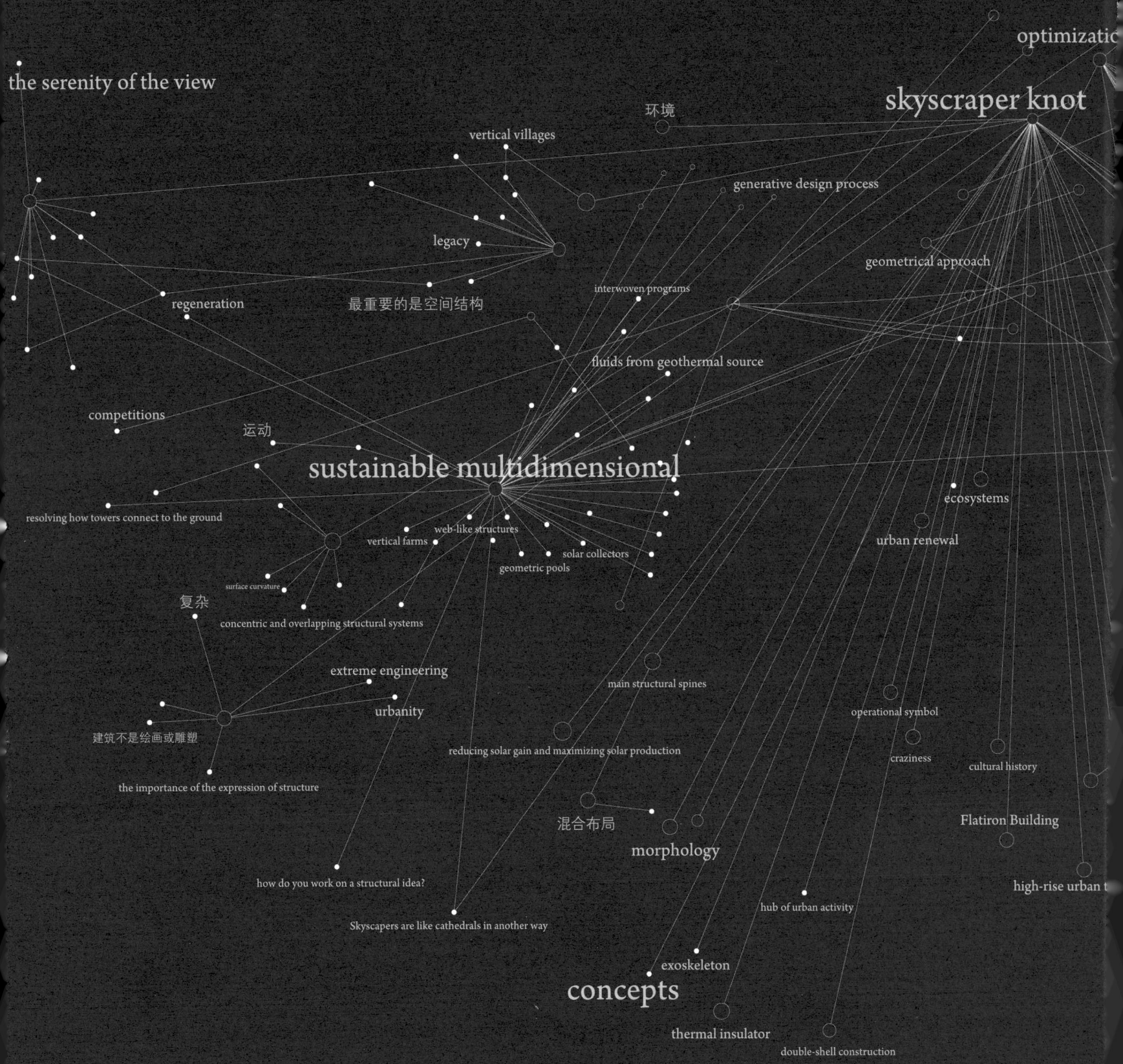

the serenity of the view

optimizatic

skyscraper knot

环境

vertical villages

generative design process

legacy

geometrical approach

regeneration

interwoven programs

最重要的是空间结构

fluids from geothermal source

competitions

运动

sustainable multidimensional

ecosystems

resolving how towers connect to the ground

urban renewal

vertical farms

web-like structures

solar collectors

geometric pools

surface curvature

复杂

concentric and overlapping structural systems

extreme engineering

main structural spines

urbanity

operational symbol

建筑不是绘画或雕塑

craziness

cultural history

reducing solar gain and maximizing solar production

the importance of the expression of structure

混合布局

Flatiron Building

morphology

high-rise urban t

how do you work on a structural idea?

hub of urban activity

Skyscapers are like cathedrals in another way

exoskeleton

concepts

thermal insulator

double-shell construction